国际铁路旅客联运及中老铁路实践

崔艳萍　魏玉光　◎　著

西南交通大学出版社
·成都·

图书在版编目（CIP）数据

国际铁路旅客联运及中老铁路实践 / 崔艳萍，魏玉光著. —成都：西南交通大学出版社，2023.9
ISBN 978-7-5643-9415-8

Ⅰ. ①国… Ⅱ. ①崔… ②魏… Ⅲ. ①铁路运输–国际联合运输–旅客运输–中国、老挝 Ⅳ. ①F532.4

中国国家版本馆 CIP 数据核字（2023）第 147617 号

Guoji Tielu Lüke Lianyun ji Zhong-Lao Tielu Shijian
国际铁路旅客联运及中老铁路实践

崔艳萍　魏玉光　著

责任编辑	周　杨
封面设计	GT 工作室

出版发行	西南交通大学出版社 （四川省成都市金牛区二环路北一段 111 号 　西南交通大学创新大厦 21 楼）
邮政编码	610031
发行部电话	028-87600564　　028-87600533
网址	http://www.xnjdcbs.com
印刷	四川煤田地质制图印务有限责任公司
成品尺寸	185 mm × 240 mm
印张	19.75
字数	403 千
版次	2023 年 9 月第 1 版
印次	2023 年 9 月第 1 次
书号	ISBN 978-7-5643-9415-8
定价	98.00 元

课件咨询电话：028-81435775
图书如有印装质量问题　本社负责退换
版权所有　盗版必究　举报电话：028-87600562

前　言

作为一种方便相邻国家间旅客互通往来的交通运输方式，国际铁路旅客联运始于20世纪20年代初，自20世纪中叶开始发展壮大，迄今已走过约一个世纪的历程，为世界各国间的经济社会发展做出了巨大贡献。

铁路合作组织和国际铁路运输政府间组织作为亚欧大陆上两大铁路国际组织，一直致力于制定成员国间旅客和货物联运规则并规范联运办理，形成了《国际客约》和《国际客协》两大具有代表性的运输法。

新中国铁路自20世纪50年代年加入《国际客协》后，开始同其他有关国家铁路一起积极组织开行国际旅客列车和直通客车。1954年1月31日第一趟莫斯科—北京2/1次（1970年起改为19/20次）国际旅客列车开行，至今已有60余年，经历了从无到有、从少到多的过程，如今已经形成了一个完整的体系。为促进我国对外开放、扩大同世界各国间的人员交往做出了巨大贡献。由于中国国际旅客联运具有客流总量小、涉及国家多、运输距离长、过境手续复杂等特点，从开办国际旅客联运至今，开展的研究不足，全面、系统地论述国际旅客联运的书籍甚少。当下，我国正在构建以"一带一路"建设为重点的全面开放新格局，国际旅客联运成为推进中国与"一带一路"沿线国家文化相通和民心相通的有效手段。

中老铁路2021年12月3日开通，由于其客流量大，全线统一使用中国标准、中国设备，这将赋予国际铁路旅客联运全新的内涵。

本书以亚欧大陆国际铁路旅客联运规章和实践为研究对象，第一章~第四章分别论述了国际铁路旅客联运基本理论、亚欧大陆国际铁路旅客联运法规标准体系、旅客与承运人的相互关系、承运人关系，第五章~第十一章从中国国际旅客联运的发展、现状、售票组织、安全管理、站车服务质量、边境站通关作业、中老铁路旅客联运等方面梳理了中国国际铁路旅客联运的实践内容，具有较强的理论性和实用性。

本书的编写过程中参考、吸收、采用了有关专家和学者的研究成果，在此向这些专家和学者表示衷心的感谢。本书出版过程中得到了国家铁路局外事司王嘉彧、高弘等同志的大力支持，崔艳萍负责撰写第一章至第五章，陈变宁同志负责撰写第六章、第七章，周峰同志负责撰写第八章、第九章、第十章，北京铁路局高级工程师吴宝辉同志为本书提供了大量数据和资料，马欣然、权诗琦等同志也协助查阅资料并参与部分章节的编写和文字校对工作，崔艳萍同志和北京交通大学魏玉光教授完成全书统稿。在此，对以上同志一并表示衷心感谢。由于作者经验不足，本书中难免存在不足之处，希望得到各界人士的持续关注和指导，更希望广大读者多提批评意见，以利修改完善，邮箱为：cuiyanp@sina.com。

作　者
2023 年 8 月

目 录

绪 论

第一节 国际铁路旅客联运发展起源 ································· 001
第二节 国际组织 ·· 003
第三节 中国铁路的国际旅客联运 ···································· 006

第一章 国际铁路旅客联运基本理论

第一节 国际铁路旅客联运的基本概念 ························· 009
第二节 国际铁路旅客联运特征和分类 ························· 011
第三节 国际铁路旅客运输法的概念和调整对象 ······· 013
第四节 国际铁路旅客运输法的渊源 ····························· 017

第二章 亚欧大陆国际铁路旅客联运法规标准体系

第一节 铁路合作组织国际旅客联运法规标准 ··········· 020
第二节 国际铁路运输政府间组织（OTIF） ················ 025
第三节 欧洲议会及理事会 ··· 026
第四节 国际铁路运输委员会（CIT） ···························· 027
第五节 国际铁路联盟（UIC） ·· 028
第六节 独联体铁路运输委员会 ··· 037
第七节 其 他 ··· 042

第三章 旅客与承运人的相互关系

第一节 国际客协 ·· 049
第二节 国际铁路客运合同的统一规则（CIV） ········ 066
第三节 旅客运输合同当事人的权利和义务 ················ 080

第四节　国际客协和国际客约的对比 …………………………………………091

第四章　承运人关系

第一节　《国际旅客联运协定办事细则》 ……………………………………108

第二节　调节运输企业有关国际铁路旅客运送关系协定（AIV） ……………124

第五章　中国国际旅客联运的发展

第一节　国际运输通道和国际列车 ……………………………………………148

第二节　客运服务 ………………………………………………………………158

第三节　旅客运量 ………………………………………………………………162

第四节　国际联运旅客时刻表会议 ……………………………………………173

第五节　国际旅客联运规章 ……………………………………………………180

第六章　国际旅客联运现状

第一节　我国国际旅客联运列车总体情况 ……………………………………185

第二节　各口岸客车开行情况 …………………………………………………189

第三节　2016—2018年客流分析 ………………………………………………210

第四节　我国铁路国际旅客联运特点及对策措施 ……………………………238

第七章　中国国际旅客联运售票组织

第一节　《国际铁路客运运价规程》对票价的相关规定 ……………………244

第二节　我国联运售票组织模式 ………………………………………………247

第三节　国外联运售票组织模式 ………………………………………………251

第四节　国内外售票组织模式对比 ……………………………………………253

第八章　安全管理

第一节　国际旅客联运非正常情况（安全问题）典型案例 …………………255

第二节　我国对联运安全的相关规定 …………………………………………257

第三节　国内外旅客联运消防安全对比分析 …………………………………260

第九章 国际旅客联运站车服务质量

第一节 铁路合作组织服务质量标准······269
第二节 我国旅客联运站车服务质量······271
第三节 国外旅客联运站车服务质量······283
第四节 国内外站车服务质量对比分析······284

第十章 国际旅客联运边境站通关作业

第一节 我国旅客通关作业的规定······286
第二节 我国国际旅客联运边境站通关作业流程······288
第三节 我国国际旅客联运边境站通关作业比较研究······290

第十一章 中老铁路旅客联运

第一节 中老铁路概况······294
第二节 中老铁路旅客运输······296
第三节 中老铁路旅客联运规则······300

参考文献······307

绪　论

亚欧大陆上的国际铁路旅客联运业务始于20世纪20年代，以《国际客约》和《国际客协》的制定和生效为代表。制定国际铁路旅客联运规章和标准的国际组织有铁路合作组织（简称铁组）、国际铁路运输政府间组织、国际铁路运输委员会、欧盟等。20世纪中国的铁路旅客联运也有了较快的发展。

第一节　国际铁路旅客联运发展起源

国际铁路旅客联运业务开始于20世纪20年代。1924年10月，欧洲一些国家铁路代表在瑞士伯尔尼举行会议，一方面商讨重新修订《国际铁路货物运送公约》（简称《国际货约》），另一方面制定《国际铁路旅客和行李运送公约》（简称《国际客约》）。这两个公约都得到了与会者的一致通过，并决定自1928年10月1日起实行。当时参加这两个公约的国家有24个。1972年2月在伯尔尼重新修订，参加国增加到29个，主要是欧洲国家。1980年《国际客约》和《国际货约》进行了较大修改，这为成立基本具备目前特征和结构的政府间国际组织奠定了基础。1985年5月1日，随着COTIF公约生效，国际铁路运输政府间组织（OTIF）正式成立。我国铁路至今未加入该组织。

1951年11月1日，苏联和东欧各国签订了《国际铁路直通联运旅客及行李运送协定（国际客协）及其办事细则》，由设在波兰华沙的国际联运事务所掌管。1957年铁路合作组织（铁组）成立后，事务所解散，《国际客协及其办事细则》交由铁组掌管至今。

1953年7月2—31日，中华人民共和国铁道部部长滕代远率中华人民共和国铁道部代表团参加了在莫斯科举行的国际铁路客货联运协定代表大会，朝鲜、蒙古国也派代表团出席了会议。会议决定，中国、朝鲜、蒙古国铁路自1954年1月1日起加入《国际客协》和《国际货协》。1956年6月1日起，越南铁路也参加了这两个协定。至此，参加上述协定的国家达到12个，即阿尔及利亚、保加利亚、匈牙利、越南、民主德国、中国、朝鲜、蒙古国、波兰、罗马尼亚、苏联、捷克斯洛伐克，其铁路总营业里程达到26万余公里。

由国际铁路运输政府间组织负责掌管的《国际客约》和由铁路合作组织负责掌管的《国际客协》是国际铁路旅客联运遵循的两个基本法律文件。《国际客约》与《国际客协》相比，《国际客约》为政府间协定，《国际客协》为政府部门间协议。早期的《国际客约》和《国际客协》都由两部分组成，第一部分是《国际客约》和《国际客协》文本，其规定对铁路和旅

客及行包发送人、领收人均有约束效力；第二部分分别称为《统一补充规定》和《办事细则》，仅用于处理各国铁路之间的相互关系。1980年对《国际客约》进行了较大修改，国际铁路运输政府间组织只负责规范《国际客约》中承运人和旅客及行包发送人、领收人的法律关系，其他规章由国际铁路运输委员会（CIT）负责。

除这两个基本法律文件外，欧亚大陆的国际旅客联运中还执行其他规章，主要包括：一是《国际客协》体系中的《国际客运运价规程（国际客价）》《国际联运客车使用规则（车规）》以及《国际旅客联运和铁路货物联运清算规则（清算规则）》等，由设在波兰华沙的铁路合作组织掌管。二是《国际客约》体系中的《铁路旅客运输一般承运条件（GCC-CIV/PRR）》《调节运输企业有关国际铁路旅客运送关系协定（AIV）》《国际铁路旅客联运协作协约签订指导手册（MCOOP）》等，由国际铁路运输委员会（CIT）掌管。三是以欧洲国家为主参加的国际铁路联盟掌管的《国际旅客联运行李和包裹运价规程》《国际联运客车和行李车互用规则》以及相互间清算的有关协议等。我国铁路目前只参加了《国际客协》体系范围内的国际联运。

由于铁路合作组织（铁组）成员国经济发展水平存在很大差异，因此铁组范围内的国际旅客联运中，1957年3月31日前票价是按各国铁路的国内运价计算的。1957年4月1日起，铁组范围内开始实行国际"分类统一运价"：

——苏、蒙、波、民德各铁路为1类（最高）；

——匈、捷、罗、保、阿各铁路为2类（次之）；

——中、朝、越各铁路为3类（最低）。

60年代初，铁组成员国铁路开始酝酿统一的国际客运运价。经过几年的努力，1963年4月1日起，实行了《统一客运运价规程（统一客价）》，以卢布为计价货币。1981年5月1日对《统一客价》进行了一次调整，费率提高了50%（朝鲜和蒙古国铁路除外），并一直维持到1991年7月31日。

随着铁路的变革，1991年5月31日在波兰华沙举行了《统一客价》参加国铁路授权代表会议，决定将原《统一客运运价规程（统一客价）》更名为《国际客运运价规程（国际客价）》，并赋予其独立的法律地位，不再作为《国际客协》的附属规章，同时将以卢布为运价货币的费率乘以系数1.5，改为以瑞士法郎计价。与会的中、保、蒙、波、罗、俄、捷各国铁路授权代表签署了"关于《国际客价》的协约"，自1991年8月11起施行。

由于铁组成员国均为社会主义国家，在计划经济条件下，大都实行低运价政策，因此，《统一客价》费率水平一直偏低。随着各国政策的改变，包括中国铁路在内的许多国家铁路纷纷要求提高统一的客运运价水平，但由于铁组范围内长时间来一直实行一致通过原则，即一票否决制，提高运价的提案一直得不到通过。

在这种情况下，为打破僵局，根据中国铁路建议，1994年3月1日起，将《国际客价》

中原来统一的运价改为由各国铁路自行制订本国铁路段的国际联运客票票价、行包运费和本国铁路担当卧车的卧铺票票价，从而为这一长期困扰各国铁路的难题找到了各方都能接受的解决办法。

第二节　国际组织

亚欧大陆上制定国际铁路旅客联运规章和技术标准的组织有铁路合作组织（OSJD）、国际铁路运输政府间组织（OTIF）、国际铁路运输委员会（CIT）、国际铁路联盟（UIC）、独联体国家铁路运输委员会等。

一、铁路合作组织

1956年6月28日，保加利亚、匈牙利、民主德国、中国、朝鲜、蒙古国、波兰、罗马尼亚、苏联、捷克斯洛伐克等社会主义国家主管铁路的部长在索非亚（保加利亚共和国）举行会议，决定成立铁路合作组织（铁组），以开展亚欧间国际铁路客货联运。该组织是政府部门间国际组织，其常设机构（铁组委员会）在波兰华沙。

截至2022年12月底，铁组共有30个成员：阿塞拜疆、阿尔巴尼亚、阿富汗、白俄罗斯、保加利亚、匈牙利、越南、格鲁吉亚、伊朗、哈萨克斯坦、中国、朝鲜、韩国、古巴、吉尔吉斯斯坦、拉脱维亚、立陶宛、摩尔多瓦、蒙古国、波兰、俄罗斯、罗马尼亚、斯洛伐克、塔吉克斯坦、土库曼斯坦、乌兹别克斯坦、乌克兰、捷克、爱沙尼亚、老挝。

此外，铁组还有7个观察员，分别是德国（德铁）、法国（法铁）、希腊（希铁）、芬兰（芬铁）、塞尔维亚（塞铁）等国铁路，以及吉厄尔-肖普朗-埃宾富尔特铁路股份公司（吉肖富铁路）和俄罗斯联邦客运股份公司（德国铁路股份公司、希腊铁路、法国国有铁路公司、芬兰铁路、塞尔维亚铁路股份公司、吉厄尔-肖普朗-埃宾富尔特铁路股份公司、俄罗斯联邦客运股份公司）。另还有中、俄、波、德等国三十多家铁路公司、科研院所、高校等加入企业，其中包括我国中外运、东北亚铁路集团股份有限公司、中铁二院工程集团有限责任公司、北京交通大学、西南交通大学等。

铁组在两个层面开展工作，即政府一级和铁路企业一级。铁组部长会议是铁组最高领导机关，铁组铁路总局长会议是铁路企业一级的领导机关。部长会议每年举行一次，轮流在铁组每一成员国举行。2023年6月在韩国举行了第50届部长会议。铁路总局长会议负责铁路的业务工作，未设铁路总局或总公司的国家，由部派负责代表参加，自1992年6月至2023年已举行38次会议。

铁组委员会是铁组部长会议的执行机关，在部长会议休会期间保证铁组活动的开展，同时也是铁组铁路总局长会议的秘书处。委员会由铁组每个成员国各派 1 名驻委员会的专家组成，铁组部长会议成员代表是委员会委员。委员会领导由 1 名主席（现为波兰铁路代表）、两名副主席（现为中、俄两国铁路代表）和一名秘书（现为捷克铁路代表）组成，其中秘书负责总局长会议工作。委员会内还设有《铁组通讯》（铁组定期出版的刊物）编辑部和技术服务部门。

铁组工作机关由五个专门委员会和两个常设工作组组成：运输政策和发展战略专门委员会（一专）、运输法专门委员会（二专）隶属于铁组部长会议；货物运输专门委员会（三专）、旅客运输专门委员会（四专）、基础设施和机车车辆专门委员会（五专）以及编码和信息技术常设工作组、财务和清算问题常设工作组隶属于铁组铁路总局长会议。专门委员会的工作由专门委员会主席和专家负责。根据铁组部长会议和铁组铁路总局长会议决议成立的临时工作组及与其他国际组织共同成立的联合工作组，也属于铁组工作机关。

为开展铁组活动，铁组制定了《铁路合作组织章程》《铁组部长会议议事规则》《铁组铁路总局长（负责代表）会议议事规则》《铁组委员会办事细则》4 个基本文件，是铁组及其工作机构的活动准则。

铁组的宗旨是发展亚欧大陆特别是亚欧之间的铁路国际联运（包括多式联运），为开展铁组范围内的国际铁路客货联运工作，铁组制定了《国际旅客联运协定》（简称国际客协）和《国际铁路货物联运协定》（简称国际货协），及有关的国际联运规章。

铁组每一成员有一票表决权。部长会议决议采用一致通过原则，其他机关的决议均为多数通过。涉及各规章和协约的决议，按规章规定的原则通过。

铁组的工作语文为中文和俄文。在与其他国际组织交往中使用英文和德文。

协调组织国际铁路旅客运输的法律基础是《国际旅客联运协定（国际客协）》和《国际客协办事细则》。

二、国际铁路运输政府间组织

国际铁路运输政府间组织（简称 OTIF）是为开展国际铁路货物、旅客和行李运送而于 1985 年正式成立的政府间组织，为具有国际法人实体地位的政府间国际组织。当前参加该组织的有欧、亚、非的 51 个国家和地区：阿富汗、阿尔巴尼亚、阿尔及利亚、亚美尼亚、奥地利、阿塞拜疆、比利时、波斯尼亚和黑塞哥维那（波黑）、保加利亚、克罗地亚、捷克、丹麦、爱沙尼亚、芬兰、法国、格鲁吉亚、德国、希腊、匈牙利、伊朗、伊拉克、爱尔兰、意大利、约旦、拉脱维亚、黎巴嫩、列支敦士登、立陶宛、卢森堡、摩纳哥、黑山、摩洛哥、荷兰、北马其顿共和国、⋯⋯波兰、葡萄牙、罗马尼亚、俄罗斯、塞尔维亚、斯洛伐克、斯洛文尼亚、西班⋯⋯士、叙利亚、突尼斯、土耳其、乌克兰、英国、欧盟,其中欧盟为地区性经济⋯⋯COTIF 的特殊成员,另外约旦为准成员国。

以上成员⋯⋯《铁路联运公约》规定了该组织的宗旨、机构和活动,财务、加入、批准工作⋯⋯的宗旨是规定在参加国之间的铁路过境国际联运中铁路旅客、行李和货物运⋯⋯程序,并便于施行和进一步发展这一法律程序,同时适用于铁路以外的国际⋯⋯、海运和内河航运。目前执行的是于 1999 年编制、2015 年 7 月 1 日正式生效的⋯⋯运公约》(COTIF)。运输法涵盖两方面内容:一是以《国际铁路客运合同的统一规则》(CIV)《国际铁路货运合同的统一规则》(CIM)《国际铁路危险货物运输规则》(RID)《国际铁路运输车辆使用合同的统一规则》(CUV)和《国际铁路运输基础设施使用合同的统一规则》(CUI)为代表的规定参与国际联运的不同主体间法律关系的联运法规;二是《关于在国际运输中使用铁路物资的技术标准的批准和统一技术规定的采用的统一规则》(APTU)和《用于国际运输的铁路物资的技术许可统一规则》(ATMF),即对参与国际联运的机车和车辆等设备的技术标准和许可提出的要求。

协调组织国际铁路旅客运输的法律基础是《国际铁路联运公约》(COTIF)附件 1《国际铁路客运合同的统一规则》(CIV)。

三、国际铁路运输委员会(CIT)

《国际货约》在 1893 年初开始生效后不久,各成员国的铁路公司认为有必要更密切地合作,以方便公约的实际执行。接着,国际铁路运输委员会(International Rail Transport Committee,CIT)于 1902 年成立,其主要目标是实施 COTIF 公约和对运输法有影响的欧盟法令,使承运人之间、承运人和旅客及货主之间的合同关系标准化,面对各种国际组织时代表成员利益。截至 2020 年,130 多家铁路承运人和船公司为 CIT 的正式成员,此外还有 7 个关联成员。组织总部位于瑞士伯尔尼。

四、国际铁路联盟(UIC)

国际铁路联盟(International Union of Railways,UIC),简称铁盟,根据 1922 年 12 月在热那亚举行的国际经济会议建议成立于法国巴黎,当时有 27 个国家 46 个铁路机构参加,到 2018 年共有来自 95 个国家 200 个铁路机构参加。目的是推动国际铁路运输的发展,促进国际合作,改进铁路技术装备和运营方法,开展有关问题的科学研究,实现铁路建筑物、设备的技术标准的统一。UIC 已出版了 700 多种活页文件,制定了铁路活动各个方面的国际标准和

规范。铁盟在很长时期是西欧主导的欧洲范围内的非政府铁路组织，后来扩大了欧洲之外的一些国家的铁路组织进来，虽然其国际性有限，但其标准在国际上有很大影响。

五、欧洲铁路署（ERA）

为统一欧洲铁路安全法规、安全评估和安全目标，促进欧洲铁路互联互通，欧盟委员会（英文简称 EC）设立了欧洲铁路署（英文简称 ERA），专门负责欧洲铁路基础设施、移动设备互联互通技术规范 TSIs 的制定、修订、评估、发布、协调、执行等各项工作。ERA 成立专门工作组负责起草各个互联互通技术规范，工作组成员由来自欧洲铁路利益相关方，如国家铁路公司、铁路路网营运公司、铁路行业协会以及成员国国家安全机构（英文简称 NSA）、国际铁路运输政府间组织的专家组成。在互联互通技术规范 TSIs 提交 EC 审查批准前，ERA 还会根据需要，向有关社会合作机构、旅客和客户协会等各方广泛征求意见。

六、独联体国家铁路运输委员会

独联体国家政府首脑在独联体国家铁路运输协调机关协定（1992 年 2 月 14 日，明斯克）基础上成立该组织。委员会由铁路运输行政机关和管理机构的领导人组成。工作的主要目的在于在国家层面协调铁路运输的工作，并选择其工作的一致性原则。

第三节　中国铁路的国际旅客联运

中国铁路的国际旅客联运是中华人民共和国成立后开始的。

1951 年 3 月 14 日，当时的中华人民共和国铁道部副部长吕正操同苏联交通部代表在北京签订了《中苏铁路旅客和货物联运协定》以及《中苏国境铁路协定》，同年 4 月 1 日起生效施行并开行了北京—满洲里—莫斯科国际旅客换乘列车。当时，北京—莫斯科间的旅客列车由中国和原苏联铁路各自提供车辆，分别在本国境内运行并担当乘务，旅客在满洲里站换乘，使用各自国内客票，票价也分别按各自国内规定计算。

中国铁路加入《国际客协》后，开始同有关国家铁路一起积极开行国际旅客列车和直通客车。

1954 年 1 月 31 日起开行了第一趟莫斯科—北京 2/1 次国际旅客列车（1969 年经国务院批准，于 1970 年起改为 19/20 次），车辆在苏联后贝加尔站换轮，旅客不再换乘。

1954 年 6 月 3 日起开行了我国铁路提供车辆并担当乘务的第一趟北京—平壤国际直通客车。两国轨距相同，车辆可直通过轨。

1955年8月2日起开行了北京—凭祥—河内国际换乘客车，旅客在凭祥站换乘。后于1978年12月22日随着中越联运中断而停止挂运。1995年2月12日恢复挂运，旅客改在越南的同登站换乘。

1952年9月15日，中国、苏联和蒙古国3国政府签订了关于修建集宁—乌兰巴托铁路、开办3国之间铁路联运的协定。1954年10月12日中、蒙、苏3国政府关于修建集宁—乌兰巴托铁路的公报中规定，由蒙、苏两国政府共同负责修建从乌兰巴托经扎门乌德到蒙古国境的铁路，我国负责修建从集宁经二连到中国国境（集二线）的宽轨（1 524 mm）铁路。

集二线铁路从1953年5月由中华人民共和国铁道部第三工程局开始修建，1955年11月27日由国务院国家验收交接委员会验收，12月1日正式交付使用。蒙、苏两国负责修建的铁路也于1955年12月底完工。1955年12月31日实现接轨，1956年1月1日正式开办了中、苏、蒙3国铁路之间的联运。

1956年1月4日，开行了北京—乌兰巴托国际直通客车，车辆在集宁换轮。1965年9月21日以后，集二线由宽轨改为准轨（1 435 mm），客车换轮地点也随之改到二连进行。

1959年6月1日起，开行了北京—乌兰巴托—莫斯科3/4次国际旅客列车，由苏联铁路提供车辆并担当乘务。1960年5月24日起，3/4次国际旅客列车改由中国铁路提供车辆和担当乘务。

1975年7月25日起开行了蒙古国铁路担当的北京—乌兰巴托国际直通客车。

1983年10月10日起开行了朝鲜铁路担当的北京—平壤国际直通客车。

1984年7月10日起开行了广州—九龙95/96次直通列车。

1985年6月1日起，每年夏季开行北京—乌兰巴托23/24次国际旅客列车，首先由中国铁路担当，此后由中、蒙两国铁路轮流担当。

1990年5月31日起开行了乌兰巴托—呼和浩特国际直通客车，由蒙古国铁路担当，当年9月27日起停挂。

1991年4月28日起开行了呼和浩特—乌兰巴托国际直通客车，由双方同时担当。

1991年6月起开行了每周第二趟莫斯科—北京20/19次国际旅客列车，苏联铁路担当，夏季开行，此后延续至1993年5月，自1993年6月起正式定为全年开行。后因客流下降，于1996年停运。

1990年9月12日，我国铁路乌西—阿拉山口段与原苏联铁路在阿拉山口/德鲁日巴接轨，从而实现了亚欧第二大陆桥的全线贯通。一年后苏联解体，我国铁路开始与新独立的哈萨克斯坦共和国铁路商谈开办国际旅客联运问题。半年后，1992年6月20日起开行了阿拉木图—乌鲁木齐13/14次国际旅客列车，由哈萨克斯坦铁路担当，车辆在德鲁日巴站换轮。

1992年9月19日起开行了塔什干—阿拉木图—乌鲁木齐国际直通客车，随阿拉木图—乌

鲁木齐 13/14 次列车挂运，由哈萨克斯坦铁路担当，后因客流原因停挂。

1992 年 10 月起开行了莫斯科—平壤国际直通客车，随莫斯科—北京 20/19 次列车挂运，由俄铁担当。

1993 年 4 月 3 日起开行了乌鲁木齐—阿拉木图 13/14 次国际旅客列车，由中国铁路担当。同时随该车挂运了兰州—乌鲁木齐—阿拉木图国际直通客车。兰州—乌鲁木齐—阿拉木图直通客车于 1994 年 4 月 7 日停挂。

1993 年 6 月 1 日起开行了哈尔滨—伯力、海参崴国际换乘客车，旅客在格罗迭科沃站换乘。1995 年 3 月 9 日起改为直通客车，由俄铁担当。车辆在格罗迭科沃站换轮。

为商定国际旅客列车的编组、运行时刻及车辆提供办法，铁组有关成员铁路定期举行会议。1954 年 7 月我国铁路首次代表团参加了在匈牙利布达佩斯举行的铁组时刻表会议。1960 年起铁组时刻表会议分为 2 组，中、朝、蒙、越、苏铁路为第二组。1964 年起第二组铁路每 2 年举行 1 次会议。苏联解体后，俄罗斯铁路作为苏联的继承者继续参加铁组第二组铁路时刻表会议至今。

1997 年 4 月 18 日起开行了昆明北—河内国际直通客车，由于昆河线是米轨，与越南铁路相同，因此客车可直通过轨，不需进行换轮。

2020 年 2 月，受新型冠状病毒感染疫情影响，中国与周边国家国际直通列车全部停开。

2021 年 12 月 3 日，中老铁路全线开通运营后，动车组旅客列车暂时不跨境。

第一章
国际铁路旅客联运基本理论

两个及以上国家的铁路之间采用统一的国际联运票据完成的旅客、行李和包裹运送称为国际铁路旅客联运，国际铁路旅客联运过程由运输法加以规范。

第一节　国际铁路旅客联运的基本概念

国际铁路旅客联运是两个或两个以上国家铁路之间按国际联运票据办理的旅客、行李和包裹的运送。参加旅客、行李和包裹联运的铁路间，负有连带责任。

为了做好国际铁路旅客、行李和包裹的直通联运，明确规定各铁路的利益和责任，参加国际联运的各国铁路中央机关，按照《国际客约》《国际客协》等国际铁路直通联运基本法律文件调整铁路与旅客、行李和包裹领收人间及各铁路之间的相互关系。综合各国际组织国际旅客联运基本法律文件中的相关基本概念如下：

旅客——凭有效乘车票据乘坐列车或持有乘车票据并在上下车时位于铁路车站内或旅客站台上的自然人。

携带品——旅客在车厢中免费随身携带，重量和尺寸不超过规定标准的物品。

行李——承运人承运并用旅客列车编组中的行李车或旅客车厢中的专门安置位置运送的旅客的物品。

包裹——承运人按规定办法从自然人或法人处承运，用旅客列车编组中的行李车运送的物品。

合同承运人——与旅客（发送人）签订运输合同，且据此负责将旅客、发送人委托的行李和包裹自发送地运至到达地，并在到达地交付行李和包裹，或将旅客、行李和包裹移交接续承运人的法人。

实际承运人——未与旅客签订运输合同，但受合同承运人或接续承运人的委托，在某一区段办理铁路运送的法人。在《国际客约》中也称为替代承运人。

接续承运人——自其他承运人承接权责，继续运送旅客、行李和包裹的法人。

承运人——参加旅客、行李和包裹运送的合同承运人和所有接续承运人。

发送人——托运行李、包裹并以行李、包裹发送人身份在运输单据中注明的自然人或法人。

领收人——被授权领收行李、包裹的自然人或法人。

铁路运输基础设施（以下简称基础设施）——技术设备综合体，包括铁路线路及其他建筑物，铁路车站，供电设备，通信网，信号、集中和闭塞系统，信息设施，行车管理系统及其他保证该综合体运行的各类房屋、建筑、工程物、设施和设备。

基础设施管理者——向承运人提供基础设施使用服务的法人。

运送过程参加者——承运人、实际承运人、车辆经营人、基础设施管理者和被授权人。

活动受限人士——具有长期或暂时的身体、心理、智力或感官缺陷，在遇到各种障碍的情况下，不能完全并有效地与其他旅客享受同等的运输服务，或因年龄原因活动受到限制的人士。

车辆——指在客运中载运旅客和行李包裹的客车或行李车。

车辆经营人——依据所有权或其他权利拥有客车或行李车，并根据与承运人的合同使用这些车辆参加运送过程的法人。

运送票据——证明签订行李或包裹运输合同的票据（行李票、包裹票）。

乘车票据——证明签订旅客运输合同的票据。

一般承运条件——指以一般条件的形式表现的承运人的条件，或在各成员国内合法执行的标准，且已经通过签订运输合同成为运输合同不可或缺的一部分。

除以上较为常用的概念外，欧盟从20世纪90年代以后开始推进铁路运输市场一体化进程，制定了若干法令推进欧盟铁路改革。其中涉及与旅客联运相关的概念有：

铁路企业——由2012/34/EU指令第3（1）条所规定，铁路企业指任何由欧盟法令许可的公有或私营企业，其主要任务是提供旅客或货物铁路运输服务，企业应确保机车牵引，也包括只提供牵引服务的企业。

基础设施管理者——由2012/34/EU指令第3（2）条所规定，比其他国际组织使用的概念更为具体（上文中已列出），基础设施管理者是指任何有责任负责管理或维护铁路基础设施的实体或公司，包括运输管理、调度指挥和信号控制，在一个路网上或部分网络上基础设施管理者的功能可能分配给不同的实体或公司。

车站经营人——指成员国内负责管理火车站的组织实体，可能是基础设施管理者。

旅行社——指欧洲议会和欧盟理事会2015/2302号法令第3条第（8）和（9）点所指的铁路售票组织者或零售商，铁路企业除外。

售票商——指铁路运输服务的零售商，代表铁路企业或者自行订立运输合同销售车票。

运输合同——指铁路企业、售票商与旅客之间，为提供一项或者多项运输服务，订立的有偿或者无偿运输合同。

预订——指书面或电子形式的授权，使旅客享有提前确认个性化运输安排的运输权。

直达票——指由一个或者多个铁路企业经营的连续铁路服务的单一运输合同的一张车票或车票凭证。

服务——指按照时刻表在车站或者车站之间运行的铁路客运运输服务。

旅程——指根据单一运输合同，旅客在出发站和到达站之间的运输。

国内铁路旅客服务——指不跨越成员国边界的铁路旅客服务。

国际铁路客运服务——由 2012/34/EU 指令第 3（5）条所规定，国际铁路客运服务指列车至少跨越一个成员国的国境，主要目的是为满足位于不同国家的车站间的客流需求提供客运服务；列车可以组合也可以分解，列车的不同分组可能有不同的起点和终点，只要涉及的运送过程跨越至少一个国境。

延误——指旅客按照公布的时刻表预定到达目的地的时间与实际或者预计到达目的地的时间之间的时间差。

旅行证或季票——指为持有人提供的在特定期间内在特定路线或网络上进行铁路旅行的不限次数的车票。

错过换乘——指旅客在旅途中因一项或多项先前服务的延误或取消而错失一项或多项服务的情况。

第二节 国际铁路旅客联运特征和分类

一、特　征

与其他行业相比，交通运输具有的明显特征主要有：运输产品的功能是实现客运和货运的空间位移，公共性与管制性，资本密集性，国际性与大系统性，需求的快变性与供给的慢变性，产业内部的弱替代性。铁路运输除了具有交通运输的共同特征以外，还具有区别于其他交通运输方式的特征，主要为：准确性和连续性强，能够全天候运行、受气候条件影响小；运输安全可靠，风险小；运输过程高度依赖线路、桥梁、隧道等固定设备，初期投资大，收益与运量关联度高。

国际铁路旅客联运是铁路运输的重要组成部分，国际性是其最大特点，不仅包括运输经营的跨国性，还包括运输过程中法律规范的统一性以及技术标准的国际性。

在跨国的长距离旅客运输中，航空运输由于其运行速度快和运输线路短而占据了主要的市场份额，是国际铁路旅客联运的主要竞争对手。

将国际铁路旅客联运和航空运输从以下方面进行对比：

从旅行速度看，速度快是航空运输的首要特点，也是消费者选择航空运输的主要原因；另外，航空运输为点到点运输，铁路运输可设中途停站，会导致旅行速度进一步下降。

从运输距离看，航空运输不受地形等地理条件的限制，可以在高山、沙漠、沼泽、草原

和森林地带的上空直线飞行。因此相对于其他运输方式而言，航空运输线路最短。如北京至莫斯科，飞机航行的直线距离不足 6 000 km，2020 年之前中俄之间经由二连浩特和满洲里口岸分别开行的 K3/K4 和 K19/K20 次国际旅客列车，运行距离分别约为 8 000 km 和 9 000 km，远大于飞机的航行距离。

从安全性看，高空作业是航空运输的重要特点，它主要通过航空器实现旅客在空间上的位移。这使航空运输属于高度危险作业，风险性较高。航空事故一旦发生，不仅会对航空器上的人员生命财产造成巨大损失，而且也会对第三人的人身财产造成巨大损害，因此世界各国一般都将航空安全放在首位。相比航空而言，铁路运输安全性高。

从国际性看，航空运输和国际铁路旅客联运都具有国际性的特点，航空运输是国际贸易、文化、科技、旅游等各种国际活动中的主要交通工具，国际性高于铁路国际运输，两种方式均需要确立一套参与各方共同遵守的国际公法和统一的技术规范，另外，航空运输的安全性还决定了需要制定统一的航行程序和操作规则。

从系统性看，航空运输涉及的主体众多，不仅表现在最后的运输过程中，还包括适航的航空器、合格的航空人员和地面服务设施等，参与主体包括航空器制造商、租赁商、机场、空中交通管制、航空运输企业、消费者及政府等。铁路运输近些年的市场化程度不断增加，运输企业、基础设施管理者、车辆经营人、车站经营人等主体的权责越来越清晰。这些众多的主体和部门，都围绕运输活动分工合作，有机协调配合，完成航空和铁路运输活动，其中若一个部门或个人有失误，就会影响到运输产品的质量，在整体上呈现出系统性特点。

二、分　类

国际旅客列车的运输对象包括旅客、手提行李、托运行李和包裹，另外，在《国际客约》中，将旅客的汽车车辆作为一类特殊的携带品单独划分。《国际客约》和《国际客协》相比，《国际客约》规范的对象为旅客、手提行李、托运行李、汽车车辆，《国际客协》规范的对象为旅客、携带品、行李、包裹，《国际客协》中的携带品和行李分别与《国际客约》中的携带品和行李对应，包裹为《国际客协》的特色，包裹与行李不同，行李为旅客携带物，其中一定数量和体积的行李可作为手提行李、超过部分作为托运行李运输；包裹指用行李车运送的从自然人或法人处承运的物品。客票为承运人和旅客之间就实现旅客及携带品的位移达成的运输合同。行李票为承运人和旅客之间就实现托运行李的位移达成的运输合同。包裹票为承运人和发送人之间就实现包裹的位移达成的运输合同。

第三节　国际铁路旅客运输法的概念和调整对象

一、铁路运输法的概念

给法下定义，首先要分析法的本质属性。一般认为，法的本质是国家意志的体现。具体而言，法是指国家制定或认可的，并以国家强制力保证实施的行为规范的综合。这种定义方式是针对国内法而言的，旅客运输法有国际和国内之别，国际铁路旅客联运法和国内旅客运输法在制定主体、适用范围、法律渊源及强制力等方面都存在差异，两者分属于不同的法律体系。

1. 国内铁路运输法

国内铁路运输法是国内法的分支，一般认为，国内法是主权国家制定的，调整相关社会关系的法律规范的总称。国内铁路运输法也不例外，也是由主权国家制定的，调整铁路运输中所产生的各种社会关系。从理论上来看，运输中所产生的各种社会关系，既有公法关系，也有私法关系；既有国内关系，也有涉外关系。本书所研究的铁路运输关系，只是私法意义上的民商事法律关系。因此，国内铁路运输法是调整铁路运输过程中所产生的各种民商事法律关系的法律规范的总称。这个定义具有以下含义：

第一，国内铁路运输法是国内法的一个分支。国内铁路运输法属于铁路法的一个组成部分，是由主权国家制定的，是靠主权国家强制力保障实施的，是国内法的一个分支。

第二，国内铁路运输法主要调整铁路运输民商事法律关系。在铁路运输过程中，所产生的社会关系非常广泛，既有铁路运输民商事法律关系，又有行政法律关系和刑事法律关系，理论上来说，这些运输法律关系都应归国内铁路运输法所调整。但这样界定，会使国内铁路运输法的范围过于庞杂，甚至超出了铁路法的调整范围。因此，可以认为国内铁路运输法主要调整铁路运输民商事法律关系。

第三，国内铁路运输法的核心内容是消费者与承运人之间的国内铁路运输合同关系。铁路运输是一个系统工程，需要各个子系统之间相互协调和协作，最终才能保障铁路运输安全和有秩序运行。这就要求调度指挥、运输工具、作业人员和车站服务等环节密切配合，形成合力，确保承运人和消费者之间的国内铁路运输合同能够顺利履行。因此，国内铁路运输合同关系是铁路运输的中心，成为了国内铁路运输法的核心内容。

第四，国内铁路运输法具有较强的强制适用性。2015年修正的《中华人民共和国立法法》第九十二条规定，同一机关制定的法律、行政法规、地方性法规、自治条例和单行条例、规章，特别规定与一般规定不一致的，适用特别规定。这条规定明确了在国内法律中适用的"特

别法优先于普通法"的原则,国内铁路运输和其他一般法律相比,是特别法,因此,按照"特别法优先于普通法"的法律适用原则,只要是在国内铁路运输中发生了损失,无论是以什么理由进行诉讼,都应强制性地适用国内铁路运输法律的规定。

第五,国内铁路运输法对违法行为所作出的裁判具有较强的执行力。这是与国际运输对违法行为所作出的裁判的弱执行力相比较而言的,在国际运输中,一旦某国法院对相关运输纠纷作出判决或裁定,或仲裁机关对某些仲裁纠纷作出裁决,当事人要申请执行,在国家间无司法协助条约等情况下,首先要取得执行国法院对该判决、裁定或仲裁裁决的承认,对于外国法院的判决和裁定,各国都有相对繁琐的程序性问题,往往导致执行费时、费力,从而体现出弱执行力的特征。而对于国内铁路运输法律规定作出的国内司法判决、裁定或仲裁裁决,由一国国家强制力保障实施,当事人可直接请求本国法院给予强制执行,进而体现出较强的执行力。

国内铁路旅客运输法指一切有关铁路旅客运输的法律法规和行政规章,如《中华人民共和国铁路法》《中华人民共和国民法通则》《中华人民共和国合同法》《中华人民共和国侵权责任法》以及《铁路旅客运输规程》等大量行政法规和规章。

2. 国际铁路运输法

国际铁路运输法属于国际法的范畴,国际法又分为国际公法、国际私法和国际经济法。理论上,国际铁路运输法兼有国际公法、国际私法和国际经济法的相关特征。由于本书界定的国际铁路旅客联运是取其私法意义上的含义,因此,在界定国际铁路旅客联运概念时,需先厘清国际私法与和国际铁路旅客联运的关系。所谓国际私法是以涉外民事法律关系为调整对象,以直接调整和间接调整为手段,由国际规范、外国人民事法律地位规范、冲突规范、统一实体法规范以及国际民事诉讼和国际商事仲裁程序所组成的兼具国际法性质和国内法性质的独立部门法。国际铁路旅客联运法首先也要具有国际私法的相关要素,但和传统国际私法相比,又存在诸多差异,主要表现在以下三个方面。

第一,两者在法律适用上有差异。在法律适用上,传统国际私法有自己的一系列法律冲突及适用的规范,但最终适用一国国内法。而国际铁路旅客联运则不然,从其诞生之日起到现在,其法律适用主要是以多边国际条约为主,这是因为依照传统国际私法冲突规则往往无法解决国际铁路旅客联运的法律适用问题,更不利于承运人的培育。

第二,两者调整对象的范围有宽窄。国际私法的调整对象范围比国际铁路运输法的范围广,主要是涉外民事法律关系,即该民事关系的主体、客体和权利义务据以发生的法律事实诸因素中至少有一个外国因素的民事关系。从理论上说,涉外民事关系都属于国际私法的调整对象。而国际铁路运输法的调整对象相对较窄,主要是以跨国的铁路运输过程中所产生的民事法律关系为调整对象。

第三，两者的法律性质有差别。国际私法在性质上属于私法范畴，虽然近年来，随着国际交流和贸易的发展，国际私法公法化现象比较明显，从而使得国际私法也具有了公法的某些性质，但从总体上来看，国际私法在整体上仍然属于私法的范畴。而国际铁路运输不仅要解决承运人和消费者关系的私法问题，还可能涉及国籍、领土、技术标准等公法问题，是公法和私法的集合体，带有一定的公法属性。

二、国际铁路运输法的调整对象

国际铁路运输法从理论上来说应属于国际私法的范畴，但从国际铁路运输法制定伊始，就出现了私法公法化的现象，即国家间通过签订国际条约或协定对国际铁路运输进行规范。因此，在分析国际铁路运输法的调整对象时，要以国际法的视角进行分析。国际法是适用于国际社会的法，其调整对象包括国家之间、国家与其他国际法主体之间以及其他国际法主体相互之间的关系。国际铁路运输法也不例外。

从国际铁路旅客联运的主要竞争方式国际航空运输看，国际航空运输是国际旅客运输的主要方式，国际条约相对健全。国际航空运输法调整对象包括四方面：国家与国家间的通航内容、承运人与消费者之间的运输关系、航空器权利关系以及国际航空侵权关系。国家之间的通航，涉及运输权利的授予（授权），航空运输企业的指定和许可，航空运输企业航权的撤销、暂停或者附加条件，法律和规章的适用，证件和执照的承认，航空运力规定，航空运价及批准程序，关税、使用费的征收，代表机构的设立及人员的权利和义务，商务活动的条件，收入汇兑、航空安保、税收征收、统计资料的提供，双方的协商、争端的解决、修改、终止等。承运人与消费者之间的运输关系是国际航空运输法调整的核心内容，几乎所有通航国家都加入了该组织，并成为《华沙公约》和1999年《蒙特利尔公约》的加入国。航空器权利关系也是国际航空运输法调整的重要对象之一，国际社会早在1948年就制定了《国际承认航空器权利公约》（简称《日内瓦公约》），2001年国际社会又制定了《移动设备国际利益公约》及《移动设备国际利益公约关于航空器设备特定问题的议定书》，世界上大多数国家都已加入上述三个国际公约，从而使其具有在全球范围内的普遍适用性。国际航空侵权关系也是国际航空运输法的调整对象之一，为了规范国际航空侵权行为，国际社会制定了以下四个国际公约：1952年的《有关外国航空器对地（水）面第三人造成损害的公约》（简称《罗马公约》），1978年9月《修正该外国航空器对地面（水面）第三者造成损害的公约的议定书》（简称1978年《蒙特利尔公约》）对《罗马公约》进行了修订，2009年制定了《关于因涉及航空器的非法干扰行为而导致对第三方造成损害的赔偿的公约》和《有关航空器对第三方造成损害的赔偿责

任的公约》。

国际铁路运输法调整的对象主要是国家与国家间的运输关系以及承运人与消费者之间的运输关系。国际铁路运输同样涉及运输权利的授予（授权），运输企业的指定或许可，运力规定，工作人员往来、货运、商务交接、安保、税收等，这些关系需要国家之间进行谈判，通过签订双边运输协定或共同参加多边运输条约等形式实现，这些内容都是国际铁路运输法调整的基本对象。另外，承运人和消费者之间的运输关系之所以成为国际铁路运输法调整的核心内容，主要是因为各国国内铁路运输法的规定差别较大，不利于国际铁路运输的整体发展，制定统一的国际法律规范来统一承运人与消费者之间的运输关系成为必要，从而使承运人和消费者之间的运输关系成为国际铁路运输法调整的核心内容。国际铁路运输法是国家之间协议的产物，只对加入国有效，对非加入国无效。因此，国际铁路运输法调整的核心内容是参加该国际铁路运输法的缔约国之间的承运人和消费者之间的运输关系，并不是所有国际铁路运输中的承运人与消费者之间的运输关系。由于2001年制定的《移动设备国际利益公约》是关于调整航空器设备、铁路车辆、航天财产三类移动设备融资和租赁的国际法律制度，随着各国铁路车辆的市场化和私营化趋势逐步加剧，国际铁路运输政府间组织也在考虑推动各成员国铁路移动设备适用《移动设备国际利益公约》，以推动铁路行业发展、促进融资渠道多元化。关于侵权关系的法律规定，由于航空运输为高空危险作业，发生事故后容易因飞机坠毁或从飞机上落下人或物而对地（水）面人员人身和财产造成重大损害，而国际铁路旅客运输运量小，安全性较高，运输工具对第三方造成损害的可能性小，因此国际铁路运输未对侵权关系进行立法。

三、国际铁路旅客联运法律关系

法律关系是由法所调整的一定主体之间的权利和义务关系，它是一种社会关系而不是自然关系，是社会主体在社会生活中依法形成和实现的一种特殊的社会关系。铁路运输法律关系不仅包括民事法律关系、合同法律关系、刑事法律关系、民事赔偿法律关系，还包括行政法律关系、环境保护法律关系、担保法律关系、经济法律关系等。以一次运输活动为依据，其中所涉及的运输法律关系也是种类繁多、异常复杂的，但这些法律关系都是以承运人和旅客、托运人形成的运输法律关系为中心而衍生的。承运人和消费者之间所形成的运输法律关系是铁路运输活动的核心法律关系，具有第一性，而其他铁路运输法律关系都是为了保障该法律关系的顺利履行，为它服务，是第二性的。

第四节　国际铁路旅客运输法的渊源

一、国际铁路旅客运输法的渊源

国际铁路运输法属于国际法范畴，探究其渊源，首先要分析国际法的渊源，对于什么是国际法渊源，没有一个国际法律文件予以专门定义，国际法学界对此有各种不同的解释。一般认为，国际法的渊源主要有两种意义：一是指国际法作为有效的法律规范所形成的方式或程序；二是指国际法规范第一次出现的地方。"从法律的观点说，前一意义的渊源才是国际法的渊源；后一意义的渊源只能说是国际法的历史渊源。"国际法渊源的作用主要在于使法律规则得到认定并使法律规则与其他规则包括"应有法"规则区别开来，进而尊重、遵守和适用国际法。因此，几乎所有国际法学者在论述国际法渊源问题上都引用《国际法院规约》第38条第1款的规定。该规定本身并未提到"国际渊源"这几个字，而是从国际法院职能的角度进行表述的，但它"一般被认为是国际法渊源的完整陈述"。《国际法院规约》第38条第1款内容为："法院对于陈诉各项争端，应依国际法裁判之，裁判时应适用：（一）不论普通或特别国际协约，确立诉讼当事国明白承认之规条者；（二）国际习惯，作为通例之证明而经接受为法律者；（三）一般法律原则为文明各国所承认者；（四）司法判例及各国权威最高之公法学家学说，作为确定法律原则之辅助资料者。"这一规定认为国际法的渊源主要包括国际条约、国际习惯以及一般法律原则等。

1. 国际条约

自国际铁路运输产生以来，国家间主要通过签订多边或双边条约的方式进行联运，到目前仍是如此。因此，国际条约是国际铁路运输的最主要渊源。

（1）多边国际铁路旅客运输条约。

多边国际条约指三个或三个以上的国际法主体所签订的确立它们相互间权利、义务的国际书面协议。按照其适用地域范围来分，可分为全球性多边国际条约和区域性多边国际条约。到目前为止国际铁路旅客运输领域的国际多边条约以区域性条约为主，主要有：

第一，国际铁路运输政府间组织成员国制定的《国际铁路旅客和行李运送公约》（简称《国际客约》）。这是最早的欧洲各国间国际铁路旅客联运基本法，从1928年开始实行，1980年做了较大修改，在1985年COTIF公约生效后，《国际客约》不再是独立的国际条约，改名《国际铁路旅客运输合同的统一规则》（CIV）作为COTIF附件一。该条约主要规范承运人责任制度。在《国际客约》体系下，还制定了《国际联运旅客列车使用的统一规则》（CUV）《铁路旅客运输一般条件》（GCC-CIV/PRR）等规范性文件。

第二，铁路合作组织成员国制定的《国际铁路直通联运旅客及行李运送协定（国际客协）及其办事细则》，这是亚欧大陆各国开展国际铁路旅客运输的核心条约之一，该条约从制定起即独立存在。《国际客协》体系下，有关国际铁路旅客联运的规范性文件还有《国际铁路客运运价规程》《国际联运客车使用规则》《国际旅客联运和铁路货物联运清算规则协约和清算规则》等。

第三，独联体国家铁路运输委员会是苏联解体后独联体成员国协商设置的运输管理系统，作为各国国际铁路运输的协调机构。该委员会虽然不是国际组织，但是制定的条约也属于区域性条约的范畴，如旅客运输服务质量办法等。

除了上述几个较为有代表性的国际运输公约外，欧盟内部所签订的一些为实现铁路旅客运输一体化的运输协议对促进地区性国际铁路旅客运输的发展也做出了重要贡献。

（2）双边国际铁路运输条约。

在国际旅客联运中，《国际客协》《国际客约》等虽对国家间铁路旅客联运做出了指导性规定，但各条约的概况性较强，其附件或细则往往不具备国际法的效力，加之每一个国家因运输资源、技术水平、设备设施等因素差别很大，因此，要求所有国家采用区域性条约及其相关附件文件的规定是不现实的。另一方面，条约只对加入国有效，一些未加入《国际客协》或《国际客约》体系的国家之间对承运人责任制度的适用方面也存在着差异。因此，国家间通过谈判、协商、签订双边运输协定的方式来规范国家之间的联运，作为区域性条约的补充。

2. 国际习惯

国际习惯是指各国在国际交往中不断重复的一致实践，并且被认为是具有约束力的行为规则。国际习惯和国际条约有所区别，条约是国际社会以明示协议的方式确立国际法规则，而国际习惯则是以默示协议的方式确立国际法规则。国际铁路运输的国际习惯有：国家对其领地享有主权，任何他国铁路列车在没有条约或本国允许时，不得进入该国；运输企业根据对等原则对其他国家驶入的旅客列车提供必要的保洁服务等。

3. 一般法律原则

《国际法院规约》第38条第1款规定，一般法律原则是"为文明各国所承认"，因此可以将一般法律原则理解为各国法律体系中所共有的原则，可以认为体现在国际铁路旅客联运中的一般法律原则包括：承运人和消费者都要遵守诚实信用原则；不得因不法行为获利；发生事故时应尽快组织救援，不得因承运人、运输工具或旅客的国籍而实行歧视待遇等。

二、我国国际旅客联运法律

我国从1951年起通过满洲里口岸在北京至莫斯科间开行国际旅客换乘列车，中国和原苏联铁路各自提供车辆，在本国境内运行并担当乘务，旅客在满洲里站换乘，使用各自国内客票，票价也分别按各自国内规定计算。该列车的开行根据中国和原苏联签订的《中苏铁路旅客和货物联运协定》以及《中苏国境铁路协定》办理。1954年1月1日，中国加入《国际客协》，据此及《国际客协办事细则》《国际客价》《客车车规》《清算规则》开展国际旅客联运。

除以上多边协定外，协调我国与相邻国家间过境运输的双边协定有：《中哈国境铁路协定》及《中哈国境铁路联合委员会议定书》、《中俄国境铁路协定》及《中俄国境铁路联合委员会议定书》、《中蒙国境铁路协定》及《中蒙国境铁路联合委员会议定书》、《中朝国境铁路协定》及《中朝国境铁路联合委员会议定书》、《中越国境铁路协定》及《中越国境铁路联合委员会议定书》，这些对于铁路旅客、行李、包裹跨境运输的要求和条件做出了规定。

第二章

亚欧大陆国际铁路旅客联运法规标准体系

绪论第二节简单阐述了制定国际旅客联运法规标准的国际组织，各国际组织制定的法规标准基本上涵盖旅客与承运人间相互关系、承运人与承运人间相互关系、运价条件、乘车票据的办理、免费乘车证、客运相互清算、国际联运客车的使用七方面。

第一节 铁路合作组织国际旅客联运法规标准

铁路合作组织制定的国际旅客联运相关的运输法包括：《国际旅客联运协定》《国际旅客联运协定办事细则》《国际铁路客运运价规程协约》《国际铁路客运运价规程》、国际客价运价附件《手工办理国际联运乘车票据办事细则》《国际旅客联运和铁路货物联运清算规则协约和规则》《国际联运客车使用规则（客车规则）》协约、《国际联运客车使用规则（客车规则）》等协约以及"铁组约110备忘录"《铁组成员国间国际联运旅客列车和车厢检查规则》、"铁组约111备忘录"《铁组公用乘车证和铁组一次性免费乘车证发放和使用规则》、"铁组约170备忘录"《手工办理预留席位的规则》等备忘录。

一、《国际旅客联运协定》（简称《国际客协》）

《国际客协》是铁路合作组织（铁组）范围内制定的国际铁路联运基本规章之一，是调整该协定参加者之间在国际旅客联运中办理旅客、行李和包裹运送的重要法律文件，自1951年11月1日起生效，最新版包括截至2019年5月1日的修改补充事项。协定各方为铁组成员国主管铁路运输的各部委和中央国家机关。

《国际客协》对承运人、旅客、行李和包裹的发送人和领收人、车辆经营者、基础设施管理者均有约束效力，适用于下列情况的旅客、行李和包裹运送：

（1）发站和到站位于两个不同国家；

（2）发站和到站位于同一国家，但运输合同在其他国家签订；

（3）发站和到站位于同一国家，但运送需要过境其他国家。

《国际客协》规定下列内容：

总则（协定目的，术语，协定适用范围，旅客、行李和包裹的运送组织，运输合同）。

旅客运送（乘车票据，客票和补加费收据，卧铺票，乘车票据的有效条件，列车中席位的提供，儿童乘车条件，活动受限人士的运送，中途下车，乘车票据的查验，携带品和动物的运送，禁止按携带品运送的物品，旅客乘车径路的变更、未赶上列车或列车停运，利用专列或包车运送，未履行或变更运输合同条件的证明）。

行李运送（运送票据，行李运送标准、禁止按行李运送的物品，行李承运条件，行李的包装和标记，行李价格的声明，行李的运到期限，行李的交付）。

包裹运送（运送票据，准许和禁止按包裹运送的物品，包裹承运条件，包裹的包装和标记，包裹价格的声明，包裹的运到期限，包裹的交付）。

运送费用（运送费用的计算和核收，运送费用的退还）。

承运人的责任（承运人责任一般规定，承运人对旅客生命或健康遭受损害的责任，对旅客生命或健康遭受损害的赔偿，行李和包裹运到逾期的责任，行李和包裹全部或部分灭失、毁损的责任）。

旅客和发送人的责任（旅客和发送人的责任）。

赔偿请求（赔偿请求，根据运输合同所发生的赔偿请求时效）。

附则（本协定办事细则，海关和其他规定，国内法规的适用，本协定、办事细则的公布、修改和补充，铁组专门委员会会议，事务的掌管，本协定的参加方，本协定的语文，本协定的生效）。

二、《国际旅客联运协定办事细则》（简称《国际客协办事细则》）

《国际客协办事细则》对按照《国际旅客联运协定》办理运输的运送过程参加者具有约束效力，不用以调整旅客或包裹发送人和领收人（为一方）同承运人（为另一方）之间的相互关系。《国际客协办事细则》确定了下列标准：

国际联运车厢的乘务规则；

有关乘车票据填写的一般条款（乘车票据填写语言，填写卡片客票、检票页、票皮的乘车票据的方法和办法）；

乘车票据的查验规则；

行李承运规则；

行李运送规则；

行李交付规则；

包裹承运规则；

包裹运送规则；

运送票据填写规则；

乘车票据和运送票据的空白票样式；

包裹交付规则；

行李和包裹误送处理办法；

行李和包裹标记办法；

商务记录编制条件和办法；

边境站旅客运输、行李和包裹运送规则；

旅客乘车票价、行李和包裹运费及杂费确定和支付办法；

承运人之间关于退还所支付赔偿款的偿还请求提出办法；

《国际客协》参加国承运人代号；

商务记录样式及其填写说明；

旅客索赔请求审查办法。

三、《国际铁路客运运价规程协约》(简称《国际客价协约》)

《国际客价协约》自 1991 年 8 月 1 日起生效。协约各方为本文件第一部分第 1 条记载的各国承运人，协约对象为国际直通联运中的组织旅客运输工作的运输企业。协约各方决定相互间采用国际客价，《国际客价》为本协约不可分割的一部分。协约规定下列内容：

对《国际客价协约》及《国际客价》列入修改和补充事项的办法；

召集、举行协约各方代表会议的办法；

协约纳入新参加者的办法；

终止参加协约的办法；

《国际客价》运价货币和运价货币汇率声明办法；

修改《国际客价》中国际旅客联运站间运送里程表和指数系数的办法。

四、《国际铁路客运运价规程》(简称《国际客价》)

《国际客价》自 1991 年 8 月 1 日起生效。效力范围：《国际客价》适用于根据《国际客价协约》，在铁组 13 个成员国家之间所开展的旅客、行李和包裹的运送。未体现在《国际客价》中的条款由《国际客协》调节。《国际客价》规定了下列内容：

计算和收取客票票价、行李和包裹运费以及杂费办法；

乘车票据的有效条件；

提供减成（儿童、有组织的团队旅客、残疾旅客）的办法；

重量和运费的进整办法；

专用列车、专用内燃动车和包车的使用条件；

《国际客价》协约方领导沙龙车运行办法。

五、《国际客价》附件《手工办理国际联运乘车票据和运送票据办事细则》

《手工办理国际联运乘车票据和运送票据办事细则》规定关于非自动方式填写乘车票据和运送票据的一般条款，如乘车票据和运送票据的填写，旅客乘车费用以及行李和包裹运送费用的计算等。

六、《国际联运客车使用规则（客车规则）》协约

《国际联运客车使用规则（客车规则）》协约自2009年1月1日起生效。协约方为铁路、铁路公司、铁路企业或由于铁路改革和机构重组而产生的铁路机构。

协约的对象为协约方之间在国际联运客车使用方面的相互合作。

七、《国际联运客车使用规则》（简称《客车规则》）

《客车规则》自2009年1月1日起生效，适用于国际联运中交接的《客车规则》协约方的一切客车，上述条款不针对在RIC运输中交接和使用的列车。《客车规则》确定下列内容：

准许运用车辆的要求；

车辆提供办法；

车辆的交接办法；

车辆的使用条件；

列车摘解车辆办法；

车辆使用费的偿付和其他清算支付办法；

空车的运行办法；

车辆的运用规则；

车辆内部的设备和备品要求；

车辆的清扫和消毒开展办法；

车辆的经常保养和修理，破损车辆、严重破损车辆或转向架的处置；

丢失车辆的赔偿支付办法；

国际联运客车的技术要求。

八、《国际旅客联运和铁路货物联运清算规则协约和规则》

《国际旅客联运和铁路货物联运清算规则》协约自 1991 年 4 月 12 日起生效。铁组掌管有关协约的事务。

协约方在铁组成员国境内注册并开展活动、实施国际运送和/或拥有（管理）用于办理国际运送所使用铁路基础设施，和/或拥有（管理）用于办理国际运送所使用车辆的铁路公司，以及管理这些铁路公司的铁路公司和这些铁路公司的联合体。

协约内容为协约方之间商定根据《国际旅客联运和铁路货物联运清算规则》（协约附件 2）办理清算。

规则为协约不可分割的一部分。规则适用于按《国际客协》和《国际铁路货物联运协定》（《国际货协》）办理的旅客、行李、包裹和货物的运送清算及根据《国际联运客车使用规则》（《客车规则》）、《国际联运货车使用规则》（《货车规则》）提供的与该运送有关的其他服务的清算。

九、铁组约 110 备忘录《铁组成员国间国际联运旅客列车和车厢检查规则》

铁组约 110 备忘录自 2004 年 11 月 17 日起生效，根据铁组委员会办事细则第四条第 2 款规定的程序由铁组部长会议核准。铁组约 110 备忘录具有约束性，确定了旅客列车检查办法，并旨在保证这些列车和车辆的工作人员在服务旅客时必须履行各自职责。

十、铁组约 111 备忘录《铁组公用乘车证和铁组一次性免费乘车证发放和使用规则》

铁组约 111 备忘录自 1972 年生效。由铁组部长会议（根据铁组委员会办事细则第四条第 2 项规定的程序）核准，具有强制性质。

铁组约 111 备忘录确定铁组公用乘车证、铁路员工及其家属的铁组一次性私用免费乘车证的发放、注册和使用规则，以及铁组成员国间铁组公用乘车证的分配标准。

十一、铁组约 170 备忘录《手工办理预留席位的规则》

铁组约 170 备忘录自 1949 年 1 月起生效，具有强制性。

铁组约 170 备忘录规定了非自动方式办理乘车票据的标准，在经路至少经过两家铁路运输企业的国家以及如果发站和到达站位于同一国家而办理运送在另一国家的情况下，办理运送时采用该备忘录。

备忘录在下列情况下生效,并用于席位查询和预留:

至少其中一家采用手工完成预留的两家铁路运输企业间;

缺少预留系统协作的两家铁路运输企业间。

第二节 国际铁路运输政府间组织(OTIF)

一、《国际铁路运输公约》(COTIF)附件 A《国际铁路旅客运输合同的统一规则》(简称《国际客约》)

《国际客约》自 1928 年 10 月 1 日起实行,适用于每一个营利性或非营利性铁路客运合同。只要出发地和目的地位于两个不同的成员国,无论签署运输合同各方的(法定)住所或所在地在哪里以及他们是什么国籍,均可适用《国际客约》。本规则不适用于车站基础设施均由属于其中一个国家的一家或几家基础设施管理机构管理的、毗邻国家车站间的运输。

每个国家可在寄送有关加入《国际铁路运输公约》的申请时声明该国仅在位于该国境内部分铁路基础设施开展运输时采用《国际客约》。铁路基础设施的该部分应予以明确,并与成员国铁路基础设施相连。如果一国做了上述声明,则《国际客约》仅在下列情况下适用:

(1)始发站和目的站,以及在运输合同指定的线路位于特定的基础设施之上。

(2)特定的基础设施连接两个成员国的基础设施,并且运输合同中指定其作为过境运输线路。

《国际客约》规定了下列内容:

运输合同的签订和履行(运输合同,运输凭证,运费的支付和退还,运输权、拒载权,行政手续的履行,列车的取消和晚点、错过转乘);

手提行李、动物、托运行李和汽车的运输(允许的物品和动物,查验,行政手续的履行,监管,行李托运,行李托运单,登记和运输,行李托运费的支付,托运行李的标记,行李处置权,交付,承运条件,承运凭单);

承运人责任(责任依据,死亡情况下的损害赔偿,受伤情况下的损害赔偿,其他人身损害赔偿,死亡和受伤情况下损害赔偿的方式和金额,其他运输方式,列车取消、晚点或错过换乘的责任,涉及手提行李和动物的责任,物品丢失或损坏情况下的赔偿限额,责任免除,责任依据,举证义务,接续承运人,替代承运人,丢失推定,托运行李丢失赔偿,托运行李损坏赔偿,托运行李延迟交付的赔偿,汽车逾期赔偿,汽车丢失赔偿,涉及其他物品的责任,责任限定法规的时效,换算和利息,核事故情况下的责任,需要承运人负责的人员,其他诉讼);

乘客的责任（责任的特殊原则）；

权利的履行（部分丢失或损坏的确认，索赔，可能会被起诉的承运人，诉讼，死亡或受伤情况下的诉讼权失效，因行李运送引起的诉讼权的失效、时效）；

承运人之间的关系（运费清算、追索权、追索程序）；

运输凭证的形式、内容、填写语言、字体、包含的基本信息。

二、《国际铁路运输公约》附件D《国际铁路运输车辆使用合同的统一规则》（CUV）

CUV适用于根据《国际客约》《国际货约》统一法律规定、使用铁路车辆作为运输用具办理运输的双边和多边协约。CUV确定下列标准：

车辆上的标志和标记；

车辆丢失或损坏的责任；

行使责任限制的失权；

车辆丢失的推定；

车辆引起损失的责任；

代位权；

雇员和其他人员的责任。

第三节　欧洲议会及理事会

欧洲议会及理事会制定了《关于铁路旅客权利和义务的规程》（2017年修订版，简称《PRR规程》）。《PRR规程》适用于根据欧洲议会及理事会第2012/34/（EU）指令许可的一家或多家铁路企业在欧盟境内提供的国内和国际铁路旅行和服务。《PRR规程》规定了下列内容：

运输合同缔结办法；

自行车运输规定；

提供服务信息和旅程信息的规定；

车票、通票和订票的规定；

铁路企业对旅客及其行李的责任；

火车延误、错过转乘和取消（延误、错过转乘和取消的责任，赔偿和改签，票价补偿，援助，赔偿权）；

残疾人和活动受限人士（乘坐权利，为残疾人和活动受限人士提供信息，车站协助，列车协助，提供援助的条件，移动设备或其他特殊辅助设备的补偿，职工培训）；

安全、投诉和服务质量（旅客人身安全，投诉，服务质量标准）；

信息和执行（向乘客提供有关他们权利的信息，制定国家执法机构，执法任务，国家执法机构的投诉处理，各国执法机构之间的信息交流和跨境合作）。

第四节　国际铁路运输委员会（CIT）

一、《铁路旅客运输一般承运条件》（简称《GCC-CIV/PRR》）

国际铁路运输委员会（CIT）制定了《GCC-CIV/PRR》，并建议其成员加以实施。2006年7月1日最早的《GCC-CIV/PRR》生效，最新版为2009年12月3日适用的版本。《GCC-CIV/PRR》的目的在于保障在国际和国内铁路旅客运输中所适用合同条件的统一性。

《GCC-CIV/PRR》主要涉及旅客和承运人之间合同关系的一般问题，主要规定以下内容：

运输条件；

法定依据；

运输合同；

车票和预订；

乘客的义务；

手提行李；

动物；

登记行李及车辆；

延迟；

晚点时为旅客提供帮助；

人身伤害；

财产损失和损坏；

索赔与投诉。

二、《调节运输企业有关国际铁路旅客运送关系协定》（简称《AIV》）

《AIV》自2009年12月3日起生效。《AIV》对国际铁路运输委员会所有成员具有约束性。但国际铁路委员会非独立成员可在文件与自己的利益相矛盾时声明不适用该文件。通过下列方式，调节保证国际铁路旅客运送的运输企业间的关系：

（1）当对旅客的生命或健康造成损害、车辆滞留、取消时，规定审查旅客索赔和提交返

还费用申请的标准原则。

（2）根据《GCC-CIV/PRR》中已落实的 CIV 和/或 PRR 的统一规则，规定应支付的损失赔偿和其他补偿的标准条件。

该协定适用于下列情况，如果在旅客申请中，提到几个运输企业协定参加者作为发放乘车票据的承运人或企业，且就 CIV 第 3 条 b）项和 PRR 第 3 条第 3 项来说，在实际承运人-执行者中没有推广。

三、《国际铁路旅客联运协作协约签订指导手册》（简称《MCOOP》）

《MCOOP》具有建议性，并对表示同意采用《MCOOP》的国际铁路运输委员会成员来说是约束性的。《MCOOP》规定国际联运协作协约建立的基本法律原则，包含标准协作协约结构的具体说明，以及阐明复杂的实际任务和说明签订该协约时的典型风险。协作指的是两个或更多旨在使用铁路机车车辆组织特定经路旅客运送的铁路企业的共同活动。《MCOOP》描述了标准协约结构的主要组成：

协约对象；

各方协作的目的、活动范围和原则；

有关获取允许性文件必要性的条款；

协作模式和有关各方责任的条款；

选择有利于协调旅客和承运人间法律关系的法律程序；

巩固技术和经营协作的基础；

协约价格和各方结算办法；

协约有效期和解除办法；

争议解决办法、适用法律和管辖范围。

第五节　国际铁路联盟（UIC）

一、《凭乘车票据在东-西方联运（EWT）中乘车的国际联运特别条件》（《SCIC-EWT》）

捷克铁路股份公司（捷铁）掌管有关《SCIC-EWT》的事务。《SCIC-EWT》的参加者为《国际客约》和《国际客协》参加国办理运送的承运人，在《国际客约》和《国际客协》参加国旅客运送中使用，为其签发直达乘车票据和国内运输车票。《SCIC-EWT》确定了下列内容：

运输合同缔结办法；
乘车票据签发规则和种类；
乘车票据使用规则；
乘车票据有效条件；
改乘其他等级车厢、列车或其他种类车厢的办法；
夜车中卧车、沙发车和座席车的席位使用办法；
运输径路确定办法；
运输径路变更办法；
运行中断办法；
确定运价的办法；
乘车票据退还和更换及赔偿规则；
儿童乘车条件和乘车折扣；
团体旅客乘车办理条件和乘车折扣；
运送动物规则；
携带品运送规则；
关于承运人对未遵守列车运行时刻表承担责任的规则；
车站和列车中旅客行为规范。

二、《SCIC-EWT 办事细则》

《SCIC-EWT 办事细则》规定以下内容：
乘车票据签发办法；
承运人因乘车票据未使用或部分未使用退还票价时相互协作办法；
SCIC-EWT 运价货币；
价格稳定的条件、用本国货币计算价格；
运费计算办法；
将价格告知合作伙伴的办法；
检查国际直通联运中根据 SCIC–EWT 特别条件运行的卧铺车厢和沙发车厢。

三、《SCIC-EWT》附件 2《关于确定的报价和按全价乘车的专门附件》

承运人自行确定有效期并掌管专门附件事务。
承运人和旅客作为专门附件各方，在按全价运行的列车上办理乘车票据时，专门附件是

报价的一部分。专门附件适用范围为：承运人对特定的运输（区段或列车）规定全价运输的特别条件。全价特殊条件可与 SCIC-EWT 不同并应在专门附件体现。专门附件规定以下内容：

运价确定和适用办法；

办理方法、有效期和乘车票据的有效性；

运送小型（室内饲养）宠物、狗和鸟的办法；

携带品运送规则；

重新办理乘车票据办法；

运行途中运行中止办法；

乘车票据的退还规则；

因承运人过失变更运输合同时支付旅客相应运送费用的办法；

乘车票据补办办法。

四、《对无席位预留乘车的国际联运特殊条件》(《SCIC-NRT》)（拉铁和爱铁不参加）

《SCIC-NRT》旨在为旅客协调旅客运送规则和国际旅客联运（包括夜车）中发售无综合卧铺票的客票和单独卧铺票的事宜，并保障这些规则可以适应运输市场的各种情况。

《SCIC-NRT》涉及普通价格开行列车、在某些空白票上签发客票和卧铺票，规定了以下内容：

乘车票据签发规则和种类；

乘车票据有效条件；

乘车票据使用规则；

运价规定办法；

补加费规定和收取办法；

中途下车办法；

旅客运行经路变更办法；

改乘其他等级车厢、列车或其他种类车厢的办法；

儿童乘车规则和乘车减成；

有组织的团体旅客运送规则和减成；

专列和包车指派条件和办法；

RAILPLUS 专门提供条件、RAILPLUS 卡的使用规则；

向大型集团客户提供运价报价的规则；

军运规则和军用乘车证乘车减成；

乘车票据退还和更换及赔偿规则；

携带品运送规则；

自行车运送规则；

狗和小型宠物运送规则；

行动不便人士特别条件；

列车停运或晚点时旅客要求赔偿、补偿及提供帮助的权利。

五、《对可席位预留乘车的国际联运特殊条件》(《SCIC-IRT》)

《SCIC-IRT》旨在为旅客协调旅客运送规则和国际旅客联运中发售带综合卧铺票的客票的事宜，并保障这些规则可以适应运输市场的情况。《SCIC-IRT》涉及全价/总价开行列车（客票和卧铺票在同一张票上）。《SCIC-IRT》规定以下内容：

乘车票据签发规则和种类；

席位预订和乘车票据使用规则；

中途下车办法；

儿童乘车规则和减成；

活动受限人士及其陪同人员（人或狗）乘车特别条件和特别运价；

有组织的团体旅客运送规则和减成；

RAILPLUS 专门提供条件、RAILPLUS 卡的使用规则；

Rail Pass（RPT）乘车证乘车条件和报价；

狗和宠物运送规则；

自行车运送规则；

夜车运价；

改乘更高等级车厢或更高种类列车办法；

旅客运行经路变更办法；

乘车票据所载列车或承运人变更办法；

乘车票据退还和更换及赔偿规则；

携带品运送规则；

列车停运或晚点时旅客要求赔偿、补偿及提供帮助的权利。

六、《乘坐夜车的国际联运特别条件》(《SCIC-NT》)

《SCIC-NT》涉及的是夜间开行的由卧车和坐卧车编组的列车，规定了以下内容：

乘车票据签发规则和种类；

席位预订和乘车票据使用规则；

客票有效期的条件；

旅客乘降及车内席位安置办法；

乘车票据种类；

卧车或沙发车内（包括在车内车厢乘务员处）运费支付办法；

席位（卧铺）分配办法；

购买整个包房的条件；

预订席位变更条件；

运行经路延长条件；

儿童乘车规则；

包房内男女安置办法；

卧车席位安置办法；

取决于昼夜时间的卧车乘车规则；

携带品和自行车运送规则；

狗和宠物运送规则；

改乘更高等级车厢或更高种类列车办法；

乘车票据退还规则；

列车停运或晚点时旅客要求赔偿、补偿及提供帮助的权利；

办理有组织的团体旅客运送规则；

团体乘车票据变更和退还规则；

专列和包车运送规则。

七、《东-西方联运（EWT）清算规则》（简称《清算规则》）

《清算规则》自2008年1月1日起生效，办理适用《SCIC-EWT》条款和费率的清算。如果未按双边办法规定其他，则《清算规则》对参加《SCIC-EWT》的所有铁路运输企业具有约束性。《清算规则》规定了以下内容：

进行清算的作业；

清算货币；

编制和寄送清算单据的期限、办法；

扣款明细表编制条件；

对所办理的乘车票据清算办法；

列车发车后旅客索赔的清算办法；

支付期限；

支付款额的结算和支付办法；

单据保存期限。

八、铁盟 108-1V 备忘录《在计算机上建立并交换 TVC 和 OWT 运价信息，第二卷和第三卷，以电子载体》

铁盟 108-1V 备忘录自 1977 年 1 月起生效。为参加 TCV 运价规程（旅客和行李运输一般国际运价规程）和 SCIC-EWT 运价规程的铁路运输企业在使用标准化过程的数据载体上交换信息提供可能性。备忘录对于交换 TCV 手册中的运价信息、为了在数据电子处理系统中应用的铁路运输企业来说具有约束性。主要规定以下内容：

计算国际联运乘车票据的价格；

办理乘车票据；

计算和分配收入；

统计。

九、铁盟约 108-2O 备忘录《在信息载体上自动推算总价格并交换运价信息》

铁盟约 108-2O 备忘录自 1977 年 1 月起生效。运送旅客时，备忘录使铁路运输企业能提供全球价格，同时可统一方式交换运价信息，此信息在使用信息载体时计算国际和国内运送价格时必不可少。该信息可用于计算机其他能计算价格的软件。应交换的信息有：

运价条件；

旅客销售和服务条件；

与服务和商务报价有关的资料。

该备忘录对交换运价数据、以便在下列数据电子处理过程中使用它们的铁路运输企业具有约束性：

国内运价条件信息系统；

PRIFIS 信息系统。

该备忘录既不用于计算价格、分配费用，也不用于办理乘车票据或统计目的。

十、铁盟 301 备忘录《国际旅客联运清算规则》

铁盟 301 备忘录自 2002 年 5 月 1 日起生效，具有约束性。备忘录规定的范围为：对作为

提供服务的企业或作为指派服务的企业参加旅客联运并在其中提供服务,以及接收客户指令的其他铁路运输企业,在铁路运输企业间对服务费进行清算所适用的规定,备忘录作出规定。在旅客联运中提供的服务为:

仅发售客票或发售客票并预留席位;
已确定的未注明分配席位发售的列车使用费;
预留"汽车/自行车"车厢;
由其他铁路运输企业提供的服务(视频、船、出租车、车站汽车、酒店)。
备忘录规定下列内容:
清算项目;
办理清算的铁路运输企业的任务;
清算的原则和规定;
适用于电子清算的规定;
关于手工办理收入清算的规定;
关于由手工办理清算系统变为电子服务、收入清算系统的规定。

十一、铁盟 311VE 备忘录《铁路间财务关系—原则和适用办法》

铁盟 311VE 备忘录自 1923 年起生效,具有强制/建议性。备忘录对铁盟成员铁路间财务相互关系做出规定。规定以下内容:

铁路间财务相互关系原则;
结算统计和支付原则;
汇率风险应对措施规则;
资金流动偏差应对规则;
对不执行的铁路应对规则。

十二、《国际联运客车交换和使用协定》(《RIC》)

《RIC》自 1992 年起生效。铁盟负责掌管《RIC》有关事务,所有参加《RIC》的铁路企业都处于国际铁路运输公约的框架内。签订《RIC》协定的铁路企业一览表载于《RIC》协定附件 1(注有每一铁路企业地位和铁路企业领取客运安全证书的国家)。《RIC》内容为规范由下列车辆编成的旅客列车的交换:

包括包厢式车辆、卧车和餐车的客车;
行李车,或运送小汽车的车厢。

确定国际运输中使用的客车技术要求。符合该要求的车辆标有 RIC 标识并可在 RIC 所有路网运行，无须另行批准。也可签订小范围的双边和多边协定，允许不符合 MCB 所有要求的车辆在自己的路网运行。这些车辆标注其接收路网的简称代替 RIC 标识。《RIC》框架内规定：

标记各类运输用具时的简称；

交换代码；

发车单和运行设备使用要求；

车辆转交办法—接收—拒收；

运行设备运行办法；

运行设备清洗、清空和消毒办法；

消除机车车辆内隐患；

技术条款；

标记运行设备；

通信-标记预留的席位-载有经路和号码表的信息盘的要求；

质量检查控制系统。

十三、IRS（International Railway Solution-国际铁路决议）90918-0《电子席位预留和电子乘车票据发放——一般标准和规则》

《IRS90918-0》自 2003 年 7 月 1 日起生效，具有强制性，规定了有关电子席位预留和电子办理乘车票据的一般规则。主要有以下内容：

强制性和选择性的（席位预留）现有服务；

席位限额管理；

可在列车上借助电子设备预留席位的服务；

单个预留请求的席位预留最大数量；

席位预留相关的客户意愿；

席位预留期限；

预留的保障功能（分配席位、计算价格、出具预留票据、取消预留席位）；

车票和预留票据的联合客票（RCT2 标准）；

乘车票据印制标准。

十四、IRS90918-1《电子席位预留和电子乘车票据发放—信息交换》

《IRS90918-1》自 2004 年 1 月起生效，具有强制性。《IRS90918-1》包含发售车票的铁路

运输企业与另一家铁路运输企业管理发售该票据所需数据，尤其是空闲席位清单的电子系统之间的信息交换的条款及说明流程。

《IRS90918-1》条款使得铁路运输企业能够对另一家铁路运输企业管理的席位进行预留，并能借助另一家铁路运输企业的数据交换电子系统以电子方式发售运输票据（尤其是统计可预留席位）。

十五、IRS90918-8《电子方式发放的铁路旅客客票样式》

《IRS90918-8》自 2005 年 9 月起生效，具有强制性。

在《IRS90918-8》条款的基础上，铁路运输企业可以对另一铁路运输企业进行统计的席位进行预留，并根据另一铁路运输企业电子交换系统数据办理包括电子票据在内的所有乘车票据。

十六、IRS90918-9《铁路客票数字安全元素》

《IRS90918-9》自 2007 年 5 月起生效，具有强制性。记录了（通过互联网售票）家庭条件下打印国际铁路运送中使用的乘车票据的标准。

十七、《FIP 乘车证使用规则》

《FIP 乘车证使用规则》自 2004 年 1 月 1 日起施行，规定对铁路员工乘坐国际联运提供优惠。参加者：名单（FIP 第 12.1 项）所列铁路企业和航运公司。如未有其他声明，FIP 规则适用于所有参加者。参加者应于每年 12 月 31 日前书面将负责落实 FIP 成员权利与义务、保障 FIP 规则执行的人员联系方式通知负责掌管 FIP 事务的成员。

规则对 FIP 小组各成员在相互的基础上交换乘车证用于员工乘车的条件做出规定。规则规定以下内容：

有关使用 FIP 乘车证的人员类别；

FIP 乘车证的类型；

FIP 乘车证的每一类别确定以下内容：

结构；

运送条件；

有效期；

服务等级变更办法；

携带品及行李运送办法；

乘车证遗失（被窃）时处理办法。

第六节　独联体铁路运输委员会

一、《独联体参加国、格鲁吉亚、拉脱维亚共和国、立陶宛共和国、爱沙尼亚共和国铁路机关间关于国际旅客联运协定（国际客协）个别标准适用特点的协定》（《国际客协个别标准适用特点协定》）

《国际客协个别标准适用特点协定》自 1997 年 9 月 1 日起生效。独联体国家铁路运输委员会掌管有关协定的事务。协定各方为主管铁路运输的部委和国家中央机关的铁路行政部门。协定对象为考虑特别适用《国际客协》某些条款的情况，根据《国际客协》开展旅客运送。协定规定下列内容：

《国际客协》个别标准适用特点协定方的义务与责任；

修改和补充协定的办法；

协约方代表会议举行办法；

终止参加协定办法。

二、独联体参加国、格鲁吉亚、拉脱维亚共和国、立陶宛共和国、爱沙尼亚共和国铁路机关间关于国际旅客联运协定（国际客协）个别标准适用特点的协定（国际客协个别标准适用特点协定）附件 1《考虑其个别标准在独联体参加国、格鲁吉亚、拉脱维亚共和国、立陶宛共和国、爱沙尼亚共和国适用特点的国际旅客联运协定》

《考虑其个别标准在独联体参加国、格鲁吉亚、拉脱维亚共和国、立陶宛共和国、爱沙尼亚共和国适用特点的国际旅客联运协定》为《国际客协个别条款适用特点协定》不可分割的部分，对承运人、旅客、发送人和领收人具有强制性。协定规范国际旅客联运的旅客、行李和包裹运送。协定规定了下列内容：

承运人的权利与义务；

乘车票据办理和发售办法；

活动受限人士的运送规则；

乘车票据有效期的条件；

列车内席位提供及改乘其他等级车厢办法；

儿童乘车规则；

中途下车规则；

乘车票据查验规则；

携带品和动物的运送规则；

禁止按携带品运送的物品明细；

旅客乘车经路变更办法；

使用专列或包车运送规则；

行李运送规则（行李标准、禁止按行李运送的物品、行李承运条件、行李的包装和标记、行李价格的声明、行李运到期限、行李的交付）；

包裹运送规则（准许和禁止按包裹运送的物品、包裹承运条件、包裹的包装和标记、包裹价格的声明、包裹的运到期限、包裹的交付）；

运送费用的计算和核收办法；

运送费用的退还规则；

承运人的连带责任规则；

关于造成旅客生命和健康损害时承运人责任的规则；

关于行李和包裹运到逾期时承运人责任的规则；

关于行李和包裹全部或部分灭失、损坏时承运人责任的规则；

关于旅客，行李和包裹发送人、领收人责任的规则；

赔偿请求提出规则。

三、《国际客协个别标准适用特点协定》附件2《国际客协适用特点协定办事细则》

《国际客协适用特点协定办事细则》为《国际客协个别标准适用特点协定》不可分割的一部分。

《国际客协适用特点协定办事细则》规范独立国家联合体参加国、格鲁吉亚、拉脱维亚共和国、立陶宛共和国、爱沙尼亚共和国铁路行政机关间关于《国际旅客联运协定（国际客协）》个别标准适用特点协定各方的承运人之间的相互关系，并协调与旅客、行李和包裹运输，以及服务技术车辆、专用车辆和邮政车的运行相关的技术过程。细则对承运人具有约束力，规定了下列内容：

国际联运车辆的乘务规则；

国际联运旅客列车检查规则；

行李承运规则；

行李运送规则；

行李交付规则；

包裹承运规则；

包裹运送规则；

包裹交付规则；

行李和包裹误送的处理办法；

无票行李或包裹的运送规则；

商务记录编制条件和办法；

旅客乘车、行李和包裹运送费用确定办法；

办理乘车和运输票据时采用标记的明细；

管理和寄送公务函件规则；

转交公务电报和电话通信规则；

车辆类型分类；

至/自立陶宛共和国行李和包裹运送办理办法；

承运人之间清算办法；

承运人之间关于退还所支付赔偿款的退还要求提出办法；

乘车票据、运送票据和行李票空白票印制要求；

享有优惠人员乘车办理办法；

用于旅客、行李和包裹的乘车票据、运送票据和行李票空白票的填写说明和样式。

四、《国家间客运运价规程协定》(《国家间客价协定》)

《国家间客价协定》自 1995 年 6 月 1 日起生效，协定各方为铁路管理机关，独联体国家参加者铁路运输理事会掌管有关事务。规定了下列内容：

参加本协定的铁路管理机关；

对本协定列入修改和补充事项的办法；

召集和举行本协定方会议的办法；

本协定纳入新参加者的办法；

乘车费用确定办法；

运送价格折扣额度；

乘坐专列、包车费用确定办法；

终止参加本协定的办法。

五、《国家间客运运价规程》(《国家间客价》)

《国家间客价》自 1995 年 6 月 1 日起生效,独联体国家参加者铁路运输理事会掌管有关事务。《国家间客价》实施范围为《国家间客价》协定参加路间旅客、行李和包裹的运送。《国家间客价》规定了以下内容:

乘车费用确定办法;

运送价格折扣额度;

乘坐专列、包车费用确定办法;

专列和包车送返修运送办法。

六、《独联体参加国、拉脱维亚共和国、立陶宛共和国、爱沙尼亚共和国铁路行政机关间综合清算规则》

《独联体参加国、拉脱维亚共和国、立陶宛共和国、爱沙尼亚共和国铁路行政机关间综合清算规则》自 1994 年 12 月 10 日起生效。规定了以下内容:

清算依据;

清算项目;

清算办法;

清算单据编制与提出期限;

清算单据编制规则;

清算单据寄送办法;

清算单据保存期限;

清算与支付货币;

旅客、行李、包裹和邮包运送清算规则;

已确认的赔偿请求与索赔清算规则;

运送无票旅客和不交接客车内应售席位的清算规则;

清算检查开展规则;

费用的结算与支付办理规则。

七、《通过独联体成员国、格鲁吉亚、拉脱维亚共和国、立陶宛共和国、爱沙尼亚共和国铁路局(铁路)旅客运送自动管理系统预留国际联运席位和办理乘车票据的规则》

《通过独联体成员国、格鲁吉亚、拉脱维亚共和国、立陶宛共和国、爱沙尼亚共和国铁路局（铁路）旅客运送自动管理系统预留国际联运席位和办理乘车票据的规则》自 2016 年 10 月 27 日起生效。该规则规定了独联体成员国、格鲁吉亚、拉脱维亚共和国、立陶宛共和国、爱沙尼亚共和国铁路局（铁路）关于通过独联体境内现行的旅客运送自动管理系统预留和办理乘车票据的相互协作。该规则规定了以下内容：

通过系统间相互协作从另一国车站办理乘车票据的规则；

根据旅客运送自动管理系统现行标准文件所规定的办法，为个人旅客和团体旅客办理乘车票据的规则；

为个人旅客和团体旅客预留席位并随后办理乘车票据的办法。

八、《用于铁路运输工作人员在独联体参加国和爱沙尼亚共和国铁路乘车的公用运输证和一次性免费运输证的发放和使用规则》

《用于铁路运输工作人员在独联体参加国和爱沙尼亚共和国铁路乘车的公用运输证和一次性免费运输证的发放和使用规则》自 2004 年 11 月 17 日起施行，规定铁路运输工作人员公用和一次性运输证的发放和使用办法。规则确定下列内容：

公用运输证的发放和使用办法；

乘车经路规则；

在国际联运中凭一次性运输证就医乘车规则；

因私乘车的一次性运输证发放的办法和标准。

九、《国际联运客车使用规则》（《客车使用规则》）

《客车使用规则》自 2009 年 10 月 28 日起生效。适用于在独立国家联合体参加国、格鲁吉亚、拉脱维亚共和国、立陶宛共和国、爱沙尼亚共和国铁路在国际联运中准许运行的所有客运车辆，不限其属性。规定了下列内容：

准许运用的客车条件；

客车提供办法；

客车的交接办法；

客车使用条件；

列车摘解客车办法；

对未保障客车安全运行的事物的责任条件；

客车运营规则；

内部设备和客车用具；

客车的清洗与消毒开展办法；

客车的日常保养与维修；

丢失客车的赔偿支付办法。

第七节 其 他

一、《专门运价条件合同》

《专门运价条件合同》自 2006 年 12 月 10 日起生效，由波铁城际（PKP Intercity，简称 PKP IC）掌管有关合同的事务。合同各方为各国承运人，合同对象一方是波兰 PR 公司（PR）和波铁城际（PKP IC），另一方是白铁（BC）、哈铁（KZH）、拉铁（LDZ）、立铁（LG）、摩铁（CFM）、俄铁（RZD）、乌（克）铁（UZ）和爱沙尼亚铁路股份公司（EVR）。

《专门运价条件合同》一方面规定波铁城际和波兰 PR 公司之间的旅客运输办法，另一方面规定合同其他各承运人之间的运输办法及其清算办法。对莫斯科—华沙—莫斯科运行的"波罗乃兹"第 9/10 号列车既适用于合同条件，也适用于莫斯科—华沙—莫斯科运行的"波罗乃兹"第 9/10 号列车旅客运送条件。《专门运价条件合同》规定了下列内容：

运输价格；

运输价格减成；

提供团体优惠的条件；

运送费用退还规则；

客票有效期延长条件；

乘车票据办理特点；

专列与包车；

运输清算办法。

二、《在作为一方的保加利亚共和国、罗马尼亚、塞尔维亚和黑山之间铁路运输的条件，和作为另一方的白俄罗斯共和国、拉脱维亚共和国、立陶宛共和国、摩尔多瓦、俄罗斯联邦、乌克兰、爱沙尼亚之间的铁路运输条件》（以下简称《运输条件》）

《运输条件》自 1996 年 1 月 1 日起生效，由保加利亚共和国铁路掌管运输条件协约的事务。合同双方是一方的保加利亚共和国、罗马尼亚、塞尔维亚和黑山铁路，和另一方的白俄罗斯共和国、拉脱维亚共和国、立陶宛共和国、摩尔多瓦、俄罗斯联邦、乌克兰、爱沙尼亚共和国铁路。《运输条件》规定各参加方之间的旅客运输办法及其清算办法，确定了下列标准：

旅客运输办法；

运输清算办法；

责任、退还和赔偿。

三、2015 年 4 月 28 日《俄罗斯联邦政府与芬兰共和国政府间关于国际铁路直通联运协定》

《俄罗斯联邦政府与芬兰共和国政府间关于国际铁路直通联运协定》自 2016 年 12 月 22 日起生效。协定方为俄罗斯联邦政府和芬兰共和国政府，协定对象为确定统一的规范国际铁路直通联运运输合同的法律标准。协定规定了下列内容：

运输经路；

旅客和行李运输合同签订办法；

乘车和运送票据；

运输费用支付规则；

运输费用退还规则；

儿童乘车规则；

活动受限人士乘车规则；

携带品和动物运送规则；

行李运送规则；

行李运到期限；

关于承运人责任一般规定的规则；

关于造成旅客生命和健康损害时承运人责任的规则；

关于承运人对由行李运送合同产生的要求承担连带责任的规则；

承运人免于承担行李遗失、短少、损毁（变质）和行李运到逾期责任的基础条件；

行李全部或部分灭失时的赔偿办法；

行李损毁时的赔偿办法；

行李运到逾期时的赔偿办法；

旅客责任规则；

赔偿请求提出规则；

关于旅客，行李和包裹发送人、领收人责任的规则；

赔偿请求提出规则；

旅客就运输合同提出诉讼的规则；

协定方权限机关；

铁路国境站；

适用时间；

客车过境转交办法；

在国境区间和发生交通事故机车车辆停靠时的处理办法。

四、2010年10月13日《第1095K号俄铁股份公司、联邦客运股份公司和芬兰铁路有限公司之间的俄罗斯—芬兰直通铁路联运旅客运送实施办法协定》

《第1095K号俄铁股份公司、联邦客运股份公司和芬兰铁路有限公司之间的俄罗斯—芬兰直通铁路联运旅客运送实施办法协定》自2010年10月14日起生效。协定对象为俄铁股份公司、联邦客运股份公司和芬兰铁路有限公司实施的俄罗斯—芬兰直通铁路联运旅客、手提行李和小汽车运送办法。协定规定以下内容：

圣彼得堡和赫尔辛基间的"Allegro"列车及其备用车列，"列夫·托尔斯泰"号列车，根据俄铁股份公司、联邦客运股份公司或芬铁需求指定的俄罗斯和芬兰间的加开列车或专车旅客运输办理办法；

办理旅客运输时各方的法律基础；

因违反运送合同条件向旅客支付赔偿时的各方责任；

修改和补充协定的办法。

五、2010年10月13日《第1095K号关于在俄罗斯—芬兰铁路直通联运中俄铁、联邦客运公司和芬铁间旅客运输办理办法的协定附件1》《旅客运输商业条件》（以下简称《商业条件》）

《商业条件》自2011年6月2日起生效。适用于以下列车的旅客和手提行李运输：圣彼得堡和赫尔辛基之间运行的"Allegro"号列车、莫斯科和赫尔辛基之间运行的"列夫托尔斯泰"号列车，以及进行俄铁、俄联邦客运公司和芬铁跨境运输的俄罗斯—芬兰铁路直通联运中增开列车和专用列车。《商业条件》规定以下内容：

旅客运输组织办法（办理运输的列车、办理运输的车站和办理运输的国境站）；

运输合同缔结办法；

获取乘车票据的办法、方式及规则；

儿童乘车规则及减成额度；

有组织的团体旅客乘车规则及减成额度；

规定乘车票价的规则；

宠物运送规则；

携带品运送规则；

活动受限人士的权利；

乘车票据的有效条件和有效性；

乘车票据查验规则；

运费的退还规则；

重新办理乘车票据的办法；

因承运人过失变更运输合同时向旅客支付相应运费的办法；

乘坐"Allegro"号列车的特定条件（乘车票据办理规则、旅客凭航空承运人办理的乘车票据上车的条件、单独包房的提供、"Allegro"号列车换为其他种类机车车辆或运输用具旅客获取赔偿的办法、宠物运送条件、超出标准的携带品运送条件）；

乘坐"列夫托尔斯泰"号列车的特定条件（乘车票据办理规则、提供单独包房的条件、宠物运送条件、使用包车运送运输用具的规则）；

加开列车的指派办法和乘车规则；

乘坐专列和包车声明提出办法及办理乘车规则；

关于承运人责任一般条款的规则；

关于造成旅客生命和健康损害时承运人责任的规则；

关于列车晚点或取消时责任的规则；

赔偿请求提出规则；

团体乘车声明提出规则（预留规则、运输的确认和付款、团体旅客数量变更办法、乘车票据废止办法、"Allegro"号列车编组所有席位预留办法）；

承运人内部规章规定的减成和优惠提供办法。

六、2010年10月13日《第1095号俄铁股份公司、联邦客运股份公司和芬兰铁路有限公司之间的俄罗斯—芬兰直通铁路联运旅客运送实施办法协定》附件2《客运定价及乘车票据的办理规程》（以下简称《定价规程》）

《定价规程》自2011年6月2日起生效，规定了以下内容：

旅客上车检查开展办法；

为俄铁股份公司、联邦客运股份公司或芬铁出差工作人员发放免费乘车票据办法；

用旅客列车专门车辆运送运输用具办法；

在航空承运人的帮助下办理乘车票据时"Allegro"列车席位预留条件及其退还；

承运人间有关退还已支付的赔偿金额的要求提出办法；

指派加开列车商定办法；

专车开行价格统计及指派商定办法；

公务车和沙龙车指派和开行办法；

收入分配办法；

俄—芬铁路直通联运运价货币；

运价商定和规定办法；

基础乘车票价确定办法；

乘车票据客票票价分配办法；

补加费和杂费收取规则；

基础运费减成及提高的商定和适用规则；

部分未使用的乘车票据票价计算规则。

乘车票据编制和办理办法；

空白乘车票据的样式；

儿童、携带动物的旅客、行动受限的旅客乘车的乘车票据办理特点。

七、《俄铁股份公司和芬兰铁路有限公司圣彼得堡和赫尔辛基间快速运输经营协约》

《俄铁股份公司和芬兰铁路有限公司圣彼得堡和赫尔辛基间快速运输经营协约》自 2010 年 2 月 4 日起生效。协约对象为协约各方商定有关圣彼得堡与赫尔辛基间快速列车运营和组织快速列车旅客运送。协约规定以下内容：

列车运行图商定办法；

意外情况处理办法；

列车运营规则；

品牌运营；

承运人对损失承担责任的规则及审查赔偿请求；

通知和告知旅客办法；

车内旅客服务规则；

人员培训；

各方支出分配办法。

八、《俄铁股份公司和芬兰铁路有限公司第 35 号有关组织铁路运送（旅客运送方面）协作协约》

《俄铁股份公司和芬兰铁路有限公司第 35 号有关组织铁路运送（旅客运送方面）协作协约》自 2015 年 3 月 13 日起生效。协约对象为协调组织铁路运送时的协作办法，规定了下列内容：

组织运送时采用的时间；

组织国境铁路站之间的列车转交办法；

办理机车车辆使用服务办法；

组织旅客列车运行办法；

旅客列车乘务办法。

九、《俄铁股份公司和芬兰铁路有限公司之间有关"Allegro"列车晚点时的赔偿办法协定》

该协定自 2016 年 9 月 9 日起生效。协定对象为规定经边境口岸布斯洛夫斯卡亚—瓦伊尼卡拉运行的快速列车晚点监测系统，以及由于基础设施障碍原因晚点时经该边境口岸转交"快速"列车的赔偿办法和条件。协定规定以下内容：

"Allegro"快速列车晚点跟踪办法；

协约方有关违反"Allegro"列车运行图和赔偿金额的报告交换流程；

"Allegro"列车晚点时各方履行赔偿义务的条件和赔偿计算办法；

不适用赔偿办法的条件。

十、《根据 2010 年 12 月 7 日第 1355 号关于在俄—芬联运中对包括快速列车 Allegro 在内的铁路旅客运输相互清算办法的协约办理相互清算办法协约》

该协约自 2010 年 12 月 7 日起生效。协约内容包括俄铁与芬铁间对俄—芬联运中包括快速列车 Allegro 在内的铁路旅客运输进行相互清算。协约确定下列内容：

清算项目；

按签认与非签认办法相互清算的办法；

按清算项目编制清算单据的办法和期限；

月结算表的编制规则；

月结算表的支付办法；

支付逾期的清算办法；

通过电子邮箱寄送清算单据的办法。

十一、《2015 年 4 月 28 日的俄罗斯联邦政府与芬兰共和国政府间关于国际铁路直通联运协定》

该协定确定机车车辆交接与退还的标准。

十二、《俄铁与芬铁间关于在组织铁路运输时相互协作第 35 号协约》（客运部分）

该协约确定下列标准：
客车与动车的交接办法；
客车与动车允许运用的条件。

十三、《协约承运人和国外运输公司间经外国铁路基础设施组织通行的民事法律协约》

承运人自行规定活动周期。通常，列车时刻表更换前协约有效，通过签订补充协定可每年延期。

承运人自行处理业务，承运人为协约方。由于缺少实施经外国铁路基础设施的旅客运送许可，协约承运人与国外运输公司签订组织通行协约，国外运输公司本身履行该外国铁路基础设施范围内的实际承运人的角色。该协约对象为组织经国外铁路基础设施的列车管线，包括：
提供必要的人员（机车乘务组）；
提供牵引工具（机车）；
制定运行时刻表和在国外铁路基础设施区段上划出铁路线；
通知车站旅客；
分配各方权利和义务；
有关组织通行的服务支付办法。

适用范围：在组织通行协约条件中规定的国外铁路基础设施区段范围内有效。组织通行协约具有民事法律本性，并对协约各方有约束性法律效力。

十四、《保加利亚、罗马尼亚、塞尔维亚和黑山等共和国铁路之间的，及其与白俄罗斯共和国、拉脱维亚共和国、立陶宛共和国、摩尔多瓦共和国、俄罗斯联邦、乌克兰、爱沙尼亚共和国之间的旅客运送条件》

该旅客运送条件规定下列内容：
旅客乘车费用计算办法；
运送条件参加者铁路乘车基础票价折扣。

第三章
旅客与承运人的相互关系

不同国际组织对于旅客和承运人的关系有不同的规定，代表性的有铁路合作组织制定的《国际客协》、国际铁路运输政府间组织制定的《国际客约》、欧盟制定的《旅客运输合同当事人的权利和义务》，本章分别进行介绍。

第一节　国际客协

一、概　况

《国际客协》的协定方为阿塞拜疆共和国、阿富汗伊斯兰共和国、阿尔巴尼亚共和国、白俄罗斯共和国、保加利亚共和国、越南社会主义共和国、格鲁吉亚、哈萨克斯坦共和国、中华人民共和国、朝鲜民主主义人民共和国、吉尔吉斯共和国、拉脱维亚共和国、立陶宛共和国、摩尔多瓦共和国、蒙古国、波兰共和国、俄罗斯联邦、斯洛伐克共和国、塔吉克斯坦共和国、土库曼斯坦、乌兹别克斯坦共和国、乌克兰、捷克共和国和爱沙尼亚共和国主管铁路运输的部、中央国家机关。《国际客协》规定国际铁路联运中旅客、行李和包裹的运送办法，适用于下列情况下的旅客、行李和包裹运送：（1）发站和到站位于两个不同国家；（2）发站和到站位于同一国家，但运输合同在其他国家签订；（3）发站和到站位于同一国家，但运送需要过境其他国家。

国际联运旅客、行李和包裹的运送应利用现行旅客列车时刻表中规定的列车和车厢办理，或利用专列和包车办理。承运人应向旅客提供根据本协定所乘列车和车厢的必要信息。

根据有关国家机关指示，在出现运送过程参加者不能预防也无力消除的情况时，运送过程参加者有权：（1）暂时全部或部分停运；（2）暂时停止或准许按一定的条件承运行李或包裹。如承运人所在国采取或取消上述措施，承运人必须立即将此通知其他有关承运人。

二、基本规定

（一）运输合同

根据运输合同，承运人有义务将旅客、行李和包裹运送至目的地，并将行李和包裹交付

发送人、领收人，而旅客、发送人应支付规定的费用。运输合同应由一份或几份乘车票据或运送票据予以确定。

在下列情况下，承运人有权不签订运输合同：① 本协定的规定妨碍运输合同的签订；② 发站、到站和运行经路未列入适用的运价规程；③ 在期望的出发日期，车厢内没有运送旅客的空闲席位；④ 在运送行李和包裹的情况下，在运行经路上未开行行李车，或行李车中没有放置行李和包裹的空闲位置。

在下列情况下，承运人有权解除运输合同：① 旅客，行李、包裹发送人未履行本协定的要求；② 旅客未遵守规定的携带品运送条件；③ 旅客的行为或状态降低了其他旅客的乘车条件或危及其他旅客的安全；④ 旅客的行为或状态危及行车安全；⑤ 承运人或其授权的运送过程参加者不能预防也无力消除的情况妨碍了运输合同的履行。

承运人须保证向旅客、发送人、领收人提供有关旅客乘车条件、行李和包裹运送条件和承运人提供的服务的信息，以及本协定规定的旅客、发送人、领收人权利和义务的有关信息。承运人对旅客根据旅客乘车条件、行李和包裹运送条件提出的请求进行审查时，应按照国内有关确定其审查办法的法律所规定的办法和期限予以办理。承运人或其被授权人须按照旅客/发送人的要求，通过在乘车/运送票据上做出相应记载的方式或其他方式，对未履行或变更运输合同条件的情况进行确认。

（二）旅客运送

1. 乘车票据

旅客凭乘车票据所确定的运输合同乘车，乘车票据可用规定样式的空白票据办理，也可用电子方式办理。用规定样式的空白票据和电子方式办理的乘车票据，对旅客乘车具有同等法律效力。

乘车票据由客票以及卧铺票和/或补加费收据组成。客票可按运送经路全程办理，也可按某一区段办理。卧铺票用于乘坐卧车、坐卧车以及规定预留席位的座席车。对一张客票可办理旅客运行的每一不换乘区段的多张卧铺票。运输合同条件的变更由补加费收据予以证明。客票和卧铺票可用一张空白乘车票据办理。

旅客应在乘车前购买规定的必要乘车票据，并检查其中所载事项是否正确。如在列车（直通车厢）运行经路上未实行自动化席位预留，旅客可在列车上购买卧铺票。乘车票据用合同承运人所在国文字和/或英文、中文、德文、俄文之一填制。

根据技术可能性，并依据承运人之间签订的合同，承运人可向旅客提供通过互联网购买乘车票据（包括电子乘车票据）的服务。是否持有电子乘车票据，按以下办法确定：① 打印的购买乘车票据的订单证明，证明上须载有乘车要项和旅客信息；② 在电子载体上显示的、载有乘车要项和旅客信息的订单证明。完成支付并在乘车票据发售系统中获得订单号或电子乘车票据识别码后，即认为旅客与合同承运人之间的运输合同已签订。旅客凭电子乘车票据上车时，承运人应对旅客身份证件信息与承运人所掌握的信息进行核对，如信息不符，则不允许旅客上车。

通过互联网购买乘车票据的办法和规则由国内法规规定。电子乘车票据的使用特点由参加运送的承运人商定。发售电子乘车票据的承运人应在互联网上公布办理（乘车票据）和乘车的条件。

丢失和损毁的乘车票据不予补办。当承运人有技术条件时，根据办理乘车票据国家的国内法规，承运人可在规定格式的空白票上为旅客办理乘车票据（副本）用以代替丢失或损毁的载有旅客个人信息的乘车票据。

2. 客票和补加费收据

客票和补加费收据赋予乘坐相应等级车厢的权利。

客票和补加费收据应载有下列主要事项：发站和到站名称，运输合同规定的运行经路及接续承运人代号，车厢等级，人数，乘车票价，有效期，客票、补加费收据办理日期和地点，合同承运人（填发客票或补加费收据的承运人）代号。

对于团体旅客乘车，可发售一张客票、一张补加费收据或多张客票、多张补加费收据。如多名旅客支付了适用运价规程规定的最少成人旅客人数乘车票价且沿同一经路乘坐同一列车（不论车厢类型和席位等级），则属团体乘车。席位预留和团体乘车票据应按承运人规定的办法办理。

3. 卧铺票

卧铺票应载有下列主要事项：① 承运人代号；② 发站和到站名称；③ 运输合同规定的运行经路；④ 发车日期和时分、车次、车厢号和铺位号；⑤ 车厢等级和铺位种类；⑥ 人数；⑦ 卧铺票票价；⑧ 卧铺票发售日期和地点；⑨ 客车经营人代号。

在有空闲铺位的条件下，旅客（团体旅客）在客票有效期内有权将已办理的卧铺票更换成同一经路的新卧铺票，但应不迟于卧铺票所载列车开车 6 小时前向售票点提出乘车票据，不迟于卧铺票所载列车开车 5 天前（立陶宛共和国和爱沙尼亚共和国的承运人为 1 天）向售票点提出团体乘车票据更换。更换卧铺票不得超过 1 次，承运人未履行运输合同条件的情况除外。

全套卧具使用费包含在卧铺票价中。对乘坐卧车和座卧车的旅客提供卧具，每套卧具使用 5 天。

4. 乘车票据的有效条件

客票有效期为 2 个月，承运人可通过双边或多边协定缩短或延长有效期。客票有效期起算日期规定如下：(1) 如无卧铺票或针孔（戳记），自旅客表明并由合同承运人（售票处）在客票上注明之日起算。办理客票日期与客票有效期起算，日期之间的间隔天数不得超出承运人规定的乘车票据预售期限。(2) 如有卧铺票或客票上有针孔（戳记），自发送旅客当日起算。客票有效期截止日期规定如下：① 无卧铺票或针孔（戳记）时——截至由适用的运价规定或者由双边或多边协定确定的客票有效期最后一日的 24 时；② 有卧铺票或针孔（戳记）时——根据所载的旅客到站日期和时间的信息。

在下列情况下，延长乘车票据的有效期：① 如由于运送过程参加者过错导致延误，则延长被延误的运送时间；② 如车上未向旅客提供席位，则延长向旅客提供席位的下一趟列车发车之时的时间；③ 如中途下车，根据本协定第 13 条办理。

如旅客由于不得已的原因不能在规定的客票有效期内结束乘车，在客票有效期终了前并提出相应文件的条件下，有权向承运人申请延长客票的有效期。客票有效期延长不得超过 2 次，每次延长的期限不得超过 2 个月。接到旅客延长客票有效期请求的承运人，在认可必须延长的理由确属正当后，应予延长客票有效期。

如乘车票据上记载的本协定第 7 条第 2 项和第 8 条第 1 项规定的信息无法辨认或存在本协定未规定的修改和标记，则认为乘车票据乘车无效。

载有旅客出发、抵达日期和时间信息的乘车票据（用一张空白票据办理的客票和卧铺票），在旅客乘坐的列车或车厢运行至到站的时间内有效。

5. 列车中席位的提供

车内席位的提供，根据旅客所持乘车票据办理。每名旅客有权占用 1 个席位。根据旅客请求且有空闲席位时，承运人可为旅客提供单独包房。此时，旅客应按包房中实际铺位数支付乘车票据费。

当有空闲席位并根据适用运价规程补交票价差额后，旅客可改乘高于其乘车票据所载等级或种类的席位或车厢。

如由于承运人的过错不能为旅客提供与其乘车票据相符等级和种类车厢的席位时，旅客可拒绝乘车或占用该列车其他车厢的席位。在有空闲席位的情况下，承运人须向旅客提供其他车厢的席位。在提供较高等级和种类车厢中的席位时，不核收客票和卧铺票的票价差额。在提供较低等级和种类车厢中的席位时，按本协定规定退还票价差额。

如列车中不能为旅客提供席位，则承运人须将旅客安置到按同一经路或其他经路开往同一到站的另一列车，而不核收票价差额，并协助旅客尽可能及时抵达到站。

6. 儿童乘车条件

在乘坐非必须预留席位的车厢时，每名旅客有权免费携带不超过 4 周岁且不单独占用席位的儿童 1 名。单独占用席位的儿童必须购买儿童客票。如果旅客携带不超过 4 周岁的儿童超过 1 名时，除 1 名儿童外，其他儿童均应购买儿童客票。1 名或数名 4~12 周岁的儿童乘车时，每名儿童必须购买儿童客票。

乘坐规定必须预留席位的车厢时，每名旅客有权免费携带不超过 4 周岁且不单独占用席位的儿童 1 名。单独占用席位的不超过 4 周岁的儿童必须购买卧铺票和儿童客票。如果旅客携带不超过 4 周岁的儿童超过 1 名时，除 1 名儿童外，其他儿童均必须购买卧铺票和儿童客票。1 名或数名 4~12 周岁的儿童乘车时，每名儿童必须购买卧铺票和儿童客票。

12 周岁以下的儿童在没有陪同的情况下不允许乘车。

在确定儿童乘车运费时，以乘车开始之日的儿童年龄为准。

7. 活动受限人士的运送

根据活动受限人士的请求，承运人应提供以下信息：能向其提供哪些服务，完成乘车以及进入铁路车站、旅客站台和车厢的可能性。

承运人或其被授权人，在有可能的情况下，应保证活动受限人士进入铁路车站、旅客站台和车厢。这些服务不收取额外费用。

承运人在非歧视性的条件下向活动受限人士提供预订和出售乘车票据方面的服务。

如活动受限人士在进入铁路车站、旅客站台和车厢时需要帮助，应不晚于乘车 48 小时前将自己乘车的意愿告知承运人。如未遵守该条件，承运人应采取一切可能的措施组织活动受限人士的运送。

承运人或其被授权人应确定方式，使活动受限人士可通过这些方式告知其已抵达发站并提出所需服务。

提供帮助需满足下列条件，即活动受限人士应在提供帮助的承运人或其委托人指定的时间抵达指定的地点。

活动受限人士有权免费随行运送超出携带品规定标准的辅助其行动的必要设备。

8. 中途下车

如护照行政规定允许，旅客有权在客票有效期内于中途站下车，不限次数和时间。中途下车不延长客票的有效期。旅客应在列车到达时起 3 小时内向承运人或其被授权人提交乘车票据，以便做关于中途下车的记载。

旅客在客票有效期内向售票处提出客票并办理手续后可再继续乘车。继续乘车时，旅客须根据适用的运价规程购买卧铺票。

如旅客从未列入适用的运价规程的车站继续乘车，则应自列入运价规程的前一站起支付卧铺费。

9. 乘车票据的查验

旅客应依照列车员或有关检察机关代表的要求出示乘车票据，凭优惠乘车票据乘车的旅客，还应出示证明其有权享受优惠的文件。在国际联运卧车和座卧车内，旅客的所有乘车票据均应在发车后交给列车员，在旅客乘车期间由列车员保管。在运行途中，承运人的检查人员在检查乘车票据时应尽量少打扰旅客。

未能出示用于乘坐该列车和车厢有效乘车票据的旅客，以及凭优惠乘车票据乘车的旅客，未能同时出示证明其有权优惠的证件原件时，应承担本协定规定的责任。

列车员应在乘车结束前 30 min 内将乘车票据发还给旅客。

10. 携带品和动物的运送

旅客有权随身携带本协定中不禁止的携带品。旅客可利用车厢内规定地方放置自己的携带品。

免费运送的携带品总重量，对每张乘车票据，成人旅客不得超过 36 kg，未满 12 周岁的儿童不得超过 15 kg。

超出携带品规定标准的童车（如该童车属于乘车儿童），以及活动受限人士所需的必要设备，允许免费运送。如果沿运行径路开行行李车且其中有空位，超出规定标准运送的携带品，旅客应作为行李托运。

旅客有权使用专门的容器随身携带动物（狗、猫、鸟），应计入携带品标准，且将其放在专门放置携带品的位置，而无须购买包房内所有席位。不允许运送未放置在容器中的动物。未装入专门容器、但戴嘴套和狗襻的狗，应占用车厢的单独包房（一个包房内不得超过两只）运送。为此，旅客须按全价支付包房内未占用席位的乘车票据费。如承运人不能为运送狗提供单独包房，则不准运送。运送导盲犬可不戴嘴套，但应用短狗襻，且无须购买包房内所有席位。可根据适用的运价规程核收运送动物的费用。

在外交信使占用的单独包房内，允许运送 200 kg 以内的外交邮件和行李。在这种情况下，应按包房内的铺位数支付乘车票价。同时，超过免费运送携带品标准的外交邮件，应按适用的运价规程规定的费率支付行李运费，并作为手提行李办理。

旅客自己应注意携带品的完整和完好，并照看好随身携带的动物。旅客对自己随身携带的动物违反卫生要求负全部责任，并须保证车厢应有的清洁。

11. 禁止按携带品运送的物品

下列物品禁止按携带品运送：

（1）能损坏或弄脏车厢、给其他旅客或其物品造成损害的物品；
（2）易燃品、易起火品、自燃品、爆炸品、放射性、毒害性和腐蚀性物质；
（3）装有弹药的武器；
（4）能造成感染或具有恶臭气味的物品；
（5）海关和其他规定禁止运送的物品；
（6）三个方向长度总和超过 200 cm 的大件物品。

如承运人认为旅客违反了以上携带物品规定，则有权检查携带品的内容，检查时旅客须在场。

12. 旅客乘车经路的变更、未赶上列车或列车停运

旅客有权在乘车开始前或在运行途中变更乘车经路。如变更乘车经路，旅客应向铁路售票窗口或售票处提出乘车票据，必要时，还应补交乘车费用。

如因运送过程参加者的过错旅客未赶上乘车票据所载列车，以及列车全程或部分区段停运，而旅客仍希望继续乘车时，则在有空闲席位时，承运人应将旅客及其行李随同最近一次列车发送至到站，不核收补加费。

13. 利用专列或包车运送

在运送过程各参加者商定运送条件的情况下，可根据所提交申请在指定的经路上利用专列或包车办理旅客运送。

自然人或法人均有权提出利用专列或包车运送的申请。申请提出办法由合同承运人规定。承运人可以拒绝利用专列或包车办理运送。

14. 未履行或变更运输合同条件的证明

在一方未履行或变更运输合同条件的任何情况下，旅客、发送人或领收人向承运人或其被授权人出示乘车票据、行李票或包裹票，以便做相应记载或对电子乘车票据给出相应证明。

承运人或其被授权人应在乘车票据、行李票或包裹票上做相应记载，或给予相应证明。记载事项应包含填写时的地点、日期和时间，并由承运人或其被授权人签认。

（三）行李运送

1. 运送票据

承运行李时，应以行李票的形式向发送人出具运送票据。行李票应包含下列基本运送信息：① 承运人名称；② 车次；③ 发站；④ 到站；⑤ 运行经路；⑥ 运费；⑦ 乘车票据号；⑧ 件数；⑨ 重量；⑩ 关于行李承运和包装缺陷或行李状态的记载。

空白行李票应使用发送国文字和英文、中文、德文或俄文之一共两种文字印制。行李票应用合同承运人国文字填写。

2. 行李运送标准、禁止按行李运送的物品

凭一张乘车票据托运的行李，总重量不得超过 100 kg。多名旅客凭一张乘车票据乘车时，该标准按团体人数相应提高。承运外交行李，无重量限制。一件行李的重量不得少于 5 kg 且不得超过 75 kg，并应能迅速和毫无困难地装入旅客列车的行李车内。

下列物品禁止按行李运送：① 易燃品、易发火品、自燃品、爆炸品、放射性、腐蚀性和毒害性物质、枪炮、弹药及能使其他发送人的行李或运送过程参加者受到损害的物品；② 能造成感染或具有恶臭气味的物品；③ 动物；④ 属于参加运送承运人的任何一国邮政专运的物品；⑤ 易腐产品。

如承运人认为旅客违反以上携带物品的规定，则有权检查行李的内容，检查时发送人应在场。

3. 行李的承运条件

行李的承运在开办国际联运行李业务的车站办理。行李根据提出的乘车票据承运，其发站和到站须是适用的运价规程所载的车站，并且必须位于乘车票据所载旅客乘车经路以内。行李应预先托运。

承运的行李应随旅客所乘列车发送。如无此可能，则行李应随最近一次办理行李运送的列车发送。承运人应于旅客乘车前将此事通知旅客。

收到行李票时，发送人应检查票面记载内容是否正确。行李的承运日，以发站在行李票上加盖的日期戳为准。

装有尸体的棺材和骨灰盒的运送，各承运人相互商定后，用行李车办理。

4. 行李的包装和标记

行李在托运时应有相应的包装，能保证行李在运送全程直至交付发送人前完好无损，能防止损坏车辆和其他发送人的行李或包裹，并保证工作人员作业安全。

对每件托运的行李，应当由发送人或依照其请求并单独付费后由承运人用发送国文字注明以下信息，并附英文或中文或德文或俄文译文：① 行李所属人（姓名）；② 发站；③ 到站；④ 发送人/领收人地址；⑤ 发送人/领收人联系电话。运往越南社会主义共和国、中华人民共和国、朝鲜民主主义人民共和国和蒙古国或相反方向运送的行李，上述记载应用发送国文字和俄文注明。

发送人应将行李上的旧标签除掉，并将所有旧地址和其他标记划去。

5. 行李价格的声明

发送人托运行李时，可声明行李的价格。如托运数件行李，发送人可按每件声明价格，或按照全部件数声明总价格。声明价格的款额由发送人口述。声明价格的款额应由旅客按发送国货币提出。按适用的运价规程规定对声明行李价格核收杂费。

承运行李时，承运人有权检查声明价格的款额是否与行李价值相符。此时，发送人应提供证明行李价值的文件。根据提供的文件，声明价格的款额经承运人和发送人协商后确定。如承运人与发送人未达成一致意见，则承运行李时不声明价格。

6. 行李的运到期限

行李的运到期限，根据时刻表规定的列车运行情况，并考虑按本协定规定的办理行李交付手续所必需的时间，按运送全程确定。

在下列情况下延长行李的运到期限：① 运行途中每换装一次行李，延长 1 昼夜；② 为履行海关和其他规定手续发生意外滞留时，延长此滞留时间；③ 非因运送过程参加者过错致使不能开始或继续运送时，延长停运时间；④ 如检查行李的结果判明违反了禁止按行李运送的物品规定，则延长同此项检查有关的时间；⑤ 如因承运人过错，行李未在规定运到期限内运至到站，而领收人又不能等待行李到达，则延长转发送行李所必需的时间。该时间从提出转发送申请的次日起算。运送滞留时间和导致延长运到期限的原因，必须在行李运行报单背面"其他记载"栏内注明。

如行李在运到期限结束前到达到站并已提出交付，即为遵守运到期限。

7. 行李的交付

行李在行李票所载到站交付。行李的交付，应在运送行李的列车抵达后，并经过卸车和完成海关及其他规定手续所需时间之后办理。行李票提出人有权要求在发站或运行经路上某中途站交付行李。如这项要求属预先提出，且列车停车时间、车内行李的放置情况及海关和其他规定都允许时，承运人应满足这一要求。

行李应交付行李票提出人。交付行李时收回行李票。在不能提出行李票的情况下，承运人仅在要求领取行李的人能证明其对行李的所有权时，方可向其交付行李。领取行李时，发送人（领收人）须支付在运行途中和该站所发生的一切费用，如有违反本协定第 21 条第 2 项规定的情况，还应赔偿本协定第 41 条规定的损失。核收上述款额应用单独的票据办理。

如因承运人的过错，行李未在规定的运到期限内运至到站，而领收人又不能等待行李到达，则领收人可提出下列内容的声明：① 免费将行李返回发站；② 将行李转发送至另一到站；③ 将行李转发送到适用的运价规程规定的另一国家的新到站。车站应将上述声明的内容记入行李票。行李自应随的列车到达到站之日起，因承运人过错经过 10 天还未交付领收人时，如

行李的滞留同完成海关和其他规定的手续无关，即认为行李已经灭失。

如果已视为灭失的行李，从应运至到站之日起一年之内被发现，承运人如知晓或能确定发送人的住址，应将此事通知发送人。发出上述通知后 30 天内，发送人可要求将行李免费为其运至行李票所载经路中的某一车站，并须退还其以前所领取的赔款。发送人希望将行李发往乘车经路以外的车站时，应按相应的运价规程支付运送费用。如发现的行李在上述规定的 30 天内未被要求交付，或者灭失的行李从应运至到站之日起满 1 年后才被发现，承运人有权按照本国法规对其做出处理。

如在运送中或交付时发现行李有毁损或部分灭失的迹象，则承运人应检查行李的内容，并就检查结果编制商务记录。商务记录由承运人被授权人和发送人（领收人）（如编制商务记录时发送人[领收人]在场）签字。商务记录签字后当即交发送人（领收人）一份。如发送人（领收人）不认可商务记录中确定的事实，有权要求对行李状态、损坏的原因和程度进行鉴定，具体事宜按进行鉴定的国家法规办理。签署商务记录时，如发送人（领收人）不在场，承运人可邀请证明人（如国内法规有此规定）。在这种情况下，商务记录由证明人签字，并在交付行李时交给发送人（领收人）一份。

根据需要，发送人（领收人）有权要求承运人对其支付行李运送费用及行李的发送和交付日期开具书面证明。上述证明按承运人所在地国内法规规定的格式开具。

如行李自到达到站之日或自发出根据海关部门指令在中间站滞留的通知之时起 3 个月内无人领取，承运人可将其变卖。如因长期保管而使行李贬值或保管费超过行李本身价值，则承运人有权提前变卖。如能查明发送人的所在地，则承运人应将行李将要变卖一事通知发送人。承运人应将变卖行李所得款额，扣除尚未支付的保管费及其他费用后，退还发送人。

发送人关于将行李转发送到适用的运价规程中列载的某一车站的申请，在海关和其他规定不禁止的情况下，应予满足。行李转发送申请书，应向保管该行李的车站提出，并须添附原行李票。如发送人只提出转发送行李申请书而无行李票，则仅在行李毫无疑问确属该发送人的情况下，方可满足发送人的申请。当旅客（发送人）持有到终点站的客票时，物品按行李办理运送。如旅客（发送人）未持有按新经路运送行李的有效乘车票据，则运费应按包裹核收。行李转发送的费用，以及与行李运送有关的其他费用，均在到站交付。

发送人可以要求将其托运的行李从到站或中途站运回原发站。只有在海关及其他规定允许时，这项要求方能办理。这项要求的申请书应连同行李票一起向发站或到站提出。返还运送应填制行李票。根据适用的运价规程算出的运送费用及因返还而产生的其他费用，向行李领收人核收。

（四）包裹运送

1. 运送票据

承运包裹时，应以包裹票的形式向发送人出具运送票据。包裹票应包含下列基本运送信息：① 承运人名称；② 车次和发送日期；③ 发站；④ 到站；⑤ 运行经路；⑥ 发送人和领收人名称及其地址和联系电话；⑦ 声明价格；⑧ 运费；⑨ 发送件数、包装种类和重量；⑩ 关于包裹承运和包装缺陷或包裹状态的记载。

空白包裹票使用发送国文字和英文、中文、德文或俄文之一共两种文字印制。包裹票用合同承运人国文字填写。

2. 准许和禁止按包裹运送的物品

在行李车中有空闲地方且对行李和包裹的运送不会产生损害的情况下，能迅速容易地装入并放置在行李车中的物品准许按包裹承运。

下列物品禁止按包裹运送：

（1）易燃品、易发火品、自燃品、爆炸品、放射性、腐蚀性和毒害性物质、枪炮、弹药及能使其他发送人的行李、包裹或运送过程参加者受到损害的物品；

（2）能造成感染或具有恶臭气味的物品；

（3）动物；

（4）属于参加运送承运人的任何一国邮政专运的物品；

（5）易腐产品。

必要时，承运人有权检查包裹的内容。在发站检查时，发送人应在场。在到站检查时，领收人应在场。在途中或者发送人或领收人不到场时，可以在没有他们参加的情况下进行检查。

3. 包裹的承运条件

开办国际联运包裹业务的车站承运包裹无须提交乘车票据。

物品所有者如希望将准许按包裹运送的物品按包裹托运，应向承运人提出书面申请书，在申请书上应记载：① 发站和到站名称；② 发送人和领收人名称及其地址和联系电话；③ 运送经路（包裹应经由哪些国境站）；④ 包裹名称、件数、每件的重量和包装种类；⑤ 包裹出口许可证号码和填发日期，并注明许可证已在何时寄往哪一国境海关。如出口许可证在发送人手中，发送人应将该证附在申请书上；⑥ 声明价格的款额。承运人认为能够运送时，在申请书内注明包裹从发送人处承运的时间。在开办行李业务的车站之间承运包裹时，一件包裹的质量不得少于 5 kg 且不得超过 75 kg。质量为 75~165 kg 的不可分割的物品，在开办包裹业务的车站之间按包裹承运。

发送人除附出口许可证外，还应将履行海关和其他规定手续所必需的其他添附文件附在申请书上并提交发站。这些文件可只与发送人按该票作为包裹托运的物品有关。如发送人未提出包裹出口许可证，或未指明该许可证已寄往哪一海关，发站应拒绝承运该包裹。发站应要求发送人在申请书中填写与出口许可证中记载相同的国境站。

承运人无义务检查发送人提交的随同包裹的各项添附文件是否正确和完备。

发送人在收到包裹票时，应检查票面记载内容是否正确。包裹的承运日，以发站在包裹票上加盖的日期戳为准。包裹票中应注明添附文件。

4. 包裹的包装和标记

包裹在托运时应有结实、良好的包装，能保证包裹在运送全程直至交付领收人前完整无损，能防止损坏车辆和其他发送人的行李或包裹，并保证工作人员作业安全。

发送人对于托运的每件包裹均应做上标记：在包装或标签（飞子）上用发送国文字清楚书写下列事项，并附英文或中文或德文或俄文译文：① 发送人，其地址和联系电话；② 领收人，其地址和联系电话；③ 发站和到站。往越南社会主义共和国、中华人民共和国、朝鲜民主主义人民共和国和蒙古国或相反方向运送包裹时，包装或标签（飞子）上的上述记载应用发送国文字和俄文书写。发送人应将行李上的旧标签除掉，并将所有旧地址和其他标记划去。

5. 包裹价格的声明

发送人在托运包裹时必须声明包裹价格。如发送人不声明包裹价格，发站应拒绝承运。如托运数件包裹，发送人可按每件声明价格，或按照全部件数声明总价格。发送人声明价格的款额在其声明中注明。声明价格的款额应由发送人按发送国货币提出。

按适用的运价规程规定对声明包裹价格核收杂费。

承运包裹时，承运人有权检查声明价格的款额是否与包裹价值相符。此时，发送人应提交证明包裹价值的文件。当发送人和承运人间对声明价格的金额有分歧时，包裹不予承运。

6. 包裹的运到期限

包裹运到期限根据下列标准确定：① 发送——1 昼夜；② 每起始 400 运价公里——1 昼夜。运到期限自包裹承运日（发站在包裹单上加盖日期戳的日期）的次日零点起计算。

在下列情况下延长包裹的运到期限：

（1）运行途中每换装一次包裹，延长 1 昼夜；

（2）为履行海关和其他规定手续发生意外滞留时，延长此滞留时间；

（3）非因运送过程参加者过错致使不能开始或继续运送时，延长停运时间；

（4）如检查包裹的结果判明是违反了本协定第 28 条第 2 项的规定，延长同此项检查有关的时间；

（5）遇有本协定第 33 条第 7 项情况时，延长转发送包裹所必需的时间。该时间从提出转发送申请的次日起算。运送滞留时间和导致延长运到期限的原因，必须在包裹运行报单背面"其他记载"栏内注明。运到期限按发站至到站的运价里程计算。

如包裹于运到期限结束前运至到站，并向领收人发出通知，而且此时即可将包裹交由领收人支配，则认为是按期运达。

7. 包裹的交付

如包裹的运送或交付发生阻碍，则承运人应通过电报或其他确认收到信息的事实及日期的方式，将此事通知发送人，征求发送人的指示。

发送人应在包裹交付阻碍通知书背面注明应对包裹做何处理，并将通知书退还车站，同时提出包裹票，以便在包裹票上记入有关指示。如不提交包裹票，发送人的指示视为无效。

如果向发送人发出关于包裹运送或交付阻碍的通知后 10 天内，获知此通知的发送人未给予任何指示或给予的指示无法执行，则按承运人所在地的国内法规对包裹进行处理。

发送人（领收人）应支付因其指示发生的附加运送费用，但因承运人过错发生阻碍的情况除外。证明承运人过错的证据由包裹发送人提出。

包裹应在包裹票所载的到站交付。包裹运到后，到站应按照领收人所在国国内法规规定的办法立即通知领收人，但最晚不得迟于 16 h。包裹交付包裹运行报单所载的领收人，无须提出包裹票。包裹也可交付持有领收人委托书的其他人，但委托书应符合领收人所在国国内法规规定。在上述两种情况下，领取包裹的人均须出示本人身份证件。领取人在包裹运行报单背面签字作为领取包裹的凭证。如有需要，包裹领收人可向到站获取载有必要事项并且核证无误的包裹运行报单摘录。

如已将包裹到达之事通知领收人，而领收人在 5 日内未来领取，包裹即认为无人领取，并按领收人所在国国内法规予以变卖。但按包裹托运的家庭用品，如领收人不在或未能领取包裹，应自到达之日起 30 日后方可变卖。将包裹变卖一事通知发送人。

如包裹发送人同时也是其领收人，则在由于承运人的过错使包裹未在规定运到期限内运到的情况下，他有权要求到站凭包裹票将包裹返回发站。到站应将发送人声明的内容记入包裹票内。

（五）运送费用

1. 运送费用的计算和核收

国际联运旅客、行李和包裹的运送费用（客票票价、卧铺费、行李和包裹运费），按适用

的运价规程或依据双边或多边协定计算。除运送费用外,可向旅客或发送人核收承运人所在国国内法规规定的手续费及其他费用。在适用的运价规程中所载的每一车站和国际联运乘车票据发售点,均应使旅客能够了解运价规程的内容。

运送费用,按照购买乘车票据当日的费率计算;行李、包裹的运送费用,按照承运当日的费率计算。在发售乘车票据或填发行李票或包裹票时,核收由发站至到站的全程运送费用。

承运人在使用运价规程时,对所有旅客、包裹发送人(领收人)应一视同仁。

确定运送费用时,如运价使用不当、确定行李(包裹)重量出错或发现计算有误,多收的款额应退还原付款人,少收的款额按下列办法补收:① 少收旅客的费用——由造成少收的合同承运人向旅客补收,不必向接续承运人提出核收少收款额的要求;② 少收包裹发送人的费用——由合同承运人向包裹发送人补收;③ 少收包裹领收人的费用——由接续承运人只向包裹领收人补收运行途中和到站发生的费用。多收的款额,由多收这项款额的承运人退还。

2. 运送费用的退还

旅客或发送人可领回有关的运送费用。退还费用的要求,应由运送过程某一参加者证明。关于退还费用的赔偿请求,承运人在本协定第 43 条规定的期限内受理。

如果运输合同条件的变更系承运人过错所致,则退还按适用的运价规程计算的下列费用:① 如果旅客没有开始乘车,退还单人客票票价和卧铺费、手续费及其他费用;② 如果团体旅客出发时不是全体团员,退还团体中没有开始乘车旅客的团体客票票价和卧铺费、手续费及其他费用;③ 如果旅客在某一中途站不再继续乘车,退还未乘车里程的客票(单人或团体)票价和卧铺费;④ 旅客乘坐了比乘车票据所载等级和种类低的车厢,退还乘坐里程两种等级客票(单人或团体)票价和卧铺费间的差额;⑤ 未运送里程的行李和包裹运费。

如由于旅客、发送人不得已原因变更了运输合同条件:① 根据本条第 2 项退还按适用的运价规程计算的乘车票据和运送票据票价,但手续费除外。② 对下列情况,对单人或团体客票,在扣除已使用客票的全价票款后,再办理退还:按旅客往返乘车享受减成办理的客票,单程未使用;团体票,但实际乘车的成年旅客人数少于适用的运价规程中规定的享受减成标准。③ 对按旅客往返乘车享受减成办理的单人或团体客票,在某些国家境内往返方向部分未使用时,不扣除全价票款,退还相应票价。不得已原因的举证由旅客、发送人负责。如果旅客、发送人无法证明系不得已原因,承运人按照本规定退还运送费用。

如果由于旅客或发送人个人原因变更运输合同条件,则退还按适用的运价规程计算的下列费用:① 如果旅客没有开始乘车并在列车出发 6 h 前(团体票为 5 天前,对立陶宛共和国和爱沙尼亚共和国的承运人为 1 天前)提交乘车票据以便加以记载,退还客票(个人或团体)票价和卧铺费。未遵守上述期限时,在客票有效期内并做有记载的情况下,退还客票(个人或团体）票价，卧铺费不予退还。② 如果旅客在某一中途站不再继续乘车，并在其所乘列车到达后 3 h 内提出自己的客票以便加以记载，退还未乘车里程的客票票价。③ 如果发送人在行李或包裹装车前领回，则退还行李或包裹运费。④ 如果退还了未乘车里程的客票票价，则退还该里程的行李运费。

对遗失的乘车票据，已付款额不予退还。凭补办的乘车票据退还已付款额，根据补办乘车票据的合同承运人所在国的国内法规办理。

退还旅客乘车费用或行李或包裹运送费用时，可向旅客或发送人扣除同退款有关的费用，但根据本规定退还运送费用时除外。根据本规定，在提出请求时办理已付款额的退还。在其他情况下，根据旅客或发送人的书面申请按赔偿请求办法办理退还。

运送费用的退还，只由合同承运人办理。通过互联网办理的乘车票据的退还，按承运人规定的办法办理。

（六）承运人的责任

1. 承运人责任的一般规定

合同承运人就未履行或未适当履行自方的运输合同义务，按本协定规定的办法和范围，对旅客、发送人或领收人承担责任。

每个接续承运人加入运输合同并按照合同承运人与旅客、发送人所签订合同的条件承担相应义务。

在下列情况下，承运人未履行或未适当履行自方义务时，不承担责任：① 发生承运人不能预防也无力消除的情况；② 因旅客、发送人或领收人行为造成损失；③ 尽管承运人采取了各种预防措施，但仍未能避免或防止其后果的第三方行为；④ 旅客、发送人或领收人违反在国际铁路联运乘车时应遵循的护照管理、海关、卫生、检验检疫及其他规定。

2. 承运人对旅客生命或健康遭受损害的责任

承运人对旅客乘车和上下车期间生命或健康遭受的损害承担责任。旅客生命或健康遭受损害的责任，由发生损害时办理运输的承运人承担。如果在旅客生命或健康遭受损害时办理运送的为实际承运人，则其与合同承运人或与部分或全部委托其办理运输的接续承运人共同对旅客承担责任。

3. 对旅客生命或健康遭受损害的赔偿

对旅客生命或健康造成损害的赔偿办法和额度，由发生损害时所在国的国内法规确定。

4. 行李和包裹运到逾期的责任

承运人就未遵守本协定规定的行李和包裹运到期限，对旅客、发送人或领收人承担责任。对于行李和包裹的运到期限，每逾期 1 日，承运人按如下标准向发送人赔偿：① 行李，为运费的 5%，但赔款不得超过运费的 50%；② 包裹，为运费的 1.5%，但赔款不得超过运费的 30%。行李和包裹运到逾期赔偿只限在未遵守总运到期限的情况下支付。上述规定的赔偿总额，不得超过行李和/或包裹全部灭失时应赔偿的总额。

如已对行李或包裹全部灭失予以赔偿，则上述规定的赔偿不予支付。如行李或包裹部分灭失且又运到逾期，只对行李或包裹未灭失部分支付逾期赔偿。如行李或包裹毁损且又运到逾期，除本协定第 40 条规定的赔偿外，还应加上运到逾期赔偿。

如由于以下原因导致未遵守行李和/或包裹运到期限，则承运人不承担责任：① 暴雪、水灾、塌方和其他自然现象——期限至恢复运行时，但不得超过 30 天；② 发生其他不取决于承运人的、导致列车中断或延误的情况。

5. 行李和包裹全部或部分灭失、毁损的责任

承运人对行李或包裹全部或部分灭失、毁损承担责任。行李或包裹的全部或部分灭失、毁损，如系由于下列任何一种原因造成，则免除承运人的责任：① 由于运送过程参加者不能预防也无力消除的情况；② 由于行李或包裹的特殊自然性质，导致损坏、生锈、内部腐坏等类似后果；③ 由于行李或包裹的容器或包装存在缺陷，而这些缺陷在承运时无法从外表发现；④ 由于包裹发送人用不正确、不确切或不完全的品名托运违禁品。因上述第 1、2 款原因造成行李或包裹灭失、腐坏或毁损，由承运人负责举证。

如根据情况判断，行李或包裹的灭失或毁损可能由本条第 2 项第 3、4 款所述原因所致，在包裹发送人或领收人相应情况下未提出其他证据以前，即认为损失确由这些原因造成。

对于运送中因本身自然特性发生减量的包裹，不论其运送里程的远近，承运人只对超出下列标准的减量部分负责：① 对在液体或潮湿状态下托运的包裹，为其重量的 2%；② 对在运送中发生减量的其他干燥性包裹，为其重量的 1%。如发送人或领收人能够证明减量非包裹自然特性所致，则不适用上述责任范围的限制。按一张包裹票运送数件包裹时，如承运包裹时每件重量均已注明，则容许的减量标准应按每件分别计算。如包裹全部灭失或个别件灭失，在计算赔偿时，对于灭失件不扣除任何减量。

当未声明价格的托运行李全部或部分灭失时，承运人向发送人赔偿灭失部分的实际价值，但赔偿额不超过每短少 1 kg 总重按 2 瑞士法郎算出的款额。

当声明价格的行李或包裹灭失时，承运人应按每一短少的公斤数赔偿相应部分的声明价格。

如未声明价格的行李毁损，承运人应赔偿相当于行李价值减低的款额，不赔偿其他损失。

声明价格的行李或包裹毁损时，承运人应按照行李或包裹价值由于毁损而降低的百分比，赔偿相应部分的声明价格。上述规定的赔偿额，不应超过下列款额：① 因毁损致使行李或包裹全部贬值时，不应超过全部灭失时的赔偿额；② 因毁损致使行李或包裹仅部分贬值时，不应超过贬值部分灭失时的赔偿额。

（七）旅客和发送人的责任

在国际铁路联运中乘车和/或运送行李、包裹时，旅客或发送人因未遵守本协定规定的义务使承运人受损，或因所运物品或动物造成损害，旅客或发送人应对此承担责任，并应补偿承运人所受的损失，其中包括对车辆经营人和（或）第三方造成的损失。

未出示乘车票据的旅客，对发现该乘车情形时所在国境内已乘坐的里程，应根据适用的运价向承运人支付乘车费用和罚金。凭优惠乘车票据乘车的旅客，未同时出示有权享受优惠的证明文件，对发现该乘车情形时所在国境内已乘坐的里程，应向承运人支付与全价票款的差额和罚金。支付乘车费用和罚金的办法，根据发现该乘车情形时所在国的国内法律确定。

如能证明损失是由于旅客或发送人无法避免的情况造成的，且尽管旅客或发送人意识到其责任并按要求采取了所有防范措施仍未能防范其后果，可免除旅客和发送人的责任。

（八）赔偿请求

1. 赔偿请求

根据运输合同提出赔偿请求的权利，属于旅客、发送人、领收人或其授权人。如一张乘车票据或一批行李或包裹的赔偿请求款额少于与1.5瑞士法郎等值的款项，则不应提出赔偿请求。

旅客根据乘车票据提出的赔偿请求应向合同承运人提出。关于旅客生命或健康遭受损害的赔偿请求，可向根据运输合同参加运送过程的任一承运人或实际承运人提出。关于行李和包裹运送的赔偿请求向合同承运人提出，或者向交付行李和包裹的承运人提出。

只有关于旅客生命或健康遭受损害的赔偿可向实际承运人提出。关于退还按运输合同所付款额的赔偿请求，可由原付款人或其被授权人提出。以旅客、发送人或领收人名义提出赔偿请求的权利，须有委托书为凭证。

申请人提出赔偿请求时，应附加下列文件的正本，作为赔偿请求的依据：① 请求赔偿对旅客生命或健康造成的损害时——乘车票据和不幸事故记录，以及证明实际费用额度的文件；② 请求赔偿乘车费用或卧铺费时——乘车票据；③ 请求赔偿行李或包裹运费时——行李票或包裹票；④ 行李或包裹全部或部分灭失、毁损时——行李票或包裹票及商务记录；⑤ 行李或包裹运到逾期时——行李票或包裹票；⑥ 确定运送费用时运价使用不当，确定重量出错、计

算有误造成多收款额时——乘车票据、行李票或包裹票。由承运人发给旅客、发送人和领收人的文件，应附正本。

承运人应在自赔偿请求书提出之日（该日期以邮戳或赔偿请求书的签收日期为凭）起180天期限内审查赔偿请求，答复赔偿申请人，并在全部或部分承认赔偿的情况下向其支付应付的赔款。

在全部或部分拒绝赔偿请求时，承运人应以书面形式向赔偿申请人告知拒绝赔偿请求的理由，同时退还赔偿请求书所附的文件。

如赔偿请求书违反了本条的规定，则承运人不予审查，并应在收到赔偿请求书之日起15天内，将其退还赔偿申请人，并注明退还原因。承运人向赔偿申请人退还此种赔偿请求书并不表示拒绝赔偿请求。

2. 根据运输合同所发生的赔偿请求时效

赔偿请求由承运人在9个月期限内受理，但行李或包裹运到逾期的赔偿请求除外，该赔偿请求规定在30日内提出。受理造成旅客生命和健康损害情况的赔偿请求，没有时效期限。所述期限按下列规定计算：① 关于退还运送费用或多收款额的请求，自乘车票据、行李票或包裹票有效期截止后计算；② 关于行李或包裹毁损或部分灭失，以及运到逾期的赔偿，自行李或包裹交付之日起计算；③ 关于行李和包裹全部灭失的赔偿，分别按照本规定算出的运到期限期满后10日和20日起计算；④ 关于变卖行李或包裹后剩余款额的支付，自其变卖之日起计算。时效开始日一概不计入时效期限。

第二节　国际铁路客运合同的统一规则（CIV）

一、概　况

《国际客约》的协定方为阿尔巴尼亚、阿尔及利亚、亚美尼亚、奥地利、阿塞拜疆、比利时、波黑、保加利亚、克罗地亚、捷克、丹麦、爱沙尼亚、芬兰、法国、格鲁吉亚、德国、希腊、匈牙利、伊朗、意大利、拉脱维亚、列支敦士登、立陶宛、卢森堡、马其顿、摩纳哥、黑山、摩洛哥、荷兰、挪威、波兰、葡萄牙、罗马尼亚、塞尔维亚、斯洛伐克、斯洛文尼亚、西班牙、瑞典、瑞士、叙利亚、突尼斯、土耳其、乌克兰、英国、欧盟主管铁路运输的部、中央国家机关。《国际客约》适用范围为出发地和目的地位于不同成员国，无论签署运输合同各方的地址在哪里以及他们是什么国籍。当合同涵盖的国际运输包括一个成员国境内的公路运输或内河航运、或海运或内陆水路跨境运输作为铁路运输的补充时，也可适用《国际客约》。

《国际客约》不适用于车站基础设施均由属于其中一个国家的一家或几家基础设施管理机

构管理的、毗邻国家车站间的运输。

任何国家，若已加入某项与《国际客约》统一规则类似性质的、涉及国际铁路直达旅客运输的公约，当该国申请加入《国际客约》时，可以宣布仅对其领土内一部分铁路基础设施上的运输使用本统一规则。该部分铁路基础设施必须精确界定，并且是与某成员国铁路基础设施相连接的。当一国做出上述声明，则仅在下述条件下适用：（1）出发地和目的地以及运输合同指定的线路位于特定的基础设施之上；（2）特定的基础设施连接两个成员国的基础设施，并且运输合同中指定其作为过境运输线路。

二、基本规定

（一）运输合同的签订和履行

1. 运输合同

根据运输合同，承运人应将乘客运送至目的地，以及如有必要将行李和车辆运送到目的地，并在目的地交付行李和车辆。

运输合同必须通过发给乘客的一张或几张运输凭证加以确认。但是，在不影响下述运输权和拒载权条款的情况下，车票的缺失、不规整或丢失不影响合同的存在及有效性，合同仍应服从本统一规则。

运输凭证是运输合同订立及其内容的证明，直到出现相反的证明。

2. 运输凭证

一般承运条件确定运输凭证的形式和内容，以及打印和填写所用的语言和文字。运输凭证至少应列入以下信息：① 一个或几个承运人；② 指明尽管有相反条款，运输也服从于本统一规则，这里可以用缩写 CIV 来表示；③ 任何其他必要的、能证明运输合同的订立和内容的、并有助于乘客主张因本运输合同而产生的权利的指示。

乘客在收到运输凭证时，应确保运输凭证是按照其声明制作的。运输凭证如果未以乘客的名字签发，而且如果旅程尚未开始，可以转让。

运输凭证可以按照可转换成可读文字符号的电子数据登记的形式建立。用于进行数据登记和处理的程序在功能方面必须对等，尤其是关系到由这些数据所代表的运输凭证的说服力。

3. 运费的支付和退还

除非乘客和承运人之间另有协议，运费应提前支付。一般承运条件确定在什么条件下退还运费。

4. 运输权和拒载权

从旅程开始起，乘客就必须持有一张有效的运输凭证，在检查时出示。一般承运条件可规定：① 不出示有效运输凭证的乘客除了支付运费以外，还需支付一笔附加费；② 拒绝立即支付运费或附加费的乘客可被终止旅行；③ 是否以及在什么条件下应退回附加费。

一般承运条件可以规定，下述乘客应被排除在运输之外，或可以被要求终止旅程：① 对运营的安全和良好运行、或对其他乘客的安全构成危险的乘客；② 用让人无法忍受的方式给其他旅客造成不便的乘客。这些人无权要求退回运费，也无权要求退回他们已经支付的行李托运费。

5. 行政手续的履行

乘客必须遵守海关或其他管理机构要求的手续。

6. 列车的取消和晚点、错过转乘

必要时，承运人必须在运输凭证上证明列车已被取消，或者错过了转乘。

（二）手提行李、动物、托运行李和车辆的运输

1. 一般条款

（1）允许的物品和动物。

乘客可根据一般承运条件，随身携带容易搬动的物品（手提行李）和活的动物。另外，乘客可根据一般承运条件里包含的特殊规定携带笨重的物品。可能会烦扰或给其他乘客带来不便或造成损害的物品或动物，不允许携带。

乘客可根据一般承运条件将物品和动物作为行李托运。承运人可根据一般承运条件里包含的特殊条款，允许在运送乘客时运送车辆。

根据本部分内容通过铁路将危险货物作为手提行李、托运行李，以及在车辆里或车辆上运输时，必须遵守《国际铁路危险货物运输规则》（RID）。

（2）查验。

在有充分理由推断有不遵守承运条件的情况时，承运人有权就运输的物品（手提行李、托运行李、车辆，包括车上装载的物品）和动物是否符合承运条件进行查验，除非进行查验的地点所在国的法律和规定禁止此类查验。必须邀请乘客参与查验。如果乘客不到场，或无法参加，承运人必须请两位独立见证人在场。如果确认有不遵守承运条件的情况时，承运人可要求乘客支付查验产生的费用。

（3）行政手续的履行。

乘车时，乘客如携带物品（手提行李、托运行李、车辆，包括车上装载的物品）或动物，

必须遵守海关或其他管理机构要求办理的手续。除各国法律法规另有规定，乘客在查验这些物品时应在场。

2．手提行李和动物

监管照看携带的手提行李和动物是乘客的责任。

3．行　李

（1）行李托运。

运送托运行李有关的合同义务应由出具给乘客的行李托运单证明。行李托运单的缺失、不规整或丢失不会影响托运行李运送协议的存在和有效性。如无相反证明，行李托运单是行李登记及其运输条件的证明。除非有相反的证据，应认为当承运人接管托运行李时，行李表面处于良好状态，行李的数量和重量与行李托运单上记录的情况相符。

（2）行李托运单。

一般承运条件确定行李托运单的形式和内容及其打印和填写所用的语言和文字。行李托运单应至少包括以下内容：

① 一个或几个承运人；② 指明尽管有相反条款，运输也服从于本统一规则；这里可以用缩写 CIV 来表示；③ 任何其他必要的、能证明行李托运相关合同义务的、并有助于乘客主张因本运输合同而产生的权利的指示。

乘客在收到行李托运单时，应确认行李托运单是按照其指示发出的。

（3）登记和运输。

除非一般承运条件另有规定，托运行李登记应只在出示有效运输凭证的情况下进行，该运输凭证至少应在到达行李目的地时仍有效。此外，登记应按照行李发送地的现行规定办理。

在一般承运条件规定行李可以在不出示运输凭证的情况下承运时，本统一规则关于乘客对其行李的权利和义务的条款对于该行李发送人应类推适用。

承运人可以用另一列火车，或用另一种运输方式并走与乘客不同的另一条路线运送其行李。

（4）行李托运费的支付。

除非乘客和承运人之间另有协议，托运行李的费用应在登记时支付。

（5）托运行李的标记。

乘客应在每一件托运行李上清楚可见的地方，用足够固定和清晰的方式标出以下内容：① 乘客的名字和地址；② 目的地。

（6）行李处置权。

如情况允许，并且在与海关或其他管理机构的规定不相抵触的情况下，乘客在交出行李托运单后，可在托运发送地要求将行李退回，在一般承运条件有所要求的情况下，应出示运

输凭证。

一般承运条件可以包含有关行李处置权的其他条款，尤其是目的地的改变，以及乘客可能需要承担的经济后果。

（7）交付。

托运行李应在交出托运单的情况下，必要时，在支付所欠的托运费用的情况下交付。承运人有权，但并不必要查验托运单持有者是否有资格取走托运的行李。根据目的地现行规定，以下情况被视为等同于已交付给行李托运单持有人：① 行李被交到海关或入市税管理机构的发货地或其仓库，不受承运人的看管；② 活的动物已经被委托给第三方。

行李托运单持有人可以要求按约定的时间，或者必要时，在海关或其他管理机构相关操作所必需的时间之后，立即将行李交付到目的地。

如未能交出托运单，承运人应只在相关人员能证明其有权提取行李的情况下才能交付行李；如果提交的证据不足，承运人可要求支付保证金。

行李应交付到其登记的目的地。

行李托运单持有人，如其行李未能交付，可以要求查验行李托运单上注明的交付日期和时间。

如果承运人对查验行李以验证是否有损失的请求不予答复，权利所有人可拒绝接收行李。此外，行李交付应按照目的地现行规定进行。

4. 车　辆

（1）承运条件。

包含在一般承运条件里的、对于车辆承运的特殊条款主要确定运输接收、登记、装载和运输、卸载和交付的条件，以及乘客的义务。

（2）承运凭单。

与车辆承运有关的合同义务应通过一份交给乘客的承运凭单进行确认。承运凭单可以并入乘客的运输凭证。一般承运条件里包含的车辆承运的特殊条款确定承运凭单的形式和内容，以及凭单打印和填写使用的语言和文字。前述运输凭证可以电子数据登记的条款可参照适用。以下是承运凭单至少应包括的内容：① 一个或几个承运人；② 一个关于尽管有相反的条款，运输也服从于本统一规则的指示；③ 任何其他必要的、能证明车辆承运合同义务的，以及有助于乘客主张因本运输合同而产生的权利的指示。

乘客在收到承运凭单时，应确认承运凭单是按照其指示发出的。

除了以上规定以外，关于行李承运的条款也适用车辆。

（三）承运人责任

1. 乘客死亡及受伤情况下的责任

（1）责任依据。

承运人应承担与铁路运营相关的，在乘客乘坐及进、出铁路车辆时发生事故所造成的死亡、受伤或其他任何对身体或精神完好性所造成的损伤的责任，无论使用的是哪种铁路基础设施。在以下情况下，承运人可以免责：① 如果事故是由与铁路运营无关的外部情况造成的，尽管承运人已经对特定情况采取了必要的努力，但仍没能避免其无法防止的后果；② 如果事故是由乘客的过失造成的；③ 如果事故是由一个第三方的行为造成的，尽管承运人已经对特定情况采取了必要的努力，但仍没能避免其无法防止的后果；使用同一铁路基础设施的另一家企业不应被认为是第三方；追索权不受影响。如果事故是由一个第三方的行为造成的，尽管如此，根据上述③项，承运人不能全部免除责任，他应该承担本统一规则规定的限度内的全部责任，并不损害其可能针对第三方的追索权。

如果在一个单独承运合同框架下的运输由接续承运人承担，根据承运合同，提供相关运输服务的承运人应对其运输过程中发生的事故所造成的乘客死亡和受伤负责。如果该服务不是由承运人提供，而是由替代承运人提供的情况下，双方应根据本统一规则连带负责。

（2）死亡情况下的损害赔偿。

在乘客死亡的情况下，损害赔偿包括：① 死亡善后的必要费用，尤其是遗体运输和丧葬费用；② 如果不是立即死亡，应包括下述提到的受伤情况下的损害赔偿。

如果乘客的死亡使他根据法律承担赡养义务的，或根据法律未来将要承担赡养义务的人被剥夺了生活支持，那么这些人的此类损失也应获得赔偿。乘客在法律义务以外供养的人士的损害赔偿行为应提交国家法律解决。

（3）受伤情况下的损害赔偿。

如乘客受伤或受到其他任何对身体或精神完好性所造成的损伤，损害赔偿应包括：① 必要的费用，尤其是治疗和运输费用；② 因全部或部分失去工作能力，或因需求增加而造成的损害的赔偿。

（4）其他人身损害赔偿。

应根据国家法律确定承运人是否应该，以及在何种限度内，为以上提到的情况以外的人身损害提供赔偿。

（5）死亡和受伤情况下损害赔偿的方式和金额。

乘客死亡后对于其应提供赡养义务的人的损失以及因失去工作能力等损害赔偿应以资金形式拨付。但如果国家法律允许以年金的方式拨付，而且受伤乘客或权利所有人提出要求，

损害赔偿可以年金方式拨付。上述拨付金额应根据国家法律确定。根据本统一规则，每位乘客可获赔偿的上限为 175 000 个资金记账单位，或者，如果国家法律规定的上限低于该金额，也可以以年金的形式支付相应金额。

（6）其他运输方式。

发生乘客死亡或受伤时承运人应负责任的相关条款不适用于根据承运合同以非铁路方式进行运输期间发生的损失。但是，当铁路车辆由渡船运送时，乘客死亡或受伤责任的相关条款适用于与铁路运营相关的、乘客在乘坐或进出相关车辆时发生的事故所造成的损失的相应条款。

当铁路运营因特殊情况临时中断，乘客由其他运输方式运送时，承运人应根据本统一规则承担相应责任。

2. 未履行时刻表的责任

因列车取消、晚点或错过换乘而使乘客当天不能继续行程，或者鉴于这种情况没有理由要求在当天继续行程，承运人应对因此给乘客造成的损失负责。损害赔偿应包括合理的住宿费用以及因通知正在等待该乘客的人员而发生的合理费用。如果列车取消、晚点或错过换乘是由以下原因之一造成，承运人应免责：① 由与铁路运营无关的外部情况造成的，尽管承运人已对特定情况采取了必要的努力，但仍没能避免其无法防止的后果；② 由于乘客的过失造成的；③ 由第三方的行为造成，尽管承运人已对特定情况做了必要的努力，还是未能避免其无法防止的后果；使用同一铁路基础设施的另一家企业不应被视为第三方；追索权不受影响。

承运人是否以及在多大程度上应对上述情况以外的损害支付赔偿，应由国家法律确定。本条规定不影响下述对逾期赔偿的规定。

3. 涉及手提行李、动物、托运行李和车辆的责任

1）手提行李和动物

（1）责任。

在发生乘客死亡或受伤情况时，承运人还应对乘客随身携带的物品或手提行李的全部或部分丢失或损坏所造成的损失负责；这一点也适用于乘客携带的动物。此外，除非损失是由承运人的过失造成的，承运人不应对乘客有责任照看的物品、手提行李或动物的全部或部分丢失或损坏负责。

（2）物品丢失或损坏情况下的赔偿限额。

当承运人负有上述责任时，他应支付的赔偿上限为每位乘客 1400 个记账单位。

（3）责任免除。

承运人不对因乘客不遵守海关或其他管理机构的规定而造成的损失负责。

2）托运行李

（1）责任依据。

承运人应对在其接到行李至交付行李期间发生的，以及因延迟交付造成的托运行李的全部或部分丢失及损坏所造成的损失负责。

如果丢失、损坏或延迟交付不是因为承运人的过失，而是因为乘客的一个过失，乘客的一个指令，托运行李自身缺陷或因承运人不能避免的、其后果不是承运人能够阻止的情况造成的，则承运人应免于上述责任。

如果丢失或损坏在以下一种或几种情况下由内在的特殊风险引起，则承运人可免于相关责任：① 包装缺失或不完善；② 行李的特殊性质；③ 托运的行李物品不适于运输。

（2）举证义务。

证明丢失、损坏或延迟交付是由乘客的过失、乘客的指令、托运行李自身缺陷或因承运人不能避免的、其后果不是承运人能够阻止的情况中的一个原因造成的，其举证义务在承运人。

如果承运人证明，考虑到事实情况，丢失或损坏可能是由于包装缺失或不完善、行李的特殊性质、托运的行李物品不适于运输中的一种或几种特殊风险造成的，并推定丢失或损坏是因这些风险造成的。而权利人有权证明损失完全不是，或部分不是由这些风险之一造成的。

（3）接续承运人。

如果一个单独承运合同的运输由几个接续承运人承担，每个承运人，当接过行李及行李托运单，或者接收车辆及承运凭证，即根据行李托运凭单或车辆托运凭单的条款参与运输合同进行行李或车辆的运送，并承担由此产生的义务。在这种情况下，每个承运人在直到交付的整个行程中都应对其运输负责。

（4）替代承运人。

当承运人把承运的实施全部或部分委托给一个替代承运人时，无论是否是根据承运合同赋予的权力进行的，承运人都应对整个承运负有责任。

本统一规则关于承运人责任的所有条款，也适用于替代承运人对于其进行的运输的责任。

任何让承运人承担不是由本统一规则赋予其的义务，或放弃本统一规则赋予的权力的特殊协议，对于没有以书面形式明确接受该协议的替代承运人都是无效的。无论替代承运人是否接受该协议，承运人都仍受该特殊协议所产生的义务或弃权的约束。

如果承运人和替代承运人都有责任，他们应承担连带责任。

承运人、替代承运人以及他们雇用来完成承运工作的雇员和其他人员所应付的赔偿总额不得超过本统一规则规定的限额。

本条款不损害可能在承运人和替代承运人之间存在的追索权。

（5）丢失推定。

如果在根据本规定提出交付请求十四天内仍未交付行李或将其交由权利人处置，权利人不必提供其他证据即可认为一件行李丢失。

如果一件被认为已经丢失的行李在提出交付请求后的一年被找回，承运人如果知道权利人的地址，或者能查到其地址，应通知权利人。

权利人在接到上述通知后30天内可要求将行李交付给他。在这种情况下，他应支付行李从发送地一直到交付地之间的运输相关费用，并退回收到的赔偿，必要时，减去赔偿中可能包含的某些费用。尽管如此，他仍保留对延迟交付的索赔权。

如果找回的行李在上述期限内无人认领，或者如果在交付请求提出超过一年以后才被找回，承运人应根据这件行李所在地的现行法律和规定对其进行处置。

（6）丢失赔偿。

如果托运行李完全或部分丢失，除所有其他损害赔偿之外，承运人应支付：① 如果损失金额已经证实，支付等于这个金额的赔偿，但为总丢失重量中每公斤支付的金额不能超过80个记账单位，或为每件行李支付不超过1200个记账单位；② 如果损失金额未能确定，则统一为总丢失重量中每公斤支付20个记账单位，或每件行李300个记账单位。赔偿方式，不论是根据丢失重量按每公斤赔偿还是根据行李件数按件赔偿，由一般承运条件确定。

另外，承运人应退还行李的运费和其他已经支付的与丢失行李运输相关的费用，以及已经支付的关税和消费税。

（7）损坏赔偿。

如果托运行李发生损坏，除所有其他损害赔偿之外，承运人还应支付与行李贬值相等的赔偿。赔偿不应超过：① 如果行李因损坏丧失了所有价值，赔偿金额不应超过在行李全部丢失情况下应作的赔偿；② 如果行李因损坏失去了部分价值，则赔偿金额不超过损坏那部分行李在丢失情况下应作的赔偿。

（8）延迟交付的赔偿。

如果托运行李发生逾期交付，自发出交付请求起，承运人必须为每延迟满24 h支付赔偿，但最多不超过十四天：① 如果权利人证明因逾期交付造成了损失，包括损坏，应支付与损失等额的赔偿，最高为逾期交付的行李总重量按每公斤支付0.80个记账单位，或按每件行李支付14个记账单位。② 如果权利人没有证明因逾期交付造成了损失，则为逾期交付的行李总重量按每公斤支付0.14个记账单位，或按每件行李支付2.80个记账单位。赔偿方式，按公斤还是按行李件数，由一般承运条件确定。

如果行李全部丢失，上述赔偿不与前述丢失赔偿相累加。如果行李部分丢失，上述赔偿用来支付未丢失的那部分行李。如果行李的损坏不是因逾期交付造成的，如有必要，上述赔偿可与第42条提到的赔偿相累加。在任何情况下，累加支付的赔偿额都不得超过行李全部丢失的情况下所应支付的赔偿额。

3）车辆

（1）逾期赔偿。

如果是因承运人的原因导致延迟装载，或者发生了车辆逾期交付，如果权利人证明已经因此造成了损失，承运人应支付不超过运费的赔偿。

如果在因承运人的原因造成延迟装载的情况下，如果权利人选择解除运输合同，则应将运费退还给他。另外，如果权利人能证明因该延迟造成了损失，可以要求不超过运费的赔偿。

（2）丢失赔偿。

在一辆车全部或部分丢失的情况下，就已经证实的损失而支付给权利人的赔偿应根据车辆的通常价值计算。赔偿不应超过8000个记账单位。一辆装载的或未装载的拖车应被视为一辆单独车辆。

（3）涉及其他物品的责任。

对于遗留在车辆里或放在固定于车辆上的箱子里（例如行李箱或滑雪板箱）的物品，承运人只对因他的过失造成的损失负责。应付赔偿总额不超过1400个记账单位。

对于紧固在车辆外部的物品，包括箱子，只有在证明损失是因为承运人的行为或疏忽造成的情况下，或者是承运人故意想造成该损失，或者是在意识到可能会造成该损失的情况下仍鲁莽大意，这时承运人才对上述物品负责。

除了本节的规定，有关行李责任的规定也适用于车辆。

4. 共同条款

（1）责任限定法规的失效。

本统一规则所预想的对责任的限定范围以及国家法律将赔偿限定在一个确定金额以内的规定，不适用于已经证明损失是由承运人的行为或疏忽造成的情况，在这种情况下，或者是承运人故意想造成该损失，或者是在意识到可能会造成该损失的情况下仍鲁莽大意。

（2）换算和利息。

在计算赔偿时如果需要对外国货币所表示的金额进行换算，应根据赔偿支付地的当日市价进行换算。

权利人可以索要赔偿金额的利息，按每年5%的利率计算，从索赔之日开始算起，或者，如果没有索赔的话，从请求诉讼之日开始计算。

但是，对于乘客死亡和受伤情况下应付的赔偿，利息只能从与确认赔偿金额有关的事件发生之日起算起，前提是这一天晚于索赔日或者请求诉讼日。

对于行李，应只在对每张行李托运凭单的赔偿额超过 16 个记账单位时支付利息。

对于行李，如果权利人没有在为其指定的合理期限内向承运人提交对于最终确定索赔金额必需的证明文件，那么从这段期限到期之日到实际提交证明文件的这段时间内不计算利息。

（3）核事故情况下的责任。

当损失由核事故引起，核设施的运营者或代替他的另一个人根据指导该国核能领域责任的法律和法规而对有关损失负责时，应免除承运人根据本统一规则应负的责任。

（4）需要承运人负责的人员。

承运人求助一些从业人员和其他人员以便完成承运任务，承运人要为履职期间的这些人员负责。承运工作使用的铁路基础设施的管理人员应被视为承运人利用其服务来完成承运任务的人员。

（5）其他诉讼。

在应用本统一规则的所有情况下，任何与责任有关的诉讼，无论以什么名义进行，只能根据本统一规则规定的条件和范围对承运人提起该诉讼。同样适用于需要由承运人负责的从业人员和其他人员所提起的所有诉讼。

（四）乘客的责任

责任的特殊原则。当乘客因为没有按照以下条款履行其义务造成损失时：行政手续、托运行李标记；一般承运条件里包括的，关于车辆承运的特殊条款，或者《国际铁路危险货物运输规则》（RID），或者因乘客携带的物品和动物造成。乘客应对承运人的所有损失负责。

除非乘客证明有关损失是由他不能避免的情况造成的，而且其后果是其没有能力防止的，尽管他已经尽了作为一个有责任心的乘客应尽的努力。本条款不影响承运人根据责任依据所应负的责任。

（五）权利的履行

1. 部分丢失或损坏的确认

当承运人发现或认定由其负责承运的物品（行李、车辆）发生部分丢失或损坏，或者权利人提出存在上述部分丢失或损坏的情况，承运人必须立即，并且尽可能在权利人在场的情况下起草一个确认笔录，说明损失的性质、物品的状况，并尽可能说明损失的程度，导致的原因和发生的时间。应免费向权利人提供一份该笔录的复印件。

如果权利人不接受笔录中的结果，他可以要求专家对行李或车辆的状况及损失的原因和数额进行验证。专家可由承运合同相关方任命，或通过司法渠道任命。程序应服从该鉴定活动进行地所在国家的法律和法规。

2. 索　赔

在乘客发生死亡或受伤的情况下，针对承运人应负责任所进行的相关索赔，必须以书面形式向可能被提起诉讼的承运人提出。如果在一个单独承运合同下的运输工作是由几个接续承运人完成的，索赔要求也可以递交给第一个或最后一个承运人，以及在乘客定居或惯常居住的国家签订了承运合同的、在该国有经营总部或分支机构或业务部门的承运人。

其他与承运合同有关的索赔要求必须以书面形式递交给相关承运人。

权利人认为有必要和索赔要求一起提供的文件应提供原件或以复印件的形式提供，必要时，如果承运人要求的话，复印件须进行正规认证。索赔结算时，承运人可以要求退还运输凭证、行李托运单和托运凭单。

3. 可能会被起诉的承运人

基于承运人对乘客死亡或受伤情况下所负责任的司法诉讼，只能在承运人负有责任时才可以提起。乘客基于承运合同提起的其他司法诉讼，只能针对第一个承运人或最后一个承运人或负责导致诉讼事件发生的那部分运输的承运人。

在运输由接续承运人实施的情况下，当必须交付行李或车辆的承运人在他同意的情况下已经被录入行李托运凭单或承运凭单，即使他并没有收到行李或车辆，也可以对他提起诉讼。

为了索回根据承运合同支付的费用，可能会对收取这笔费用的承运人，或对为其利益而收取这笔费用的承运人提起司法诉讼。在本统一规则适用于替代承运人的情况下，也可以对其提起诉讼。

如果原告可以在几个承运人中进行选择，一旦他对其中一个承运人提起诉讼，他的选择权立即结束；这也适用于原告可以在一个或几个承运人和一个替代承运人中做出选择的情况。

4. 诉　讼

基于本统一规则提起的司法诉讼可提交至相关各方协议指定的成员国的司法机关，或提交至被告在其境内有住宅或惯常住所、主要经营场所、或签订承运合同的分支机构或业务部门所在的成员国的司法机关。不可提交给其他司法机关。

当一个基于本统一规则的诉讼在符合上述情况的司法机关进行了诉讼，或者该司法机关已就该诉讼做出了判决，相同的当事方不可基于同样的理由提起新的上诉，除非受理第一次诉讼的司法机关所做的判决在新诉讼提起的国家不能执行。

5. 死亡或受伤情况下的诉讼权失效

如果权利人在意识到事故损失后12个月内,没有将乘客遭受事故的消息通知给可以向其进行索赔的承运人中的一位,则权利人基于承运人对乘客发生死伤所负责任的所有诉讼将失效。如果权利人以口头方式将事故消息通知给承运人,承运人应向权利人提供收到该口头通知的证明。

然而,在以下情况下,诉讼权不会失效:① 在规定的期限内,权利人已经向第55条所指定的承运人中的一位提出了索赔;② 在规定的期限内,负有责任的承运人已经从其他渠道了解到乘客所遭受的事故;③ 因与权利人无关的情况,事故通知未能发出,或者晚发;④ 权利人证明事故是由承运人的过错造成的。

6. 因行李运送引起的诉讼权的失效

权利人接受行李后,其所有针对承运人的、因承运合同引起的、在行李部分丢失、损坏或逾期交付的情况下拥有的诉讼权将失效。

然而在以下情况下,权利人不会失去诉讼权:(1)在部分丢失或损坏的情况下,如果①权利人在接收行李前就已经确定了丢失或损坏;② 应该进行的确认因承运人单方面的过失被忽略了;(2)损失不明显,是权利人在接收行李后发现确认的,如果他① 在接收行李后不超过三天的时间内发现了损失,并立即要求进行确认,② 证明损失是在承运人接收之后至交付之时之间这段时间内发生的;(3)在发生逾期交付的情况下,如果权利人在21天内向承运人中的一位主张自己的权利;(4)如果权利人证明损失是由承运人的过失造成的。

7. 时 效

在发生乘客死亡或受伤情况下,针对承运人的责任要求进行损害赔偿的诉讼时效应为:① 对于乘客,事故发生次日起三年;② 对于其他权利人,乘客死亡之次日起三年,但不超过事故之次日起五年。

其他因承运合同引起的诉讼的时效为一年。然而,如果损失是由于行为或疏忽引起的,即或者是故意造成该损失,或者是在意识到可能会造成该损失的情况下仍鲁莽大意,这种情况下的诉讼时效为两年。诉讼时效期适用于以下诉讼:① 为全部丢失的赔偿提起的诉讼:从规定的期限到期后第14天起;② 为部分丢失、损坏或逾期交付的赔偿提起的诉讼:从交付发生之日起;③ 所有其他涉及旅客运输的案件:从运输凭证有效期到期之日起。标志诉讼时效起始点的那一天不包括在时效期内。

若将索赔申请以书面形式与必要的证明文件一起递交给了承运人后,那么诉讼时效应中止,直到承运人以书面通知的形式拒绝索赔申请,并将与索赔申请一同提交的文件退还之日为止。如果索赔申请被部分接受,那么针对仍处于争议之中的那部分索赔,诉讼时效恢复正常。是否收到索赔申请、回复或退回的文件，由提出这一行为的一方进行证明。针对同样目的的后续索赔不会中止时效。

失去时效的诉讼不可再行使，即使以反诉请求或例外的形式也不可以。此外，诉讼时效的中止和中断应服从国家法律。

（六）承运人之间的关系

1. 运费分配

任何收取了或应该已经收取了一笔承运费的承运人应向其他相关承运人支付属于他们的那一份承运费。支付方式应通过承运人之间的协议确定。本规定也适用于接续承运人之间的关系。

2. 追索权

一个已经根据本统一规则支付了赔偿金的承运人，有权根据以下条款对其他参与运输的承运人拥有追索权：① 造成损失的承运人独自担责；② 如果损失是由几个承运人造成的，每个承运人对他所造成的损失负责；如果无法划分责任，则赔偿应根据③分项在他们之间分摊；④ 如果难以证明损失是由哪个承运人造成的，则赔偿应在所有参与了运输的承运人之间分摊，除了那些能证明损失不是他们造成的承运人之外；应按照他们各自所得到的承运费按比例进行分摊。

如果其中一个承运人发生无力偿还的情况，该承运人应付而未付的份额应由所有其他参与运输的承运人分摊，分摊比例根据他们各自分得承运费的比例确定。

3. 追索程序

若追索赔偿由法院裁定，且被追索的承运人被正式传讯并能参加诉讼，那么对于行使追索权的承运人，其付款的合理性不受被追索承运人的质疑。受理主诉的法官应确定传讯送达及参加诉讼的给予时限。

一个行使追索权的承运人必须将其对所有未能与其和解的承运人的诉讼请求在同一个诉讼中提出，因为不对其他承运人进行传讯，这个承运人就会失去对其他承运人的追索权。

法官应在同一个判决书里对向其提起的所有追索请求做出裁定。希望执行其追索权的承运人向参与运输的承运人之一所在国家的司法机关提起诉讼，后者应在该国境内有主要经营场所，或有签订了承运合同的分支机构或业务部门。如果应对几个承运人提起诉讼，执行追索权的承运人可在有资格的司法机关中选择一家提起诉讼。追索诉讼不可以与权利人就承运合同进行的赔偿诉讼合并提起。

承运人之间可以自由达成与上述规定不同的条款。

第三节　旅客运输合同当事人的权利和义务

一、概　况

欧盟铁路对铁路运输问题非常积极，欧盟立法的主要目标是在欧盟范围内为铁路运输服务创造单一市场（协调基础设施和安全规则的准入、通过技术标准互通实现标准化、开通货运走廊等）。在"铁路第三份一揽子计划"中，欧盟制定了国际铁路旅客联运规章，补充并加强了 CIV 统一法。欧盟议会和理事会通过的第 1371/2007 号法令（EC）《铁路旅客权利和义务》旨在保护欧盟铁路旅客的权益。像航空、水运、公交、长途汽车旅客一样，铁路旅客有权利获取信息、预订车票、享受票务服务、得到帮助、在列车延误或取消时得到照顾和赔偿、残疾人和行动不便人士得到免费援助、事故赔偿，通过各成员国成立的国家执法机构能够快速地处理投诉、充分应用并有效执行欧盟法令。

法令以现有的《国际铁路旅客和行李运输合同统一规则》为基础，并将其应用范围扩大到国内旅客运输服务。成员国对于以下几类国内服务可不应用本法令：长途服务（最多 5 年，可续签 2 次，直到 2024 年），城市、市郊和地区性服务（无限期），大部分在欧盟以外运营的服务（可续签 5 年，实际上没有时限）。经过几年应用后，欧盟委员会决定在以下几方面进行修改：

（1）在 2013 年关于法令应用情况的报告和 2015 年关于豁免的一个报告中指出广泛使用豁免是阻碍法令统一应用的主要障碍，因此建议在 2020 年前取消对长途国内服务的豁免。对于在欧盟范围以外运营的服务，成员国只有在能够证明旅客在其领土上受到了充分保护的情况下，才能给予豁免；为保证跨境地区的法律一致性，法令将全面适用于跨境的城市、市郊和地区性服务。

（2）加强残疾人和行动不便人士的权利。对于残疾人的服务应遵守联合国《残疾人权利公约》（UNCRPD），成员国不能再豁免对损坏的助行器具提供援助和赔偿的责任。必须按照《欧洲无障碍法》的要求以无障碍格式提供信息。铁路工作人员必须接受相应的训练。

（3）当旅客的行程不能按计划进行时，旅客并不总能收到通知。要加强以下要求：在订票时旅客就能获取打印在票面上或电子化的基本信息，应在车站和列车内醒目位置张贴告知乘客权利的公告。

（4）评价报告认为通票的使用非常有限。分段售票使铁路企业绕过了赔偿、为旅客重新规划路线和提供援助的义务。市场份额较大的企业基于他们的服务范围出售通票，把不能提供全程服务的新进入市场者拒之门外。

因此，应为旅客提供更全面的通票信息。2015年，欧盟委员会编制了《关于第1371/2007号法令的解释性指南》；2016年"铁路第四份一揽子计划"中，欧盟委员会和理事会修订了关于铁路客运市场开放铁路基础设施管理的2012/34/EU法令。这两个文件规定，铁路企业和售票商必须努力提供通票。他们必须证明他们已告知旅客在什么情况下旅客权利不适用整个旅程而只适用部分区段。

（5）由于目前还不清楚国家执法机构（NEBs）应如何处理投诉，这导致执法不力。旅客的权利难以得到维护。新文件更详细地列明了处理投诉的流程和截止日期。旅客应该首先向铁路运营商投诉，如有必要的话，也可向其他争端解决机构或国家执法机构投诉。新文件规定了国家执法机构（NEBs）在跨境案件中的责任，并要求他们有效合作。

（6）新文件引入一项通用条款以禁止任何形式的歧视，例如基于国籍、居住地、地点或支付货币的歧视。这使铁路和其他交通方式保持一致。认为自己的权利受到侵犯的旅客可以求助于国家执法机构（NEBs），而不必采取法庭诉讼程序。

（7）根据"铁路第四份一揽子计划"，铁路企业必须制定应急预案，以便在发生重大运输中断时保护和帮助旅客，而其他行为主体没有这个义务。为了减轻铁路企业的负担，新文件要求车站经营者和基础设施管理者也制定应急预案。成员国自行设计预案细节，解决与国家权威机构的协调问题。

（8）按照适用的国内规定，铁路企业难以从对晚点负责的第三方获得赔偿。如果晚点由第三方的过失或疏忽造成，新文件使铁路企业能够适用法律使用"损失赔偿权"，该措施使铁路旅客权利与航空旅客权利等同。

（9）铁路企业必须向乘客赔偿因不可抗力造成的损失。在2013年CJEU判例前，利益相关方普遍认为不可抗力条款能够豁免承运人的赔偿权利。但在裁定后，铁路企业认为与其他运输方式的经营者相比，铁路企业在不可抗力豁免方面受到了歧视。

尽管影响评估没有发现令人信服的证据来表明没有这一条款会给铁路企业带来重大的经济负担。但是，如果铁路企业在没有造成和无法预防的情况下必须支付赔偿，就有违反法律公平性和相称性原则的风险。为了对旅客权利的约束增加限制，确保法律的确定性，新文件引入了不可抗力条款，该条款仅适用于恶劣天气条件和自然灾害造成的非常特殊情况。

二、基本规定

（一）主旨和范围

1. 主　旨

新文件就以下事项做出规定：① 在运输条件方面不歧视乘客；② 铁路企业对旅客及其行

李的责任和保险义务；③因使用铁路服务发生事故，造成旅客死亡、人身伤害或者行李灭失、损坏时，旅客所享有的权利；④列车取消或晚点时的乘客权利；⑤向乘客提供的最低限度的信息服务；⑥对残疾人和行动不便人士的非歧视和法定援助；⑦服务质量标准的定义和监管，旅客人身安全风险的管理；⑧投诉处理；⑨一般规则的实施。

2. 范　围

规定适用于根据欧洲议会及欧盟理事会第2012/34/（EU）法令许可的一家或多家铁路企业在欧盟境内提供的国内及国际铁路旅行和服务。

成员国可豁免下列适用本规定的服务：城市、郊区和区域铁路客运服务，但欧盟内部的跨境运输服务除外；国际铁路客运服务中的重要部分（包括至少一个计划的停站）在欧盟外运营，但前提是给予豁免的成员国的国内法能够充分保障乘客权利。

成员国应将其根据以上范围确定的豁免线路以及本国国内法对乘客权利保障的充分性通知欧盟委员会。

（二）关于运输合同、信息和车票

1. 运输合同

运输合同的缔结、履行以及信息和票证的提供应按照国际铁路运输政府间组织制定的《国际铁路客运合同的统一规则》（CIV）中的相应规定。

2. 运输合同的非歧视性条件

在不影响社会税收并在对旅客的国籍和常住地、欧盟内铁路企业或售票商的注册地不造成直接或间接歧视的基础上，铁路企业或售票商会对大众提供合同条件和税率。

3. 自行车

条件允许的话，旅客能够有偿携带自行车乘车。他们应承担沿途保管职责，确保自行车不给其他旅客、移动设备、行李、铁路运营造成不便或损坏。铁路企业、售票商、旅行社在适当的情况下，出于安全运营的考虑，可以拒绝携带自行车，车站经营者应根据欧盟454/2011号法令通知乘客拒绝或限制的条件。

4. 条款的弃用和限制

本文规定的对旅客的义务不因运输合同的规定而被限制或弃用。铁路企业可以向乘客提供比该规定更有利的合同条件。

5. 提供有关终止服务信息的义务

铁路运输企业或相关资质单位应在暂时或永久终止服务前通过适当的途径告知公众，包括根据欧盟法令中规定的无障碍要求以适当的方式向残疾人和行动不便人士公布。

6. 旅程信息

代表一个或多个铁路企业提供运输合同的铁路企业和售票商应根据要求向旅客提供信息。当铁路企业签订运输合同时，要向旅客提供以下旅行前信息：适用合同的一般条件，最快行程的时刻表和运输条件，最低票价的时刻表和运输条件，根据欧盟指令要求的无障碍条件为残疾人和行动不便人士准备的无障碍设施、通行条件和可用性，携带自行车的条件，供吸烟区和禁烟区、一等车厢和二等车厢以及软卧车厢和硬卧车厢的座位，任何可能干扰或导致晚点的情况，列车服务的可用性，找回遗失行李的程序。售票商和旅行社独立提供运输合同时应尽量提供上述信息。

铁路企业和售票商在可能的情况下，在旅客旅行中至少提供以下信息：列车服务、下一到站、晚点、主要换乘服务、安保和安全事宜。

上述信息应以最合适的格式提供，包括使用最新的通信技术，应特别注意确保残疾人能够按照规定无障碍获取到以上信息。

车站经营者和基础设施管理者应非歧视地向铁路企业和售票商提供与列车运行有关的实时数据，包括其他铁路企业运营的列车数据。

7. 车票、通票和订票规定

铁路企业和售票商应提供车票，如果条件允许，还应提供通票和预订服务。在跨境和由一个以上铁路企业担当承运人时，应尽量为旅客提供通票。

铁路企业和售票商应通过以下至少一种售票点向旅客发售车票：售票处或售票机，电话、互联网或其他任何广泛使用的信息技术，列车上售票。成员国可要求铁路企业在合同中明确至少一种票务服务。

铁路企业应提供在列车上购票的可能，但因安全、反欺诈政策、强制性列车预定或合理的商业理由而限制或拒绝的除外。

始发站没有售票处或售票机的，应当在车站通知旅客：① 可通过电话、互联网或在列车上购票的可能性，以及购票的程序；② 最近的火车站或设有售票处及/或售票机的地方。

始发站未设售票处或无障碍售票机的，允许残疾人和行动不便人士在列车上购票，不需额外费用。

旅客拿到由一个或多个铁路企业经营的连续线路的单程车票时，其获得信息、协助、照料和赔偿的权利相当于直达票的权利，并涵盖从出发到最终目的地的整个旅程，除非以书面形式明确告知旅客。如果旅客错过换乘时，他（她）将无权获得基于全程的援助或赔偿，这样的规定应向旅客特别说明。提供信息的证明责任由铁路企业、代理人、旅行社或售票商承担。

（三）铁路企业对旅客及其行李的责任

1. 旅客和行李的责任

铁路企业对旅客和行李所承担的责任适用《国际铁路客运合同的统一规则》(CIV)的内容。

2. 旅客死亡或人身伤害的保险和责任范围

铁路企业应在对自身风险进行评估的基础上，对它的责任范围采用保险或其他等效的手段。

3. 预付款

如果旅客被杀或受伤，铁路企业应立即在不晚于确定赔偿人身份后 15 天内支付与受伤害程度相称的预付款以满足旅客的经济需要。在旅客死亡的情况下，铁路企业支付的预付款不得少于 2.1 万欧元/人。

预付款不代表责任认定，可与任何后续获得的款项抵消，但不得退还，因旅客的过失或者错误造成伤害的、或者收到预付款的人不是有权获得赔偿的人除外。

4. 责任争议

即使铁路企业为其运送的旅客受到的物理伤害已经承担了责任，其也应该尽力帮助旅客得到因第三方伤害的赔偿。

（四）货车延误、错过换乘和取消

1. 列车晚点、取消或错过接驳的责任

铁路企业在列车晚点、取消或旅客错过接驳时的责任，适用《国际铁路客运合同的统一规则》(CIV)第 32 条的规定。

2. 赔偿和改签

在出发地或使用通票的行程中发生错过接驳时，如果能够合理地预测到到达运输合同所规定的最终目的地会晚点 60 min 以上，那么旅客可以选择以下 3 种方式的任一种。

（1）如果旅客已购票，支付旅客未完成旅程部分的全价，如果旅程已经达不到它最初的旅行目的，则需要支付旅客已经完成的旅程费用以及最早返回第一个出发点的费用；

（2）在类似的运输条件下，尽早继续或改道至最终目的地；

（3）在类似的运输条件下，按照最便利旅客的情况，可以在较晚的时候继续旅程或改道至最终目的地。

为了完成上述（2）方式，任何铁路企业都可提供类似的改道运输，并可采用较高等级的列车和其他运输方式，而不增加旅客的额外费用。铁路企业应当合理避免增加换乘。对于未按计划完成的部分旅程采用其他交通工具时，总旅行时间应与原预定的旅行时间相当。如果

改道可乘坐的运输工具不唯一,则不得将旅客降级到更低等级的运输工具。

改道运输服务的提供者应尤其注意为残疾人和行动不便人士提供无障碍的替代服务。

3. 票价补偿

在有运输权的情况下,如果旅客在运输合同规定的出发地和到达地之间遇到晚点情况,则旅客可以要求取得最低的晚点补偿:

(1)晚点 60~119 min,补偿票价的 25%;

(2)晚点 120 min 以上,补偿票价的 50%。

对于持有旅行通票或季票的旅客,也可以适用上述规定。如果在旅行通票或季票有效期内经常发生晚点或取消的,可以根据铁路企业的赔偿规定要求适当的赔偿。这些规定应说明确定晚点和计算赔偿的标准。在旅行通票或季票有效期内,多次发生不超过 60 分钟的晚点时,应当累计计算,并按照铁路企业的规定向旅客补偿。

对晚点的补偿应根据旅客实际支付的全部费用计算。若运输合同是返程运输,在去程或返程的晚点赔偿应以所支付票价的一半计算。同样,如果运输合同涉及几段不同形式的接续运输,则晚点赔偿的标准按照全价的相应比例计算。

延误期的计算不应考虑铁路企业所能证明发生在欧盟领土以外的任何延误。

票价赔偿应在提出赔偿请求后一个月内支付。如条款灵活(特别是关于有效期和目的地),赔偿可以凭单和/或其他服务方式支付,也可以应旅客要求支付货币。

票价的补偿不得因手续费、电话费、邮票等金融交易成本而减少。铁路企业可以设定不予赔偿的最低限额。此门槛不得超过每张票 4 欧元。

旅客在购票前被告知晚点的,或改乘其他车次后晚点时间在 60 min 以下的,旅客无权要求赔偿。

如果铁路企业能够证明晚点是由于恶劣天气条件或者危及行车安全的重大自然灾害造成的,即使采取了一切合理措施,也不能预见或者防止,则铁路企业不承担赔偿责任。

4. 晚点处置

列车到达或出发晚点时,铁路企业、售票商或车站经营者应及时获取此类信息,并将目前状况、预计的出发时间和到达时间告知旅客。上述晚点时间超过 60 min 时,应免费向旅客提供以下帮助:

(1)与等待时间匹配的餐食和点心,但要根据以下因素合理供应,如在车站还是列车、与供应商的距离、运送时间和费用;

(2)如果旅客滞留时间较长,长达一晚或多个晚上,则在考虑时间和地点可行性的前提下提供旅馆或其他住宿,以及火车站与住宿地之间的交通方式;

（3）如果列车在区间停留，在考虑时间和地点可能性的情况下，将旅客从列车运到车站、另一个出发地或旅程终点。

如果铁路运输不能继续，铁路企业应尽可能为旅客提供采用其他运输方式的服务。铁路企业应根据旅客的要求，视具体情况，采用在票面上或通过其他方式证明发生了列车晚点、错过接驳或取消。

铁路企业在执行以上规定时，应特别注意要满足残疾人和行动不便人士以及随行人员的需要。

除一般需遵循的铁路企业义务以外，日均发到客流达到 1 万人的车站应保证车站的正常运营。为了预防旅客滞留在车站，应组织铁路企业和基础设施管理者针对列车中断和长时间晚点等事项根据应急预案开展合作。应急预案应保证向滞留旅客提供充分的帮助和信息，包括按照无障碍需求提供的无障碍格式。根据需求，车站经营者制定应急预案并负责补充修订，文档都应提供给国家执行机构或者其他成员国指定的机构。日均发到客流量少于 1 万人的车站，铁路车站经营人应尽最大努力协调车站用户，帮助并向滞留旅客提供信息。

5. 补救权

铁路企业与第三方有合同关系，且由于第三方的原因导致了引发了赔偿或其他义务时，铁路企业根据规定支付赔偿或履行其他义务后，可依法向包括第三方在内的任何人追偿。

（五）残疾人和行动不便人士

1. 对出行权利的规定

在残疾人代表性组织的积极参与下，铁路企业和车站经营人应制定如何运输残疾人和行动不便人士以及其随行人员的非歧视性规则。根据国家有关规定，应允许该类乘客由一只救助犬陪同。

应在不另行增加费用的基础上向残疾人和行动不便人士提供预订和购票服务。铁路企业、售票商或旅行社不应拒绝该类人士预订或购票，也不能要求他们有其他人陪护，除非铁路企业和车站经营人制定的规则中有此要求。

2. 提供信息

如有要求，车站经营人、铁路企业、售票商或旅行社须按照欧盟第 454/2011 号法令和其他指令规定的无障碍要求提供信息，包括要采用无障碍格式。对于车站及相关设施、铁路服务和机车车辆，应根据规定设置无障碍设施并告知残疾人和行动不便人士相关情况。

如果铁路企业、售票商或旅行社不能按照旅客要求保证其出行权利，则应在拒绝预订、出票或要求其受到陪护的五个工作日内书面向残疾人或行动不便人士告知原因，并根据旅客的无障碍运输需求提供其他运输方案。

3. 车站协助

在全部运营时间内，车站都应提供无障碍服务。残疾人和行动不便人士在有员工的车站出发、通过或到达时，车站经营人或铁路企业或双方都应免费提供帮助，使其能够上车或在到达站下车。在车站工作人员不在场的情况下，铁路企业和车站经营人应当做出一切合理努力，使残疾人和行动不便人士能够乘坐火车旅行。

在无人值守的车站，铁路企业和车站经营人应确保便于获取无障碍的信息，这些信息应采用法令规定的无障碍格式显示，包括最近的有工作人员的车站和直接向残疾人和行动不便人士提供的无障碍援助有哪些。

4. 列车协助

列车上的协助指对残疾人和行动不便人士提供协助以使其能与其他旅客一样在列车上获得相同的服务。在全部乘车过程中，列车都应提供协助。铁路企业应在上下车和乘车期间免费向残疾人和行动不便人士提供协助。铁路企业在列车上没有随行人员时，应尽量合理安排残疾人或行动不便人士的乘车出行。

5. 提供援助的条件

铁路企业、车站经营人、售票商和旅行社应合作对残疾人和行动不便人士提供帮助，但有以下几点需要注意：

（1）至少在 48 h 前把需要协助的需求告知铁路企业、车站管理人员、购票处或购票的旅行社。如果车票为多次乘车票，则只需一次性提供有关后续旅行时间的信息。此类需求应传递到所有参与该行程的所有其他铁路企业和车站经营者；

（2）铁路企业、车站经营者、售票商和旅行社应采取一切必要手段接受援助需求；

（3）即使残疾人和行动不便人士没有主动提出援助需求，铁路企业和车站经营者也应该尽力提供保障该类群体出行的条件；

（4）在不影响车站外其他主体发挥职权的条件下，车站客运人员或其他被授权人应在车站内外指定几个专门针对残疾人和行动不便人士开展服务的地点，该类群体在这些地点可与车站取得联系告知他们已到达车站，并在需要时向车站申请提供协助；

（5）在残疾人或行动不便人士按照规定的时间到达指定地点后，铁路企业或提供协助的车站经营者应提供协助。规定的时间不得超过发车时间或检票时间之前 60 min 以上。如果未明确规定，则需要服务的残疾人或行动不便人士至少在发车时间或检票时间前 30 min 到达车站。

6. 对移动设备或其他特殊辅助设备的赔偿

铁路企业和车站经营者对残疾人和行动不便人士使用的轮椅、其他移动设备、辅助器具、救助犬造成丢失或损坏的，应当承担赔偿责任。赔偿额能弥补修理、更换丢失或损坏的设备装置的费用。

必要时，铁路企业和车站经营者应当快速反应、为移动设备和其他特殊辅助设备提供替代物，这些替代物应尽可能具备与被替代物相同的技术和功能特征。残疾人或行动不便人士在收到赔偿前可一直使用这些替代物。

7. 职工培训

铁路企业和车站经营者应当：

（1）确保所有向残疾人和行动不便人士提供直接服务的人员，包括其他参加方的雇佣人员，都要明白如何满足残疾人和行动不便人士（包括精神和智力障碍者）的需要；

（2）对所有在车站为旅客服务的工作人员提供培训，提高他们对有需要人士的需求的认识；

（3）确保所有新入职员工接受与残疾人有关的培训，并在工作期间定期参加知识更新课程；

（4）按照针对残疾雇员、有需要的旅客或以上两类群体的代表机构的培训。

（六）安全、投诉和服务质量

1. 旅客人身安全

在与公共权力部门达成一致的前提下，铁路企业、基础设施管理者和车站经营者应该在各自职责范围内采取适当措施，使之适应公共权力部门定义的安全水平，以确保旅客在车站和列车上的人身安全并做好风险管理。他们之间应合作并交换如何阻止安全水平恶化的最佳实践的信息。

2. 投　诉

所有铁路企业、售票商、车站经营者、平均每天到发 1 万名旅客的车站所属的基础设施管理者，应在各自的职责范围内，建立涵盖自身权利和义务的投诉受理机制，并应将联系方式和工作语言为旅客所周知。

旅客可向任何铁路企业、售票商、车站或基础设施管理者提交投诉，提交投诉的时间应在事件发生 6 个月内。收到投诉 1 个月时间之内，收件人应予以回复，或在有正当理由的情况下，不晚于收到投诉之日起 3 个月时间内答复旅客。铁路企业、售票商、车站经营者和基础设施管理者应将投诉事件数据保存两年，并根据需要向国家执法机构提供。

投诉处理程序应对残疾人和行动不便人士没有障碍。

铁路企业应在每年公布的年度报告中公布收到的投诉、处理的投诉、响应时间和预计要采取的改进措施。

3. 服务质量标准

铁路企业和车站经营者应建立服务质量标准，实施质量管理体系，以维持服务质量。铁路企业和车站经营者应按照服务质量标准监督自己的经营状况。铁路企业应当每年将服务质量报告和年报一并公布，铁路企业还应该在网站上公布其服务质量。另外，这些报告应在欧盟铁路署网站上能够查阅到。最低的服务质量标准应包括以下内容：

1）对铁路企业的要求

铁路企业应在每年6月30日前在其网站上公布上一营业年度的服务质量报告，报告包括英文摘要，用官方语言公布，如有可能，也可用欧盟内其他语言。铁路企业应将报告送交国家执法机构和欧盟铁路委员会，在他们网站上公布。服务质量报告应至少包括以下信息：

（1）服务的准时性，以及铁路企业应对异常服务的总原则。

晚点方面：按服务类别（国际、国内长途、区域和城市/郊区）计算的平均晚点率；始发晚点率；到达晚点率（分60 min以下、60~119 min、120 min及以上）。

取消服务方面：按服务类别（国际、国内长途、区域和城市/郊区）取消服务的比例。

晚点和取消服务情况下的处置：提供照顾和协助的乘客数和因此支付的费用、给予赔偿的乘客数以及赔偿费用。

（2）旅客满意度调查。

至少应调查以下内容：列车正点率、晚点时向旅客提供的信息、列车提供信息的精确性和可用性、列车状况和维护质量、列车安全水平、列车车厢卫生、提供全程运输信息情况、每列车厕所质量、高等级车站的卫生和保洁、列车及客运设施的无障碍程度（含无障碍厕所）、向残疾人和行动不便人士提供协助的有效数量和质量（不考虑事先是否收到援助请求）。

（3）投诉处理。

投诉数量和结果、投诉类别、受理的投诉数量、平均处理时间、改进措施和采取的行动。

（4）向残疾人和行动不便人士提供帮助。

为各类服务（国际、国内长途、区域和城市/郊区）提供帮助的次数。

（5）服务中断。

应急预案情况和大致说明，危机管理预案。

2）关于车站经营者和基础设施管理者的要求

服务质量报告应至少包括以下信息：

（1）信息和车票。

车站处理信息请求的程序；提供列车时刻表、价目表和站台信息的程序及方法，提高信

息的质量；公布权利和义务事项以及国家执法机构联系方式的相关情况；购票设施；是否有工作人员在车站提供信息和票务；向残疾人和行动不便人士提供信息情况。

（2）应对服务中断的总原则。

提供照顾和安置的旅客数量，以及因此支付的费用。

（3）为确保车站设施（厕所等）清洁所采用措施的说明。

清扫的间隔、厕所的可用性。

（4）旅客满意度调查。

至少应包括以下内容：① 延误情况下为旅客提供的信息；② 列车运行时间信息、站台的准确性、可用性和可及性；③ 车站的安全等级；④ 车站信息需求的响应时间；⑤ 车站厕所的质量和可用性（包括无障碍设施可及性）；⑥ 车站的清洁和维护；⑦ 车站和车站设施的可及性（无障碍性）；⑧ 在车站向残疾人和行动不便人士提供帮助的次数和质量。

（七）信息和执行

1. 提供有关乘客权利的信息

铁路企业、车站经营者、售票商和旅行社售票时，应当告知旅客权利和义务，可以使用欧盟委员会以正式语言编写并以摘要形式提供给他们的文件形式。此外，他们应在车票上以纸质、电子或其他形式向旅客告知，包括以残疾人和行动不便人士可查阅的格式提供。公告应指明在取消、错过换乘或长时间延误情况下从何处获得信息。

在车站和列车上，铁路企业和车站经营者应以适当的方式（包括法令规定的无障碍格式）告知乘客他们的权利和义务，以及成员国指定的相关管理机构的联系方式。

2. 指定的国家执行机构

各成员国应指定一个或多个机构开展相关工作，各机构应采取必要措施，确保乘客权利得到尊重。成员国应将指定的机构及各自的职责通知欧盟委员会。制定的机构应独立于其组织和筹资决策，以及任何基础设施管理者、收费机构、分配机构或铁路企业的决策。

3. 国家执行机构的任务

国家执行机构应密切监督规定的执行情况，采取必要措施，保障旅客权利得到维护。铁路企业、车站经营者、基础设施管理者应根据以上执行机构的要求提供相应的文件和信息。在履行职责时，如果执行机构自身不负责投诉工作，那么它应该考虑承担投诉处理的机构向他们提交的资料，他们也可以决定针对这些投诉应采取的处置行为。

国家执行机构应每年四月底前公布上一年度有关其活动的统计数据和制裁手段。在欧盟成员国境内运营时，铁路企业应将其联系方式告知该国国家执行机构。

4. 国家执法机构的投诉处理

在不损害消费者根据欧洲议会和理事会第 2013/11/EU 的指令寻求替代补救措施的情况下，在向铁路企业、售票商、车站或基础设施管理者投诉未果后，乘客可向执法机构投诉。执行机构应告知投诉人，他们有权向其他争端解决机构提出申诉，以寻求个人赔偿。

任何乘客若发现有与以上规定不一致的行为，均可向国家执法机构或成员国指定的任何其他机构投诉。

国家执行机构应在收到投诉后两周内予以确认，投诉处理程序最长不得超过三个月。对于复杂的案件，本机构可酌情将此期限延长至六个月，在这种情况下，应当将延期的理由和预计完成手续所需的时间通知旅客。只有涉及法律诉讼的案件才允许超过 6 个月。如该机构同时是第 2013/11/EU 指令所指的另一争端解决机构，则以 2013/11/EU 指令中规定的时限为准。应当使残疾人和行动不便人士有条件使用申诉处理程序。

与铁路企业有关的投诉事项，应由授予该企业许可证的成员国国家执法机构处理；若投诉涉及车站或基础设施管理者违规行为，应由事件发生所在成员国的国家执法机构处理。

5. 各国执法机构之间的信息交流和跨境合作

若一个国家指定一家以上的国家执行机构，这些机构之间应根据欧盟 2016/679 法令的要求建立报告制度，以便帮助国家执法机构完成监督管理职责，投诉处理机构可以收集必要信息以便处理旅客投诉。

国家执行机构为做好协调，应交换关于其工作、决策原则和做法的信息。欧盟委员会支持以上行为。

对于复杂的投诉事由，如涉及多项索赔或是多个运营企业，跨境旅行，在未发放经营许可证的成员国领土上发生事故，尤其在不清楚哪个国家执法机构负责的情况下，或是哪个国家执法机构能快速有效地解决投诉情况下，国家执法机构应确定牵头机构，该机构直接对旅客负责。所有相关的国家执行机构应合作促进处理投诉（包括信息共享、协助翻译文档、提供有关事件发生环境的信息）。旅客应知道谁是牵头机构。

第四节　国际客协和国际客约的对比

一、涵盖内容

客协与客约的制定是为办理直通联运而服务的，一方面旅客无须在国境站重新购买客票和换乘，行李和包裹的发送人无须在国境站办理托运和计算核收运输费用的手续；另一方面对于轨距相同的铁路，客车可以直接过轨，即便对于轨距不同的铁路，客车也可更换轮对过

轨，消除旅客列车在国境站的接续时间，加速客车周转和旅客、行李、包裹的送达。

《国际客协》的主要内容如图3-1所示。

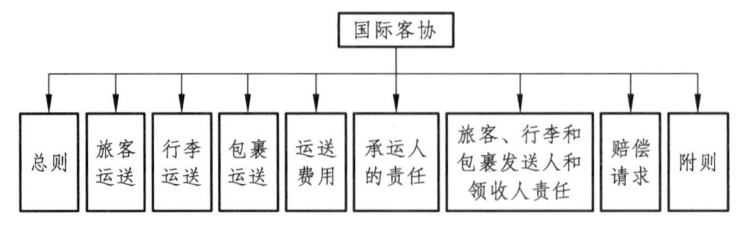

图3-1 《国际客协》涵盖内容

第1章《总则》规定了协定的目的、基本概念、适用范围、运输参加者的责任。

第2章《旅客运送》规定了乘车票据、客票和补加费收据、卧铺票、乘车票据的有效条件、列车中席位的提供。改乘其他等级或其他种类的车厢、儿童乘车条件、中途下车、乘车票据的查验、携带品和动物的运送、禁止按携带品运送的物品、旅客乘车经路的变更、未赶上列车、列车停运。

第3章《行李运送》规定了行李运送标准、禁止按行李运送的物品、行李的承运第、行李的标记、行李价格的声明、行李的运到期限、行李的交付。

第4章《包裹运送》规定了准许和禁止按包裹运送的物品、包裹的承运、包裹的包装和标记、包裹价格的声明、包裹的运到期限、包裹运送和交付的阻碍、包裹的交付。

第5章《运送费用》规定了运价、运送费用的计算和核收、运送费用的退还。

第6章《承运人的责任》规定承运人的连带责任、对旅客生命或健康造成损害的责任、行李和包裹运到逾期的责任、行李和包裹全部或部分灭失、毁损的责任。

第7章《旅客、行李和包裹发货人和收货人的责任》规定了相关人员的责任。

第8章《赔偿请求》规定了赔偿请求、根据运输合同所发生的赔偿请求时效。

第9章《一般规定》规定了本协定办事细则、海关和其他规定、国内法令的适用、本协定及办事细则的公布、修改和补充、铁组专门委员会会议、事务的掌管、本协定的参加者、本协定的语言、本协定的生效。

《国际客约》主要内容如图3-2所示。

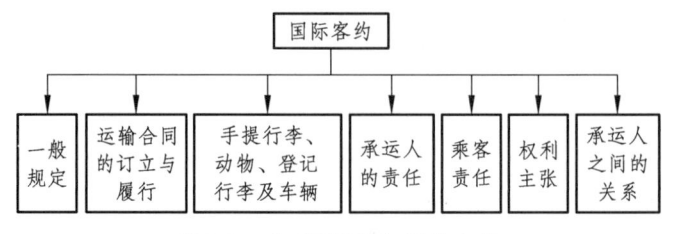

图3-2 《国际客约》涵盖内容

《一般规定》规定了：适用范围、关于乘客死亡或受到人身伤害的责任声明、条约中一些词汇的定义、法规减损以及强制性的法律条约。

《运输合同的订立与履行》规定了：运输合同、车票、运费的支付和退还、除运输外的携带犬、完成的行政手续以及列车的取消晚点等方面的相关约定。

《手提行李、动物、登记及车辆》规定了：物品和动物的携带范围、检查和管理程序的执行；手提行李和动物以及监督的相关内容；登记行李、行李的托运、行李运输凭单、登记和运输程序、登记行李运输费用的缴付、托运行李的标牌、处置权以及最终交付的相关内容；车辆运输的相关的运输条件、凭单、适用的法律等相关内容。

《承运人的责任》规定了：① 乘客遭遇死亡或人身伤害时的责任、责任基础、发生死亡时的赔偿金、发生人身伤害时的赔偿金、其他身体伤害的赔偿、死亡和人身伤害的赔偿形式及金额、其他运输方式相关承运人所承担的责任；② 火车取消、晚点或失联时的责任；③ 手提行李、动物、托运行李和车辆方面的责任、损失或损害物品时的赔偿金限度、责任免除、托运行李、举证责任、连续承运人和替代承运人的责任、损失的推定、赔偿和赔偿金的规定、交付延误赔偿金的规定、车辆运输的责任及损失赔偿金、其他物品方面的责任和适用法律；④ 一般规定、兑换和利息、核事故的责任、承运人应负责的人员及诉讼等相关规定。

《乘客责任》规定了：乘客在未按照约定的要求参与运输过程时所承担的责任以及责任的特别原则。

《权利主张》规定了：在部分损失或损害的确定、索赔、法庭、死亡和人身伤害的诉讼权的取消、行李运输中诉讼权的废止、诉讼时效等法律相关的规定。

《承运人之间的关系》规定了：承运人之间运费的分配、追索权和追索程序等。

二者涵盖内容对比如表 3-1 所示。

表 3-1 《国际客协》与《国际客约》涵盖内容比较

涵盖内容	主要存在章节	
	国际客协	国际客约
适用范围与原则	第 1 章总则	第 1 章一般规定
旅客相关责任与义务	第 7 章旅客和发送人的责任	第 5 章乘客责任
承运人的责任与义务	第 6 章承运人的责任	第 4 章承运人责任
行李运送相关的协定	第 3 章行李运送	第 3 章手提行李、动物、登记行李及车辆
运输合同的确立与执行	第 2 章旅客运送	第 2 章运输合同的订立与履行
费用支付、返还相关内容	第 5 章运送费用	无单独章节，分布在各相关章节内容中
权利主张等诉讼赔偿相关内容	第 8 章赔偿请求	第 6 章权利主张

二、适用范围

法律的适用范围是指该法律在什么时间、什么地点、对什么人发生法律效力的范围。《国际客协》对铁路承运人、旅客、行李和包裹的发货人和收货人、车辆经营人、基础设施管理者均有约束效力。但是，下列三种情况下的旅客运输不适用《国际客协》，而应根据各有关铁路间签订的特别协定办理：一是发、到站都在同一国内；二是发、到站都在同一国内，只用发送国的列车、车厢过境另一国运送；三是在两国车站间用发送国或到达国的列车、车厢过境未参加本协定的第三国的运送。

从适用范围看，《国际客约》适用于有偿或无偿的起程站和目的站分属不同国家的铁路旅客运输合同，不考虑运输合同双方当事人的住所或经营场所以及国籍。也就是说，《国际客约》强制适用于国际铁路旅客运输，且进一步要求签署一份运输协议，作为整个运输活动的证明，而且运输线路必须沿着客约所附线路表所载的线路。这是一种非常独特的规则，其作用就是整个运输过程必须发生在客约签署国所提供的线路。假如两个成员国之间的一条铁路线通过另一个未非成员国家的领土运输，《国际客约》将不会被适用。同时，《国际客约》总则还规定了一些不被适用的情况：首先，当发运站和到达站位于同一国家，而线路通过另一个国家领土过境运输时，这时客约将有两种情况不会被适用，一是当线路由发运国某一铁路经营时，二是政府或铁路方已经达成一致，不认为这种运输是国际运输。其次，当两邻国车站之间和通过第三国领土过境的两国车站之间的旅客运输，如果通过的路线由这三个国家中的任何一个国家的铁路独家管理经营，则该项运输应遵照该国的国内法律，《国际客约》也可以作为国际惯例来适用。

三、旅客相关责任与义务

1.《国际客约》对旅客相关责任与义务的规定

《国际客约》对旅客的相关责任的规定较少，规定乘客负主要责任主要是以下几点：根据客约中第10条（旅客必须遵守海关或其他行政部门规定的手续）、14条[若旅客携带行李或动物（手提行李、托运行李、车辆以及车内物品）处于运输程序中，则该旅客须完成海关或其他行政部门规定的手续。承运商对行李检查时当事人乘客应该在场，除非提供各个涉及运输过程的国家的政令或法律]和20条（乘客必须在每一件托运行李醒目位置，标注行李归属人的姓名和地址，运输的目的地等信息）和一般运输条件中的车辆运输特殊条款履行其义务的，或乘客随身携带的物品或动物。此外，除非乘客证明损失或损害为其他不可抗力因素引起，且该乘客已尽到在事件中的责任，可以免除乘客对事故或损害的责任。

2.《国际客协》对旅客相关责任与义务的规定

《国际客协》第7章中规定了旅客相关责任与义务,在国际铁路联运中乘车和/或运送行李、包裹时,由于旅客或发送人未遵守本协定所规定的义务,致使承运人受到损害的,旅客或发送人应对此承担责任,如造成所运输物品或动物损害的,还应补偿承运人的损失,其中包括对车辆经营人和(或)第三方的损失。此外,对于乘车时未出示乘车票据的旅客,客协规定应向承运人支付乘车费用以及在发现该次乘车的国家境内已乘坐里程的罚金。支付乘车费用和罚金的办法,根据发现旅客未出示乘车票据时所在国家的国内法规确定。对于损失的界定旅客责任归属方面,客协规定如能证明损失是由于旅客或发送人无法避免的情形而造成的,尽管旅客或发送人清楚其责任并按照要求采取了所有防范措施,但仍未能防范其后果,可免除旅客和发送人的责任。《国际客协》主要在损失的界定、罚金和责任免除的条件方面进行了规定。

对比分析《国际客约》主要从旅客及托运人的行李、包裹以及物品丢损方面,以及从整体的可产生责任纠纷的角度规定旅客的责任归属;而《国际客协》从旅客物品的丢损,承运人设备物品的损坏,旅客无法出示有效票据等方面具体提出了责任归属的问题。

四、承运人的责任与义务

1.《国际客约》对承运人责任与义务的规定

《国际客约》中首先是对承运人责任范围,规定了承运人应对乘客遭遇的死亡、人身伤害或任何其他身体、精神伤害或因铁路运营而发生的事故和当乘客在轨道车辆内、从轨道车辆上车或下车时发生的事故而导致的损失或损害负责,无论使用的是何种铁路基础设施。同时,在以上统一规定范围外发生的事故,并不应影响由承运人承担责任。此外,还规定了承运人可以免责的情况:事故与铁路运营无关导致,而且承运人已充分采取应对处理措施,但仍无法避免事故而且无法阻止该事故的后果;事故因乘客的错误而引起;事故因第三方的行为而引起,而且尽管承运人已充分采取应对处理措施,但仍无法避免事故而且无法阻止该事故的后果。同时不可将使用相同的铁路基础设施的其他企业视为第三方,因此不应影响追索权。对于承运人之间责任的划分问题,《国际客约》规定如某运输合同中规定的运输由若干承运人相继执行,根据运输合同,发生事故时提供运输服务的承运人应对乘客的死亡、人身伤害负责。如此类服务由替代承运人而非承运人提供,根据这些统一规则,这两位承运人应承担连带责任。

2.《国际客协》对承运人责任与义务的规定

《国际客协》中对承运人的责任进行了详细的分类和界定。

（1）承运人的连带责任。

承运人的连带责任方面规定，合同承运人对旅客或发送人在运送至到达终到站、行李或包裹交付为止的全程承担履行运输合同的责任。每一接续承运人加入运输合同并按照合同承运人与旅客、发送人所缔结运输合同的条件承担由此而产生的义务。

（2）对旅客声明或健康造成损害的责任。

在对旅客声明或健康造成损害的责任方面规定，旅客在列车上或上（下）车时，因发生不幸事故而导致死亡、受伤或其身体或心理状况受到损害时，承运人对旅客生命或健康遭受的与此相关的损害承担责任。如果损害由于下列原因造成，则免除承运人的责任：运送过程参加者不能预防也无力消除的情况；旅客的过失；尽管运送过程参加者采取了各种预防措施，但仍不能避免或防止其结果的第三者行为。对旅客遭受损害赔偿的办法和款额，按照发生损害所在国的国内法律确定。

（3）行李或包裹运到逾期的责任。

在行李或包裹运到期限的责任方面规定，承运人因未遵守相关规定的行李和包裹运到期限，对旅客、发送人或领收人承担责任。对于行李和包裹的运到期限，每逾期 1 日，承运人按如下标准向发送人赔偿：行李，为运费的 5%，但赔款不得超过运费的 50%；包裹，为运费的 1.5%，但赔款不得超过运费的 30%。并且行李和包裹运到逾期赔偿只限在未遵守总运到期限的情况下支付。如已对行李或包裹全部灭失予以赔偿，上述（2）中规定的赔偿不予支付。如行李或包裹部分灭失且又运到逾期，只对行李或包裹的未灭失部分支付逾期赔偿。如行李或包裹毁损且又运到逾期，除下述（4）中规定的赔偿外，还应加上运到逾期赔偿。此外，客协中所规定的赔偿总额，不得超过行李和/或包裹全部灭失时应赔偿的总额。如果由于以下原因导致未履行行李和/或包裹运到期限，则承运人不承担责任：暴雪、水灾、塌方等其他自然现象——期限至 15 天；发生其他与承运人不相关，却导致行车中断或延缓的情况。

（4）行李或包裹全部或部分灭失或毁损的责任。

承运人对行李或包裹的全部或部分灭失、毁损承担责任。

行李或包裹的全部或部分灭失、毁损，如系由于下列任何一种原因造成，则免除承运人的责任：① 由于运送过程参加者不能预防也无力消除的情况；② 由于行李或包裹的特殊自然性质导致损坏、生锈、内部腐坏和类似后果；③ 由于行李或包裹的容器或包装存在缺陷，而这些缺陷在承运时无法从外表发现；④ 由于包裹发送人用不正确、不确切或不完全的品名托运禁止运送的物品。

因上述①、②所述原因造成行李或包裹灭失、腐坏或毁损，由承运人负责举证。如根据情况推断，行李或包裹的灭失或毁损可能由上述③、④所述原因所致，在包裹发送人或领收人未提出其他相关证据以前，即认为损失确由这些原因造成。对于运送中因其本身自然特性发生减量的包裹,不论其运送里程的远近,承运人只对超过下列标准的减量部分负责:对在液体或潮湿状态下托运的包裹,为其重量的2%;在运送中发生减量的其他干燥性包裹,为其重量的1%。如发送人或领收人能够证明减量非包裹自然特性所致,则不适用上述责任范围的限制。按一张包裹票运送数件包裹时,如承运包裹时每件重量均已注明,则容许的减量标准应按每件分别计算。如包裹全部灭失或个别件灭失,在计算赔偿时,对于灭失件不扣除任何减量。

当未声明价格的托运行李全部或部分灭失时,承运人应向发送人赔偿灭失部分的实际价值,但其赔偿额不超过每短少1 kg总重按2瑞士法郎算出的款额。当声明价格的行李或包裹灭失时,承运人应按每一短少的公斤数赔偿相应部分的声明价格。如未声明价格的行李毁损,承运人应赔偿相当于行李价值减低的款额,不赔偿其他损失。声明价格的行李或包裹毁损时,承运人应按照行李或包裹价值由于毁损而降低的百分比,赔偿相应部分的声明价格。行李或包裹毁损时的赔偿额不应超过下列款额:因毁损致使行李或包裹全部贬值时,不应超过全部灭失时的赔偿额;因毁损致使行李或包裹仅部分贬值时,不应超过贬值部分灭失时的赔偿额。

对比分析:《国际客约》主要从旅客发生人身意外伤亡方面界定了承运人所承担责任的范围;《国家客协》从承运人之间的连带责任、对旅客声明或健康造成损害的责任、行李或包裹运到逾期的责任,以及行李或包裹全部或部分灭失或毁损的责任四个方面进行了详细的规定。

五、行李运送相关的协定

1.《国际客约》对行李运送的规定

《国际客约》中对旅客可携带的行李做出了详细的规定。旅客可随身携带便携的物品,也可根据运输总条件携带活体动物。此外,旅客可以将根据运输总条件中的特殊规定携带大件行李。对于会影响到其他乘客或易损坏的行李物品或动物不允许作为随身行李携带。旅客可以根据一般条件,对行李或动物进行登记托运。并且在遵守运输条件中的特殊规定的情况下,承运人可以允许旅客运输其使用的车辆。对于手提行李、已登记的行李以及在车辆上的危险品,根据本条款由铁路运输的,必须遵守铁路有关危险品运输的规定。

在检查方面规定,当可证明确定乘客未能遵守运输条件时,承运人有权检查其携带的物品(手提行李、托运行李、车辆以及车内所带物品)和动物,除非有特殊的国家法令和计划说明禁止对这批行李进行检查,否则乘客必须配合检查。如果该物品主人不在检查现场,承运人可以在两个证人在场的情况下进行相应的检查。如果乘客没有遵守运输条件,承运人进行检查时所产生的费用则由该乘客自行承担。若旅客携带行李或动物(手提行李、托运行李、车辆以及车内物品)处于运输过程中,则该旅客须已完成海关或其他行政部门规定的手续。

承运商对行李检查时当事人乘客应该在场,除非提供各个涉及运输过程的国家的政令或法律。此外,还规定乘客有责任监督自己携带的行李和动物符合规定。

在行李托运方面,《国际客约》规定,注册行李运输的合同义务必须以行李托运单的形式发放给乘客。行李托运单的损坏或丢失不应影响行李运送协议的存在或有效性,将继续遵守本统一规则。行李托运单应作为行李登记符合运输条件的初步证据。除有相反证据外,应假定承运人接管托运的行李时,该行李的状态良好,并且行李的数量和重量应和行李托运单上的信息一致。一般运输条件应明确行李托运单的形式和内容,及予以印刷和制作的形式和内容以及语言、文字。同时,行李托运单应至少包括以下内容:① 运输中涉及的承运方及承运人。② 无论有任何相反的规定,亦需要声明该承运人遵守这些统一规则;可用缩略词 CIV 表示。③ 其他任何证明与注册行李的托运有关的合同义务以及使旅客能够维护运输合同权利的声明。

乘客必须确保在收到行李托运单时,完成上述规定。除一般运输条款另有规定,行李应登记在票据产生时起生效至少持续到该行李的目的地。在其他方面托运的行李必须按照规定的程序进行登记。在一般运输条款下,运输的行李可以不生产票据,这些统一规则决定了乘客对其已登记的行李的权利和义务应比照适用于托运的行李托运人。承运人可以通过另一列火车或另一种运输方式,以及与乘客不同的乘车线路来完成对注册行李的托运。根据承运人和乘客之间的相反协议,托运行李的运输费用须注册登记。乘客必须在每一件托运行李醒目位置,清晰标注行李归属人的姓名和地址,运输的目的地等信息。关于托运行李处置方面的规定,必须遵守海关或其他行政部门的,如果在车票生成时一般运输条件有相关要求,旅客可要求将行李交回发放行李托运单的托运地点。一般运输条件可能包含其他涉及托运行李处置权的条款,修改目的地所产生的财务后果由乘客自行承担。托运行李应在出示过行李托运单时允许交付,在适当情况下对发货付款金额收费。此外,承运人应有权但没有义务检验该凭证的持有人是否有权提货。如果按照交付地的规定,下列情况等同于交付给行李登记凭证的持有人:① 当行李不属于承运人的监管范围,行李已经交给海关或者入市税征收处的场所或仓库;② 活体动物交给第三方。

行李托运单持有人可以要求按约定的时间,或者必要时,在海关或其他管理机构相关操作所必需的时间之后,立即将行李交付目的地。如未能交出托运单,承运人应只在相关人员能证明其有权提取行李的情况下才能交付行李;如果提交的证据不足,承运人可要求支付保证金。行李应交付到其登记的目的地。如其行李未能交付,行李托运单持有人可以要求查验行李托运单上注明的交付日期和时间。如果承运人对查验行李以验证是否有损失的请求不予答复,权利所有人可拒绝接收行李。行李交付应按照目的地现行规定进行。

在车辆托运方面,《国际客约》规定一般运输条件中的车辆运输特殊条款应对接受运输、登记、装货和运输、卸货、交货以及乘客义务的条件进行特别规定。与车辆运输有关的合同义务应通过签发给乘客的运输凭单予以明确。运输凭单可纳入乘客票据。一般运输条件中的车辆运输特殊条款应明确运输凭单将予以印刷和制作的形式和内容以及语言、文字。运输凭单上应至少包括下述内容：承运人（一个或多个）；无论有任何相反的规定，亦需要声明该承运人遵守这些统一规则；可用缩略词 CIV 表示；证明车辆运输相关的合同义务和帮助乘客维护运输合同方面的权利所需的任何其他声明。在收到运输凭单后，乘客必须确保该凭单与他的要求相一致。根据本章中的规定，与行李运输有关的第三章中的规定应对车辆适用。

2.《国际客协》对行李运送的规定

在行李运送标准以及禁止按行李运送的物品方面，客协规定凭一张乘车票据托运的行李，总质量不得超过 100 kg。多名旅客凭一张客票乘车时，该标准按团体人数相应提高。承运外交行李，无质量限制。一件行李的质量不得少于 5 kg 且不得超过 75 kg，并应能迅速和毫无困难地装入旅客列车的行李车内。且下列物品禁止按行李运送：① 易燃品、易爆品、自燃品、爆炸品、放射性物质、腐蚀性和毒害性物品、枪炮、弹药和能使其他旅客的行李或运送过程参加者受到损害的物品。② 能造成感染或具有恶臭气味的物品。③ 动物。④ 属于运送过程参加者的任何一国邮政专运的物品。此类物品的一览表载于本协定附件第 1 号；⑤ 易腐产品。如承运人有据怀疑相关物品违反规定，有权检查行李的内容。检查行李时，发送人应当在场。

在行李承运的条件方面规定，行李在托运时应有包装，能保证行李在运送全程直至交付领收人前完好无损，能防止损坏车辆和其他发送人的行李，并保证工作人员作业安全。对每件托运的行李，应当由旅客或依照旅客请求并单独付费后由承运人用发送国文字注明相关信息（行李所属人姓名、发站、到站、旅客地址），并附中文或德文或俄文的译文。运往越南社会主义共和国、中华人民共和国、朝鲜民主主义人民共和国和蒙古国或相反方向运送的行李，上述记载应用发送国文字和俄文注明。旅客应将行李上的所有的旧标去掉。

在行李价格的声明方面，客协规定旅客在托运行李时，可声明行李的价格。如托运数件行李，旅客可按每件声明价格，或按照全部件数声明总价格。声明价格的款额需由旅客口述。声明价格的款额应由旅客按发送国货币提出。按适用的运价规程对声明行李价格核收杂费。承运行李时，承运人有权检查声明价格的款额是否与行李价值相符。此时，发送人应提交证明行李价格的文件。根据已提交的文件，经承运人和发送人商定后确定声明价格的款额。如果承运人与发送人未达成一致意见，则承运行李时不声明价格。

在行李的运到期限方面规定，行李的运到期限，根据时刻表所规定的列车运行情况，并考虑按规定办理行李交付手续所必需的时间，按运送全程确定。在下列情况下延长行李的运到期限：① 在途中每换装一次行李，延长 1 昼夜；② 为履行海关和其他规定手续发生意外滞

留时，延长此滞留时间；③非因运送过程参加者过失致使不能开始或继续运送时，延长停运时间；④如检查行李的结果判明是违反了相关规定，延长同此项检查有关的时间；⑤如因承运人的过错，行李未在规定的运到期限内运至到站时，延长转发送行李所必需的时间。该时间从提出转发送申请的次日起计算。运送滞留时间和导致延长运到期限的原因，必须在行李运行报单背面"其他记载"栏内注明。如行李在运到期限结束前到达到站并已提出交付，即为遵守运到期限。在发站或运行径路上某中途站交付行李时，也同样适用此规定。

在行李交付方面规定，行李在行李票所载地到站交付。行李的交付，应在运送行李的列车抵达后，并经过卸车和完成海关及其他规定手续所需时间之后办理。行李票提出人有权要求在发站或运行径路上某中途站交付行李。如这项要求属预先提出，且列车停车时间、车内行李的放置情况以及海关和其他规定都允许时，承运人应满足这一要求。行李应交付给提出行李票的人。交付行李时应收回行李票。在不能提出行李票的情况下，承运人仅在要求领取行李的人能证明其对行李的所有权时，方可向其交付行李。领取行李时，发送人（领收人）须支付在运行途中和该站所发生的一切费用，如有违反禁止按行李运送的物品的规定，还应赔偿对承运人和第三方造成的损失。上述款额应采用单独的收据予以核收。

如因承运人的过失，行李未在规定的运到期限内运至到站，而领收人又不能等待行李的到达，则领收人可提出下列内容的声明：①免费将行李运回发站；②将行李转发送至同一国家的另一到站；③将行李转发送到适用的运价规程规定的另一国家的新到站。车站应将上述声明的内容记入行李票。由于承运人的过失，自应用于运送行李的列车抵达到站之日起10日内仍未向领收人交付行李的情况下，如行李的滞留同完成海关和其他规定的手续无关，即认为行李已经灭失。如果已视为灭失的行李，自应运至到站之日起在一年内被发现，承运人如知晓或能确定旅客的住址，应将此事通知领收人。发出通知后30日内，发送人可要求将行李免费为其运至行李票所载经路中的某一车站，并须退还其以前所领取的赔款。当发送人希望将行李发往乘车径路以外的车站时，应按相应的运价规程支付运送费用。

如发现的行李在30天内未被要求交付，或者灭失的行李从应运至到站之日起满1年后才被发现，承运人有权按照本国法律对其做出处理。如在运送中或交付时发现行李有毁损或部分灭失的迹象，则承运人应检查行李的内容，并就检查结果编造商务记录。商务记录由承运人被授权人和发送人[编造商务记录时发送人（领收人）在场]签字，并当即交发送人（领收人）一份。如发送人（领收人）不认可商务记录中所确定的事实，有权要求对行李状态、损坏的原因和程度进行鉴定，具体事宜按实施鉴定的国家的法律办理。签署商务记录时，如发送人（领收人）不在场，承运人可以邀请证明人（如国内法律有此规定）。在这种情况下，商务记录由证明人签字，并在交付行李时交给发送人（领收人）一份。根据需要，发送人（领收人）有权要求承运人对其支付行李运送费用及行李的发送和交付日期开具书面证明。上述证明按承运人所在地国内法律规定的格式发给。

如行李自到达到站之日或自发出根据海关部门指令在中间站滞留的通知之时起 3 个月内无人领取，承运人可将其变卖。如因长期保管而使行李贬值或保管费超过行李本身价值，则承运人有权提前变卖。如能查明发送人的所在地，则承运人应将行李将要变卖一事通知发送人。承运人应将变卖行李所得款额，扣除尚未支付的保管费及其他费用后，退还发送人。发送人关于将行李转发送到适用的运价规程中列载的某一车站的申请，在海关和其他规定不禁止的情况下，应予满足。行转发送申请书，应向保管该行李的车站提出，并须添附原行李票。如发送人只提出转发送行李申请书而无行李票，则仅在行李毫无疑问确属该发送人的情况下，方可满足发送人的申请。当旅客（发送人）持有到终点站的客票时，物品按行李办理运送。如旅客（发送人）未持有按新径路运送行李的有效乘车票据，则运费应按包裹核收。行李转发送费用，以及与行李运送有关的其他费用，均在到站交付。发送人可以要求将其托运的行李从到站或中途站运回原发站，但仅在海关及其他规定允许时方能办理。这项要求的申请书应连同行李票一起向发站或到站提出。返还运送应填制行李票。根据适用的运价规程算出的运送费用以及因返还而产生的其他费用，向行李领收人核收。

《国际客约》在旅客可随身携带物品，行李包裹托运的办理、运输、交付，车辆运输的办理、交付方面做出了详细的规定；《国际客协》主要对行李运输过程中可托运行李品类、重量限定，行李承运运价收取标准，行李交付，运输过程中运到期限、变更到站的标准与责任界定，以及滞留在海关的相应事宜做出了详细的规定。《国际客约》指出承运人在对可携带物品及运输物品检查时，物品所有人应在场，如果该物品主人不在检查现场，承运人可以在两个证人在场的情况下进行相应的检查。而《国际客协》中没有指出物品所有人无法在场的情况。

六、运输合同的确立与执行

1. 《国际客约》对运输合同的规定

《国际客约》第 2 部分对运输合同进行了详细的规定。承运人根据运输合同应该负责将旅客的运输，以及行李和车辆到目的地的运输，并将行李和车辆运送到目的地。运输合同必须由一张或多张车票发给乘客进行确认。但是无票、损坏或丢失车票不得影响本合同的存在或有效性，应继续服从本统一规定。

车票应为运输合同订立和内容的初步凭证。由运输的一般条件决定车票的形式和内容并以清晰语言和文字印刷。车票须包含以下内容：运输的承运人；运输无任何违反条款的符合客约的声明，可以采用 CIV 表示；任何其他必要的能够证明运输合同，使乘客从本合同中维护权利的内容。

乘客必须按照指示完成对车票的收据的确认。在不计名且行程尚未开始时，车票可以进行转让。车票可以以电子注册的方式存在，并且可以转换为相应的纸质车票。车票的注册数据和处理程序在功能上必须保持一致性，尤其是车票相关数据所代表的车票信息的。

除非在旅客与承运人之间有额外协议的规定，运输费用应当预付。由运输的一般条件决定应在何种条件下确定运费的退还。

乘客必须从旅程开始时即持有并出示一张有效车票。运输的一般条件可以提供如下：① 未持有有效车票的乘客必须支付票款以及罚款；② 拒绝支付票款或罚款的乘客应被终止该行程。③ 规定了罚款可以被退回的情况。同时对那些：对安全和正常操作运行具有威胁或者威胁其他乘客的安全的人；对其他乘客造成难以忍受的不便的人，可以禁止他们的本次出行，并且不退还其出行及行李托运相关的费用，由其自行承担损失。

2.《国际客协》对运输合同的规定

旅客凭乘车票据或电子乘车票据所核准的运输合同办理乘车。乘车票据由客票以及下列情况时的卧铺票和/或补加费收据组成。可办理运送径路全程客票，也可办理其区间客票。卧铺票用于乘坐卧铺车、座卧车，以及规定须预留席位的座席车。运输合同条件的变更由补加费收据予以证明。可在同一张乘车票据上办理客票和卧铺票。

旅客应在乘车前购买本条规定必要的乘车票据，并检查其中所载事项正确。在列车（直通车厢）运行经路上未采用自动化方式办理席位预留的情况下，旅客可在列车上购买卧铺票。乘车票据用发送国文字和/或中文、德文、俄文之一印制。

根据技术能力，并依据承运人之间缔结的合同，承运人可向旅客提供通过网上支付并获取乘车票据（包括电子乘车票据）的服务；并随后按规定样式的格式纸办理乘车票据，在出示旅客个人身份证件且证件信息已在电子乘车票据上注明时，办理电子注册（在采用电子注册的情况下）。支付并在乘车票据发售系统中获取订单号或电子乘车票据识别码之后，便认为旅客与合同承运人之间的运输合同既已缔结。旅客凭电子乘车票据登车时，承运人代表应核对旅客身份证件的信息与承运人所掌握的信息，如信息不符，则不允许乘车。

网上购买乘车票据的办法和规则由国内法律予以规定。电子乘车票据和电子注册的使用特点由参加运送的承运人商定。发售电子乘车票据的承运人应在互联网上公布办理和乘车的条件。

丢失和损毁的乘车票据不予补办。客票和补加费收据用于办理乘坐一等车厢和二等车厢。客票和补加费收据上应载有下列主要事项：发站和到站名称；运输合同规定的运行径路及接续承运人代号；车厢等级；人数；乘车票价；有效期；客票、补加费收据办理日期和地点；合同承运人（填发补加费收据的承运人）代号。

对于团体旅客乘车，可发售一张客票、一张补加费收据或多张客票、多张补加费收据。如果不少于 6 名成人旅客支付了乘车票价，且沿同一径路乘坐同一列车，包括不同类型车厢和不同等级坐席，均属团体乘车。席位预留和团体乘车票据按承运人规定的办法办理。

《国际客协》主要对运输合同的车票的有效性进行的相关规定；《国际客协》还详细规定了有关卧铺票、儿童票、座位席别的改乘、票据有效时间等相关内容。

七、费用支付、返还相关内容

1.《国际客约》对费用支付、返还等的规定

客约中没有具体的有关乘车、托运相关费用以及取消合同时相关的退款条例，主要注重规定了有关责任损失赔偿，划定责任范围的相关条例。

2.《国际客协》对费用支付、返还等的规定

国际联运旅客、行李和包裹的运送费用（客票票价、卧铺费、行李和包裹运费），按适用的运价规程规定的费率计算。除运送费用外，可向旅客或发送人核收承运人所在国的国内法律规定的手续费及其他费用。在适用的运价规程中所载的每一车站和国际联运客票发售地点，均应使旅客能够了解运价规程的内容。

运送费用，按照购买乘车票据当日的费率计算；行李、包裹的运送费用，按照承运当日的费率计算。在发售乘车票据或填发行李票或包裹票时，核收由发站至到站的全程运送费用。承运人在使用运价规程时，对所有旅客、包裹发送人（领收人）应一视同仁。

确定运送费用时，如运价使用不当、确定行李（包裹）重量出错或发现计算有误，多收的款额应退还原付款人，少收的款额按下列办法补收：少收旅客的费用——由造成少收的合同承运人补收，不必向接续承运人提出核收少收款额的要求；少收包裹发送人的费用——由合同承运人向包裹发送人补收；少收包裹领收人的费用——由接续承运人向包裹领收人补收运行途中和到站发生的费用。

运送费用的退还时，旅客或发送人可领回有关的运送费用。退还运送费用的要求，应由运送过程参加者之一予以核准。关于退还费用的赔偿请求，承运人在《国际客协》第39条规定的期限内受理。如果运输合同条件的变更系因承运人的过失所致，则退还按适用的运价规程计算的下列费用：如果旅客没有开始乘车，退还单人客票票价和卧铺费、手续费及其他费用；如果团体旅客出发时不是全体团员，退还团体中没有开始乘车旅客的团体客票票价和卧铺费、手续费及其他费用；如果旅客在某一中途站不再继续乘车，退还未乘车里程的客票（单人或团体）票价和卧铺费；旅客乘坐了比乘车票据所载等级和种类低的车厢，按乘坐里程退还两种等级客票（单人或团体）票价和卧铺费间的差额；未运送里程的行李和包裹运费。

如果由于旅客、发送人不得已原因（疾病、不幸事故等）变更运输合同条件，则退还按适用运价规程计算的乘车和运送费用，但手续费除外。不得已原因的举证由旅客、发送人负责。如果旅客、发送人无法证明系不得已原因，承运人按照相关条例退还运送费用。

对下列情况，对单人或团体客票，在重新计算已使用客票的全部票款后，再办理退还：按旅客往返乘车享受减成办理的客票，单程未使用；团体票，但实际乘车的成年旅客人数少于适用的运价规程中规定的享受减成标准。

如果由于旅客人个人原因变更运输合同条件，则退还按适用的运价规程计算的下列费用：如果旅客没有开始乘车并在列车出发 6 小时前（团体票为 5 天前，立陶宛共和国和爱沙尼亚共和国的承运人为 1 天前）提出乘车票据以便加以记载，退还客票（个人和团体）票价和卧铺费。未遵守上述期限时，在客票有效期内并做有记载的情况下，退还客票（个人或团体）票价，卧铺费不予退还。如果旅客在某一中途站不再继续乘车，并在其所乘列车到达后 3 小时内提出自己的客票以便加以记载，退还未乘车里程的客票票价。如果发送人在行李或包裹装车前领回，则退还行李或包裹运费。如果退还了未乘车里程的客票票价，则应退还该里程的行李运费。对遗失的乘车票据，已付款额不予退还。退还旅客乘车费用或行李或包裹运送费用时，可向旅客或发送人扣除同退款有关的费用，但符合承运人过失情况除外。

因承运人过失，旅客或发送人在规定期限内提出不乘车或不托运行李、包裹，应立即办理已付款额的退还。在其他情况下，根据旅客或发送人的书面申请，按赔偿请求办法退还。

运送费用的退还，只由合同承运人办理。

《国际客协》中详细界定了费用支付的相关规定，以及发生运输纠纷时的责任划分，为票据的购买、改签以及退票提供了有效的办理依据。

八、权利主张等诉讼赔偿相关内容

1.《国际客约》对权利主张等诉讼赔偿的规定

如承运人发现或推定或权利人声称由承运人负责的物品（行李、车辆）发生部分损失或损害，承运人必须根据损失或损害的性质立刻在权利人在场的情况下起草一份报告，尽可能详细地说明物品的情况、损失或损害的程度、原因及发生时间。应向权利人免费提供一份该报告的副本。如权利人不接受报告中的结果，可要求运输合同的当事人或法院或法庭确定行李或车辆的情况、损失或损害的原因和金额。应遵循的程序由此类确定所在地的国家法律法规决定。

如发生乘客死亡或人身伤害事件，与承运人责任有关的索赔应向可提起诉讼的承运人以书面形式提出。如为单一合同中规定的承运人且运输由连续承认人履行，索赔应向第一承运人或最后承运人以及在乘客定居或习惯居住的国家签订运输合同的具有主要营业地或分公司或代理的承运人提出。

与运输合同有关的其他索赔必须向相应的承运人以书面形式提出。权利人认为适合与索赔一起提交的文件应以原件或副本的形式（如适当）提交，副本应为正式核准的副本（如承运人需要）。在索赔的结算问题上，承运人可要求交出票据、行李运输凭单和运输凭单。

如发生乘客死亡或人身伤害事件，与承运人责任有关的诉讼仅可向承担责任的承运人提起。乘客根据运输合同，可仅向第一承运人、最终承运人或实施了导致诉讼行为产生的部分运输服务的承运人采取其他措施。如运输服务由连续的承运人提供，必须托运行李或运输工具的承运人，经其同意，开具行李注册凭证或运输单据，可对该承运人采取措施，即使他未收到行李或运输工具。

针对收回根据运输合同支付的款项的诉讼可对已收到该款项的承运人或代其收到该款项的承运人提起。

在同一运输合同与主诉有关的诉讼中，可通过反诉或作为例外的诉讼方式对承运人提起诉讼。如这些统一规则适用于替代承运人，则可向该替代承运人提起诉讼。如原告可在若干承运人之间做出选择，只要他对其中一位承运人提起诉讼，则他的选择权应立刻予以取消；如原告可选择一个或多个承运人和替代承运人，这一点也同样适用。

这些统一规则的诉讼可向合同各方同意的成员国法庭或法院或被告具住所或经常居住地、主要营业地的成员国法庭或法院或签订运输协议的分公司或代理提起。其他法庭或法院无权审理。

这些统一规则的诉讼正在等待主管法庭或法院通过，或此类法庭或法院已对此类诉讼进行判决，则不得以相同的理由对相同的当事人提起新的诉讼，但法庭或法院对第一次诉讼作出的判决在提起新的诉讼的国家不可执行的情况除外。

诉讼权利的消灭：如发生乘客死亡或人身伤害事件，如权利人未在知道损失或损害后十二个月内向提出索赔的一位承运人发出乘客事故通知，应消灭以承运人责任为基础的权利人的诉讼权。如权利人向承运人发出口头事故通知，该承运人应向权利人提供此类口头通知的确认信。但是，在下述情况下，不应消灭诉讼权：① 权利人已在规定的期限内向规定的一位承运人提出索赔；② 承担责任的承运人已在规定的期限内已通过其他途径获悉乘客的事故；③ 非权利人的原因造成未发出或延迟发出事故通知；④ 权利人证明事故因承运人的过错造成。

行李运输中诉讼权的废止，如交付过程中发生部分损失、损害或延误，只要权利人接受行李，即应消灭基于运输合同对承运人的所有诉讼权。但是，在下述情况下，不应消灭诉讼权：a）权利人接受行李之前根据确定的损失或损害；仅因承运人的过错而遗漏的；b）如在下述情况下权利人接受行李之后确定存在不明显的损失或损害：要求在发现损失或损害后立即根据规定（不晚于接受行李后 3 天内），证明损失或损害在承运人接管和交付之间发生；c）如

发生交付延误事件，如权利人在 21 天内向承运人主张其权利；d）如权利人证明损失或损害因承运人的过错造成。

诉讼时效：如发生乘客死亡或人身伤害事件，对基于承运人责任的损害赔偿诉讼的时效期限应为：① 如乘客提起诉讼，则为发生事故之日后 3 年；② 如其他权利人提起诉讼，则为乘客死亡之日后 3 年内，最长时效为事故发生之日后 5 年。基于运输合同的其他诉讼的时效期限应为 1 年。但是，如对损失或损害的诉讼因作为或不作为造成（蓄意造成此类损失或损害或鲁莽行事并知道可能造成此类损失或损害）的情况下，诉讼时效期限应为 2 年。

时效期限适用于下述诉讼：① 全部损失赔偿，在规定的期限到期后十四天开始生效；② 部分损失、损害或交付延误赔偿，自开始交付之日起生效；③ 涉及运输乘客的所有其他情形，自票据逾期之日起生效。

如根据索赔规定以及必要的支持文件以书面形式对承运人提出索赔诉讼，诉讼时效在承运人以书面通知的形式拒绝索赔要求并返回提交的文件之前均有效。如承认部分索赔要求，时效期限也适用于争议部分的索赔。收到索赔或回复或文件的举证责任应由依赖这些事实的当事人承担。不得通过对同一对象的进一步索赔来延缓诉讼期限。即使通过反诉或作为例外的方式提起诉讼，也不得继续行使时效已逾期的诉讼权。此外，诉讼时效期限的终止或中断应由国家法律决定。

2.《国际客协》对权利主张等诉讼赔偿的规定

根据运输合同提出赔偿请求的权利，属于旅客、发送人或领收人。如一张乘车票据或一批行李或包裹的赔偿请求款额少于与 1.5 瑞士法郎等值的款项，则不应提出赔偿请求。旅客根据乘车票据提出的赔偿请求应向合同承运人提出。

关于支付旅客生命或健康遭受损害的赔偿请求，可根据运输合同向参与运送过程的任何一个承运人提出。行李和包裹运送的赔偿请求向合同承运人提出，或者向交付行李和包裹的承运人提出。关于退还按运输合同所付款额的赔偿请求，可由原付款人或其授权人提出。以旅客、发送人或领收人名义提出赔偿请求的权利，须有委托书为凭证。赔偿请求由特定机关审查。

申请人提出赔偿请求时，应附加下列文件的正本，作为赔偿请求的依据：请求赔偿对旅客生命或健康造成的损害时——乘车票据和不幸事故记录，以及证明实际费用额度的文件；请求赔偿乘车费用和卧铺费时——乘车票据；请求赔偿行李或包裹运费时——行李票或包裹票；行李或包裹全部或部分灭失、毁损时——行李票或包裹票及商务记录；行李或包裹运到逾期时——行李票或包裹票；确定运送费用时运价使用不当，确定重量出错、计算有误造成多收款额——乘车票据、行李票或包裹票。

承运人发给旅客、发送人和领收人的文件，应附正本。承运人应在自赔偿请求书提出之日（该日以邮戳或赔偿请求书的签收日期为凭）起 180 天期限内审查赔偿请求，答复赔偿申请人，并在全部或部分承认赔偿的情况下向其支付应付的赔偿。在赔偿请求被全部或部分拒绝时，承运人应以书面形式向赔偿申请人告知拒绝赔偿请求的理由，同时退还赔偿请求书所附的文件。如赔偿请求书违反了本条第 6 项的规定，则承运人不予审查，并应在收到赔偿请求书之日起 15 天内，将其退还赔偿申请人，并注明退还原因。承运人向赔偿申请人退还赔偿请求书并不表示拒绝赔偿请求。

根据运输合同所发生的赔偿请求时效时，赔偿请求由承运人在 9 个月期限内受理，但行李或包裹运到逾期的赔偿请求除外，该赔偿请求规定在 30 日内提出。受理造成旅客生命和健康损害情况的赔偿请求，没有时效期限。所述期限按下列规定计算：退还运送费用或多收款额的请求，自乘车票据发售、行李票或包裹票填发之日起计算；行李或包裹毁损或部分灭失及运到逾期的赔偿，自行李或包裹交付之日起计算；行李和包裹全部灭失的赔偿，分别按照算出的运到期限期满后 10 日和 20 日起计算；变卖行李或包裹后剩余款额的支付，自其变卖之日起计算。时效开始日一概不计入时效期限。

第四章
承运人关系

铁路合作组织制定的《国际旅客联运协定办事细则》、国际铁路运输委员会制定的《国际铁路旅客运送关系协定》分别为《国际客协》和《国际客约》框架内调整铁路承运人间关系的规则。

第一节 《国际旅客联运协定办事细则》

《国际旅客联运协定办事细则》对按照《国际旅客联运协定》办理运输的运送过程参加者具有约束效力，不用以调整旅客或包裹发送人和领收人（为一方）同承运人（为另一方）之间的相互关系。在办事细则中未规定的必要事项，适用参加国际旅客联运的各承运人所在国的国内规章。

一、乘车票据的办理

1. 一般规定

乘车票据是有权乘车的凭证，以自动方法或非自动方法在规定格式的表格上或以电子形式填写。乘车票据中列有供旅客、承运人及业务使用的信息，以蓝色或黑色填写。信息应填入票据上印就的各栏，并易于辨认。乘车票据上不得做任何记号、涂改和修改，不得有未经规定和未经各方商定的记载。用非自动方法填写的乘车票据，在发售时应订入票皮；用自动方法填写的乘车票据是否订入票皮，由承运人决定。

订入票皮的乘车票据，应按其使用顺序排列。卧铺票和补加费收据应排在其所属客票之后。单程乘车或往返乘车的乘车票据，可订入一个票皮内。用非自动方法填写时，各项信息使用圆珠笔复写或用打字机以拉丁字母表示的俄文填写。根据单独承运人之间的协定可以基里尔文字填写。发、到站名称及乘车经路应与其在适用的运价规程中所载的写法一致。

用非自动以及自动方式填写的客票上应有轧孔标记（针孔或胶皮戳）用以指明：车次、发车日期（日、月、年，年份可以用最后两个数字表示）。轧孔标记中可包含做出记载的车站名称（车站/窗口编号）。

票皮上应填写下列事项：以发售国货币表示的票价总额、售票处戳记、发售日期。自动填写乘车票据时,按照铁组/铁盟备忘录办理。乘车票据和票皮用发售国文字和中文、德文或俄文之一印制。空白的乘车票据和票皮由印刷企业根据国内法律印制。印制乘车票据应满足以下要求:① 印刷号码;② 票据名称;③ 版式;④ 纸张颜色;⑤ 防伪底纹和印刷排样颜色;⑥ 必填事项;⑦ 各联内容一致;⑧ 带有防伪要素:防伪底纹、水印或自动复写纸;⑨ 国家的字母和数字代号。

2. 用非自动方法填写的补充乘车票据、卡片客票、团体旅客证、票皮

1)规定事项印就的补充客票

对一名旅客乘车,使用印刷方式印就事项的补充客票,即规定事项印就的补充客票。规定事项印就的补充客票可按单程乘车和往返乘车分别印制。办理往返乘车时,在票皮内订入 2 份补充客票。在用于往程乘车的客票上,划掉"返程"字样。在用于返程乘车的客票上,划掉"往程"字样。填写享受减成的儿童或成人乘车用客票时,在"减成"栏内注明运价规程规定的减成数额,在"理由"栏内注明例如"儿童"字样。

规定事项印制的补充客票由一联或两联(客票和存根)组成。有存根时,存根和客票的编号应相同。规定事项印就的补充客票用浅粉色底纹特种水印白纸印制,尺寸为 105 mm×148 mm。

2)补充客票、卧铺票、补加费收据

(1)填写补充客票时应填入下列事项:旅客人数(数字和大写);发、到站名称;经路;车厢等级(不乘用的车厢等级栏,用对角叉线划销);以运价货币和发售国货币表示的一名旅客的全程乘车票价和票价总额;相应情况下,应注明减成数额、证明(如学生证)的号码;发给团体乘车旅客的团体旅客证号码。

填写儿童和有组织的团体旅客乘车用补充客票时,在"减成率"栏注明运价规程规定的减成数额,在"理由"栏内填写"儿童(REBENOK)"字样;对有组织的团体乘车,注明"团体(GRUPPA)"字样。办理狗的运送时,在"理由"栏内注明"狗(SOBAKA)"字样。在填写盲人陪同补充客票时,在"减成率"栏内注明减成数额,在"理由"栏内注明"陪同(PROVODNIK)"。填写单个旅客有权享受减成往返乘车用补充客票时,在"减成率"栏内注明减成数额,在"理由"栏内注明"往返"(TUDA I OBRATNO);当每一方向均使用单独客票时,在返程客票的上部注明往程客票的号码。如旅客希望在各区段乘坐不同等级的车厢,按全程乘坐最低等级车厢向其填发补充客票,乘坐较高等级车厢的票价差额,用补加费收据另行核收。对在始发站只购买返程补充客票的旅客,填发单程乘车用的补充客票;对乘坐不同运输工具的旅客,可填发在铁路各相应区段乘车用的单独补充客票。乘车票价按每一区段单独计算。如旅客在某一区段两次乘车,则应在补充客票中将重复乘车区段的最后站名填写

两次。乘车票价按实际行经的里程计算，不按客票上两次注明的地点分段计算运价。

如填发的补充客票系供乘坐专列或包车使用，则应在存根和补充客票的背面记载下列事项：乘坐专列时——"专列（SPECPOEZD）"字样及车次；乘坐包车时——"包车（SPECVAGON）"字样及车厢等级、铺位种类及二轴、三轴、四轴车的辆数。

对乘坐专列、专用动车和包车的旅客，如随团体客票还发售了单人客票，则单人客票的号码应记入团体客票内。补充客票由两联组成，即存根和客票。在办理乘车时，存根由售票处留存，客票订入票皮。补充客票各联编号应相同。补充客票用浅粉色底纹特种水印白纸印制，尺寸为 105 mm×148 mm。

（2）在填写卧铺票时应填入下列事项：旅客人数（数字和大写）；卧铺票所属的客票号；发车日期和时间（例如，2009 年 3 月 12 日，17:03）；旅客乘坐同一车厢且不换乘的发、到站名称；车次；车厢号（如 07）；铺位号（如 098）；车厢等级和铺位种类（2/0——开放式座卧车（无包房）或硬卧车）。

2/4——2 等卧车，4 人包房；

2/3——2 等卧车，3 人包房；

2/2——2 等卧车，2 人包房；

BC4——2 等座卧车，4 人包房；

BC6——2 等座卧车，6 人包房。

1/4——1 等卧车，4 人包房；

1/2——1 等卧车，2 人包房；

1/1——1 等卧车，1 人包房；

2/C——2 等座席车；

1/C——1 等座席车；

2/S，B——2 等座席车；

2/S，A——1 等座席车。

在卧铺票上可注明"返程"字样。

"特别记载"栏根据国内规章填写（如有该栏），或例如凭铁组公用乘车证乘车，应填写"铁组公用乘车证（SLUZHEBNYI BILET OSZD）"。

对团体旅客，一张卧铺票只能发售给同一车厢的旅客。卧铺票尺寸为 105 mm×148 mm，由三联组成，即：卧铺票存根、用带浅绿色底纹特种水印白纸印制的卧铺票、用带浅绿色底纹而不带水印白纸印制的卧铺票收据。

越、中、朝三路印制的卧铺票由两联组成，即卧铺票存根和卧铺票。

在办理乘车时，存根由售票处留存，卧铺票和收据（规定使用收据时）订入票皮。

补充卧铺票各联应具有相同号码。

（3）在支付客票票价差额和其他运送费用及支付卧铺费差额时，填发补加费收据。补加费收据按每一乘车方向分别填发。使用往返客票时，补加费收据按每一乘车方向分别填发。在"属于第_号客票"栏内填写客票号码和代号"TO"。

在支付卧铺费差额的补加费收据内，应记载变更内容，即旅客由何等级何种类车厢更换至何等级何种类车厢。在办理专列中挂运行李车、餐车运送手续时，应在补加费收据的空栏内填写车辆数和轴数；办理卧车空车走行费时，应在补加费收据的空栏内填写车/公里数。在办理狗的运送手续时，应在空栏内填写"狗（SOBAKA）"字样。

补加费收据不用的各栏，沿对角叉线划销。补加费收据尺寸为 105 mm×148 mm，由两联组成：白纸印制的存根和用带浅蓝色防伪底纹特种水印白纸印制的补加费收据。补加费收据的各联应具有相同号码。在办理补加费收据时，存根由填发补加费收据的发售处留存，补加费收据订入票皮。

3）团体旅客证（乘车证）

对于往返乘车的团体旅客的每个成员，发给一张团体旅客证（乘车证）。团体旅客证（乘车证）上注明客票号码和车厢等级。在团体旅客证（乘车证）背面加盖"往返"字样戳记。团体旅客证（乘车证）发给团体中每一名旅客（领队除外），领队乘车使用团体旅客乘车用的客票。团体旅客证（乘车证）用白纸或纸板印制，尺寸为 31 mm×57 mm。

4）卡片客票

对一名旅客往返乘车或仅往程乘车，使用印刷方式印就事项的卡片客票，即规定事项印就的卡片客票。办理返程乘车时，在"往程"卡片客票的背面加盖"返程乘车，2 个月内有效"字样的戳记。对成人旅客或 4~12 周岁的儿童乘车发售卡片客票。在为 4~12 周岁的儿童办理乘车时，应顺切断线将儿童票截角剪下，留存在客票发售处。发售卡片客票时，应用针孔机或胶皮戳打出其发售日期（年、月、日）。卡片客票用白色硬纸黑字印制，尺寸为 31 mm×57 mm。二等卡片客票为褐色，一等卡片客票为绿色。

5）票皮

票皮用带或不带粉色防伪底纹的白色厚纸印制，尺寸为 296 mm×105 mm。在票皮的封面上，注明发售承运人的全称、有效期、票价总额、加盖日期戳处。在票皮的封二、封三和封底印有国际联运乘车条件摘要。

3. 用自动方法填发的补充乘车票据

1）一般规定

为了以自动方式办理乘车，运送过程参加者应采用和印制 RCT2（Rail Combined Ticket—铁

路联合客票）联合票据。RCT2 票据用发售国文字填发。RCT2 票据应遵循铁组/铁盟约 918-2 备忘录规定的办法填制。

2）填写票据时，可在第 1 栏中注明下列票据名称：

客票——Fahrschein。

预留——Reservierung。

改乘其他等级——Klassenwechsel。

变更经路——Streckenwechsel。

变更承运人——Befordererwechsel。

上车牌——Einteigekarte（Boarding Pass）。

团体客票——Gruppenfahrschein：

方案 1：分别发售团体客票，附带有附加票和团体旅客证（乘车证）；

方案 2：无附加票（附加票与团体客票合为一张），附带有团体旅客证（乘车证），对团体旅客进行抽查。

（1）填发客票"客票—Fahrschein"时注明：

第 1 栏：客票有效期。注明旅客姓名（如国内规章要求）。

第 2 栏：关于旅客和乘车的事项。注明成人旅客人数和儿童人数，以及关于团体乘车、免费乘车和运送动物的信息。

第 3 栏：经路。发站和到站的名称，上边一行对"往程"方向，下边一行对"返程"方向。如只办理单方向乘车，则其中一行填上"*****"标记。

第 4 栏：乘车等级。在日历和钟表图案下方栏填上"*"标记。

第 5 栏：注明乘车经路。

第 6 栏：适用的运价规程、条件、承运人。

第 7 栏：注明币种及乘车票价。

第 8 栏：业务信息。

（2）填发卧铺票"预留—Reservierung"时注明：

第 2 栏：关于旅客的资料。

第 3 栏：发车日期和时间、到达日期和时间。

第 4 栏：乘车等级。

第 5 栏：车次、车厢号和预留席位信息。

关于车厢和席位种类的事项：

"卧车 WLB"——2 等卧铺车厢；

"卧车 WLA"——4 人或 2 人包房 1 等卧铺车厢；

"座席车 A"——1 等座席车；

"座席车 B"——2 等座席车；

"BC"——2 等座卧车。

"LUX"*——1 等车厢商务席位；

"SINGLE"——1 等卧铺车厢单人包房；

"DOUBLE"——1 等卧铺车厢 2 人包房；

"T4"——2 等卧铺车厢 4 人包房；

"T3"——2 等卧铺车厢 3 人包房；

"6T"——2 等座卧车 6 人包房；

"开放式卧铺"——2 等车厢开放式卧铺；

"4T"——2 等座卧车 4 人包房。

3）联合乘车票据 RCT-2（Standard）为一联

该票据根据《国际客约乘车票据指导手册（GTT-CIV）》的规定印制。

（1）白、哈、拉、俄各路适用的联合乘车票据 RCT2-EXPRESS 尺寸为 193 mm×86 mm，由三联组成，即：乘车票据、检查页、售票员留存页。每联具有各自印刷标志，底色呈渐进变化，印刷号码各不相同，水印具有固定图案，左下角印制条形码。

（2）乌（克）铁适用的联合乘车票据 RCT2-EXPRESS ASU PP UZ 尺寸为 193 mm×86 mm，由两联组成，即乘车票据和检查页。两联编号相同。

4）票皮

票皮用带或不带粉色防伪底纹的白色厚纸印制，尺寸为 386 mm×86 mm。

二、办理乘车票据的特点

对于有组织的团体旅客（不少于 6 名成年旅客）乘车，可以发售一张乘车票据。除领队外，可为该团体的每一位旅客免费发给一张单独的团体旅客证（乘车证），凭此证仅在持有为团体旅客所发售的乘车票据时方可有效乘车。团体旅客证（乘车证）用以证明旅客属于持乘车票据的团体，并使旅客有权乘坐列车和出入站台。在团体旅客证（乘车证）上应注明客票号码和车厢等级。

对于团体乘车以及乘坐专列和包车的旅客，发售一张按全部团体旅客填写的乘车票据。也可发售单人乘车票据。如团体旅客在发车地点购买往返乘车票据，则无须发给返程团体旅客证（乘车证），所发往程团体旅客证（乘车证）依然有效。白俄罗斯共和国、越南社会主义共和国、拉脱维亚共和国、立陶宛共和国、中华人民共和国、朝鲜民主主义人民共和国、蒙

古国、俄罗斯联邦和乌克兰等国运送过程参加者，应由售票处在客票及其所属卧铺票上用针孔机或戳记标明旅客所乘列车车次和发车的年、月、日。

4～12周岁的儿童乘车时，对1名儿童或在相应情况下数名上述年龄的儿童，发售单独的乘车票据。必要时，承运人或其授权人应在乘车票据上签注证明列车晚点或停运，按照因承运人过失延误旅客的时间延长乘车票据的有效期，注明乘车票据在另一经路乘坐较高等级和种类的车厢有效，同时，不核收票价差额。在这种情况下，原卧铺票免费更换为新票。为旅客提供单独包房时可发放：一名旅客乘坐2人或3人包房时：1张1等客票和"SINGLE"卧铺票（1/1等级）；两名旅客乘坐3人包房时：2张一等客票和2张"DOUBLE"卧铺票（1/2等级）。

三、国际联运车厢的乘务

1. 一般规定

为国际联运提供的车厢，由车辆经营人的乘务人员担当乘务。

车厢乘务人员应通晓本职务范围内的中文、德文或俄文之一，以便向旅客说明有关乘车的事项，以及同运送过程参加者的乘务人员交流。

车厢乘务人员在他国境内乘行时，应服从该国海关、护照和货币方面的一般规定。

车厢乘务人员在运行全程应遵守国际旅客联运现行铁路规章和细则。

担当客车、餐车、专用车辆乘务的公务人员，适用《国际客协》在手提行李运送标准方面的规定。

2. 乘务书

车厢乘务人员在执行公务时，应携带车辆经营人发给的乘务书和贴有本人相片的身份证件。乘务书格式纸用两种文字印制：车厢配属国文字以及中文或德文或俄文之一。

如乘务人员在执行公务期间，由于某种原因需要便乘，运送过程参加者授权代表在发站应在乘务书中注明乘务人员便乘原因。在这种情况下，车厢乘务人员有权在车辆运行的铁路上免费乘车，如车厢有空闲铺位时，也有权占用单独铺位。上述乘务书即作为免费乘车的依据。上述规定也适用于餐车工作人员。

3. 车厢乘务人员职权

车厢乘务人员关于同车辆整备、医疗救护等有关的所有问题，应向运送过程参加者授权代表提出。

如果承运人赋予乘务人员此项权利并且未规定该车厢内卧铺票的其他发售办法，对车内现有空闲席位，乘务人员可售对应客票的卧铺票，出售发车前分发的供车内旅客购买的食品、饮料和其他个人用品。

在列车途中实行自动化售票的区段，承运人可制订卧铺票的其他办理办法。

列车员应根据所出示的乘车票据（卧铺票）在乘车期间向旅客提供卧具。

4．与车厢相关的规定

国际联运车厢内应挂有乘车守则，使用车厢配属国文字及中文、德文和俄文之一书写。

如车厢从列车中摘下，摘车地的运送过程参加者授权代表应将所摘车厢中的旅客安置在该列车中票价相同的其他车厢内。如没有票价相同的车厢，应将旅客安置在该列车中的其他车厢内。

如在发站和运行途中，按规定必须预留席位的某一承运人的卧车、座卧车以及座席车更换为另一承运人的车厢时，必须遵守下列规定：

（1）被摘车厢的列车员应在退给旅客的乘车票据上，以及列车员所持有的运行报单（卧铺使用通知单）上，做出有关不得已换乘的记载并由本人签字证明。

（2）在运行报单（卧铺使用通知单）上记载退给旅客的乘车票据（卧铺票）号并注明合同承运人代号。

（3）最初购买的乘车票据（卧铺票）使旅客有权从被摘车厢换乘到其他承运人（车辆经营人）车厢。

（4）旅客换乘到代替所摘车厢的另一车厢时，该车厢的列车员应根据国际客协办事细则附件第 6 号在旅客出示的乘车票据（卧铺票）上做出记载。该记载由车厢列车员签字并填写日期证明。

（5）《不同承运人车厢更换记录》（国际客协办事细则附件第 5 号）应由代替被摘车厢的车厢列车员编制。记录应编制一式两份，并由双方代表签字。一份由被摘车厢列车员留存，另一份由代替被摘车厢的车厢列车员留存。

（6）办理了电子注册的旅客换乘时，应在《不同承运人车厢更换记录》上注明电子乘车票据号码。

（7）应将实际旅客人数和运行里程相应的卧铺费转给提供车厢用于代替另一承运人被摘车厢的承运人。

（8）在其他承运人车厢内使用的部分卧铺票价格，按照该承运人对运行里程所声明的运价价格确定。如没有卧铺票运价价格，则根据承运人办理旅客继续运送时乘坐的车厢在运行经路全程所声明的卧铺票运价价格，对旅客实际运行里程，按运价里程的比例进行计算，在这种情况下，提出赔偿的卧铺票运价价格，不得超过旅客之前支付过的卧铺票价格。

（9）承运人之间的清算根据代替被摘车厢的车厢列车员附在报告表中的《不同承运人车

厢更换记录》办理。可将确认车厢更换的相关文件附在《不同承运人车厢更换记录》上。

5. 其他规定

如发生席位重售，无法向旅客提供乘车票据（卧铺票）票面所载种类的卧车车厢席位，则可向旅客提供较低种类的席位；在无较低种类的席位时，也可向旅客提供较高种类的席位。在上述两种情况下，列车员均应在乘车票据（卧铺票以及卧铺票收据，如有卧铺票收据的话）上做出下述记载："席位重售，乘车票据（卧铺票）自……站至……站，在……铁路……种类的车厢内使用。"

如旅客有卧铺票收据，凡卧铺票上记载的一切事项，均应记入卧铺票收据内。

国际联运车厢运行时，车厢乘务人员的工作应接受检查人员根据《铁组成员国间国际联运旅客列车和车厢检查规则》（铁组约-110备忘录）进行的检查。

四、乘车票据的查验

国际联运卧车或座卧车列车员应向检查人员提出他所保有的全部乘车票据和运行报单（卧铺使用通知单）。座席车内旅客的客票不收回，在运行途中查验。对怀疑是否真实的乘车票据，以及被无权更改的人作了更改的乘车票据，按规定办法收回。车厢列车员不对旅客上车时出示的按另一国法律办理的优惠乘车票据的正确性负责。

五、行李的承运

1. 一般规定

交给旅客行李票时，应在其提出的乘车票据背面加盖"行李"字样的戳记。按发售给数名旅客乘车用的乘车票据托运行李时，在行李票的"提出乘车票据的号码"栏内记载："乘车票据第……号，供……人用"。

在给旅客填写行李票的同时，发站应复写出行李运行报单（随同行李送至到站）和行李票存根（留存发站以便附在报告表上）。

行李票应按照各栏要求用钢笔准确填写，在同国内规章不抵触的情况下，也可用圆珠笔填写。行李票和行李运行报单用绿色防伪底纹纸印制。行李票按照国际客协办事细则附件所列样式印制，尺寸为280 mm×210 mm。

发站接收行李的工作人员必须准确确定行李的重量、件数及其包装状态，并在行李运送票据上签字证明。

如承运的行李存在包装不良但在允许范围之内，或允许不加包装托运的行李在托运时带有明显可见的轻微损伤，负责工作人员应在正面的规定位置对此做出记载。

按行李承运自行车和其他允许无包装的物品时，在行李运送票据上须记载这些物品的特征，如男式自行车、女式自行车、儿童自行车等，如有号码，还应注明号码。

2. 声明行李价格

声明行李价格时，在行李运送票据上声明价格的总额应大写，在括号内注明数字和运价货币。如按件分别声明价格，则除声明价格总金额外，还应用数字注明每件的声明价格。

行李声明价格的款额，应记入行李票。

旅客不希望声明行李价格时，应在行李票"声明价格"栏内记载："本人不声明价格"字样，并由旅客签字。

承运行李时，发站工作人员须在行李运送票据的规定位置加盖车站日期戳证明。

行李运送票据上不允许有任何修改或更正。

工作人员应在每件行李上牢固地粘贴尺寸为 100 mm×80 mm，载有下列事项的标签（作为铁路标记）："MC"字母；发站名称和发送国铁路代号；到站名称和到达国铁路代号；行李票号码；经由……（出口国境站）；一批行李的件数。

标签按国际客协办事细则附件样式，用发送国文字及中文、德文或俄文之一印制。

六、行李的运送

行李通常应随旅客所乘列车发送。如行李在途中需换装到另一列车，应按旅客的经路用商定的列车进行接续运送。如商定的列车不办理行李运送或时间来不及换装，则行李应随最近一次办理行李运送的列车运送。行李由一列车换装到另一列车时，无须旅客参与。

发送国承运人及接续承运人须经由运送票据内所载的国境站发送行李。

如行李在运送途中按照海关或其他机关的指示发生滞留，承运人应编制商务记录，同时将此情况通过电报或其他确认收到信息的事实及日期的方式通知包裹的发站和到站，并说明滞留原因。

如行李在运送途中按照海关或其他机关的指示发生滞留，承运人应编制商务记录，同时将此情况用电报通知行李的到站，并说明滞留原因。如自海关部门通知行李滞留之时起 3 个月以内未收到旅客的任何指示，则行李可根据国内规章予以变卖。

不论行李在运送途中发生何种情况的滞留，都应在行李运行报单的背面注明滞留的时间和原因，并由发生行李滞留的车站工作人员签字并加盖车站戳记证明。

七、行李的交付

交付行李时，应将行李票上的记载事项同行李运行报单加以核对。

交付行李时，如发现重量多出，应编造商务记录。但行李多出重量的运费不向领收人核收，应由行李过磅不正确的承运人支付。

行李的到达和交付，由到站在行李运行报单的背面加盖车站日期戳证明；此外，对行李的交付，还要在行李票的背面按同样办法加以证明。

如提出要求交付但行李未到，到站在行李票的背面记载："行李未到"，并加盖日期戳证明。

自到达之日起 3 个月内无人领取的行李，应予变卖。如因长期保管使行李贬值或保管费超过行李价值，则可提前变卖。行李的变卖按照国内规章办理。

如行李根据旅客要求运回原发站，则该项运送用行李票办理。在行李票上部注明："原行李票号码……"在计算运费的各栏内记载："返还，运送费用向领收人核收"。在新的行李运行报单背面"途中发生的费用"栏内，注明行李的返运费用和由于返还而使承运人产生的应向领收人核收的费用。

八、包裹的承运

包裹的承运由车站根据能力和行李车中有无空闲地方确定。

承运包裹时，应在发送人申请书上记明包裹票号码和发送日期。承运属于提出客票的旅客包裹时，应在包裹票填写运送费用的一个空栏内记载："包裹属于持第……号乘车票据的旅客。"此外，在旅客提交的乘车票据背面，还应加盖"包裹"字样的戳记。

关于包裹出口许可证寄往哪一海关的记载，应在包裹运行报单背面"其他记载"栏内填写。

发站的承运人应预先告知发送人，在托运包裹时必须将履行海关和其他规定所需要的其他文件同包裹一起提出。承运人应将发送人随同包裹一起提出的文件牢固地粘贴在包裹运行报单上，在文件上加盖车站日期戳，并在运送票据上记载附有添附文件。

在交给发送人包裹票的同时，承运人应用复写的方式填制包裹运行报单（随同包裹送至到站）和包裹票存根。

包裹票应按照各栏要求用钢笔填写，在同国内规章不抵触的情况下，也可用圆珠笔填写。

包裹票和包裹运行报单用粉色防伪底纹纸印制，尺寸为 280 mm×210 mm。

承运人在确定包裹重量、件数、包装状态，以及对声明价格和证明包裹已予承运方面的做法，按照行李承运的相关规定办理。

承运人应在每件包裹上牢固地粘贴尺寸为 100 mm×80 mm 载有下列事项的标签（作为铁路标记）："MC"字母；发站名称和发送国代号；到站名称和到达国代号；包裹票号码；经由……（出口国境站）；一批包裹的件数。标签按国际客协办事细则附件规定的样式，用发送国文字及中文、德文或俄文之一印刷。

九、包裹的运送

包裹应随承运时指定的列车发送。包裹在运送途中需要换装时,应使用接续承运人的人力和机械办理。

发送国的承运人及接续承运人须经由运送票据内所载的国境站发送包裹。如包裹在运送途中按照海关或其他机关的指示发生滞留,承运人应编制商务记录,同时将此情况通过电报或其他确认收到信息的事实及日期的方式通知包裹的发站和到站,并说明滞留原因。不论包裹在运送途中发生何种情况的滞留,都应在包裹运行报单的背面注明滞留的时间和原因,并由发生包裹滞留车站的工作人员签字并加盖车站戳记证明。

在包裹运行报单"其他记载"处,应注明承运人凭以有权延长包裹运到期限的滞留原因和时间。

十、包裹的交付

到站承运人应有向领收人面交或寄送包裹到达通知书的证据。交付包裹时,向领收人核收在运送途中和到站所发生的费用后,由领收人在包裹运行报单上签字。车站承运人应检查包裹领取人的身份证件,并确认此人确是包裹运行报单上所载的领收人,或受该领收人委托具有合格手续的代领人。有关包裹领取人所提交身份证件的必要事项和地址,应登记在包裹运行报单的背面。根据委托书领取包裹时,应在包裹运行报单背面记载委托书号码和填发日期。对于一次有效的委托书应留下,并按规定办法在报告时连同包裹运行报单一并提出。

包裹的到达和交付,由到站承运人在包裹运行报单上加盖车站日期戳证明。

包裹的运送或交付遇到阻碍时,发站承运人在接到这一事项的通知后,应填写通知书并交给发送人,以便由其提出如何处理包裹的指示,并将通知书的交出日期通知遇到阻碍的车站承运人。如根据发送人的指示应将包裹返回发站,则凭重新填制的补送包裹运行报单将包裹返回,在该报单中除记载"补送"字样外,还应在号码之后记载:"属于第……号包裹票。"

如包裹没有其他的运送经路或因其他原因不可能继续运送,以及发生包裹交付阻碍时,遇到阻碍的车站承运人应用电报或其他确认收到信息的事实及日期的方式,通过发站将遇到的阻碍通知发送人,并征求发送人的指示。发站承运人根据收到的电报,将包裹运送或交付遇到阻碍的情况,用《办事细则》规定格式的通知书通知发送人。发站承运人应将发送人的指示内容通知遇到阻碍的车站,并将通知书另行邮寄。根据发站的电报即可执行发送人的指示。关于包裹在运送中滞留的原因和时间,以及运送经路的变更事项,应在包裹运行报单背面进行记载,并由代理人签字,以及发生包裹滞留和运送经路变更的车站盖章加以证明。

十一、行李和包裹误运的处理办法

如行李或包裹未经由运送票据内所指定的国境站发送,则此批行李或包裹即算作误运。发现行李或包裹误运的车站承运人,应按最短经路通过行李或包裹运行报单上所载的国境站,将该批行李或包裹运至到站。

补送误运或错发行李或包裹的车站承运人,应立即将此情况通知到站。

十二、无票行李或包裹的补送

无票行李或包裹一旦确定属于何批后,如原批已交给邻国的国境站,则应补送至到站。如无票行李或包裹的所属关系在适用的运价规程中列载的车站确定,则这些件行李或包裹应按《国际客协》行李或包裹运行报单补送至到站,并在运行报单上注明补送的行李或包裹原属于哪一批。在上述各种情况下,在"行李运行报单"或"包裹运行报单"名称的前面,加上"补送"字样。发现无票行李或包裹而办理补送时,应编制商务记录。将一份商务记录附在行李或包裹补送运行报单上,并在补送运行报单上注明记录的号码和编制日期。

无票行李或包裹的补送免费办理。当遗失运行报单和无法确定行李或包裹的所属关系时,按照国内规章处理。

十三、行李和包裹的标记

在每件行李或包裹上,除应有标签外,还应在过磅后粘贴办事细则规定样式的铁路标记。标记应用洗不掉的颜料、墨水或圆珠笔写成。

十四、商务记录

下列情况下,需编制商务记录:① 行李或包裹有部分灭失、损坏或腐坏,或者包装不合格或损坏;② 运送票据中所记载的内容与行李或包裹实际具有的名称、重量及行李或包裹的件数,以及领收人和到站的名称不符;③ 缺少某行李或包裹的运送票据或缺少某运送票据的行李或包裹;④ 车站承运人不能将已到达的行李或包裹交付给领收人;⑤ 行李或包裹的运送按照海关或其他机关的指示滞留;⑥ 发现有禁止按行李或包裹运送的物品。

商务记录应当在发现上述列举的情况之后,在运送途中或在到站由承运人立即编制。商务记录对每批分别编制并由负责人员签字。

商务记录由车站承运人采用国际客协办事细则附件所载样式,并严格按照"国际客协/国际货协商务记录填写说明"编制。编制商务记录的车站承运人必须在行李或包裹运行报单的背面(如有行李票或包裹票,也在其背面)对此作出记载。该记载由车站工作人员签字并加盖车站日期戳。

如果确定行李或包裹的灭失、损坏或腐坏是或可能是由车辆毁损所造成，则除了商务记录之外，还要按照国内规章样式和规定编制车辆技术状态记录，其份数与第 8 项规定的商务记录份数相同。每一份商务记录都要附上一份车辆技术状态记录。

如果行李或包裹运至到站后，发现运送不良，但是已由前方某站对此编制了商务记录，且行李或包裹的状态与该记录相符，则到站不必编制新的商务记录。在这种情况下，到站在随运送票据所附的中间站商务记录第 68 项记载："行李（包裹）状态与商务记录相符。"

如在运送途中编制了数份商务记录，其中记载的行李或包裹的状态互有出入，则到站应编制新的商务记录，并将其附在原有的商务记录上。

商务记录格式纸用使用商务记录国家的文字以及中、德、俄文之一印制。商务记录用编制记录国家的文字填写。交付方出口国境站负责将商务记录中记载的事项译成中、德、俄文之一，即运往阿塞拜疆共和国、阿尔巴尼亚共和国、白俄罗斯共和国、格鲁吉亚、哈萨克斯坦共和国、拉脱维亚共和国、立陶宛共和国、摩尔多瓦共和国、波兰共和国、俄罗斯联邦、斯洛伐克共和国、乌兹别克斯坦共和国、乌克兰、捷克共和国和爱沙尼亚共和国时，译成德文或俄文；运往越南社会主义共和国、中华人民共和国、朝鲜民主主义人民共和国时，译成中文或俄文；运往或过境蒙古国时，译成俄文。

商务记录的份数：在国境站编制 7 份。其中：2 份附在运送票据上，其中一份留存到站，另一份交领收人，领收人在到站存档的那份商务记录上签字；1 份交给接收方海关；每方国境站各得 2 份，其中国境站留存一份，另一份由国境站寄送发送国的承运人。在其他站编制 4 份。其中：2 份附在运送票据上，其中一份留存到站，另一份交领收人，领收人在到站存档的那份商务记录上签字；2 份留存商务记录编制站，其中一份由该站寄送发送国的承运人。

在交付方和接收方国境站上编制的商务记录，第一份由交付方留存，并由交付方据此进行调查。如交付方不同意该商务记录，应自接到记录之日起 35 天期限内通知接收方。如超过这一期限，即认为商务记录已被接受。

不是在国境站编制的商务记录，第一份由承运人在记录编制日起 50 天期限内，将其转寄给该商务记录确定的责任接续承运人，以便进行调查。违反此期限时，编制商务记录的承运人对由于不遵守此期限可能引起的一切后果承担责任。

如果按照上述条款收到商务记录的承运人确定商务记录未按照"国际客协/国际货协商务记录填写说明"编制，或从商务记录中看不出其应负的责任，则该承运人应自收到记录之日起 35 天期限内将此商务记录退还编制商务记录的承运人，同时指出退还的原因，或书面寄送对该记录的异议，同时说明相应的理由。如超过这一期限，即认为商务记录已被接受。

十五、旅客的运送、行李和包裹在国境站上的交接

旅客的运送以及行李和包裹的交接，应经由适用的运价规程中所载的国境站办理。国境站上行李和包裹的交接，凭交接单办理，由双方交接人员详细查点件数，必要时也检查重量。运送票据应按交接单内填写的顺序附在交接单上。发送人在包裹运送票据上所附的添附文件，应记载在交接单备注栏内。

行李和包裹交接单由交付方编制，一式6份，交付方和接收方各得3份，以便给车站、承运人和海关部门。行李和包裹交接单应单独编制并按日历年度从年初开始连续独立编号。

在需编制商务记录的情况下，接收方的国境站工作人员应编制商务记录一式7份。有关编制记录的情况，应在运送票据以及交接单的有关栏内作出记载，并注明记录的号码和编制原因。如交接单内没有记载任何保留条件，也未附有任何记录，该行李或包裹即认为已经完整交清。

在行李和包裹的交接单和运送票据上，应记明交付和接收日期，并加盖交付方和接收方国境站戳记。

接收方国境站在遇有下列情形时，可拒绝接收行李或包裹：① 行李或包裹的内容、状态或包装不容许继续运送；② 行李或包裹到达时无运送票据，或其票据中存在不容许继续运送的缺陷；③ 单件行李或包裹的重量超过国际客协规定的标准。在上述情况下，交付方国境站如不能将发现的问题就地消除，应收回未被接收的行李或包裹。如果接收方国境站拒绝接收行李或包裹，则应编制普通记录，同时注明拒收原因，还应在交接单上记载"普通记录第……号"。记录编制一式3份，其中交付方和拒收方各得一份，另一份附在随附文件上。

被拒收的行李或包裹，根据有关拒收的普通记录，凭新交接单返还交付方。

十六、旅客乘车票价以及行李和包裹运费

旅客乘车票价应根据适用的运价规程所载的运费表，将每一参加运送承运人的票价相加确定。计算优惠乘车票价时，对每一国家，按数学规则精确到小数点后一位进整，即票价0.05以下进整为0.0，大于等于0.05进整为0.1。卧铺费按每一不换乘区间乘车的总里程确定。除乘车票价外，还应向旅客核收适用的运价规程规定的杂费。自发站至到站的总运送费用，由售票处根据车厢等级和席位种类向旅客核收。乘坐国际联运车厢的卧铺费，或改乘较高种类席位时的卧铺费差额，可在列车中向旅客核收。

适用的运价规程中规定的行李或包裹的运费和杂费，应在发站计算并核收。发站在计算行李或包裹运费的总额时，应首先按照适用的运价规程的运费表分别计算每一参加运送承运人的10公斤运价率。然后将按照上述方法得出的每一参加运送承运人的运价率，乘以10公

斤倍数（相乘前将行李或包裹总重量向上进整至 10 的整倍数），再把参加运送的每一承运人的运费和向旅客或包裹发送人核收的总额记入行李票或包裹票。声明价格的款额，应在行李票或包裹票内用发送国货币和运价货币注明。声明价格的费用以运价货币计算，记入运送票据内，然后再折算为发送国货币向发送人核收。行李和包裹的声明价格超过 150 瑞士法郎时，按下列办法计算声明价格费：将一定里程下声明价格为 150 瑞士法郎的费率，乘以声明价格款额所包含的 150 瑞士法郎的倍数，再加上费率表中规定的费率。比如，声明价格总额为 500 瑞士法郎。为计算声明价格费用，应将 150 瑞士法郎时的费率乘以 3（500÷150=3+50 瑞士法郎），再加上该里程声明价格 50 瑞士法郎时的费率。

途中发生的费用，应由发生该项费用的车站承运人记入行李或包裹运行报单，并加盖这些车站的日期戳，在到站按单独收据向行李或包裹领收人核收。到站还应核收在本站所发生的费用。如在到站判明由于发站承运人将运价规程用错，计算运费或确定重量有误，以致少收款额，这项少收款额到站不向行李或包裹领收人核收。

各承运人间的清算，根据单独的国际旅客联运清算规则办理。

十七、各承运人间已付赔款的返还要求

根据本协定已向旅客、发送人或领收人支付赔款的承运人，按照以下规定，有权向参加运送的其他承运人提出返还要求：① 如损失是由某个承运人的过失造成，则仅由该承运人对此负责；② 如损失是由于参与运送的数个承运人的过失造成，每一承运人各自应对自己造成的损失负责；③ 如不能证明损失是由于一个或几个承运人的过失所造成，且无法厘清他们之间的过失，则由各承运人商定责任分摊办法；④ 如各承运人不能就责任分摊办法达成一致，除可以证明损失不是由于自身原因造成的承运人之外，由参加运送的各承运人按照所运物件的实际运价里程的比例，在彼此间分摊责任。

如根据国际客协的规定承运人退还了运送费用，则该承运人有权要求已收取自身费用的承运人返还赔款。如数个承运人都发生行李和包裹运到逾期，逾期赔偿的款额应按照国际客协的规定，按各承运人的总逾期日数和造成逾期的每一承运人所收运费的数额计算。根据国际客协确定的包裹运到期限，按下列办法在参加运送的承运人之间分配：① 发送期间算给发站承运人；② 运送期间按包裹在每一国运送的运价里程比例分配；③ 国际客协规定的补加期间，无论运送行李或包裹时，都加算给由于该项所列原因而发生滞留国家的承运人。如赔偿或运送费用的返还系根据法院的判决确定，并且被要求返还赔款的承运人事先已知案件由司法机关审理，则该承运人对于提出返还赔偿或运送费用的承运人支付的赔偿是否正确，无权争辩。有关返还基于赔偿请求已支付的赔款或运送费用的要求，应自实际支付赔偿请求应付

款额之日起 75 天内提出。根据法院判决确定的赔偿或返还要求，应自该项判决生效之日起 75 天内提出。上述期限期满后，承运人无权提出返还赔偿的要求。承运人之间引起纠纷的返还赔偿或运送费用的要求，根据有关方的申请，应在被告所在地的适当法院，根据处理纠纷所在地的法律进行审理。如果返还赔偿或运送费用的要求是对几个承运人提出的，则提出要求的承运人有权自行决定向任一被告所在地的适当法院提起诉讼。

关于旅客、行李和包裹运送所发生的赔偿请求，按照国际旅客联运旅客、行李和包裹运送赔偿请求审查规则所规定的办法办理。

十九、戳记和公务电报的拍发

车站日期戳，应包括下列内容：① 国家车站名称；② 年、月、日。戳记应加盖在指定的地方，或加盖在所作记载事项须有戳记证明的地方。戳记的印迹应清楚明晰。由于戳记不清楚可能引起的一切后果，应由加盖戳记的承运人负责。戳记印迹不准用笔更改。如有必要更改戳记印迹或印迹不清时，应将原印迹划销，在旁边重盖。

公务电报的拍发应根据约-891 备忘录《使用铁组成员国铁路电报通讯网交换国际公务电报和电报通讯线路日常维修的细则》办理。

第二节　调节运输企业有关国际铁路旅客运送关系协定（AIV）

一、一般条款

1. 对象和目的

该协议主要基于 CIV 相关规定，旨在管理通过铁路提供国际客运的运输企业之间的关系。它基本上有两个功能：

（1）规定了承运人快速处理旅客索赔的标准原则。其中，旅客的索赔主要包括旅客人身伤亡，错过末班换乘，列车延误、取消及其他错过的换乘，其他服务失误和退款申请等索赔。

（2）规定了根据《国际铁路客运合同的统一规则》和/或《铁路旅客运输一般条件》承运人支付损害赔偿和其他赔偿的标准条件，并允许承运人之间分摊费用。其中，旅客的赔偿主要包括错过末班换乘，延误、取消和其他错过的换乘，其他服务失误以及退款。

2. 准入条件

（1）参与企业。

作为 CIT 成员的每个运输企业都应成为本协议的一方，前提是该企业未从协议中退出或

第四章　承运人关系

对本协议有保留意见。

非 CIT 成员的运输企业可随时向 CIT 总秘书处发送书面声明，以遵守协议。该协议将在通知其他参与者后的第二个月的第一天生效。

参与企业与下列运输企业的关系将受特别协约的约束，然而这些特别协约可自由提及 AIV 协议，相关运输企业类别包括：非 CIT 成员，不受 CIV 统一规则和/或 PRR 的约束的企业，已退出本协议的企业，或已对本协议的一个或多个章节申请保留的企业。

（2）退出和保留。

退出本协议可提前六个月通知，于次年 1 月 1 日生效。

可以通过提前六个月通知在下一年的 1 月 1 日生效来退出本协议。

针对本协议特定章节的保留，可提前六个月通知，于次年 1 月 1 日生效。

退出和保留必须以书面形式发送给 CIT 总秘书处。

可以通过向 CIT 总秘书处发送书面声明随时提出退出和保留。协议或章节在向其他参与者通知后的第二个月的第一天对所涉及企业生效。

即使作为 CIT 成员的企业未参与协议或仅部分参与，该协议仍然适用于其他企业。

（3）部分废除。

对于本协议涉及的所有问题，可以签订特别协议废除本协议的相关条款。

如果作为 CIT 成员的两个或多个企业之间的特殊协议废除本协议的相关条款，则该特殊协议仅适用于这些企业之间的关系。

（4）企业信息。

CIT 总秘书处将在 CIT 网站上公布参与协议的企业名单，包括他们做出的任何保留意见。CIT 网站还包含以下地址列表：

负责处理乘客伤亡损害索赔的部门；

负责处理延误索赔的部门；

负责处理其他服务失误索赔的部门；

负责处理普通退票要求（不涉及延误）的部门。

这些列表还必须包含个人联系方式和电子邮件地址，以便于处理索赔和退款申请。

3. 适用范围

1）涉及多个参与企业的提交申请

依据上述条款参与协议的若干运输企业作为承运人或售票企业涉及旅客提交的申请（例如索赔或退款申请）时，本协议适用：

（1）如果承运人是运输合同的缔约方或接续承运人，且该承运人是乘客提交申请的对象，

125

那么该承运人将被视为所涉及的企业。

承运人可以是铁路企业，从事海运服务（列入依据 CIV 第 1 条第 3 款的 OTIF 海运服务清单中）的企业，或者是 CIV 所述的提供公路或内陆水道运输的企业。

（2）售票企业签发的车票作为乘客提交申请的对象以及明确规定其参与时，应被视为"涉及"。

售票企业可以是铁路企业，经营海事服务的企业或通过公路或内陆水道运输的企业（在车票上标明其 UIC 代码）。他们以运输合同的承运人名义代表其签发车票。售票企业也可以是运输合同的承运方。

2）替代承运人

本协议不适用于 CIV 和 PRR 中所指的替代承运人。但是，如果替代承运人作为售票企业，就其作为售票企业的义务而言，本协议同样适用于该替代承运人。

依据准入条件参与本协议的主要承运人，应以不影响本协议实施的方式组织与其替代承运人的关系。

他们将就处理乘客提交申请的程序达成协议，特别是：

——他们中的哪一个负责处理提交申请的内容。如果替代承运人有责任处理提交的申请，主承运人应正式授权替代承运人与其他承运人直接联系；

——如果发生人身伤亡，他们中的哪一个负责处理预付款申请；

——如果有的话，列出替代承运人负责的任务清单；

——他们收到意见书后应相互通知的时间范围，该意见书来自乘客或由最初收到的其他承运人转交。

为了简化程序，主要承运人可以与其替代承运人达成协议，将本协议的整体或部分适用范围扩大到它们之间的关系。

3）售票企业的分包商

本协议不适用于售票企业的分包商（即旅行社或票务供应商）。

依据准入条件发布参与本协议的企业，应根据 UIC 活页文件组织与旅行社和售票机构的关系，确保这样做不会影响本协议的实施。

售票企业及其分包商应商定处理乘客提交申请的程序。

4）业务团体

本协议适用于业务团体，前提是所有在业务团体内合作的运输企业均参与本协议。

参与本协议的运输企业应协调好在业务团体内的关系，使其不损害本协议的实施。

业务团体应商定处理提交申请的程序。特别是他们可以同意建立一个中央服务部门来处理所有提交的申请或特定类型的申请。

5）受 PRR 影响的铁路运输服务

本协议有关人身伤亡的索赔，列车延误、取消或错过换乘的索赔的相关规定仅适用于某些参与的企业：

- 欧洲联盟和欧洲经济区（EEA）的铁路运输企业，其运输服务受欧洲议会和理事会 2007 年 10 月 23 日关于铁路旅客权利和义务（PRR）的第 1371/2007 号条例的约束。
- 将 PRR 应用于国际运输合同的瑞士铁路企业。
- 售票企业（包括欧盟以外的售票企业），其发售受 PRR 约束的铁路运输服务的车票。

4. 定　义

本协议中使用的术语在 CIT 的一般术语表中定义，该术语表是协议的组成部分。

5. 账户单位

本协议中的账户单位是欧元。

其他承运人不会对某一承运人要求将欧元表示的金额换算成其本国货币（反之亦然）的计算方法产生质疑。

如果金额以等值欧元表示，则使用的汇率将显示在文件和摘要中。

6. 纸质文件和电子数据

事故声明等文件可以采用电子文件，也可以以电子文件形式在各部门间流转。这些电子文件必须在功能上等同于纸质文件，特别是在其证据价值方面。

日期应使用以下数字格式：年-月-日（例如 2019-01-01）。出于技术原因和作为临时措施，打印文档上显示的日期可以以相反的顺序显示。

相应表格可以由计算机打印输出生成。以下条件必须遵守：

纸张颜色：白色；

印刷颜色：黑色；

内容：与试样无偏差；还必须印刷 AIV 附录的序号；

尺寸和设计：只允许与试样有细微的偏差。

7. 接受扫描文件

参与本协议的企业，在接受来自于乘客的索赔和退款申请文件时，应接受其他企业的扫描文件，除非这违反了强制性国家法律。目前，奥地利、捷克共和国和波兰的铁路企业依据国家法律需要原件。

然而，因人身伤亡提出索赔的，需要提供原件，同时还可能出于财务原因需要扫描文件的原件（特别是对于需要原件进行税务申报的客户）。

企业在发送给其他企业之前应确保扫描文件清晰易懂。企业必须注意这些电子文件保持其完整性并受到保护以防第三方访问,特别是在发送给其他企业时。最后,企业需按照本国法律要求的时长将原始文件保存在档案中,并且要求至少一年。

8. 数据保护

根据欧洲议会和理事会于 2016 年 4 月 27 日通过的条例(EU)2016/679 关于保护自然人的个人数据的处理和此类数据的自由流动(GDPR)和各自的国家数据保护法,欧盟境内的运输企业或发售去往欧盟车票的企业,需要遵守数据保护要求。这尤其意味着企业在其投诉表格中表明在处理索赔期间如何使用乘客的数据。建议企业尽可能寻求乘客同意使用其个人数据。CIT"客运数据保护指南"(GDP CIT)概述了铁路客运数据保护的一般原则。

9. 推荐的语言

参与本协议的企业应使用共同语言进行沟通,最好是英语,法语或德语。

10. 争 议

(1)乘客与参与企业之间:法律诉讼通知。

如果有资格的乘客或个人对参与本协议的企业采取法律行动,被告必须一开始就将诉讼程序通知所有参与履行运输合同的承运人。

这些承运人将向被告发送所有相关信息,以协助立即采取辩护行动。

(2)参与企业之间。

参与本协议的企业应尽可能友好地解决有关其解释和适用的争议。为此,他们可以致电 CIT 总秘书处寻求帮助。提交仲裁庭或普通法院的选择仍然存在。

11. 生 效

本协议于 2018 年 12 月 9 日生效,取代 2012 年 1 月 1 日的协议。适用于自 2018 年 12 月 9 日起的所有国际铁路旅客运输(引起索赔的事件发生之日至关重要)。

二、人身伤亡的索赔

1. 一般原则

在应用本章时,有必要区分:

被乘客或有权人提出索赔的承运人

对旅客或有权人遭受损失或损害负有责任的承运人。

2. 可向其提出索赔的承运人

如果出现 CIV 中以及下列意义上的乘客伤亡,旅客或者有资格的人只能向下列承运人提出符合本法第 55 条规定的赔偿请求：

（1）CIV 中所指的承运人，即受运输合同约束的在事故发生过程中提供运输服务的合同承运人或接续承运人，或者在事故发生时实际上提供运输服务的替代承运人；

（2）发生事故的单一运输合同的第一个接续承运人（即通常是合同承运人）；

（3）发生事故的单一运输合同的最后接续承运人；

（4）发生事故的单一运输合同的承运方，且在旅客居住地或常住国拥有签订运输合同的主要营业地点或分支机构。

主要承运人有责任组织替代承运人处理书面索赔。

3. 发送给其他运营商的索赔

如果对不恰当的承运人（即上述所列承运人以外的承运人）提出书面或口头索赔，该承运人应通知索赔人其不能处理索赔并指明应处理索赔的承运人。

4. 承运人对向其提出的索赔的处理

（1）书面和口头索赔的确认。

承运人应恰当确认对其提出的书面索赔。

如果旅客或权利人向承运人口头通知事故，该承运人应记录乘客意外声明中的陈述。乘客事故声明应采用符合附录 1 所示标本的形式。承运人应向发表声明的乘客或权利人提供副本，并要求他们提出书面索赔。

（2）向责任承运人发送索赔。

收到书面或口头索赔的承运人应尽快将所有原始文件发送给按照上述要求需承担责任的承运人。不管存在什么情况，这一工作必须在 15 天内完成。

同时，收到索赔的承运人应告知旅客或权利人其索赔已经发送给责任承运人。

（3）确定责任承运人。

责任承运人是指在事故发生时根据运输合同约束提供运输服务的承运人，即符合 CIV 第 3 条 a）款定义的合同承运人或接续承运人。

5. 责任承运人对索赔的处理

（1）检查索赔。

上述规定的责任承运人有义务检查提交索赔的法定条件是否得到遵守，特别是 CIV 中有关诉讼权的废止和诉讼时效所规定的时限。

承运人还有责任要求旅客或权利人附上其索赔所需的原始文件（有效且生效的车票，预订单，在家打印的电子车票，电子车票的参考编号，用于预订的常旅客卡或身份证，医疗发

票、丧葬费等）或其他可提供的证明方式。

（2）向乘客或权利人提供的信息。

责任承运人应直接与旅客或权利人沟通，除非由于考虑到乘客或权利人的个人情况，特别是交流语言、居住地或特别的期望等因素，乘客或权利人与收到索赔的承运人达成了某些其他安排。

（3）向收到索赔的承运人提供的信息。

责任承运人应向收到索赔的承运人提供一份发送给旅客或权利人的回复的副本。

（4）拒绝或部分接受索赔。

如果索赔被驳回，责任承运人应归还索赔所附的所有文件。同样，在部分接受的情况下，应返回与未接受部分相关的文件。

如果责任承运人拒绝索赔，理由是该事故是由第三方的行为引起的（CIV 规定的免责理由），那么他必须遵守 PRR 的要求提供运输服务，即在符合自身利益的情况下尽可能地支持提出要求的乘客对第三方进行索赔。

（5）赔偿金的支付。

责任承运人应向乘客或权利人支付赔偿金。

如果适用的国家法律规定了死亡或受伤情况下的损害赔偿限额，则应考虑 CIV 规定的 175 000 特别提款权（SDR）这一最低上限。

6. 协助调查

责任承运人可能要求上述条款"2. 可向其提出索赔的承运人"中列出的其他承运人在符合其利益的情况下协助调查索赔。责任承运人应尽可能准确地定义其请求，并在适当情况下提供补充说明。

责任承运人可能会邀请其他参与承运该旅客但未在上述条款中列出的承运人在符合其利益的情况下提供有关该事故的信息。

每一承运人都应与合同中与其有联系的基础设施经理联系，以便获取所有信息，并执行调查索赔所需的所有程序。

7. 支付预付款

只有符合 CIV 条款规定的责任承运人有义务向旅客或权利人支付预付款，仅且其铁路客运服务受 PRR 管制。

如果支付预付款的请求是以书面形式或口头方式向不负责支付预付款的承运人提出的，则该承运人应通知索赔人他无权处理其索赔并指明可能处理该请求的承运人。

在以记账单位以外的货币支付预付款的情况下，其适用的汇率是承运人决定支付预付款当天或承运人与旅客或权利人之间约定的日期的汇率。

三、错过当天最后一次接续的索赔

1. 适用范围

本章适用于旅客需要按照 CIV 或根据 PRR 规定需要住宿的情况。因此,它适用于在 COTIF 领域参与本协议的所有企业。

2. 一般原则

在应用本章时,有必要区分:

必须在旅客无法继续旅行时帮助旅客的承运人;

必须向旅客支付赔偿金的承运人;

旅客可能提出索赔的售票企业和承运人。

3. 乘客错过当天最后一次接续时的承运人义务

(1) 负责协助的承运人。

如果错过了 CIV 中所指的当天最后一次接续时,负责协助的承运人是指根据运输合同将乘客带到无法继续行程的车站的承运人,不论其对事故的实际责任。

如果因当天最后一次接续列车的取消或提前离开而无法开始旅程,则负责协助的承运人是指根据运输合同本应该从该站运送旅客离开的承运人,无论其对事故的实际责任。

旅客在旅行中只有一份运输合同的,负有协助责任的承运人应当予以协助。

相反,如果旅客的旅程有多个相互独立的合同,承运人应当按照约定,在一份运输合同结束时且下一份运输合同开始前出现问题时,负有协助责任的承运人可以帮助旅客。

尽管存在若干单独的合同,但若受 PRR 管制的列车延迟超过 60 min,则负有协助责任的承运人必须提供膳食和点心。

主要承运人(负有协助责任)有责任连同替代承运人一起组织对旅客的协助。

(2) 罢工通知。

当罢工导致中断,取消或延误时,其工作人员罢工的承运人-或其辅助机构人员罢工时-的责任是至少通过三种媒体(互联网使用本国语言和用英语或德语或法语,或电视,广播,新闻,车站显示的通知等)。这将使其和其他承运人能够利用本协定所述的免责理由。

该承运人还有义务建立一个体系,一旦他知道该罢工就立即通知该协议的其他承运人。他可以使用不同的渠道,例如电子邮件,联系 www.cit-rail.org 上列出的人员(关于交通限制),在通知系统或运营商外联网上的发出警报。

（3）继续旅程。

在提供住宿之前负责协助的承运人应为乘客提供继续行程的选择，无须额外费用：

由同一承运人运营的替代路线或其他列车；

受特殊使用条件限制的火车（例如必须预订的火车）；

由同一承运人特别安排的火车以取代取消的火车；

另一种陆路运输方式（特别是出租车，如果证明这比酒店和安排住宿的费用更便宜）。

如果乘客能够继续他的旅程，他的车票将在旅程的剩余时间内有效。如果合适，他的车票的有效期将被延长。

车票签注应按照 MIRT 进行。

如果在适用的一般和/或特殊运输条件中作出规定，乘客也有权将未使用的机票和预订退款。

如果继续行程不能将乘客运送至他的最终目的地，负责协助的承运人应避免让乘客继续旅行，特别是提供后续行程的目的地车站无人值守（通常无人值守或在深夜无人值守），除非该旅客明确同意承运人提出的继续行程的另一种解决方案。鼓励合作承运人交换有关边境站工作时间的信息。

如果他的运输服务受 PRR 的约束，负责协助的承运人必须根据需要应用 PRR 的条款，并根据具体情况将客车送回其出发地点。如果运输服务不受 PRR 的约束，负责提供协助的承运人可根据承运人之间达成的协议免费将客车送回其出发地点，如果证明其比住宿和承运人安排住宿的费用更便宜。

（4）安排住宿或赔偿旅客的损失。

如果负责协助的承运人没有安排酒店或其他住宿，他将退还：

按照当地标准在中档酒店住宿和享用早餐的费用，包括车站和酒店之间的接送费用，以及通知接客人员产生的费用。

（5）责任免除。

如果错过当天的末班车衔接可归因于下列原因之一，则负责协助的承运人无须按照上述规定进行安排住宿或向乘客支付赔偿金。

与铁路运营无关的情况，承运人尽管已经在特定情况下采取了必要的谨慎措施，但无法避免或无法阻止的后果。例如：

自然灾害（风暴、雪崩、洪水、土方滑坡、岩石坠落等），提前宣布改线，以避免上述情况；

罢工，已将必要的信息告知乘客；

乘客的错误。例如：

① 购票时未考虑已公布的列车之间的换乘冗余时间或建议的换乘冗余时间；

② 在错误的站台上等火车；

③ 因旅客自身行为而排除列车之外。

承运人尽管在特定情况下采取了必要的谨慎措施，但无法避免的第三方的行为及其无法阻止的后果。例如：

① 自杀后的运营中断；

② 平交道口的意外事故；

③ 公路车辆堵塞线路；

④ 同一列车上的乘客操作的紧急报警器；

⑤ 警方采取的行动；

⑥ 海关当局采取的行动（特别是在越过边境时）；

⑦ 第三方造成的铁路运营中断；

⑧ 提前宣布的列车改线，以避免上述情况。

基础设施经理、替代承运人、使用相同基础设施的其他企业和与承运人签订合同的服务提供商不得视为第三方。

4. 乘客书面索赔的处理

1）可能被提出索赔的企业

索赔可能针对以下企业提出：

售票企业；

任何参与履行运输合同的承运人，即：

① CIV 中所指的合同承运人和参与运输合同的接续承运人；

② CIV 中所指的替代承运人。

主要承运人有责任组织替代承运人处理书面投诉。

如果对上面未列出的企业提出索赔，该企业须通知索赔人，其不能处理该项索赔，并指明该项索赔可针对哪个（些）企业提出，最好是负责协助的承运人。

2）向旅客确认已收到索赔书及资料

被提出索赔的企业应适当地确认其已收到索赔书及资料，同时在适当的情况下，通知旅客其索赔已发送给负责协助的承运人。

3）将索赔发送给负责协助的承运人

原则上，被提出索赔的企业应尽快将索赔要求发送给符合负责援助的承运人。这应该在五个工作日内完成。

在以下情况下，售票企业可以自行处理索赔：

负责协助的承运人明确授权这样做；

它已要求负责协助的承运人在 15 个工作日内对索赔作出答复,并且在此时间内未收到任何答复;因此,售票企业有权将这种沉默视为确认乘客有权获得援助而未获得援助。

在这两种情况下,售票企业必须按照本章规定的规则处理索赔。为了便于处理普通和简单案件的程序,承运人和售票企业可以原则上同意处理常旅客计划乘客的索赔。

4)检查索赔

负责协助的承运人有责任检查提交索赔的法定条件是否得到遵守,特别是关于 CIV 规定的时限。

负责协助的承运人还有责任要求乘客附上索赔所需的原始文件(有效且生效的车票,预订信息,在家打印的电子车票,电子车票的编号,用于预订的常旅客卡号或身份证,延迟确认材料,酒店账单等)或其他可供使用的证明方式。

5)告知乘客他们的索赔被接受或是拒绝

负责协助的承运人应直接与旅客沟通,除非与售票企业或被提出索赔的承运人另有协议。

如果索赔被驳回,负责协助的承运人应按照 CIV 规定归还索赔所附的所有文件。

6)向乘客支付赔偿金

负责协助的承运人有责任在收到索赔的 1 个月内(特殊情况下在 3 个月内)按照本协定规定支付旅客的损失。

如果赔偿金通过银行转账支付给旅客的银行账户,所有银行费用应由负责协助的承运人支付。

7)赔偿金的分配

原则上,加入本协议的企业可以拒绝分摊继续行程所产生的费用以及安排住宿等支付的费用。

然而,有两种情况可以扣除支付给乘客的损害赔偿金:

(1)授权处理索赔的企业可以借记负责援助的承运人;

(2)如果在单一运输合同履行期间出现问题,负责提供援助的承运人可以在下列条件下借记由于其列车取消造成的旅客错过换乘的承运人:

① 使用单独的结算单,并每月将该声明发送给被借记的承运人;

② 被借记的承运人有义务接受借记的款项,但有权随后查看相关文件;

③ 借记和计算中的错误的解决将根据 UIC 活页标准 301 进行。

8)关于分配的双边或多边协议

企业可以制定特殊协议,以上述规则进行减损,例如:达到一定程度的损害赔偿时的分配(例如每年 100 000 欧元);根据所有各方确认的延迟统计数据和付款的价值,每年分配一次;仅在造成错失中转衔接的承运人之间进行分配;逐案分配;分摊比本协定规定的更高水平的补偿；等等。

四、因列车延误、取消或错过列车而引起的索赔（除错过当天最后一次接续外）

1. 适用于受 PRR 管制的运输服务

本章的规定仅适用于 CIT 的某些成员企业，即：

① 欧盟和欧洲经济区的铁路运输企业，其运输服务受 PRR 管辖。

② 瑞士铁路企业，在合同基础上将 PRR 应用于国际运输合同。

③ 售票企业，包括在欧盟以外的发售运输服务受 PRR 管辖的车票的企业。

2. 一般原则

在应用本章时，有必要区分：

① 在旅客无法继续行程的时间和地点具备能力帮助乘客的承运人；

② 旅客可向其提出索赔的售票企业和承运人；

③ 应向乘客支付赔偿金的售票企业和承运人。

3. 行程的继续或重新安排，放弃和返回，协助

（1）负责协助的承运人。

有权帮助乘客的承运人是根据运输合同有义务的承运人，在旅客被延误或被阻止继续旅程的地点和时间，提供受 PRR 管制的运输服务（在出发地点、在途中或在目的地），不论其是否对延误原因有实际责任。如果在进行变更的车站（如巴黎北部）有两个不同的承运人符合此描述，则列车延误或取消的承运人有责任协助乘客。

以下该承运人被描述为"负责协助的承运人"。

如果旅客在旅程中有单一的运输合同，负责协助的承运人必须帮助他。

相反，如果旅客的旅程有多个单独的合同，那么负责协助的承运人根据承运人之间达成的协议可以在一个运输合同结束而下一个运输合同开始之前出现问题时帮助他。

尽管存在若干单独的合同，但如果受 PRR 管制的列车延迟超过 60 min，则负责协助的承运人必须提供膳食和点心。

主要承运人（负责协助）的责任是与替代承运人一起组织对乘客的协助。

如果合适，承运人可以通过附属人员为乘客提供帮助（例如，车站经理，基础设施经理等）。

（2）发生罢工时应提供的信息。

当罢工导致列车中断，取消或延误时，其工作人员罢工的承运人-或其辅助人员罢工时-有责任通过至少三种媒体（互联网使用其本国语言和用英语或德语或法语，或电视，广播，新闻，车站显示的通知等）。这可能允许该承运人和其他承运人免除对罢工当天购买车票的乘

客的延误赔偿金，因为按照 PRR 的规定，在购买车票之前被告知的乘客无权获取赔偿。

该承运人还有义务建立一个体系，一旦他知道该罢工就立即通知该协议的其他承运人。他可以使用不同的渠道，例如电子邮件，联系 www.cit-rail.org 上列出的人员（关于交通限制），在通知系统或运营商外联网上发出警报。

（3）发生其他中断时应提供的信息。

如果其他中断导致列车在几小时或几天内被取消，则不是由其自身原因造成服务中断的承运人，应通知其他承运人和乘客，并尽可能协助乘客。

（4）确认延迟。

如果乘客要求，负责协助的承运人有责任根据 MIRT 相关要求提供延误确认。如果需要，该承运人需提醒乘客需要在最终目的地要求额外确认。

第 4.4.1 节所指的售票企业必须承认参与本协议的承运人根据 MIRT 提供的确认。

（5）在个别情况下继续或重新规划行程。

在提供退款或赔偿之前，负责协助的承运人有责任通过以下方式为乘客提供继续旅行的选择，无须额外费用：

① 由同一承运人经营的替代路线或其他列车；

② 受特殊使用条件限制的列车（例如必须预订的列车）；

③ 由同一承运人专门安排的列车，以取代错过的列车；

④ 由原始运输合同的另一承运人运营的列车；

⑤ 由原运输合同以外的其他承运人运营的列车，但该承运方已签订必要的协议（例如，在互惠基础上并在适当情况下为收入的再分配提供支持的协定）；

⑥ 另一种陆路运输方式。

对于单独的运输合同，如果延迟发生在一个运输合同结束时和下一个运输合同开始之前，负责协助的承运人可以根据承运人之间的协议向乘客提供重新规划的行程。

如果乘客能够继续他的旅程，他的车票将在旅程的剩余时间内有效。在适当的情况下，他的车票有效期将被延长。

车票签注应按照 MIRT 相关规定进行。

如果在适用的一般和/或特殊运输条件中作出规定，乘客也有权将未使用的机票和预订退款。另一方面，如服务水平较原计划为低，旅客可享有本协定所列明的赔偿及部分退款。

（6）长时间中断时继续和重新规划行程。

承运人将努力与基础设施管理人员和其他承运人达成协议，允许他们在中断持续数天或数周的情况下使用替代路线。

当发生此类中断时，承运人必须通知售票企业，可能受影响的其他承运人以及公众以下信息：

① 提供的替代品；
② 已在替代路线上售出的车票的有效性；
③ 因线路中断而暂停售票；
④ 在替代路线上发售车票的条件；
⑤ 已经签发的门票的售后条件，不用于替代路线；
⑥ 未在其他线路上使用的已发售车票的售后服务条件（例如，如果乘客放弃其旅程，则全额退款）。

在适当情况下，承运人应就参与在中断和替代路线上提供运输的承运人之间的收入的会计处理和分配达成一致。

这些协议也适用于承运人之间的经济补偿。该补偿可以基于列车数量，轴公里数，每位乘客或乘客总数来计算。

对于特定的客流，承运人可以同意根据 UIC 传单 918-1 预留新的座席（座位，铺位等），而无须对乘客额外收费。

（7）免费退票。

如果旅程无法继续，或者旅客声称旅程不再有意义，则负责协助的承运人有责任免费安排返回合约出发地点的旅程。

即使这段旅程是通过几份运输合同完成的，负责协助的承运人也可以根据承运人之间的协议帮助旅客返回其原出发地。

（8）提出书面索赔的细节。

负责协助的承运人有责任告知乘客如何提出票价退款的书面申请或赔偿要求。如果可能，该承运人亦须指明可提出索赔的企业，最好是售票企业。

（9）协助。

如果由负责协助的承运人运营的列车预计会晚点超过 60 min，则承运人有责任采取行动帮助乘客，即分发膳食和点心（即零食），或在此情况下尽可能地组织替代运输方式。

4. 退款和补偿

（1）合格的售票企业。

原则上，有能力处理索赔及得到退款的企业是指出售了作为索赔对象的这段旅程车票的企业，即使该企业没有参与提供运输甚或它没有提供旅程预订（对于 NRT 或 RPT）。与 RPT 互补的预订由售票企业处理，这可能与 RPT 本身的售票企业不同。

特殊情况下，承运人接受索赔时，如果已经得到售票企业的明确授权，则可以自行处理索赔。在这种情况下，接收索赔的承运人应当按照本章规定的规则处理索赔（特别是关于检查车票的真实性，支付赔偿，分配和借记等方面）。在这种情况下（UIC 传单 918-7 范围之外），只能进行手工处理。为了简化处理普通和简单案件的程序，售票企业和承运人可以原则上同意处理常旅客计划乘客的索赔。

（2）退款。

根据乘客的要求，尽管有售后服务条件（例如不可退票），售票企业有责任支付与票价相对应的金额。

① 在整个旅程中，如果乘客从出发点放弃他的旅程；

② 对尚无完成的旅程，如果乘客在途中放弃了他的旅程；

③ 对于整个旅程，如果继续行程不再满足乘客的初始目的，并且乘客搭乘下一班列车返回其出发点。

虽然有多份运输合同的旅客无权获得整个旅程的退款，但由于商业原因，售票企业可以退还旅客的全程费用。如果售票企业想要借记其他承运人，则必须与他们签订特别协议。

用于计算退款的票价将考虑附加费用（如预订费和附加费等），但不包括任何服务费。

（3）部分退款。

若乘客继续行程时使用较低服务类别，可向乘客支付部分退款：

作为票价的一部分或以其他适当的方式，例如，他乘坐的是二等座而非一等座，虽然餐费已包括在车票内，但并无膳食服务，等等；

完全用于辅助服务，例如旅客采用座席出行时，卧铺（例如斜倚座位，小沙发或卧铺）的订位费。

（4）补偿：要考虑的因素。

如果旅客要求赔偿，售票企业有责任按以下比例向其支付赔偿金：

延迟 60 至 119 min，赔偿票价的 25%；

延迟 120 min 或更长时间，赔偿票价的 50%。

在这种情况下要考虑的延误是乘客在其运输合同结束时所经历的延误。如果旅客在旅程中有单一的运输合同，则考虑到最终目的地的延误（去程或回程）。相比之下，如果乘客的旅程有几个单独的合同，则应考虑每段旅程末尾的延迟（相当于合同）。对于购买补充 RPT 的预订，要考虑的延迟是每次预订结束时的延迟。

在这种情况下要考虑的票价是晚点火车的票价（按照 GCC-CIV / PRR），但须符合以下条件：

① 如果车票是 NRT（非综合预订车票），并且需要按照规定分摊赔偿金时，售票企业有

权考虑以下因素：

a）NRT 上显示的总金额；

b）由于技术原因，同一旅程以若干单独通票形式发售的 NRTs 的累积金额，第 4.4.5 点所述的企业除外；

② 对于往返车票，如在去程或返程时出现延误，用于计算赔偿的票价应等于返程车票上所列总金额的 50%。如果在同一旅程中签发了几个 NRT，则补偿金将根据 NRT 上显示的累计金额的 50% 计算。这些规则不适用于第 4.4.5 点所述的那些企业。

③ 计算赔偿费时所使用的票价，应当计入附加费用（如预订费和附加费等），但不包括任何服务费。

对于一个 NRT 涵盖若干铁路运输服务（例如区域火车和国际火车），即使有一项或多项服务不受 PRR 第 17 条的管制，补偿也以相同的方式计算。

如果售票企业在没有考虑 PRR 豁免的情况下发布单一 NRT，并且根据 UIC 活页标准 108-1 无法关联至国际系列，则必须参考本协定以了解支付给旅客的赔偿金的可能的分摊。

对于国家通票（仅在一个国家有效），补偿的计算方式相同，除非通票所涵盖的铁路运输服务在该州不受 PRR 约束（参见 www.cit-rail.org 上的豁免清单）。如果有豁免，则无须支付任何补偿。不应考虑适用的国家法律和特殊运输条件。

（5）仅限于晚点列车的票价补偿。

对于以下企业（BDZ，CFR Calatori，Trenitalia），计算赔偿时所考虑的票价只是晚点列车的票价。如果车票没有具体显示此票价，则需要考虑的金额是乘客根据国际运费必须支付的仅限于该列车和该线路的票价。如果票价是促销或减价票价，则应按整个旅程所支付金额成比例计算。

（6）仅限于欧盟境内旅程的票价补偿。

对于在欧盟、欧洲经济区或瑞士以外的国家/地区的出发地或目的地的 NRT，计算赔偿时所考虑的票价只是在欧盟领土上进行的部分旅程的票价。

如果车票没有具体显示此票价，则需要考虑的金额是乘客根据国际运费必须支付的仅限于在欧盟境内该线路的票价。如果票价是促销或减价票价，则应按整个旅程所支付金额成比例计算。

（7）更慷慨的补偿。

虽然旅客无权获得少于 4 个计算单位的赔偿，但售票企业因商业原因可能进行赔付。它同样可以比 GCC-CIV / PRR 中提供的更慷慨地补偿乘客，即支付赔偿金

① 延迟少于 60 min；

② 使用更多的百分比等。

在这种情况下，售票企业必须与参与运输合同的承运人签订必要的协议，以便能够按照第 4.6.3 点的规定进行分配并借记支付给乘客的额外补偿。

（8）免于支付赔偿金。

如延误是由于下列运输服务所致，售票企业无须支付赔偿：

① 完全在欧盟成员国、欧洲经济区或瑞士境外运营；

② 部分在欧盟成员国、欧洲经济区或瑞士境外运营，且在这些国家之外出现延误；

③ 从 PRR 中豁免；

④ 不构成运输合同的组成部分（同一大都市火车站之间的公共汽车，有轨电车，地铁，出租车，自行车）；

⑤ 由另一种运输方式运输（航空、公路、内河运输或海运）。在这些情况下，就延迟应承担的责任而言，每种运输方式都有自己的规则。

此外，如果符合以下条件，售票企业将根据 PRR 第 17 条第 4 款免除其支付赔偿的义务：

① 在购买车票之前，乘客已被告知延误；

② 当乘客以其他服务或路线继续行程时，乘客抵达其运输合同中规定的目的地的延误时间低于 60 min。

5. 处理乘客的书面索赔

（1）可能被提出索赔的企业。

可以针对以下方面提出索赔：

售票企业；

任何参与履行运输合同的承运人，即：

① 合同承运人或连续承运人，他们是 CIV 和 PRR 规定的运输合同的缔约方；

② CIV 和 PRR 所指的替代承运人。

根据第 1.3.2 点，主要承运人有责任组织处理与替代承运人的书面投诉。

如果对上面未列出的企业提出索赔，该企业是通知索赔人他不能处理索赔，并说明可以提出索赔的企业，最好是售票企业。

（2）确认收到索赔和信息给乘客。

提出索赔的企业是适当地确认收到的索赔。在适当的情况下，还应在将其索赔发送给发证企业的同时通知乘客。

（3）将索赔发送给售票企业。

接收索赔的承运人应尽快将其发送给售票企业，并应在 5 个工作日内完成。

如果发证企业明确授权，则收到索赔的承运人可自行处理。在这种情况下，接收索赔的承运人将按照本章规定的规则处理索赔（特别是关于检查机票的真实性，赔偿的支付，人工分摊补偿和企业的人工借记等）。为了便于处理普通和简单案件的程序，签发企业和承运人可以原则上同意处理正常交通流量的索赔。

需要注意的是，错过当天末班换乘（住宿费用等）的乘客的索赔按照本协定处理。被索赔企业使用本协定所要求的表格，以便于就若干企业必须部分处理的乘客索赔进行沟通。

处理旅客索赔和借记其他承运人的企业有责任根据 UIC 活页标准 301 存档相关文件。

（4）检查索赔。

售票企业有责任检查提交索赔的法定条件是否得到遵守，特别是 CIV 中诉讼时效以及 GCC-CIV/PRR 中三个月的规定期限。它还有责任要求乘客附上其索赔所需的原始文件（有效的车票、预订单、打印好的电子车票、电子车票的参考号、常旅客卡号或使用的身份证号码、延误证明、医疗证明等）并检查票据的真实性。

如果售票企业需要将索赔发送给其他铁路企业进行审查或作出决定，售票企业只能在随附的文件中说明"已提交了足够的医疗证明"。医疗证明材料本身不得包含在内。

如果售票企业对赔偿要求的有效性有任何疑问，则应向有关承运人询问旅客在运输合同所示目的地所遭受的延误期限以及可能的免责理由。如果承运人在检查后发出延迟确认信息，证明其中包含有关延误或其原因的虚假信息，则在计算乘客应得的赔偿时必须考虑到确认，除非有明确的情况。

售票企业还可以验证国际列车在 RNE "列车信息系统"数据库（TIS）（以前称为 EUROPTIRAILS）中的延迟时间，前提是其可以访问该数据库。需要说明的是，该系统应提供有关延误的确切原因。

售票企业还可以与其他承运人或 TIS 核实，以确定延误的原因。这有助于向旅客解释延误产生的原因或者决定支付旅客更高标准的赔偿。

承运人应与售票企业合作，以尽快处理旅客索赔。如果承运人未在 15 天内答复信息请求，则售票企业有权认为承运人已确认延迟，并有责任向乘客支付赔偿，并按照协定要求分摊赔偿金。当 IT 系统（TIS 或国家系统）没有延迟列车上的任何相关信息时，采用相同的程序。

如果售票企业与分销商一起实施了 UIC 活页标准 918-7 中描述的处理流程，分销商有权访问 TIS 并查看 TIS 中的延误时间。在这种情况下，分销商决定向乘客支付赔偿金，并将相应的金额记入售票企业。如果分销商在十五天内未回复售票企业，后者有权将沉默视为延误确认，并有责任向旅客支付赔偿金及按规定分摊赔偿金。

（5）告知乘客他们的索赔是否被接受或拒绝。

除非与售票企业或提出索赔的承运人另有协议，否则售票企业有责任直接与旅客沟通。

如果索赔被驳回，售票企业将按照 CIV 规定归还索赔所附的所有文件。

（6）向乘客支付退款或补偿。

售票企业有责任在一个月内（PRR 规定的时限）按照规定支付旅客应得的退款或赔偿金。支付期限从企业收到索赔之日开始，索赔发送给售票企业的时间也计算在内。

付款可以以代金券的形式进行，代金券只能由发行代金券的企业和/或代金券上指定的运输服务兑换。然而，如果旅客要求现金支付，售票企业必须支付现金。

如果通过银行转账向乘客的银行账户支付赔偿金，则所有银行手续费均由售票企业支付。

6. 分摊退款和补偿

（1）退款。

售票企业有权按照规定的普通退款规则，向运输合同的所有承运方支付退款金额。

在适当情况下，授权处理索赔的企业应从售票企业获得正确扣账所需的信息。

（2）补偿。

根据下列规定，售票企业有权在相关承运人之间分摊向旅客支付的赔偿金：

① 如果赔偿金是参考 NRT 的总票价计算的，NRT 的每个承运方应按其收入分配的 25% 或 50% 借记（与售票企业赚取的佣金无关）。

② 如果补偿是参考延迟的火车计算的，而不是根据 NRT 的总票价计算的，延迟列车的每个承运方应按其收入标准 25% 或 50% 的赔偿金（与售票企业赚取的佣金无关）。

③ 如果补偿是参考欧盟领土的旅程部分而不是 NRT 的总票价计算的，则欧盟范围内旅行的各运营方应分摊 25% 或 50% 的赔偿金（与售票企业赚取的佣金无关）。

④ 如果赔偿是针对 IRT 或购买的 RPT 补充而且售票企业是相关业务部门的合作伙伴之一，则合作伙伴将根据业务部门内部规定的分配进行借记。

⑤ 如果赔偿是针对 IRT 或购买补充 RPT 的预订而且售票企业不是相关业务部门的合作伙伴之一，售票企业将特定代码标明的赔偿金总额借记分销商（UIC 活页标准 914 中的含义）。此代码将表明，分销商将按照 IRT 的其他企业或补充 RPT 的预订的业务部门内部收入分享协议中规定的份额进行分摊，并由会计核算的第二个代码确定。

⑥ 如果赔偿是针对 IRT 或对仅涉及一个承运人（售票企业除外）的 RPT，售票企业应将赔偿总额记入分销商（UIC 活页标准 914 规则中的含义）的借方。

⑦ 如果赔偿是针对"普通"预订，即一项未被计入账目的预订，并且如果售票企业保留预订费收入，则不得借记分销商。

⑧ 如果售票企业与分销商共同实施了 UIC 活页标准 918-7 中描述的技术流程，分销商可以有权将支付给予旅客的补偿相对应的金额直接借记售票企业。然后，分销商将根据业务单位内部协议中关于收益分配的份额直接在 IRT 的企业之间分摊赔偿金。

授权处理索赔的企业应酌情从售票企业获得正确进行人工借记所需的信息。

在上述所有情况下，售票应按照 UIC 活页标准 301 规则以及以下规定进行：

售票企业（或授权处理索赔的企业）应使用符合协定要求规范的单独结算单，以适用于 IRT；

该结算单要向分销商提供必要的信息，以证明借记全部金额的合理性，并提供足够的信息以便其在业务部门的合作商之间进行分摊，或者为业务部门的每个合作商提供必要的信息，以证明其借记的份额合理性。售票企业每月向借记的承运人发送账单；

借记的承运人有义务接受借记的款项，但有权随后查看相关文件；

借记和计算中的错误的解决是根据 UIC 活页标准 301 进行的。

UIC 活页标准 918-7 中描述了通过 Hermes 消息执行 IRT 延迟补偿分配的技术过程。

（3）关于借记的特别协议。

企业可以就商业原因或根据国家法律支付的退款和补偿作出特别协议，例如：

如果售票企业支付了其没有义务支付的延误退款，则安排借记；

支付给乘客的金额少于 4 个账户或大于 25%/50%时的借记安排等。

（4）关于分配的双边或多边协议。

企业可以制定特殊协议，废止相关赔偿规则，例如：

达到一定程度的损害赔偿时的分配（例如每年 10 万个账户）；

根据所有各方确认的延迟统计数据和发放的凭证或付款的价值，每年分配 1 次；

仅在参与提供运输的承运人之间进行分配，直至出现延误；

逐案分配等。

五、因延误或事故以外的原因提出的索赔和投诉

1. 可能导致赔偿的服务失败类型

除了延误和事故之外，与旅程相关的不满意服务可能证明如果乘客要求，则出于商业原因进行赔偿是合理的。包括：

① 衣物损坏（弄脏，缠绕等）；

② 供暖或空调问题；

③ 缺乏照明或电力；

④ 对乘客、残疾人或行动不便的人提供的援助不足；

⑤ 厕所有缺陷或无法使用；

⑥ 运输辅助服务（餐车、迷你吧等），宣称有但未提供；

⑦ 缺少急救设备；

⑧ 重复预订座位或卧铺席位；

⑨ 火车上没有备用座位；

⑩ 旅途前和旅途中缺乏信息；

⑪ 门票不可用，机器故障；

⑫ 安全和安全等方面的问题，等等。

2. 可能被提出索赔的企业

乘客可就上述所列的不满意服务类型提出索赔，而该服务是针对作为索赔主题的旅程机票以及参与履行运输合同的任何承运人发出的企业：

（1）合同承运人或接续承运人；

（2）CIV 和 PRR 中所列的替代承运人。

主要承运人有责任组织处理与替代承运人的书面投诉。

如果对上面未列出的企业提出索赔，该企业通知索赔人它不能处理索赔并指出可以被提出索赔的企业。

3. 索赔的处理

索赔的责任由被提出索赔的企业负责处理。

任何商业补偿的支付可以是代金券的形式，有效期为一年，但只能由发行它们的企业和/或代金券上指定的运输服务赎回。

如果被提出索赔的企业建议支付赔偿并要求其他可能被提出索赔的企业参与，则必须事先征得他们的同意。其他企业可以：

① 接受建议的分配；

② 只接受特定金额的分配；

③ 向收到索赔的企业提供具体金额。

分摊金额将按照 UIC 活页标准 301 每月结算。这些金额的单独报表将每月编制并发送给企业的会计部门进行借记。结余将由布鲁塞尔清算中心（BCC）通过联合经常账户进行，这些账户不是 BCC 成员或根据承运人之间达成的协议通过其他方式。

六、普通退款申请（与延迟无关）

1. 适用范围

本章的规定适用于非（综合）预订机票（NRT）以及综合预订机票（IRT）的退款申请。

本章规则适用于所有普通退款，但双边协议不对其他企业产生任何影响的情况除外。

入本协议的企业将采用 GIE Eurail 集团制定的铁路通票（RPT）退款程序。

2. 可能被申请退款的企业

退还未使用或部分使用的机票的申请可以向发行它们的企业以及参与履行运输合同的任何承运人提出，即：

CIV 和 PRR 所列的合同承运人或接续承运人；

CIV 和 PRR 所列的替代承运人。

主要承运人有责任组织处理与替代承运人退款的书面申请。

如果向上面未列出的企业提出退款申请，该企业应告知申请人其不能处理退款，并说明申请可以向哪个企业提出，最好是向售票企业。

3. 处理申请退款

（1）确认收到退款申请并向乘客提供信息。

已经提出退款申请的售票企业和承运人应适当确认其收据。承运人还应在将申请发送给签发企业的同时通知旅客。

（2）向发证企业发送退款申请。

申请退款的承运人应尽快将其发送给售票企业，并应在 5 个工作日内完成。

（3）合格的售票企业。

有权处理申请并支付退款金额的企业是签发申请主题的旅程机票的企业，即使该企业不是承运人。

签发企业有责任在接受或拒绝其申请时直接与乘客沟通。申请的处理应在收到申请和所有支持文件后的一个月内完成，最长不得超过三个月。

退款可以以优惠券的形式进行，优惠券有效期为 1 年，但只能由发行优惠券的企业和/或凭证上指定的运输服务兑换。

（4）检查申请退款。

售票企业有责任检查未使用或部分使用的机票退款申请是否符合特殊运输条件所规定的条件（该项工作通常是在车票有效期满后一个月内完成）。

同样，签发企业有责任要求旅客将其申请所需的原始文件（未使用或部分使用的车票、证明等）连同其他证明文件（购买代替火车票的票、购买代替火车票的机票、医疗证明等）。同时检查车票的真实性。如果售票企业需要将退款申请发送给其他铁路企业进行审查或决定，售票企业只能在随附文件中注明"已出示适当的医疗证明"，但医疗证明不需随附。

（5）确认退款申请。

售票企业必须根据参与本协议的承运人提供的 MIRT 相关条款确认退款申请。

如果售票企业对确认信息的准确性存在重大疑问，则需要向相关承运人询问必要的详细信息。这些承运人必须在最多十五天内向售票企业提供相关信息，或者告知企业他们可以提供信息的时间表。

（6）检查尚未验证的 NRT 车票。

售票企业有责任与有关承运人核实未经验证的 NRT 车票是否可以退款。

（7）售票企业的决定对其他企业的影响。

售票企业作出的接受或拒绝退款申请的决定将所有承运人当事人的运输合同约束。

然而，如果出现以下情况，售票企业必须要求这些承运人事先同意：

① 它没有所需的所有事实来决定乘客的申请是否合理；

② 它没有计算退款金额所需的全部信息。

UIC 活页标准 301 的规定适用于进行调整的程序（例如，不可退票、时间限制、金额不正确等）。

（8）假冒和欺诈。

如果售票企业对车票核查后认为该车票已被篡改（擦除、更改等）或伪造，则售票企业与参与本协定的其他企业共同调查该车票的真实性。

如果企业发现车票被伪造或被篡改，该企业应通知 Colpofer "打击票务欺诈"工作组和出售铁路通行票（RPT）的 GIE Eurail 公司。

4. 退　款

（1）计算退款金额。

计算退款金额和任何扣除额应根据适用于退票的特殊运输条件确定。

如果合适，已经取得的旅程票价将从退还的金额中扣除。

如果售票企业注意到机票上显示的票价不正确，则乘客可能欠下的任何差额将直接从退款金额中扣除。同样，乘客支付的任何超额费用也将直接退还给乘客。

任何折扣额均由售票企业保留。

（2）适用的汇率。

计算票价的汇率用于计算退款金额。

退款当天的汇率将用于支付退款。

（3）退还金额的借方。

售票企业是从运输合同中扣除承运人的总份额减去 NRT 的佣金，如果 IRT 股份未知/承运人当事人的总额减去 IRT 佣金，如果知道 IRT 股份，则以总份额减去佣金的运输合同。每笔借记都必须根据运输合同。售票企业必须确保所有运输单据都以原件的形式或经认证符合原件（扫描件）的版本保存在电子存档中。根据提供 RU 的承运人/经销商/服务的请求，可以发送这些原始文件或扫描。

（4）退还金额的结算。

售票企业应根据 UIC 活页标准第 301 条规则结算月度分摊金额。售票企业应通知各承运人按原始结算时用于销售车票的货币借记的金额。对于人工退款（不取消原始数据文件），售票企业必须在声明中列出所有退款。当月所有退款的总额必须纳入 UIC 活页标准 301 条规则的会计报表或在双边协议中处理。电子退款（取消原始数据文件）必须根据 UIC 活页标准第 301 条规则处理。向客户退款的时间范围、处理流程和会计流程最长持续 6 个月，或由双方共同协商。

退还金额的结算应通过布鲁塞尔清算中心（BCC）进行。与非 BCC 成员的企业的结算应通过联合经常账户进行。承运人可以就他们之间的借方和贷方达成特殊安排。

（5）会计核算中的错误。

计算中的错误将根据 UIC 活页标准 301 来解决。

5. 因商业原因退还的金额

尽管在法律上或合同上没有义务支付退款，但售票企业出于商业原因计划与其他承运人共同支付退款，售票企业必须事先获得其他参与承运人的同意。

第五章

中国国际旅客联运的发展

中国国际旅客联运开始于20世纪初，中俄、中哈、中越、中朝、中蒙间均开通了国际列车，从站车服务、客票发售、餐茶供应等方面予以服务保障，在铁组框架下召开年度国际联运旅客时刻表会议制定列车开行方案，遵循统一的联运规章办理旅客联运。

第一节　国际运输通道和国际列车

一、中俄间国际运输通道和国际列车

（1）中华人民共和国成立前。

中俄间的旅客联运始于1903年建成的中东铁路（也叫东省铁路）。中东铁路分为东线（哈尔滨—绥芬河—格罗迭科沃通道，国内段叫滨绥线，全长551.6 km）和西线（哈尔滨—满洲里—后贝加尔通道，国内段叫滨洲线，全长944.4 km）。

1903年7月14日，滨洲线、滨绥线宣告通车，哈尔滨至海参崴即开行直达旅客列车。日俄战争后，1906年3月14日，哈尔滨—伊尔库茨克站间开行跨国直通旅客快车。因发生"中东路事件"，1929年11月该列车停运。1932年12月14日又按原运行图恢复运行。

1911年2月16日，俄国、满洲、日本间采用一张客票的旅客联运开始实行。

1912年2月18日，中东铁路与通济隆洋行订立全球客票、行李联络合同（伦敦—圣彼得堡—莫斯科—西伯利亚铁路—中东铁路—太平洋—大西洋—伦敦）。（英国的通济隆洋行是最早的国际观光公社之一，在上海、天津和广州等沿海城市都设立分公司，经营中外人士在中国的出入境旅游）。

1913年6月，在莫斯科召开俄、法、比、德、奥、英、日、中等八国参加的国际联运会议，中国政府派京奉铁路总管英国人佛类参加，议定中国东北及京奉铁路和西伯利亚联运，自1914年5月1日起实行，至1915年第一次世界大战开始中断。中日联运因1931年九一八事变后也中断。欧洲过境的旅客运输也停止。

俄国十月革命后，1920年中东铁路与苏俄铁路联运中止，但与日本、朝鲜之间的铁路联运没有中断。

1926年中东铁路获准在商务代办处发售通往苏联内地以及西欧的铁路联运客票，经西伯

利亚过境运输重新恢复。

1935年3月23日，日伪收买中东铁路（改称北满铁路）后，满铁为了配合日本帝国主义的扩大侵略，极力组织开展与欧亚铁路的联运。除日本、朝鲜之外，与苏联爱沙尼亚、拉脱维亚、立陶宛和德法等国铁路开展旅客及行李联运。

1945年8月抗日战争胜利后，哈尔滨—海参崴、哈尔滨—伊尔库兹克两趟国际旅客联运列车停开。

（2）中华人民共和国成立后。

中华人民共和国成立后，1951年3月14日，中华人民共和国铁道部和苏联交通部在北京签署《中苏铁路联运协定》和《中苏国境铁路协定》，正式通过满洲里—后贝加尔和绥芬河—格罗迭科沃国境口岸开办国际铁路联运。1953年，中国铁路参加国际铁路合作组织，签署《国际铁路旅客联运协定》和《国际铁路货物联运协定》，中国铁路对波兰、东德、匈牙利、捷克、罗马尼亚、保加利亚、阿尔巴尼亚等国铁路开办国际铁路联运，滨洲线、滨绥线即成为中苏两国和中国同东欧国家铁路开展客货联运的重要通道。

北京—莫斯科国际旅客列车（经由满洲里）：开行于1951年。《中苏铁路联运协定》和《中苏国境铁路协定》签订后，4月1日开办中苏铁路联运，北京—满洲里—莫斯科站间开行1/2次国际旅客特别快车，办理旅客和行李、包裹联运。由中苏双方提供车辆，各自担当乘务，分别在本国境内运行，旅客和行李、包裹在满洲里站换乘和换装，办理出入境检查检验手续。1953年10月，这趟国际旅客特快列车在中国境内更换新车体。列车编组为：行李车1辆、硬卧车3辆、软卧车2辆、瞭望车1辆，餐车1辆、邮政车1辆，计9辆。客票发售方面，发到站间可用全程联运客票，也可用各自国内客票，票价按各自国内规定计算。1953年7月16日，中苏铁路在莫斯科就开行莫斯科—北京直通旅客列车进行谈判，8月6日签署会议议定书。同年，中国铁路参加国际铁路合作组织。1954年1月31日开始，北京—满洲里—莫斯科站间1/2次（1969年12月15日起改为19/20次）直通国际旅客特别快车正式开行，每周对开1次。列车编组为：硬卧包房3辆，高级软卧包房、行李车、餐车、邮政车各1辆，计7辆。卧车和行李车由苏联提供，并担当乘务。餐车和邮政车在两国各自境内加挂。由于中苏铁路轨距不同，1/2次（19/20次）列车往返更换不同轨距转向架的工作在苏联后贝加尔（原称欧特波尔）站进行。当列车进出满洲里、后贝加尔国境站时，中苏双方车辆交接人员都进行车辆技术检查，确保行车安全。对进出境行李和包裹的交接，均由满洲里站交接人员代表中国方面在后贝加尔站与苏联方面交接人员办理交接。这趟列车全程运行9050 km，是世界上运行里程最长的国际直通旅客列车，全程走行215 h。

莫斯科—平壤直通客车：在北京—莫斯科国际旅客列车（经由满洲里）上加挂经由满洲里、丹东的莫斯科—平壤直通客车。1954年1月31日，北京—满洲里—莫斯科国际旅客列车

开行后，在该列车上挂有由苏联铁路提供车辆并担当乘务的莫斯科—平壤间直通客车 2 辆，运行至沈阳站再换挂在北京—丹东 27/28 次列车上，同北京—平壤直通客车一起通过丹东—新义州往返至平壤。

北京—乌兰巴托—莫斯科（经由二连）国际旅客列车：于 1959 年 6 月 4 日正式开行，每周开行一列，列车编组 10 辆，由苏联铁路负责提供车辆并担当乘务，1960 年 5 月 24 日，该次列车改由中国铁路提供车辆并担当乘务，定为 3/4 次特快国际列车，列车编组不变。苏联铁路担当的列车从此停开。

1954—2007 年，北京—莫斯科国际旅客列车（包括莫斯科—平壤直通客车经由满洲里）、北京—乌兰巴托—莫斯科国际旅客列车根据各个时期客流变化情况和运输设备和运营组织的改善，列车编组、运行时刻表、客车配备等都进行了调整。2007 年 9 月 17—21 日举行的中国、越南、哈萨克斯坦、朝鲜、蒙古国、俄罗斯等国铁路 2008—2009 年度国际旅客联运列车时刻表会议上，中俄双方商定，莫斯科—北京 K20/19 次国际列车，列车编组 14 辆（含行李车、餐车及莫斯科—平壤 2 辆），每星期开行一次往返，由俄罗斯铁路提供车辆并担当乘务。北京—乌兰巴托—莫斯科 K3/4 次国际列车编组 12 辆（不含各国内加挂车、餐车），每星期开行一往返，由中国铁路提供车辆并担当乘务。

哈尔滨—哈巴罗夫斯克/符拉迪沃斯托克国际旅客直通客车：1993 年，为进一步适应外贸、旅游事业的发展，满足国际交往日趋增多和进出境旅客不断增长的需要，经哈尔滨铁路局和俄罗斯远东铁路局商定，铁道部批准 1994 年 6 月 1 日起，首次正式开行哈尔滨—哈巴罗夫斯克/符拉迪沃斯托克站间 77/78 次（加挂）国际旅客直通客车。哈尔滨—绥芬河站间编挂于 77/78 次（RW15、16 号 2 辆）旅客快车运行，在绥芬河站随 6509/6510 次旅客列车跨境。进出境旅客分别在绥芬河和格罗迭科沃国境站进行换乘。客票发售由哈尔滨铁道票务中心负责，使用《国际客协》规定的国际联运客票。该国际直通客车，暂不对第三国铁路开放，不售返程票，暂不办理国际联运行李、包裹运送。

满洲里—赤塔国际列车：2004 年，中俄两国铁路商定，开行满洲里—赤塔国际列车。

除以上长途国际旅客列车外，两国境站间也组织开行旅客列车。中俄两国国境站间旅客列车有绥芬河—格罗迭科沃国境间旅客列车、满洲里—后贝加尔国境站间旅客列车。这两趟旅客列车在 1991—2007 年一直组织开行。

1991 年 10 月 12 日，为适应中苏两国贸易和民间交往、旅客事业的发展，哈尔滨铁路局和苏联远东铁路局签署了《关于在绥芬河—格罗迭科沃国境站间开办旅客运输的协议》，是年 12 月 1 日起双方国境站每天各开一列旅客列车，各由 2 辆客车和 1 辆行李车组成。有关旅客和行李、包裹运输票据和一切费用，双方各自按国内规定核收、办理，互不进行清算。1992 年客运量大增，编组客车增加到 5 辆。

1992 年，随着中俄地方贸易的扩大，出国旅游、劳务人员的增多，经满洲里、绥芬河国境站进出境旅客运量大幅度增加。为满足进出境旅客乘车的需要，通过挖潜扩能，1992 年 5 月 14 日，在满洲里至后贝加尔站间又增开了旅客列车，列车编组 6 辆，双方每周各开 2 次。

二、中越国际运输通道及国际列车

（1）中华人民共和国成立前。

滇越（昆明—山腰—老街—河内）铁路通道：1898 年 4 月 10 日，清政府同意法国国家或者其指定的法国公司自越南边界修建一条通往云南省城的铁路。1903 年 10 月 28 日，中法两国签订《滇越铁路章程》，由法国政府指定法国滇越铁路公司建造并经营从河口至昆明的铁路，该线路长 465 km，1910 年 4 月 1 日完工通车，与越南境内的老街-海防铁路相连接，轨距均为 1 m，这条铁路建成后成为中国云南省同越南连通开展客货铁路联运及海铁联运的重要通道。1940 年，滇越铁路国际联运中断。

（2）中华人民共和国成立后。

南宁—龙州—镇南关（南宁—凭祥—同登）铁路通道：中华人民共和国成立后，为巩固国防，支援越南，发展国际联运，1950 年 10 月—1951 年 11 月，广西壮族自治区南宁筑路委员会建成湘桂铁路来宾—凭祥 403.5 km 新线，1954 年 12 月又由凭祥延至国境（12.9 km），至此，湘桂线全线贯通。1954 年 11 月，柳州铁路局和中国交通工程公司负责设计施工，续修凭祥至国境线米轨铁路，并在凭祥站内共建米轨铁路 3.8 km。1955 年 3 月 1 日，河内经睦南关至凭祥的铁路全线通车。

1955 年 5 月 25 日，中越两国铁路在北京签署《中越铁路联运协定》和《中越国境铁路协定》。同年 8 月 1 日，凭祥—同登开办联运。1957 年中国铁路在云南修复河口至碧色寨路段。至此，通过中国广西、云南两省区形成通往越南的 2 条铁路通道，开展国际客货联运。1956 年越南铁路参加国际铁路合作组织的客货联运协定，两条铁路通道同时对苏联、朝鲜、蒙古国和东欧国家开办国际联运。1958—1978 年，两条铁路通道为安全运送中国及苏联、东欧其他国家援助越南的军事物资发挥了重要作用。

1976 年起，中越关系不断恶化。1978 年 12 月—1996 年 2 月，中越铁路联运通道完全中断。1996 年 2 月 12 日，北京—凭祥—河内联运客车恢复通车，旅客改在同登换乘。5 月 24 日和 8 月 9 日经云南山腰和凭祥的中越铁路货物联运相继恢复。

昆明—河内直通客车（经由山腰）：1996 年 10 月 9—30 日，根据铁道部《关于中越国际旅客联运客车开行方案》和《云南省人民政府关于中越铁路客货运有关问题的会议纪要》精神，成都铁路局会同开远铁路分局两次与越南铁路联协第一区域铁路运输联合企业就中越米

轨铁路国际旅客联运问题举行会谈，双方同意在中国铁路昆明北站至越南铁路河内站间开行国际旅客联运客车。联运初期，双方按联运车组加挂于国内开行的旅客列车上，每周各开行一趟，分别到对方终到站折返。双方还商定了运行时刻、车辆交接、票价及清算事宜。1997年4月18日首趟昆明北—河内直通客车正式开行，在昆明北站举行开行仪式。中越双方联运车辆各编组3辆（1辆软卧、2辆开放式硬卧），每周五分别由昆明北站和越南河内车站附挂旅客列车始发对开，经国境站交接，附挂对方列车运行至终到站，每周日在对方折返。单程765 km，中国境内468 km，附挂列车为昆明北、河口间的633/4次旅客列车。

昆明—河内国际旅游列车：于1997年4月18日起开行。2002年10月1日起，因昆明—山腰间线路落石增多，为确保客车运行安全，该列车停运至今未再开行。

北京—河内联运客车（经由凭祥）：1955年8月2日，根据签订的《中越铁路联运协定》和《中越国境铁路协定》，北京—河内联运客车开行。北京—凭祥间由中国铁路提供车辆并承担乘务，凭祥—河内间由越南铁路提供米轨客车并承担乘务，旅客和行李包裹在凭祥站办理出入境检查检验手续和换乘。1978年12月—1996年2月，中越铁路联运中断，列车停运。1996年2月12日，北京—凭祥—河内在中国运行17年多后恢复通车，旅客改在同登换乘。2007年9月举行的中国、越南、哈萨克斯坦、朝鲜、蒙古国、俄罗斯等国铁路2008—2009国际旅客联运列车时刻表会议上，中越双方商定，北京西—河内国际联运客车全年开行，每星期两个往返，客流不大时，经双方同意每星期可运行一个往返。

桂林—柳州—南宁—下龙湾—河内（嘉林）直通国际旅游列车：2000年5月，柳州铁路局和越南铁路联协在柳州举行了中越铁路国际旅游合作会议，双方商定在中国桂林和越南下龙湾、河内（嘉林）间开行准轨直通国际旅游列车（编组5辆硬卧），由柳州铁路局提供车辆并担当乘务，每周开行1列。经过一年多的筹备，该列车于2002年3月8日正式开行。2005年5月，因旅游签证问题，列车停开。

南宁—河内（嘉林）国际旅客列车：2009年1月1日，首趟南宁—河内（嘉林）国际旅客列车开行。

三、中朝国际旅客列车

（1）中华人民共和国成立前。

奉天（沈阳）—汉城旅客列车（经由丹东）：1911年11月，安东—新义州鸭绿江桥建成，开始在朝鲜汉城至中国奉天间开行"朝满"旅客直达列车。

新京（长春）—京城（汉城）直达旅客列车（经由丹东）：1911年（清宣统三年），日本为便于"欧亚联络"，开行长春—朝鲜京城（汉城）直达旅客列车（1912年6月延至釜山，直到 1918 年因"欧亚联络中止而停开")。

1912 年 4 月 7 日，日本、朝鲜两国铁路与南满、东省铁路四方代表在日本东京召开联运会议。中国京奉铁路应邀派代表参加，并与日方签订了《中日旅客和行李、包裹联运合同》。在这次会上，京奉、南满、东省三铁路代表还签订了中、日、俄旅客联运合同。京奉铁路直到 1915 年 10 月 1 日起才正式实行《中日旅客和行李、包裹联运合同》，包裹联运则从 1917 年 9 月 1 日起才实行。以后进一步发展到中国各国有铁路都参加了中日联运。

奉天—釜山旅客列车（经由丹东）：1912 年 6 月 15 日，奉天至朝鲜釜山间开行旅客直达列车。1923 年 7 月，釜山与日本岛下关间设置轮渡。这样，就构成了日本侵略中国的最便捷的通道。

新京（长春）—清津旅客列车（经由图们）：1933 年 9 月敦图线建成，至此，"京图线"（长图线）全线通车。1933 年 10 月 15 日，伪"满"首都新京至朝鲜清津开行 210/202 次旅客直达列车，通过船车联运，由清津搭轮船可达日本国的敦贺。

新京—釜山旅客列车（经由图们）：1935 年 4 月 1 日，新京—朝鲜釜山间开行旅客快车（光号）。

新京—罗津旅客列车（经由图们）：1936 年 4 月 1 日，开行由新京至朝鲜罗津的 201/202 次旅客直达列车。

北平（北京）—釜山旅客列车（经由丹东）：1937 年日本侵略军占领华北时期，办理华北与华中、东北、朝鲜、日本、台湾的陆、海空联运业务，参加联运的单位有华北交通株式会社、华中交通株式会社、南满洲铁道株式会社、日本铁道省、朝鲜总督铁道局、台湾总督府铁道局、日本海汽船、大阪商船、大连汽船、日本游船、东亚海运、朝鲜游船、日本航空、满洲航空、中华航空株式会社共 15 个。1938 年 10 月后由北平开往釜山的有两对快车。联运客票有单程联运客票、往返联运客票、团体联运客票、租车联运客票、日满支旅行券。

牡丹江—图们—京城（汉城）旅客快车（经由图们）：1938 年 10 月 1 日，开行牡丹江—图们—朝鲜京城的 309/310 次旅客快车。

梅河口—通化—辑安（集安）—满浦—平壤旅客快车（经由集安）：1939 年 10 月梅辑（集）线通车，开行梅河口—通化—辑安—朝鲜满浦间混合列车 1 对，1941 年改为新京—吉林—梅河口—通化—满浦—平壤的旅客列车。

佳木斯—清津、罗津旅客列车（经由图们）：1935 年 3 月 23 日，日伪收买中东铁路后，1938 年 10 月 1 日，制定"日、满、华"联运协定。1939 年，佳木斯站与朝鲜清津、罗津港站之间开行 101/102 次直通旅客列车（通过船车联络，可达日本新潟）。

以上这些列车至 1945 年抗日战争胜利后中止开行。

（2）中华人民共和国成立后。

目前在用的对朝通道为丹东—新义州、图们—南阳、集安—满浦三条铁路通道，1953年12月16日，中朝两国铁路签署《中朝国境铁路协定》，1954年1月1日，两国铁路正式开办客货联运，由于两国铁路都是国际铁路合作组织成员，是国际客货联运协定的参加路，三条通道不仅用于运送中朝间进出口外贸货物，而且运送朝鲜与俄罗斯、东欧、蒙古国、越南间过境中国的货物以及中国与日本间的外贸货物以及国内客货运输。新中国成立后，不断对这三条铁路通道的线路、桥梁、站台进行改造、扩建、新建复线、提速、提高通过能力，满足了中朝、朝俄、朝越、朝欧联运需要和中国国内沿线地区和内地之间的客货运输需求。

北京—平壤直通客车（经由丹东）：根据1954年1月25日签署的《中朝铁路联运会议记录》和《中朝国境铁路协定》，1954年6月3日起，开行北京—平壤直通客车，全程1363 km，由中国铁路提供车辆，并担当乘务、旅客和行李包裹分别在丹东、新义州办理出入境检查检验手续。

莫斯科—平壤直通客车（经由满洲里、丹东）：1954年1月31日，北京—满洲里—莫斯科国际旅客列车开行后，在该列车上挂有由苏联铁路提供车辆并担当乘务的莫斯科—平壤直通客车3辆，运行至沈阳站再换挂在北京—丹东27/28次列车上，同北京—平壤直通客车一起通过丹东—新义州往返至平壤。集安—满浦国境站间客车自1964年起，在两站间运行的货物列车上每日加挂1次，每次加挂1辆硬座客车（由中朝两国铁路轮流提供车辆并担当乘务），供两国驻扎人员和边境地区居民来往乘坐，不按国际旅客联运规定办理，客票由各自发售，费用互不清算。2007年，因朝方一侧线路保证不了运行安全，停开一年。2008年又恢复开行，并改由单机拉隔离车牵引，不再与货物列车混编。

1984年10月10日，朝鲜铁路担当的首趟平壤—北京直通客车从平壤开出，11日抵达北京，朝鲜铁道部副部长徐南信添乘该车来北京。此后，每周2趟的直通客车即由中铁和朝铁各担当1趟。

丹东—平壤国际旅游列车：1992年，经中朝两国国境铁路局商定开行丹东—平壤国际旅游列车，由中方铁路提供车辆并担当乘务。旅游列车不按国际旅客联运规定执行，双方另定办法相互清算有关费用。此列车从1992—1997年开行。1998年开始，朝鲜铁路购置车辆后，改为中方车辆只在丹东—新义州间开行，朝鲜铁路车辆在新义州—平壤间开行，游客在新义州进行换乘旅行。1999年，朝方要求，中方游客办理的旅游证件由原来的边境通行证改为护照，因朝鲜尚不是中国国际旅游对象国，无法办理旅游护照，因而列车停开。2000—2008年，朝方不坚持办理护照，因而又恢复开行。一般开行时间为每年的4月至10月。

图们—罗津国际旅游列车：1997年8月22日起，经中朝两国国境铁路局商定，在夏季期间每周开行图们—罗津国际旅游列车，但不按国际旅客联运规定执行，由双方另定办法相互清算有关费用。此列车1998、1999、2000年开行，以后未再开行。

丹东—平壤直通客车：2002年5月22日，经中朝双方商定，加挂开行丹东—平壤直通客车，每星期2个往返，中朝铁路各担当1个往返。中铁提供1辆开放式硬卧车、朝铁提供1辆硬包车。

1954—2007年，中朝铁路间开行的直通客车（包括莫斯科—平壤的直通客车）一直未间断开行，在2007年举行的时刻表会议上，中朝双方商定，北京—平壤直通客车全年开行，每星期4个往返，中朝铁路各担当2个往返。丹东—平壤直通客车全年开行，每星期2个往返，中朝铁路各担当1个往返。

四、中蒙国际列车

北京—乌兰巴托直通客车（经由二连）：1956年1月1日中蒙铁路通道开通后，1956年1月4日，根据《中蒙国境铁路协定》及其有关问题的协定书，开行了北京—乌兰巴托直通客车，编挂软硬卧包房车各1辆，由中国铁路提供车辆并担当乘务。

北京—乌兰巴托—莫斯科国际旅客列车：于1959年6月4日开行，过境蒙古国。蒙古国铁路可以利用预留的席位或空闲座位出售中蒙间或蒙苏间的客票。中国铁路在有空闲席位的情况下可以出售中蒙间客票。

1975年7月15日，由蒙古国铁路担当的北京—乌兰巴托直通客车开行，另一趟仍由中国铁路提供车辆并担当乘务。

北京—乌兰巴托国际旅客列车（经由二连）：1985年3月25—31日，中国铁道部和蒙古国运输部代表在乌兰巴托举行的会议上商定，鉴于客流量增大，于1985年夏季期间开行北京—乌兰巴托23/24次国际旅客列车。开行期间，北京—乌兰巴托89/90次直通客车停开，其他季节23/24次列车停开时，89/90次客车恢复开行。23/24次国际旅客列车和89/90次直通客车均由中蒙两国铁路轮流担当。7月2日，由中国铁路担当的北京—乌兰巴托23/24次国际旅客列车首次开行。1986年6月5日，由蒙古国铁路担当的北京—乌兰巴托23/24次国际旅客列车开行。经中蒙两国铁路商定，从1995年起，北京—乌兰巴托国际旅客列车全年开行，每周一往返，由中蒙两国铁路按年轮流担当，89/90次直通客车不再开行。

呼和浩特—乌兰巴托直通客车（经由二连）：1990年3月15—17日，中蒙两国铁路关于客运问题的专家会晤在乌兰巴托举行。会议商定，1990年夏季（5月31日—9月27日）开行呼和浩特—乌兰巴托直通旅客列车。5月31日，乌兰巴托—呼和浩特直通客车如期开行，每周1趟，本年度夏季暂由蒙古国铁路担当。1991年4月28日开始，每周2趟，由中蒙两国铁路各担当1趟。同年12月17—21日，中国呼和浩特铁路局和蒙古国乌兰巴托铁路局在呼和

浩特会晤，双方商定自 1991 年起，全年定期开行呼和浩特—乌兰巴托直通客车，每周运行 2 趟，中国铁路和蒙古国铁路各担当 1 趟，并商定了运行时刻表、开行日期、售票、清算和客车技术条件等事项。在 2007 年 9 月举行的国际旅客联运列车时刻表会议上，中蒙双方商定，23/24 次国际旅客列车，在 2007 年 6 月 5 日—2008 年 5 月 27 日开行期间，由中国铁路担当。2008 年 6 月 5 日—2009 年 5 月 28 日，由蒙古国铁路担当。呼和浩特—乌兰巴托直通客车全年开行，中国铁路和蒙古国铁路各担当一个往返。

二连—扎门乌德国境站间国际列车：为适应中蒙边境地区进出境旅客乘车需要，经中蒙两国国境铁路局商定，自 1992 年 2 月 7 日起，开行了二连—扎门乌德国境站间国际列车，列车编组 8 辆，每星期开行 2 次，自 2007 年一直开行至今。

乌兰巴托—二连国际旅客列车：1986 年 6 月 5 日，经中蒙两国铁路商定，乌兰巴托—二连 22/21 次国际旅客列车开行，编组 14 辆，全年开行，每周 2 个往返，由蒙古国铁路提供车辆并担当乘务。

呼和浩特—伊尔库茨克直通客车（经由二连）：呼和浩特—伊尔库茨克直通客车 2007 年 5 月开行后，蒙古国铁路可以出售预留席位或有空闲席位的中蒙间或蒙俄间客票，中国铁路在有空闲席位情况下出售中蒙间客票。

五、中哈国际列车

乌鲁木齐—阿拉木图国际旅客列车（经由阿拉山口）：1992 年年初，中哈两国铁路就开行阿拉木图—乌鲁木齐 13/14 次国际旅客列车开始举行会谈，解决了国际旅客列车开行的时间、车次、列车编组、客票清算、车辆维修等问题。由于中国暂无法提供符合宽、准轨运行条件的国际旅客联运车辆，6 月 20 日哈铁担当的阿拉木图—乌鲁木齐 14/13 次国际旅客列车首先在哈萨克斯坦首都阿拉木图试验开行，直到 12 月 2 日，第二趟 13/14 次列车再次开行（编组 8 辆）。1993 年 2 月，北京—莫斯科 3/4 次国际列车更换车体后，将原车体调乌鲁木齐铁路局作为中铁提供的中哈间旅客联运国际列车车底，4 月 3 日，中铁提供车辆并担当乘务的国际列车正式开行。至此，乌鲁木齐—阿拉木图国际旅客列车每周开行 2 趟，中哈铁路各担当 1 趟。为满足过境旅游购物旅客的需要，经中哈双方协商开行不定期的口岸换乘旅客列车（40 余列）。为适应过境旅客的要求。

兰州—阿拉木图直通客车：1993 年 4 月 3 日，由中国铁路提供车辆开行后，在列车上加挂两节兰州—阿拉木图不换乘直通客车（过境列车编组 10 辆），该客车于 1994 年 4 月停止挂运。

乌鲁木齐—阿斯塔纳国际旅客列车：2008 年 5 月 27 日，经中哈两国铁路商定，开行阿斯塔纳—乌鲁木齐 N897/898 次国际旅客列车，列车编组共 8 辆（其中软卧包房车 1 辆、硬卧包房车 7 辆），全程运行距离 1898 km，运行时间 38 小时零 8 分。列车由哈萨克斯坦铁路提供车辆并承担乘务，每周开行一次。

六、中乌国际列车

塔什干—乌鲁木齐直通客车（经由阿拉山口）：乌鲁木齐—阿拉木图国际列车开行后，乌兹别克斯坦铁路也提出开行塔什干—阿拉木图乌鲁木齐直通客车，为满足乌方愿望，中哈乌三国铁路 1992 年 7 月 30 日—8 月 5 日在塔什干举行了会谈，商定自 1992 年 9 月 19 日起开行塔什干—阿拉木图—乌鲁木齐直通国际客车，编组 2 辆。1992 年 10 月 1 日，塔什干—乌鲁木齐两节不换乘客车开始加挂（过境列车编组 10 辆，其中哈铁 8 辆、乌铁 2 辆）。1993 年，该趟客车停挂。

七、"东方快车"

1883 年 10 月 4 日，一辆名为 Expressd'Orient（法语，东方快车）的火车从巴黎出发，经过了 3 天 9 小时 40 分钟之后，顺利抵达了伊斯坦布尔，成为铁路运输史上第一趟横跨大洲的旅客列车，也是"东方快车"称谓的起源。根据当时的欧洲媒体形容，"东方快车"车厢的墙上悬挂厚重的褶皱布帘，床上铺着细棉布被单，餐具上有设计师标识，高级的盥洗用具，闪闪发光的水晶装饰和镜子；乘客的卧室包厢铺满长毛绒地毯，车上的厨房提供世界各地的美食。

从当时来看，东方快车不是简单的火车，而是一个行走在铁路上的豪华宫殿，是当时世界上最奢华的陆上交通工具，受到欧洲等地达官贵人的追捧。军火大亨扎哈罗夫，石油巨头、壳牌石油和英国石油的创始人古尔班基安，以及很多欧洲王室成员经常乘坐这趟列车。

从 1883 年开始，东方快车穿梭在西欧与东欧之间，除了两次世界大战期间中断数年；冷战时期，在不同阵营之间奔驰的东方快车，还一度被视为世界和平的象征。但是，随着高速铁路和廉价航空在欧洲的兴起，东方快车贵族式的出行方式逐渐没落了。1977 年，东方快车宣告停运。在此期间，东方快车并没有来过中国。

1988 年 9 月，为纪念日本富士电视台三十周年，由西德铁路旅行社发起组织"东方快车"怀旧之旅，开行了经瑞士—俄罗斯—中国—中国香港—日本的豪华"东方快车"（见图 5-1～图 5-4），途经欧亚 8 个国家和地区，全程 1.4 万公里。列车由瑞士铁道公司担当乘务，编组 18 辆，有软卧车、餐车、酒吧车、浴室车等，如图 5-1～图 5-4 所示。旅客的全程费用达 25 000 美元/人。仅有旅客 61 人，而服务人员多达 43 人，几乎是一对一服务。东方快车从巴黎出发后，一路向东前行，经过当时联邦德国的黑尔姆斯特，民主德国的东柏林、波茨坦，波兰的华沙，从波苏边境的布列斯特进入苏联，经莫斯科、后贝加尔斯克、伊尔库茨克，从满洲里

进入中国境内，到北京然后南下经深圳到我国香港，转海路到达日本，成为近年来唯一一趟横贯欧亚大陆的旅客列车。每到一个国家，东方快车不但改挂该国提供的机车，而且有该国的厨师上车制作本国特色的佳肴，供乘客大快朵颐。在进入中国之后的餐车菜单上，封面上最醒目的就是中国的国酒贵州茅台。

1994—2009 年，中国铁路经与有关铁路商定，组织了在满洲里、二连、阿拉山口国境铁路口岸换乘的豪华旅游列车共计 200 多列。

图 5-1　东方快车到达深圳火车站

图 5-2　东方快车车厢

图 5-3　在东方快车餐车中用餐的旅客

图 5-4　东方快车的软卧包厢

第二节　客运服务

一、国际旅客联运站

1903—1949 年，中俄、中越、中朝间开行的国际列车，仅限在中东铁路（滨洲、滨绥线）、滇越铁路和东北地区的车站办理。日本侵略军占领华北时期，华北、华中地区铁路参加中朝旅客联运。新中国开办国际旅客联运后，中国铁路在本国境内国际列车和直通客车运行的经路上和主要城市所在地，先后选择了 22 个车站，作为国际联运客站，即北京、天津、大同、上海、南京、杭州、广州、长沙、衡阳、郑州、汉口、南宁、桂林、凭祥、二连、集宁、哈尔滨、满洲里、沈阳、大连、长春、丹东。20 世纪 90 年代后，为便于管理，取消了上海、南京、杭州、广州、大连旅客联运站，并根据新开行的国际旅客联运列车和直通客车陆续增加了北京西、牡丹江、绥芬河、乌鲁木齐、阿拉山口。在昆明北—河内联运直通客车运行的经路上选择了昆明北、宜良、开远、河口 4 个车站，南宁—河内国际旅客列车开行后，选择桂林、南宁、崇左、凭祥站作为办理中越铁路间的旅客联运业务。2004 年起，增补山海关、昂昂溪为国际旅客联运站。这些车站设置了联运旅客候车室和行李包裹托运处，并提供海关检查场所。

海关在车站直接办理联运旅客托运和到达的联运行李、包裹的查验手续，车站办理承运发送和到达提取的铁路手续。联运旅客候车室一般设在车站的软席候车室内，各国境站则专门设置了联运候车室和小商品销售部以及兑换外币的银行，还配备了各种文字的报刊、杂志供旅客免费阅读。满洲里站国际旅客候车室面积达 2691 m^2，阿拉山口站达 3662 m^2。在二连国境站，出入境的列车车辆要更换转向架，候车时间约 2 h，车站设置大小候车室共 6 间，面积达 1921 m^2，候车室增设了闭路电视图书零售店，售货部增加了商品花色品种，新开设了酒吧间、音乐茶座，为国际旅客提供了舒适优雅的旅行环境，并设置了小餐厅供旅客用餐。

丹东国境站 1989 年重建新站舍，新客站总面积为 8670 m^2，是原站舍的 5 倍。2008 年 12 月 4 日，再次进行了改建，新站舍面积扩大到 15 300 m^2。站舍内建有通道式口岸联检大厅，国际旅客候车厅宽敞舒适、布局合理、设备先进，为国际联运旅客提供更为先进的候车条件。同时，站内站台建成无柱雨棚和高站台，使站台条件进一步改善。

二、客票发售

1904—1945 年，中东铁路开行的各趟国际旅客列车 1、2、3 等客票，由总部设在哈尔滨的国际卧铺车公司发售，该公司分别在哈尔滨、长春、满洲里设有分部。2、3、4 等客票由中东铁路商务代办处发售，商务代办处分别在哈尔滨、长春设有售票所。中东铁路开行的各趟旅客列车卧铺票统由国际卧铺车公司（万国睡车公司）发售并担当服务。卧铺车票价分成三等，一、二等提供睡衣，三等不提供。卧铺车票在铁路终端站（哈尔滨、长春、绥芬河、满洲里和海参崴）发售，由国际卧铺车公司的售票处办理。在一些中间站由车站的售票口或者由列车员办理。此外，中东铁路所有的商务代办所，无论是路外的上海、天津、大连、营口、沈阳，还是路内各站，均向国际卧铺车公司预订卧铺票。

中国开办国际旅客联运后，根据参加的《国际铁路旅客联运协定》（第七条第一项）规定，

国际铁路旅客联运之乘车票据，由各国旅行社机构发售。为此，我国铁道部于 1954 年 5 月 12 日和中国国际旅行社（此后不久即成立中国国际旅行社总社，归属中央人民政府对外贸易部领导）签订了委托代售国际铁路旅客联运乘车票据的协议。中国国际旅行社先后同苏联朝鲜、德意志、波兰、捷克斯洛伐克等国的旅行社机构签订了相互委托发售乘车票据的合同。与此同时，在中国铁路陆续对外公布的分布在 13 个省市区的旅客联运站所在地设立了中国国际旅行社分社，专事发售国际联运乘车票据业务，从业人员达 50 多人。1987 年，中共十一届三中全会后，为适应国际铁路联运和国际旅游发展的需要，铁道部、国家旅游局、中国民航总局经协商决定成立北京旅游联合服务中心，由国旅总社负责组织实施，在旅游联合服务中心成立联运售票总部，以推进此项业务更好开展。从 50 年代至 90 年代初期，有近 40 年时间是采用传统的手抄口传、人工计价方式进行售票，不仅劳动强度大，而且工作效率低。为了改变这一落后状况，中国国际旅行社总社从 1991 年开始探索采用电脑管理售票业务，经过多年的不懈努力，先后完成了电脑管号、制票、编制月报等，进而发展到网络售票，波及属下的 13 家旅行分社，并且完成了与铁道部、北京站以及蒙古国乌兰巴托铁路局的联网查询。总社只做了售票网页，对社会开放查询。90 年代以后，随着中国铁路开行国际联运列车逐渐增多，经过铁道部与中国国际旅行社协商，铁路国际旅行社也开始承当发售联运客票的任务。旅游联合服务中心联运售票总部分别向北京、哈尔滨、乌鲁木齐、柳州铁路局的旅行社介绍了电脑售票情况，提供了相应软件，并协助培训了相关的经办人员。

三、餐茶供应

中国开办旅客联运后，和邻国铁路间开行的各国际列车、直通客车在中国境内运行都挂有餐车（餐车不出境），供旅客用餐。这些餐车厨师和服务员都经过严格挑选和外语培训，餐料是特殊供应的，可满足中外旅客中西式用餐要求。1998 年，经我国铁道部批准，对乘坐由中国铁路担当的北京—乌兰巴托—莫斯科 3/4 次国际列车的旅客在中国国内段实行免费供餐，受到中外旅客的欢迎。20 世纪 70—80 年代，在 3/4 次国际列车上，各节车厢准备了中国茶叶、咖啡、饮料等，向旅客有偿供应。各次列车和直通客车都设有茶炉烧水，每个包房都配备保温瓶，由列车员为旅客免费送水。

四、列车乘务

中国和邻国间开行的国际列车和直通客车一般都是由双方对等开行担当乘务。北京—乌兰巴托—莫斯科、北京—乌兰巴托、南宁—河内、乌鲁木齐—阿拉木图国际列车，北京—平壤、北京—河内、呼和浩特—乌兰巴托、哈尔滨—哈巴罗夫斯克—符拉迪沃斯托克直通客车由中国铁路提供车辆和担当乘务的,铁道部要求各铁路局、分局、列车段对乘务人员要严格挑选、严格训练,考核合格后方能上岗乘务。

由中国铁路提供车辆并担当乘务的北京—乌兰巴托—莫斯科 3/4 次国际旅客列车自 1960 年 5 月 24 日开行以来,截至 1985 年,列车乘务员以一流的服务水平,安全输送旅客 43.2 万多人,得到中外旅客的称赞,被誉为"友谊的桥梁"。1984 年,铁道部给列车乘务组记集体功一次;1985 年,又授予"红旗列车"的光荣称号。

3/4 次国际旅客列车运行于欧亚两大洲之间,是世界上运行里程最长的列车之一。列车由北京始发,途中要横穿蒙古人民共和国戈壁大沙漠,绕贝加尔湖,通过西伯利亚大铁路,越过乌拉尔山脉,最后到达苏联首都莫斯科,全程 7 865 km,列车往返运行约 13 天。列车共有 6 个乘务组。每组 21～25 人(根据增减客车辆数而定)。其中有列车长 2 名,翻译 1 名,检车员 4 名,列车员 14～18 名。列车在蒙、苏铁路运行时,蒙、苏均派 1 名列车长偕同中国列车长工作。列车的服务、餐茶供应、行包运送等工作由北京列车段承担,车辆技术检修等技术工作由北京车辆段担任。

列车从开行之初就非常重视文明礼貌、优质服务。80 年代以来,列车段为列车乘务人员提出了更高的目标。即发扬东方文明,体现中国特色,创世界一流服务水平。为此,他们制定和完善了服务、卫生、安全、人员培训、标准化作业等一整套管理制度和办法,总结制定了文明、热情、勤劳、廉洁、助人的五条服务规范,开展微笑服务等活动,不断提高服务质量。讲文明,懂礼仪,不卑不亢,具有高尚的职业道德,是列车服务工作的一个特点。服务员着装整齐,举止文明,和外国人交谈,落落大方。列车工作人员注意照管好旅客的财物,20 多年来先后在车上捡拾到旅客失落的照相机、手表、外币、护照等近 800 件,均千方百计交还失主,并婉言谢绝任何馈赠。旅客们称赞说从他们身上看到中华民族的传统美德。

由中国铁路提供车辆并担当乘务的南宁—河内国际列车 2009 年 1 月 5 日正式开行,南宁铁路局南宁客运段从全段 17 个车队中精选了 132 名 35 岁以下、具有高中以上文化程度、身体健康、五官端正、思想品德好、综合素质较好、业务知识过硬的乘务员担当国际列车的值乘任务。

由俄罗斯、蒙古国、朝鲜、哈萨克斯坦、越南铁路担当的国际列车和直通客车到达终点站北京、呼和浩特、哈尔滨、乌鲁木齐、昆明时,中国铁路为这些国家铁路乘务员准备了设备良好的乘务员公寓供他们休息。

第三节 旅客运量

一、中俄间

1903年，中东铁路正式运营后，沙俄政府利用这条铁路从西部内地，过境中国向东部乌苏里地区移民达11 441人。不仅为向远东地区移民提供了方便，而且促使大批中国的农民移居东北。1904年，日俄战争爆发后，中东铁路主要为沙俄军事运输所用。1904年和1905年运送军队分别为180.85万人次和268.74万人次，而运送旅客分别只有45.5万人和62万人。1904—1913年，运输处于正常时期。1914—1923年，因第一次世界大战、俄国十月革命以及国际监管等原因，中东铁路运营极其困难。1924—1931年，运营状况达到最佳时期，1928年客运量达到历史上最高水平，运送497.6万人。1929年，"中东路事件"以后，1930年客运量同比下降了146万人。1931年九一八事变后，中东铁路处于半瘫痪状态。客运量下降到225.2万人。

1951年中苏开办联运后，滨绥线对俄只办理国际铁路货物，不办理旅客联运。通过滨洲线开行北京—莫斯科国际旅客列车后，旅客联运范围扩大，1953年中俄均加入《国际旅客联运协定》，范围进一步扩大到全中国大部分地区。乘坐国际旅客列车和联运旅客不仅局限于两国公民，而且还有朝鲜、越南过境旅客以及其他国家旅客，不仅有探亲访友、旅游观光的而且还有友好交往、商务往来和互相派遣的留学人员。至20世纪90年代，已有80多个国家的旅客从满洲里站进出境。1951—1964年，中苏关系友好时期，客运量逐年上升。这一时期最高年份分别运送旅客达25 003人和37 836人。1965—1976年，中苏关系紧张，中国又发生"文化大革命运动"，中苏以及中国和国际交往减少。国际联运旅客运量大幅下降。经由满洲里和二连最低年份分别仅运送6848人和11 416人次。

1979年2月，中国政府宣布退出布拉格签订的非贸易支付清算协定后，中国同苏联、蒙古国等各国之间以卢布计算的国际铁路联运费改为通过美元、瑞士法郎等第三国货币清算后，购买联运客票均以西方自由外汇清算，两国间公民往来减少，一度影响客运量下降。

1982年以后，随着中国的改革开放以及中俄关系的改善，两国和中国与国际交往增多，客运量逐年上升。

1991年和1992年开行绥芬河—格罗迭科沃、满洲里—后贝加尔国境间旅客列车后，两口岸1992年全年共运送旅客66.9万人（其中满洲里7.6万人、绥芬河59.3万人），比1991年19.1万人增加47.8万人，增长348.1%。1993年，两口岸共运送旅客72.6万人次（其中满洲里6.5万人、绥芬河66.1万人）。

1993年6月1日开行哈尔滨—哈巴罗夫斯克/符拉迪沃斯托克国际旅客直通客车，滨绥线正式开办国际旅客联运，但暂不对第三国铁路开放。1997年客运量为1.2万人，1998年为1万人。

二、中越间

1910年滇越铁路开行国际列车后，法国公司定的票价昂贵，过境客运量不大。1937年抗日战争爆发，中国沿海港口相继沦陷，云南成为大后方，滇越铁路成为全国唯一的出海通道。工厂、商行、公司、学校、机关纷纷从内地向大后方疏散，通过滇越铁路客运量大增，1938年、1939年滇越铁路全线客运量（含越境）分别达到420、454万人，是这条铁路客运量最旺盛时期，1940—1997年，滇越铁路中断国际旅客联运。1997年4月18日开行昆明—河内国际联运客车后，过境客运量不大。

1955—1978年，中越联运中断时止，从凭祥入境旅客共319 967人，年均入境1332人，最高年为1956年29 134人，最低年为1977年6958人。从凭祥出境旅客共289 219人，年均出境12 051人，最高年为1966年19 632人，最低年为1956年5979人。此外北京—河内直通客车开行后，客运量不大。

1972—1971年，为运送越南在抗美援越期间前往苏联、东欧国家学习的留学生回国探亲休假，每年暑假期间，中国临时组织开行满洲里—凭祥8/7次特快列车1对。6年共运送学生43 494人过境中国。

1996年中越两国铁路恢复联运后，北京—河内直通客车客运量不大。1997年4月18日—2002年10月1日，昆明—河内直通客车开行期间，共运送旅客14 229人，年均2300多人。2002年3月8日—2005年5月，桂林—下龙湾、嘉林国际旅游列车共开行73列（其中2002年32列、2003年32列、2004年7列、2005年2列），共运送游客14 600多人。2009年1月1日，南宁—河内国际列车开行后，至年底运送旅客9490人（出5485人、进4005人）。2010年运送旅客23 896人（出12 233人、进11 663人）。

三、中朝间

1911年11月，安东—新义州线开通。当年从安东站上车旅客4.4万人次，下车旅客4.28万人次。安东站客运量逐年增加，1913年，乘车旅客增至10.05万人次，下车旅客6.61万人次。1928年（民国17年）乘车旅客增至10.05万人次，下车旅客6.61万人次。同时，安东车站扩建客车场第1、2站台，新建第3、4站台。据1944年6月的一份调查材料记载：每昼夜接发旅客列车14列，混合列车2列，其中往来朝鲜过轨的旅客列车6列（客车109辆）。1942年乘车旅客74.6万人次，下车旅客64.5万人次。

1945年"九三"胜利后，中朝间办理非正式国际联运。1950—1953年抗美援朝时期，中国参加抗美援朝的人员和物资经由安东、集安、图们口岸源源不断地运往朝鲜，完成了艰巨繁重的军事运输任务。仅集安口岸运送的中国人民志愿军就达42万人。

1954年1月25日，中朝开办联运业务后，图们口岸只办理国际货物联运业务，不办理旅客联运。1997—2000年，在每年夏季期间临时开行的图们—罗津旅游列车客运量不大。1964年，集安—满浦口岸在货物列车上加挂1辆客车，仅满足中朝两国边境居民乘车需要，但运量不大。1964—1985年（除中国"文化大革命"期间），丹东口岸出入境旅客日均仅为2～4人。之后，1991年为1.5万人，其他年度每年几千人。

1954年6月3日，北京—平壤直通客车开行后，加上莫斯科—平壤直通客车，年运量均不大。1984年为1.8万人，1997年为2.3万人，1998年为2.2万人。

四、中蒙间

从中蒙两国铁路1956年1月1日开办国际旅客联运以来直到1998年底，开行的各次国际列车和直通客车，共运送旅客474 755人次，年均20 641.5人次。出入境最高年份为1963年，达50 684人次。最低年份为1980年，达688人次。有来自72个国家和地区的旅客经二连口岸进出境。

1989—1998年，客运量一直上升，最高年份达6.9万人，1998年为5.9万人。二连站与蒙方国境站扎门乌德之间开行的短途客车，运量最高年份为8.2万人，1997年为5.6万人，1998年为4.3万人。

五、中哈间

1992年6月20日开行阿拉木图—乌鲁木齐国际旅客列车以来，1993年运送旅客3万人次。1994年，由于中哈两国实行护照签证后，客运量大幅度下降，全年运送旅客7 842人次。1995年以后客流量逐步回升，1998年为2.3万人，到1999年，全年完成3.2万人，同比增长38.7%。2000年以后逐年提高，2007年完成5.12万。

我国自开办国际旅客联运以来，截至2007年年底，有来自80多个国家约985.6万人次乘坐各次国际列车和直通客车进出境旅行、观光、友好往来、商务往来、探亲访友等，为国际交往，增进中国和世界各国人民友谊做出了贡献。1961—2007年各次旅客列车直通客车的旅客运量见表5-1～表5-6。

表 5-1 我国开行的国际旅客列车运行情况统计表（1961—1969 年） 单位：人次

担当路	经路	车次	1961年	1962年	1963年	1964年	1965年	1966年	1967年	1968年	1969年
中	北京	3	18 918	16 705	17 612	17 170	—	—	—	—	—
	莫斯科	4	18 918	16 705	17 612	17 170	—	—	—	—	—
苏（俄）	莫斯科	19	12 501	8666	4600	4458	—	—	—	—	—
	北京	20	12 502	8666	4600	4458	—	—	—	—	—
苏（俄）	莫斯科	19	—	—	—	—	—	—	—	—	—
	平壤	20	—	—	—	—	—	—	—	—	—
中、俄	哈尔滨东	217	—	—	—	—	—	—	—	—	—
	伯力等	218	—	—	—	—	—	—	—	—	—
中	北京	27	4584	4340	4881	4321	—	—	—	—	—
	平壤	28	4584	4341	4881	4321	—	—	—	—	—
朝	平壤	27	—	—	—	—	—	—	—	—	—
	北京	28	—	—	—	—	—	—	—	—	—
中、蒙	北京	23	—	—	—	—	—	—	—	—	—
	乌兰巴托	24	—	—	—	—	—	—	—	—	—
中	北京	89	2916	6332	7730	4685	—	—	—	—	—
	乌兰巴托	90	1916	6332	7730	4685	—	—	—	—	—
蒙	乌兰巴托	89	—	—	—	—	—	—	—	—	—
	北京	90	—	—	—	—	—	—	—	—	—
中	呼和浩特	602	—	—	—	—	—	—	—	—	—
	乌兰巴托	601	—	—	—	—	—	—	—	—	—
蒙	呼和浩特	215	—	—	—	—	—	—	—	—	—
	乌兰巴托	216	—	—	—	—	—	—	—	—	—
中	北京西	5	—	—	—	—	—	—	—	—	—
	河内	6	—	—	—	—	—	—	—	—	—
中、越	昆明北	633	—	—	—	—	—	—	—	—	—
	河内	634	—	—	—	—	—	—	—	—	—
中	乌鲁木齐	13	—	—	—	—	—	—	—	—	—
	阿拉木图	14	—	—	—	—	—	—	—	—	—

续表

担当路	经路	车次	1961年	1962年	1963年	1964年	1965年	1966年	1967年	1968年	1969年
哈	阿拉木图	13	—	—	—	—	—	—	—	—	—
	乌鲁木齐	14		—	—	—	—	—	—	—	—
中、蒙	二连—扎门乌德		—	—	—	—	—	—	—	—	—
	扎门乌德—二连			—	—	—	—	—	—	—	—
中	满洲里—后贝加尔		—	—	—	—	—	—	—	—	—
	后贝加尔—满洲里			—	—	—	—	—	—	—	—
中	绥芬河—格罗迭科沃		—	—	—	—	—	—	—	—	—
	格罗迭科沃—绥芬河			—	—	—	—	—	—	—	—

表5-2 我国开行的国际旅客列车运行情况统计表（1970—1979年） 单位：人次

担当路	经路	车次	1970年	1971年	1972年	1973年	1974年	1975年	1976年	1977年	1978年	1979年
中	北京	3	—	5708	6239	6308	7163	10 017	7617	2743	11 507	3970
	莫斯科	4		5708	6239	6308	7163	10 017	7617	2743	11 507	3970
苏（俄）	莫斯科	19	—	4099	4660	5799	5812	6117	3424	4409	5370	3761
	北京	20		4099	4660	5799	5812	6117	3424	4409	5370	3761
苏（俄）	莫斯科	19	—	—	—	—	—	—	—	—	—	—
	平壤	20		—	—	—	—	—	—	—	—	—
中、俄	哈尔滨东	217	—	—	—	—	—	—	—	—	—	—
	伯力等	218		—	—	—	—	—	—	—	—	—
中	北京	27	—	2574	3506	4455	4297	4115	2770	3902	3603	3366
	平壤	28		2574	3506	4455	4297	4115	2770	3902	3603	3366
朝	平壤	27	—	—	—	—	—	—	—	—	—	—
	北京	28		—	—	—	—	—	—	—	—	—
中、蒙	北京	23	—	—	—	—	—	—	—	—	—	—
	乌兰巴托	24		—	—	—	—	—	—	—	—	—
中	北京	89	—	493	513	626	538	519	339	410	467	285
	乌兰巴托	90		493	513	626	538	519	339	410	467	285
蒙	乌兰巴托	89	—	—	—	—	—	—	—	—	—	—
	北京	90		—	—	—	—	—	—	—	—	—

续表

担当路	经路	车次	1970年	1971年	1972年	1973年	1974年	1975年	1976年	1977年	1978年	1979年
中	呼和浩特	602	—	—	—	—	—	—	—	—	—	—
	乌兰巴托	601		—	—	—	—	—	—	—	—	—
蒙	乌兰巴托	215	—	—	—	—	—	—	—	—	—	—
	呼和浩特	216		—	—	—	—	—	—	—	—	—
中	北京西	5	—	17 856	16 405	18 708	18 994	17 143	15 048	14 044	13 267	—
	河内	6		17 856	16 405	18 708	18 994	17 143	15 048	14 044	13 267	—
中、越	昆明北	633	—	—	—	—	—	—	—	—	—	—
	河内	634		—	—	—	—	—	—	—	—	—
中	乌鲁木齐	13	—	—	—	—	—	—	—	—	—	—
	阿拉木图	14		—	—	—	—	—	—	—	—	—
哈	阿拉木图	13	—	—	—	—	—	—	—	—	—	—
	乌鲁木齐	14		—	—	—	—	—	—	—	—	—
中、蒙	二连—扎门乌德		—	—	—	—	—	—	—	—	—	—
	扎门乌德—二连			—	—	—	—	—	—	—	—	—
中	满洲里—后贝加尔		—	—	—	—	—	—	—	—	—	—
	后贝加尔—满洲里			—	—	—	—	—	—	—	—	—
中	绥芬河—格罗迭科沃		—	—	—	—	—	—	—	—	—	—
	格罗迭科沃—绥芬河			—	—	—	—	—	—	—	—	—

表5-3 我国开行的国际旅客列车运行情况统计表（1980—1989年） 单位：人次

担当路	经路	车次	1980年	1981年	1982年	1983年	1984年	1985年	1986年	1987年	1988年	1989年
中	北京	3	2772	3824	4169	4130	4785	6391	8132	10 214	11 407	12 045
	莫斯科	4	2772	3824	4169	6162	6172	7681	8005	9707	12 221	11 145
苏（俄）	莫斯科	19	4359	4983	6068	1013	1491	2394	2910	3219	5856	10 088
	北京	20	4359	4983	6868	2246	2934	3801	4820	5307	7382	12 528
苏（俄）—朝	莫斯科	19	—	—	2755	3286	2588	3134	2337	1484	1662	
	平壤	20	—	—	3813	4018	4874	5190	3982	2093	2123	
中、俄	哈尔滨东	217	—	—	—	—	—	—	—	—	—	—
	伯力等	218		—	—	—	—	—	—	—	—	—

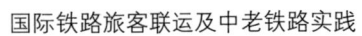

续表

担当路	经路	车次	1980年	1981年	1982年	1983年	1984年	1985年	1986年	1987年	1988年	1989年
中	北京	27	2990	2657	2688	3490	3025	3926	4056	3872	3223	3625
	平壤	28	2990	2657	2688	3564	2917	3860	4537	3802	3203	3524
朝	平壤	27	—	—	—	—	2104	3174	3562	3544	3051	3480
	北京	28				2691	3671	4225	3668	3311	3822	
中、蒙	北京	23			—	—	—	中 533	蒙 628	蒙 1096	中 2340	蒙 1717
	乌兰巴托	24						1137	2102	2619	3467	2144
中	北京	89	373	417	549	456	367	293	225	457	862	1307
	乌兰巴托	90	373	417	549	1194	982	39	483	703	876	1164
蒙	乌兰巴托	89	—	—	—	547	502	466	430	575	729	1223
	北京	90			—	1173	704	498	415	654	897	1202
中	呼和浩特	602	—	—	—	—	—	—	—	—	—	—
	乌兰巴托	601										
蒙	乌兰巴托	215	—	—	—	—	—	—	—	—	—	—
	呼和浩特	216										
中	北京西	5	（联运中断）									
	河内	6										
中、越	昆明北	633	—	—	—	—	—	—	—	—	—	—
	河内	634										
中	乌鲁木齐	13	—	—	—	—	—	—	—	—	—	—
	阿拉木图	14										
哈	阿拉木图	13	—	—	—	—	—	—	—	—	—	—
	乌鲁木齐	14										
中、蒙	二连—扎门乌德		—	—	—	—	—	—	—	—	—	—
	扎门乌德—二连											
中	满洲里—后贝加尔		—	—	—	—	—	—	—	—	—	2824
	后贝加尔—满洲里											758
中	绥芬河—格罗迭科沃		—	—	—	—	—	—	—	—	—	20 598
	格罗迭科沃—绥芬河											19 805

第五章　中国国际旅客联运的发展

表 5-4　我国开行的国际旅客列车运行情况统计表（1990—1999 年）

单位：人次

担当路	经路	车次	1990 年	1991 年	1992 年	1993 年	1994 年	1995 年	1996 年	1997 年	1998 年	1999 年
中	北京	3	14 017	15 691	15 480	12 241	10 761	7339	10 187	11 784	14 814	13 214
中	北京	4	13 971	15 421	17 521	13 536	8586	7524	8864	11 322	11 213	11 862
俄	北京	19	17 744	28 830	34 648	26 305	14 709	8493	7350	11 737	14 880	9030
俄	北京	20	18 034	33 262	38 235	35 828	31 346	18 719	15 669	15 403	16 525	12 371
苏（俄）	莫斯科	19	1740	1998	1944	1626	1265	1215	1182	1444	1378	629
苏（俄）	平壤	20	2228	2164	2235	2008	1963	1212	1204	1521	1424	998
中、俄	哈尔滨东	217	—	—	—	1658	852	2281	4987	7226	5052	3855
中、俄	哈尔滨东	218	—	—	—	1826	1322	3096	5591	5055	4662	2980
中	北京	27	4689	4705	4357	4249	3873	5085	5437	5240	5390	5714
中	北京	28	4478	4679	3820	3448	3069	4520	4876	5127	4382	5449
朝	平壤	27	4070	4729	4112	3422	2861	3513	3722	4057	4187	4354
朝	平壤	28	4216	5025	4460	4182	4530	4973	4823	5116	5063	5333
中	北京-乌兰巴托	23	6136 中	6953 中	6905 中	7207 中	5470 中	4687 中	4341 中	8361 中	9700 中	9692 中
蒙	北京-乌兰巴托	24	6340 蒙	7826	7061 蒙	8041	6322 蒙	5504	7317 蒙	11 460	11 185 蒙	11 834
中	北京-乌兰巴托	89	1066	1639	1762	1847	1410	801	537	—	—	—
中	乌兰巴托	90	1163	1922	1772	1845	1564	1152	847	—	—	—
蒙	北京-乌兰巴托	89	2046	4801	1518	1686	1663	1478	736	—	—	—
蒙	乌兰巴托-北京	90	1660	3855	1565	2342	1802	1438	776	—	—	—
中	呼和浩特-乌兰巴托	602	—	4661	3563	3304	2299	1861	1270	2418	2201	2117
中	乌兰巴托-呼和浩特	601	—	4406	4185	3409	2249	2777	2351	2508	2506	2668
蒙	乌兰巴托	215	—	—	—	—	—	2055	2906	3980	3420	4629
蒙	呼和浩特	216	—	—	—	—	—	3331	3511	3278	4145	5544

续表

担当路	经路	车次	1990年	1991年	1992年	1993年	1994年	1995年	1996年	1997年	1998年	1999年
中	北京西—河内	5	—	—	（联运中断）	—	—	—	1497	2192	2610	2392
		6	—	—		—	—	—	1950	2777	2759	2410
中、越	昆明北—河内	633	—	—	—	—	—	—	—	851	1040	792
		634	—	—	—	—	—	—	—	624	1245	864
中	乌鲁木齐—阿拉木图	13	—	—	—	5869	2133	1833	3466	5924	8314	10 653
	阿拉木图—乌鲁木齐	14	—	—	—	9656	2668	1934	2131	4461	8098	10 319
哈	阿拉木图—乌鲁木齐	13	—	—	5454	5869	1091	1403	2077	3350	3499	4065
	乌鲁木齐—阿拉木图	14	—	—	7916	9656	2270	2608	2913	2948	2898	6717
中、蒙	二连—扎门乌德	—	-	13 345	28 808	40 562	30 132	21 293 中	15 457 中	22 736 中	19 699 蒙	23 414 中
	扎门乌德—二连	—	-	12 164	28 454	41 405	36 426	32 264 蒙	34 293 蒙	32 915	23 035	23 168
	满洲里—后贝加尔	—	859	3930	26778	35 875	45 613	2821	630	—	—	—
	后贝加尔—满洲里	—	1862	2160	8823	—	—	—	—	—	—	—
	绥芬河—格罗迭科沃	—	24 431	51 165	271 470	20 090	150 038	141 888	161 630	160 545	125 851	148 462
	格罗迭科沃—绥芬河	—	22 230	46 759	271 012	—	—	—	—	—	—	—

表 5-5 新中国铁路开行的国际旅客列车运行情况统计表（2000—2007 年）　　　单位：人次

担当路	经路	车次	2001 年	2002 年	2003 年	2004 年	2005 年	2006 年	2007 年
中	北京	3	14 647	15 713	14 191	12 984	14 085	14 501	15 369
	莫斯科	4	14 435	15 828	11 979	14 021	13 770	14 829	14 879
苏（俄）	莫斯科	19	9176	13 480	11 729	14 596	15 707	16 999	14 831
	北京	20	10 289	12 954	9532	14 281	18 299	17 911	16 210
苏（俄）	莫斯科	19	639	890	1025	1156	1268	1417	1545
	平壤	20	826	1101	1222	1573	1850	1912	2091
中、俄	哈尔滨东	217	3575	3549	2720	3599	4358	5179	3493
	伯力等	218	2536	2833	2263	3543	5440	6130	5554
中	北京	27	6583	6102	5080	6289	6489	5768	1489
	平壤	28	4079	5513	4588	5892	5745	5457	5891
朝	平壤	27	4955	4946	4827	6287	6395	5559	6053
	北京	28	5387	4794	3931	4959	3011	2486	2446
中、蒙	北京	23	中 12 342	蒙 10 954	中 11 786	蒙 15 133	中 11 714	蒙 16 793	中 17 572
	乌兰巴托	24	14 234	13 897	15 569	18 581	15 244	20 869	23 509
中	北京	89	—	—	—	—	—	—	—
	乌兰巴托	90	—	—	—	—	—	—	—
蒙	乌兰巴托	89	—	—	—	—	—	—	—
	北京	90	—	—	—	—	—	—	—
中	呼和浩特	602	2675	2453	1825	2775	3003	3259	2793
	乌兰巴托	601	3034	2917	1482	2855	2918	2821	2501
蒙	乌兰巴托	215	3713	4200	2313	3138	3233	3922	3328
	呼和浩特	216	4340	3539	2428	3280	3043	4828	3668
中	北京西	5	3505	3597	2519	2567	3107	2618	3120
	河内	6	5409	5780	4011	4224	4595	4330	4314
中、越	昆明北	633	619	269	—	—	—	—	—
	河内	634	728	204	—	—	—	—	—
中	乌鲁木齐	13	10 957	11 156	9912	12 771	14 340	15 438	12 859
	阿拉木图	14	10 658	10 882	9267	12 054	14 390	15 789	12 735

续表

担当路	经路	车次	2001年	2002年	2003年	2004年	2005年	2006年	2007年
哈	阿拉木图	13	4622	4114	3055	3527	5452	7910	11 487
	乌鲁木齐	14	8195	6825	4767	4772	7796	10 643	14 162
中、蒙	二连—扎门乌德		23 491	21 034	31 660	44 572	50 245	55 200	57 702
	扎门乌德—二连		23 942	26 383	39 832	44 778	57 936	60 799	71 623
中	满洲里—后贝加尔		—	—	—	—	—	—	—
	后贝加尔—满洲里		—	—	—	—	—	—	—
中	绥芬河—格罗迭科沃		122 575	173 816	196 111	256 606	245 616	263 237	323 980
	格罗迭科沃—绥芬河		—	180 537	188 236	169 857	235 423	224 983	247 708

表5-6 新中国铁路开行的国际旅客列车运行情况统计表（2008—2010年） 单位：人次

担当路	经路	车次	2008年	2009年	2010年
中	北京	3	14 033	9413	9445
	莫斯科	4	12 011	8926	9363
苏（俄）	莫斯科	19	12 244	4667	3645
	北京	20	11 208	4749	4269
苏（俄）	莫斯科	19	1468	1953	550
	平壤	20	1736	1822	774
中、俄	哈尔滨东	217	1387	649	289
	伯力等	218	1995	691	464
中	北京	27	1483	1206	1230
	平壤	28	5881	6014	5888
朝	平壤	27	6187	5896	6435
	北京	28	3947	3805	5290
中、蒙	北京	23	蒙 15 493	中 6999	蒙 7030
	乌兰巴托	24	20 510	16 624	15 822
中	北京	89	—	—	—
	乌兰巴托	90	—	—	—
蒙	乌兰巴托	89	—	—	—
	北京	90	—	—	—

续表

担当路	经路	车次	2008 年	2009 年	2010 年
中	呼和浩特	602	2687	1219	1130
	乌兰巴托	601	2618	1400	1352
蒙	乌兰巴托	215	3670	2101	1492
	呼和浩特	216	3222	2072	1918
中	北京西	5	2520	1150	727
	河内	6	4254	2023	997
中、越	昆明北	633	—	—	—
	河内	634	—	—	—
中	乌鲁木齐	13	9493	7874	5756
	阿拉木图	14	8643	7103	5161
哈	阿拉木图	13	6688	3373	3059
	乌鲁木齐	14	9661	6127	4796
中、蒙	二连—扎门乌德		53 591	38 834	53 045
	扎门乌德—二连		71 393	41 700	55 399
中	满洲里—后贝加尔		11 577	4614	5198
	后贝加尔—满洲里		11 294	3815	5263
中	绥芬河—格罗迭科沃		444 898	70 090	92 367
	格罗迭科沃—绥芬河		269 995	47 950	70 274

第四节　国际联运旅客时刻表会议

1949—1960 年，中国铁路参加由国际铁路合作组织组织召开各成员路参加的国际联运时刻表会议，商定中国与邻国铁路间开行的各次国际旅客列车、直通客车运行时刻表的制定、客车的编组、席位预留、运行技术条件、旅客服务改善等。1960 年以后，铁组范围内的时刻表会议分成欧洲区域和亚洲区域两个组分别召开。中国、越南、朝鲜、蒙古国和苏联等 5 路为第二组，苏联解体后，哈萨克斯坦铁路加入这个组，原则上每年轮流在这几个国家举行。1960—1964 年，每年召开一次。1965—2000 年，基本上是每两年召开一次，2001 年开始又恢复每年召开一次。如遇有仅涉及两邻国间的客运问题则由这两个国家铁路自行商定。

1960 年、1964 年、1974 年、1976 年、1984 年、1992 年、2001 年、2011 年、2016 年的

时刻表会议在中国举行。会议通常总结上一个年度各国铁路间相互开行的国际列车和直通、换乘客车运行情况，商定下一年度的运行时刻表及车辆编挂办法。出席会议的各国铁路代表团还在双边和多边分组会议上研究改善服务的技术组织措施。会议结束时签订会议议定书。

1958—2018年召开的历次时刻表会议简要内容如下：

1958年，铁组各参加路关于协商国际联运旅客列车时刻表会议在华沙举行。会议商定：北京—莫斯科间直通旅客列车自1959年夏季起经由蒙古国每周运行1个往返，车体由苏联铁路提供，经满洲里的列车仍运行3个往返。中朝直通客车和中越联运客车的运行不变，每周各2趟。

1959年，国际联运旅客列车时刻表会议在华沙举行。会议商定：从1959年夏季运行周开始，北京—乌兰巴托—莫斯科直通旅客列车由中国铁路担当。会议还商定了关于改善旅客服务问题，为要求本国旅行就在加挂客车和开行未用列车运送有组织的团体旅行者时应加此计划；对每趟列车运行时刻和接续列车、旅馆等必要事项的单页时刻表，放在该列车的包房内或在旅客购票时免费发给旅客。

1960年，中国、越南、朝鲜、蒙古国和苏联5国铁路商定国际联运旅客列车时刻表会议在北京举行。会议商定，从本次会议起铁组范围内的时刻表会议分两组召开，上述5路为第二组。会议还商定了多次国际联运旅客列车和客车的运行时刻和编组以及改善旅客服务问题。

1961年，5国铁路商定国际联运旅客列车时刻表会议在乌兰巴托举行。会议主要解决的问题有：从1962年起加开北京—乌兰巴托旅客列车，主要运送援蒙工人和家属，每周1趟，由中国铁路提供车辆和乘务；改善北京—乌兰巴托—莫斯科列车在北京的开车时间和二连的到发时间。

1962年，5国铁路商定联运旅客列车时刻表会议在平壤举行。会议商定，北京经由满洲里到莫斯科的列车由现行每周2趟，冬季减为1趟，由每星期三改为星期六开出。北京—乌兰巴托—莫斯科的列车仍为每星期三由北京开出。如夏季客流增加，经满洲里的列车仍为每周2趟，每星期三、六由北京开出，经乌兰巴托的列车则改为每星期四由北京开出。

1963年，5国铁路商定国际联运旅客列车时刻表会议在伊尔库茨克举行。会议商定了1963年冬季和1964年夏季各次国际列车和直通客车的时刻表。会议商定现行时刻表保持不变；北京—莫斯科两个经路的列车冬季每周各运行1趟，夏季经乌兰巴托的运行1趟，经满洲里的则运行2趟；北京—平壤和北京—乌兰巴托直通客车均运行2趟。此外，还规定了经由乌兰巴托的北京—莫斯科列车加强空闲席位的预报办法。

1964年，5国铁路商定国际联运旅客列车时刻表会议在北京举行。会议确定，根据铁组第九届部长会议的决定，列车时刻表改为2年为期编制，故这次会议编制了1965—1967年国际列车和直通客车的时刻表。会议商定，为了输送季节性客流，每年夏季由7月1日起至10

月末止，北京—平壤间，在原定的 2 趟直通客车以外，增加 1 辆软卧，由中国铁路担当；为了解决 3/4 次列车在莫斯科停留时间较短而影响中国乘务员休息，将现行停留时间延长 4 个多小时等等。

1966 年，5 国铁路商定国际联运旅客列车时刻表会议在乌兰巴托举行。会议商定了 1967—1969 年国际列车和直通客车的时刻表和车辆提供办法。会上中方谴责苏联不同中、越铁路商定而多次擅自开行越南留苏学生专列，给中方接运造成困难。

1969 年，5 国铁路商定国际联运旅客列车时刻表会议在乌兰巴托举行。会议商定了 1970—1971 年国际旅客列车和直通客车的时刻表和车辆提供办法。会议只就某些列车运行时刻及增加伊尔库茨克—乌兰巴托 2 节直通联运车辆达成协议外，其他问题均未解决，仍维持 1966 年时刻表会议协议的内容。

1971 年，5 国铁路商定国际联运旅客列车时刻表会议在平壤举行。会议商定了 1971—1973 年国际旅客列车和直通客车时刻表以及车辆提供办法。会议就某些列车运行时刻的修改和个别车辆增挂达成协议。

1972 年，5 国铁路商定国际联运旅客列车时刻表会议在伊尔库茨克举行。会议商定了 1973—1975 年国际联运旅客列车和直通客车的时刻表以及车辆提供办法。

1974 年，5 国铁路商定国际联运旅客列车时刻表会议在北京举行。会议商定了 1975—1977 年国际联运旅客列车和直通客车的时刻表和车辆提供办法。根据蒙古国铁路要求，会议决定原由中国铁路担当，每周 2 趟的北京—乌兰巴托直通客车由中蒙轮流各担当 1 趟。

1976 年，5 国铁路商定国际联运旅客列车时刻表会议在北京举行。会议商定了 1977—1979 年国际联运旅客列车和直通客车的时刻表和车辆提供办法；针对乘坐莫斯科—北京的 4 次列车旅客如遇有在乌兰巴托下车规定应由伊尔库茨克站长向蒙古国铁路进行预确报；对运送越南学生的临时专列，考虑北京—莫斯科 19/20 次列车的运行时刻，于星期日在满洲里进行交接，以简化商定手续。

1978 年，5 国铁路商定国际联运旅客列车时刻表会议在乌兰巴托举行。会议商定了 1979—1981 年国际联运旅客列车直通客车的时刻表和车辆提供办法。会议商定乌兰巴托—北京直通客车压缩国境站停留时间，使全程运行时间由 44 h 缩短为 37 h 10 min；北京—乌兰巴托—莫斯科 3/4 次国际列车，夏季客流增加时，在充分利用本编组空闲席位的条件下，经商定可在莫斯科—乌兰巴托间加挂 5 辆以内的客车。

1980 年，中国、朝鲜、蒙古国和苏联 4 国铁路商定国际联运旅客列车时刻表会议在平壤举行。会议商定了 1981—1983 年国际列车运行时刻表及车辆提供办法。会议还商定自 1981 年 6 月 1 日起在 19/20 次列车上北京—满洲里区间由中铁增挂 1 辆硬卧包房车，以运送国内旅客。由于中越铁路联运中断，越未参加本次会议。

1982年，中国、朝鲜、蒙古国和苏联4国铁路商定国际联运旅客列车时刻表会议在莫斯科举行。会议编制了1983—1985年国际旅客列车时刻刻表，商定了开行次数、列车编组和客车提供办法。会上，中铁提出的延长3/4次列车在莫斯科停留时间问题没有解决。蒙铁同意减少3次列车上中方为乌兰巴托预留的席位20个，以增加在北京售票的席位。中朝铁路间商定北京—平壤直通客车从1983年起由中铁和朝铁车辆共同担当。中、蒙、苏3国商定自1983年6月1日起，北京—莫斯科的2趟列车车次分别统一为19/20次（原在苏联境内和蒙古国境内为17/18次）和3/4次（原在蒙古国境内为1/2次，在苏联境内为7/8次）。

1984年，5国铁路商定国际联运客列车时刻表会议在北京举行。会议编制了1985—1987年国际旅客列车时刻表和客车提供办法。会议决定：（1）夏季期间在北京—乌兰巴托—莫斯科3/4次国际列车全程加挂2辆中铁硬包车，在乌兰巴托—莫斯科间由蒙铁加挂2辆硬包车，在北京—二连间加挂1辆中铁回转车，北京—莫斯科19/20次国际列车加挂1辆苏铁硬包车，莫斯科—平壤间加挂1辆苏铁硬包车；（2）北京—平壤27/28次直通客车，将现行每周开行2个往返，改为4个往返，由中、朝两路各担当2趟；（3）由于蒙铁夏季在3/4次列车上加挂了2辆硬包车，故在3次列车上给蒙铁预留的58个铺位在夏季减为16个。

1986年，中国、朝鲜、蒙古国和苏联4国铁路商定国际联运旅客列车时刻表会议在乌兰巴托举行。会议编制了1987—1989年国际旅客列车时刻表和客车提供办法。会议决定夏季在中铁担当的北京—乌兰巴托—莫斯科3/4次国际列车上加挂1辆北京—伊尔库茨克客车；冬季3次列车给蒙铁预留席位58个减为42个。苏、朝铁路商定莫斯科—平壤（经哈桑—豆满江）1987年开行1辆直通客车，届时将减少19/20次国际列车上加挂的莫斯科—平壤（经沈阳）客车1辆；1988年6月改为开行国际列车，届时再减挂1辆，但保留2辆苏朝客车经中国过境。另外，从1987年夏季起苏联境内某些区域运行速度将提高到160 km/h。

1988年，中国、朝鲜、蒙古国和苏联4国铁路商定国际联运旅客列车时刻表会议在平壤举行。会议商定了1989—1991年国际旅客列车运行时刻表和客车提供办法。会议决定在夏季增开第二趟莫斯科—北京（经满洲里）的19/20次国际列车。

1990年，中国、朝鲜、蒙古国和苏联4国铁路商定国际联运旅客列车时刻表会议在新西伯利亚举行。会议商定了1991—1993年国际旅客列车运行时刻表和客车提供办法。会议达成的协议较多，如：由中苏双方各担当哈尔滨—绥芬河—伯力、海参崴联运客车换乘运输；由苏铁开行阿拉木图—乌鲁木齐国际列车；由苏铁在莫斯科—北京19/20次国际列车上加挂新西伯利亚、伊尔库茨克和赤塔到北京的直通客车；由中蒙双方各担当呼和浩特—乌兰巴托直通客车；1991年夏季北京—乌兰巴托国际列车由中铁开行。

1992年，5国铁路商定国际联运旅客列车时刻表会议在北京举行（中越联运中断12年后越铁首次参加）。会议商定了1993—1995年国际旅客列车运行时刻表和客车提供办法。会议商定增开莫斯科—北京（经由满洲里）第三趟 19/20 次国际旅客列车，由俄铁担当；增开新西伯利亚—哈尔滨国际旅客列车（因客流少，未开行）；开行哈尔滨—伯力、海参崴直通客车，每周 2 趟，每趟 2 辆，分别由中、俄铁路担当。在 19/20 次国际旅客列车上，增挂沈阳—莫斯科直通客车，每周 1 趟，每趟 2 辆。蒙铁同意取消 3 次国际旅客列车给乌兰巴托预留的席位。中俄两路协商同意自 1993 年 1 月 1 日起将中、俄两国铁路间国际联运客车（包括北京—乌兰巴托—莫斯科 3/4 次列车）中铁和俄铁段的客票和卧铺票价提高 25%。

1994 年，5 国铁路商定国际联运旅客列时刻表会议在乌兰巴托举行。会议商定了 1995—1997 年国际旅客列车运行时刻表和车辆提供办法。会议商定全年开行北京—乌兰巴托 23/24 次国际列车，89/90 次直通客车停开。商定 3/4 次列车到乌兰巴托前将空余席位进行预报。

1996 年，5 国铁路商定国际联运旅客列车时刻表会议在平壤举行。会议商定了 1997—1999 国际旅客列车运行时刻表和车辆提供办法。新时刻表增加了北京—河内联运客车时刻表和车辆提供办法。中越客车每周运行 2 趟，客流不大时，经双方同意改为每周 1 趟，往返旅客均在同登换乘。

1998 年，5 国商定国际联运旅客列车时刻表会议在河内举行。会议商定了 1999—2001 年国际旅客列车运行时刻表和车辆提供办法。近年来，莫斯科—平壤联运客车利用率不高，且由于列车经常晚点，在沈阳换挂困难，中铁一直主张取消。这次会上，担当路俄铁也提出取消，但朝铁坚决反对。呼和浩特—乌兰巴托直通客车在双方国境站合计停留达 16 小时之多，旅客反映强烈。中蒙双方在会上商定将另举行国境铁路局会晤，研究压缩停留时间。

2000 年，5 国铁路商定国际联运旅客列车时刻表会议在哈巴罗夫斯克举行。会议商定了 2001—2003 年国际旅客列车和直通客车运行时刻表和车辆提供办法。会上，关于减挂莫斯科—平壤联运客车问题仍未达成一致意见，俄铁提出的随 K20/19 次加挂 1 辆东里亚宾斯克—北京车厢，由于列车长度限制，在不减挂莫斯科—平壤或莫斯科—北京车厢的情况下，东里亚宾斯克车厢也无法加挂。会议商定，从 2001 年开始，每 2 年召开 1 次的时刻表会议改为每年召开 1 次。

2001 年，中国、越南、哈萨克斯坦、朝鲜、蒙古国和俄罗斯 6 国铁路商定国际联运旅客列车时刻表会议在北京举行。哈萨克斯坦铁路自 1992 年 6 月 20 日开行阿拉木图—乌鲁木齐旅客列车以来，首次参加这次会议（以前均由中哈两国铁路另举行会议协商解决旅客联运的有关问题）。会议商定了 2002—2003 年国际列车运行时刻表。会上，哈铁提出开行阿拉木图—北京国际列车、蒙铁提出全年每周开行 2 趟乌兰巴托—北京 K23/4 次国际列车，俄铁提出将哈巴罗夫斯克—哈尔滨 1 辆直通车厢延长到北京，因客流量及运行技术条件以及口岸联检检查等原因，暂时还不能满足。会上，中俄两路达成协议，鉴于俄罗斯人夏季到北戴河休假的越来越多，拟增加北戴河为国际联运客站。但由于车站没有海关，暂不办理此业务。

2002年，中国、越南、哈萨克斯坦、朝鲜、蒙古国和俄罗斯铁组第二组6国铁路商定国际联运旅客列车时刻表会议在乌兰巴托举行。会议商定了2003—2004年国际列车运行时刻表及车辆编挂办法。北京—平壤间往返席位利用率继续维持较高水平，北京—乌兰巴托往返方向夏季席位相对紧张，其他方向运力尚有富余，我国铁路通过国内段利用保障客票收入。会上，中越两国铁路原则商定，利用同登—安员（距河内约8 km）间现有的准轨线路，将目前在同登站换乘的北京西—河内客车改挂准轨车辆，在北京西—安员间挂运。准轨车辆由中越两国铁路分别提供，越铁负责用汽车在河内—安员间运送旅客。关于增加北京—乌兰巴托K23/24次国际列车，阿拉木图—乌鲁木齐13/14次列车延长到北京，哈巴罗夫斯克、符拉迪沃斯托克直通客车挂到北京等，由于客源不足、车辆换挂作业和技术组织方面的问题，都未实现。

2003年，中国、哈萨克斯坦、朝鲜、吉尔吉斯斯坦、蒙古国、俄罗斯、乌克兰等国铁路商定国际联运旅客列车时刻表会议在阿拉木图举行。会议商定了2004—2005年国际列车运行时刻表及车辆编挂办法。中蒙两国铁路同比2004年夏季每周加开1趟往返北京—乌兰巴托K23/24次国际列车。中俄两国铁路同意开行赤塔—满洲里国际列车，由后贝加尔铁路局担当。

2004年，中国、越南、朝鲜、蒙古国和俄罗斯等国铁路商定国际联运旅客列车时刻表会议在平壤举行。会议商定了2005—2006年国际列车运行时刻表及车辆编挂办法。会上，中俄两国铁路就开行哈尔滨—符拉迪沃斯托克（海参崴）国际列车，夏季期间，开行伊尔库茨克—满洲里—北京列车，增加19/20次东里亚宾斯克—北京客车挂运次数，20/19次关于下诺夫罗罗德—北京和喀山—北京直通客车等问题进行了协商研究。

2006年，中国、越南、朝鲜、蒙古国、俄罗斯和乌克兰等国铁路商定国际联运列车时刻表会议在乌克兰苏达克举行。会议商定了2007—2008年国际列车运行时刻表及车辆编挂办法。会上，中，蒙，俄三国铁路商定，从2007年5月起，开行呼和浩特—伊尔库茨克直通客车，编组1辆，每周2个往返，中铁和俄铁各担当1个往返。客车在二连站换轮。在2006年年底前，在中国召开的边境铁路局会议，解决加挂客车和技术和组织问题。中蒙两国铁路原则商定，2007年6月9日—10月27日继续加开夏季北京—乌兰巴托K23/24次列车。乌克兰铁路希望将乌克兰的客车开到中国，这也是其加入铁组第二组会议（其原属欧洲区域第一组）的目的。在会上，他们提出开行基辅—乌鲁木齐、北京的方案，中国铁路考虑到条件尚未成熟，同意研究基辅—伊尔库茨克—呼和浩特直通客车方案。

2007年，中国、越南、朝鲜、蒙古国、俄罗斯和乌克兰等国铁路商定国际联运列车时刻表会议在蒙古国乌兰巴托举行。会议商定了2008—2009年国际列车运行时刻表及车辆编挂办法。中蒙铁路商定，2008年6月10日—10月18日继续加开夏季北京—乌兰巴托K23/24次列车。

2014年，中国、越南、朝鲜、蒙古国、俄罗斯和哈萨克斯坦等国铁路商定国际联运列车时刻表会议在哈萨克斯坦阿拉木图举行。编制并商定2015—2016年国际旅客联运列车运行时刻表、编组顺序表和车辆提供办法。会上，中铁通报，拟将在北京—莫斯科K3/4次列车使用的新造车底先期用于中铁担当的北京—乌兰巴托K23/24次列车；中铁因条件不足，拒绝将俄罗斯联邦客运公司担当的伊尔库茨克—乌兰巴托直通客车运行经路延长至二连；关于开行丹东—平壤行李车专组问题，沈阳铁路局和朝鲜铁路有关专家应在前期讨论成果的基础上继续完善可行方案，另行研究决定。

2015年，中国、越南、朝鲜、蒙古国、俄罗斯和哈萨克斯坦等国铁路商定国际联运列车时刻表会议在俄罗斯符拉迪沃斯托克举行，编制并商定2016—2017年国际旅客联运列车运行时刻表、编组顺序表和车辆提供办法。会上，俄铁股份公司向朝铁通报，在哈巴罗夫斯克—豆满江间开行俄联邦客运公司行李车无技术可能性；根据俄铁关于莫斯科—北京19/20次列车提速的建议，中铁通报俄方必须要补充提供必要的技术资料；中铁与哈铁就该问题通过如下决议：哈铁将向中铁提供"图尔帕尔—塔利戈"公司所造车辆的必要技术特性资料，以便专家研究列车在中铁段运行的可能性。必要时，双方另行召开专家会议；商定所有技术问题后，最终决定使用"图尔帕尔—塔利戈"公司车辆开行阿斯塔纳—乌鲁木齐列车的技术可能性；待中国联检部门同意后，另行研究目前中铁担当乌鲁木齐—阿拉木图和哈铁担当阿拉木图—阿斯塔纳—乌鲁木齐列车运行变更事项。

2016年，中国、越南、朝鲜、蒙古国、俄罗斯和哈萨克斯坦等国铁路商定国际联运列车时刻表会议在中国北京举行，编制并商定2017—2018年国际旅客联运列车运行时刻表、编组顺序表和车辆提供办法。会上，蒙铁建议俄铁研究压缩乌兰巴托—伊尔库茨克263/363/361次列车在纳乌什基站的停时，俄铁股份公司通报，上述直通客车随伊尔库茨克—纳乌什基362/361次定期列车开行，变更运行时刻没有可能。

2017年，中国、越南、朝鲜、蒙古国、俄罗斯和哈萨克斯坦等国铁路商定国际联运列车时刻表会议在越南下龙湾举行，编制并商定2018—2019年国际旅客联运列车运行时刻表、编组顺序表和车辆提供办法。会上，中铁和哈铁商定，自2017年9月30日起，中铁担当的乌鲁木齐南—阿拉木图2站K9795（13）/K9796（14）次国际列车从阿拉山口—多斯特克口岸改经阿腾科里—霍尔果斯口岸并使用25G型客车开行，该列车在哈铁境内的车次变更为K9795（103）/K9796（104），且取消行李车；俄铁建议中铁研究利用中铁车底组织开行满洲里—后贝加尔斯克间季节性列车（满洲里站朝发夕归）的可能性。中铁将根据旅游市场发展情况和中方旅游机构的需求研究这一可能性。

2018年，中国、越南、朝鲜、蒙古国、俄罗斯和哈萨克斯坦等国铁路商定国际联运列车时刻表会议在蒙古国乌拉巴托举行，编制并商定2019—2020年国际旅客联运列车运行时刻表、

编组顺序表和车辆提供办法。会上,中铁和朝铁商定,在征得各自联检部门同意后,双方各自担当的丹东—平壤直通客车固定编组将相应再增加 2 辆开放式硬卧客车和 1 辆软包车;中铁和俄铁讨论了开行中铁担当的满洲里—后贝加尔季节性列车的可能性问题。中方通报,中铁目前尚未收到中方旅游机构关于组织开行上述列车的申请。在收到中方旅游机构申请后,中铁将组织研究该问题。当朝鲜至俄罗斯联邦及反向客流增加时,双方将研究在莫斯科—豆满江直通客车开行日在 651/652 次列车编组中加挂俄罗斯联邦客运公司担当的哈巴罗夫斯克—豆满江—哈巴罗夫斯克旅客直通客车的可能性。俄铁股份公司向朝铁通报,必须及时提出临时加挂申请,并在计划开行 14 天前向联邦客运公司提出;朝铁请俄铁研究平壤—哈巴罗夫斯克直通客车在哈巴罗夫斯克-1 站停站时间增加 1 昼夜或将直通客车加挂至其他列车的可能性。俄铁向朝铁通报,在 2018—2019 年尚不具备实施上述建议的技术条件。

第五节　国际旅客联运规章

中华人民共和国成立以前,中俄间签订的《东省铁路公司章程》、中法间签订的《滇越铁路章程》、中日间签订的《中日旅客和行李、包裹联运合同》等,都是俄、法、日帝国主义强加给中国铁路的不平等规章,只是在部分地区通道范围内执行,未涉及全国铁路范围。

中华人民共和国成立后,中国铁路办理国际旅客联运所依据的基本规章是 1953 年 7 月 2 日以中华人民共和国铁道部名义参加的《国际旅客联运协定》(国际客协,SMPS)及其办事细则、《国际铁路客运运价规程》(国际客价,MPS)、《国际联运车辆使用规则》(车规,DPV)、《国际旅客联运和铁路货物联运清算规则》(清算规则)等。《国际客协》主要规定了协定的适用范围,乘车客票、卧铺票、客票的有效条件和查验、携带的运送、行李和包裹承运、包装、标记、运到期限和交付,运送费用的计算和核收,铁路的责任、赔偿请求、诉讼、司法管辖,各路间的清算等内容。《国际客价》对客票和卧铺票分等级的费率以及行李、包裹运送费率作了规定。《车规》对客车、行李车的运行技术条件和使用费率等作了规定。《清算规则》对各铁路间办理国际旅客联运产生的费用清算办法等作出规定。1956—1991 年,《国际客价》《车规》《清算规则》虽然是《国际客协》的附属规章,但各参加路也必须遵守执行。其中《国际客价》和《清算规则》是国际旅客联运最重要、也是各参加路讨论研究最多的规章之一。

1991 年苏联解体为 15 个国家,其中 13 国铁路相继加入《国际客协》。东德、西德合并后不再是协定成员。匈、罗退出该协定。捷克斯洛伐克分为两国。截至 2008 年止,加入《国际客协》国家铁路有:阿塞拜疆、阿尔巴尼亚、白俄罗斯、保加利亚、越南、格鲁吉亚、哈萨克斯坦、中国、朝鲜、吉尔吉斯斯坦、拉脱维亚、立陶宛、摩尔多瓦、蒙古国、波兰、俄罗斯、斯洛伐克、塔吉克斯坦、土库曼斯坦、乌兹别克斯坦、乌克兰、捷克、爱沙尼亚,共计 23 个。

为了在全国铁路范围内严格、准确地执行以上规章，中华人民共和国铁道部各个时期根据铁组委员会对各参加路达成一致的修改补充事项的通知，以铁道部部文公布在全国铁路施行。1973年，铁道部经过调查研究，结合实际需要，将国际旅客联运有关规定及各项办法，整理简编为《国际旅客联运办法》，以铁道部部文公布，供国内使用。为准确、及时清算中国铁路与其他国家铁路在国际旅客联运中发生的各项费用（客票票价，行李、包裹运费，行李车走行费等），开办联运的初期，由设在国际联络局的清算科专门负责按《清算规则》规定对外清算。以后这项工作划归到部财务司负责。1990年铁道部机构调整，由成立的国际联运清算中心负责。

中国铁路参加的历年铁组讨论研究国际客价以及联运旅客伤亡赔偿问题会议简要情况如下：

《国际客价》20世纪50年代初施行时，运价是按各参加路国内费率标准施行的。1956年，在民主德国艾尔夫尔特举行的运价会议上，各参加路商定了国际分类统一的客运运价，自1957年4月1日起生效。废止按各国国内运价计费。新运价按各国铁路国内运价水平分为三类：苏、波、德、蒙为第一类（运价最高），捷、匈、罗、保为第二类（运价最低）。制定的主要原则是：每一类的运价都是以其中某国铁路国内现行运价率最低的运价区段的运价作为计算基础；每一经路算出的新运价总额，应当低于被作为计算基础的铁路国内现行运价总额；运行里程超过500公里时，票价应低于1955年7月1日航空票价；采用递远递减制。

1958年，铁组召开会议制定了国际铁路统一客运运价建议草案。在制定过程中，采用了下列原则：（1）统一客运运价应该低于大多数参加国际客协铁路的国内运价水平，500 km硬席票价定为45卢布；（2）为了保证社会主义国家间的国际旅行事业和友好往来，向旅客核收票价时应按非贸易卢布比价折合为本国货币；（3）考虑到铁路客运运输成本中生活资料（工资）和生产资料（燃料、材料、电力）的国内价格和国际市场价格间的差别，因而客运运费既不按非贸易项目以8.6∶1折扣系数计算，更不应该按1∶1贸易卢布清算，而应该采用一个适合于铁路客运运输成本情况的折扣系数。经反复讨论计算，得出平均系数为2.7，考虑到铁路里程较短国家的利益，最后确定系数为3。会上波铁不同意制定统一客运运价。匈铁认为统一客运费用应直接列入非贸易项目清算，而不另订系数。会议还讨论了1957年4月1日施行的国际铁路分类运价时起至统一运价开始生效日期间客运费用的清算办法。规定3个系数：对第一类运价国家使用系数3.43，对第二类运价国家使用系数1.87，对第三类运价国家使用系数1.48。

在1962年的铁路合作组织第七届部长会议上，波、匈等路要求调高统一客价运价费率，8月21日—9月1日，在召开的部长授权代表会议上，各路对运价费率达成协议，制定了票价表，其中：500 km硬席票价为5.39卢布，比1958年制定的方案45旧卢布即4.50新卢布提高19.8%；远距离区段的费率采用递远递减制，增长幅度逐渐减小，5000 km或以远里程的费

率提高约 5%。修改后的《客运运价》自 1963 年 4 月 1 日起施行。到 1979 年，《统一客价》施行 16 年，票价一直未变。

1981 年，铁组部长授权代表会议上通过了提高现行统一客价 50% 的决议，并通过补充《统一客价》的条文：朝鲜和蒙古国铁路车站发售发站为朝鲜和蒙古国车站的客票、卧铺票和返程票，以及发送行李和包裹时，全程运费按减成 33% 计算。中铁只同意对朝鲜和蒙古国公民给予优惠，故在议定书中列载：凡朝鲜和蒙古国铁路车站在向朝鲜或蒙古国公民发售发站为朝鲜或蒙古国车站的客票、卧铺票和返程票，以及发送其行李和包裹时，中国铁路里程的运费均按减成 33% 计算。会议决定新客运运价自 1981 年 5 月 1 日起施行。

1991 年，铁组委员会第一专门会议例会在华沙举行。会议一致同意将《国际铁路客运运价规程（国际客价）》赋予独立法律地位，并讨论了"关于国际铁路客运运价规程的协约"草案。会议还一致同意将客运运价货币"卢布"改为"瑞士法郎"，但关于换算汇率，各路意见 1 卢布折合 0.77、1.0、2.3 瑞士法郎不等。经过讨论，提出 1 卢布=1.5 瑞士法郎的折中方案。会议还审查通过了因赋予《国际客价》独立法律地位和改用可自用兑换货币清算有关的《国际客协》及其办事细则和《国际客价》的修改补充事项。

同年 5 月 31 日—6 月 1 日铁组举行国际旅客运价问题的铁组部长授权代表会议，商定了国际客价中以卢布为单位的所有票价和费率乘以系数 1.5 后换算为瑞士法郎的新票价和费率表；通过了"关于国际铁路客运运价规程的协约"，中、蒙、波、罗、苏、捷 6 路签署；通过了因赋予《国际客价》独立法律地位和改用可自由兑换货币清算有关的《国际客协》及其办事细则和《国际客价》的修改补充事项。从此，《统一客价》停止使用，又回到按各自国内费率标准施行。

7 月 3 日，根据铁组部长授权代表会议决议，中华人民共和国铁道部公布修改《国际旅客联运协定和国际客协办事细则》和《国际统一客运运价规程》的通知。其主要内容为：将《国际统一客运运价规程（统一客价）》更名为《国际铁路客运运价规程（国际客价）》，赋予独立的法律地位，并作为"协约"不可分割的部分；公布以卢布为单位的票价和费率乘以系数 1.5 换算为瑞士法郎的新票价和费率表；根据铁道部、财政部联合通知，对中国发售的国际旅客联运乘车票据或办理的行李、包裹，加收票价或运费 20% 的附加费。修改事项自 1991 年 9 月 1 日起施行。

1992 年，在中国、越南、朝鲜、蒙古国和俄罗斯 5 国铁路间国际联运旅客列车时刻表会议上，中俄两国铁路商定，自 1993 年 1 月 1 日起，将两国铁路间国际联运客车（包括北京—乌兰巴托—莫斯科 3/4 次列车）中铁和俄铁段客票和卧铺票价提高 25%。

与此同时，在 1991 年举行的铁组第三专门会议上，一致同意赋予《清算规则》独立法律地位。保、中、朝、蒙、波、罗、苏、捷 8 路签署了《关于国际旅客和货物联运清算规则的协约》。在 6 月 24 日—28 日举行的铁组第四专门会议上，一致同意赋予《国际联运车辆使用规则》独立法律地位。中、朝、蒙、苏 4 路签署了"关于国际联运车辆使用规则（车规）的协约"。协约自 1992 年 1 月 1 日起施行。关于《车规》规定的费率和单价，各路均同意以瑞士法郎表示，四轴车使用费 1~7 天、8~14 天、15 天及以上 3 个阶段每车每日费率分别为 10、15、30 瑞士法郎；客车换轮费 100 瑞士法郎；车辆洗刷费 21 瑞士法郎，车辆洗刷消毒费 31 瑞士法郎。

铁组自 1990 年以来进行变革，经过多次会议讨论协商，一致同意根据出现的新情况新形势，对铁组委员会掌管客货协等机构进行调整。即铁组委员会工作机构由 11 个专门会议缩减为 5 个常设专门委员会，即运输政策、生态和多式联运（一专）；运输法（二专）；铁路运营（三专）；财务-经济、运价问题和市场（四专）；铁路技术问题（五专）。一、二专由部长会议管辖，三、四、五专归总局长（负责代表）会议管辖。新工作机构自 1993 年 1 月 1 日起正式运转。

1993 年 11 月 17 日，根据铁组委员会通知，铁道部公布修改后的《国际铁路客运运价规程（国际客价）》新文本，其主要修改内容为由各路分别确定各自路段客票票价、行包运费及本国铁路担当的卧车卧铺票价，自 1994 年 1 月 1 日起施行。

1994 年 2 月 16 日，铁道部公布中、蒙、俄、朝 4 国铁路国际客票票价及行包运费，自 1994 年 3 月 1 日起施行。现阶段，我国国际联运列车票价根据国际联运站间运送里程表和客运票价基础票价票及最新的各国铁路指数系数计算得出。

在国际旅客联运中，为制定社会主义国家铁路对国际联运旅客健康受损或死亡及其随身携带的毁损或灭亡责任的协定，对发生的旅客伤亡赔偿额和随身携带赔偿的数量和质量到底定多少，早在 1961 年就开始协商研究，但各路意见一直不统一，且悬殊很大。目前按所在国国内规章办理赔偿。

1990 年制定《国际铁路联运清算办法》供国内使用，为清算中国铁路与其他国家铁路在国际旅客联运中发生的各项费用（客票票价，行李、包裹运费，行李车走行费等），新中国开办联运的初期，由设在国际联络局的清算科专门负责按《清算规则》规定对外清算。以后这项工作划归到部财务司负责。1990 年铁道部机构调整，由新成立的国际联运清算中心负责。

中国铁路参加的《国际客协》及《国际客协办事细则》内容修改及出台的规章规定简要情况如下：

1995 年 2 月 7—10 日，铁组运输法专门委员会会议在华沙举行，会议讨论的问题主要是再版《国际客协》及其办事细则新文本，对其内容作了部分修改补充，如将缔结协定的各国铁路改为主管铁路的部、中央国家机关（以下简称协定方），主要原因是目前参加《国际客协》的各国铁路有的是部，有的是铁路总局。

为了在全国铁路范围内执行这些规章，铁道部各个时期根据铁组委员会对各参加路达成一致的修改补充事项的通知，除适时在全国铁路颁布施行外，还根据本国铁路的实际情况和特点，制定仅供国内执行的国际客运补充规章办法。1973年，铁道部经过调查研究，结合中国铁路实际，将国际旅客联运有关规定，整理简编成为《国际旅客联运办法》，以部文公布，供国内使用。1995年发布《国际旅客联运补充规定》，并规定此前所有发文、电，凡与本《补充规定》抵触的，均按本《补充规定》执行。

20世纪末至2010年期间，变革调整后的铁组把完善保证国际铁路联运继续发展的运输法作为铁组最重要的活动方向之一，重点对《国际旅客联运协定》（国际客协）进行完善修改补充。2010年，为履行铁组第三十七届部长会议的委托，铁组临时工作组继续进行重审国际客协工作，并编制出作为公约附件草案的《国际联运旅客运输合同一般规定》。

2011年至今，铁组继续推进规章修改补充工作，如：2014年第6条第3项增加一段，条文为：席位预留和团体乘车票据应按承运人规定的办法办理，第12条第3项条文改为：列车员应在乘车结束前30 min内将乘车票据发还给旅客，第13条第3项增加一段，条文为：运送导盲犬可不用嘴套，但应用短狗襻，且无须购买包房内所有席位；2015新增第二章第十一条：活动受限人士的运送，新增第18条：未履行或变更运输合同条件的证明；2016年第1章第2条基本概念删除电子注册和电子乘车票据概念，第1章第4条运送过程参加者责任修改为旅客、行李和包裹的运送组织，第1章新增第5条，运输合同的概念；2017年第4章第33条包裹运送和交付的阻碍改为包裹的交付，第8章第43条根据运输合同所发生的赔偿请求时效，第2项第1款表述如下：关于退还运送费用或多收款额的请求，自乘车票据、行李票或包裹票有效期截止后计算，2018年第1章第2条发送人的基本概念改为托运行李、包裹并以行李、包裹发送人身份在运输单据中注明的自然人或法人，第2章第7条客票和补加费收据第一项修改为客票和补加费收据赋予乘坐相应等级车厢的权利等。

第六章
国际旅客联运现状

第一节　我国国际旅客联运列车总体情况

目前我国开行的国际联运客车分为两类：一类是根据铁组第四专门委员会第二组铁路举行的国际列车时刻表会议议定书规定开行，另一类是两国相邻铁路局间协商开行。其中：国际列车时刻表会议确定中方担当开行的联运列车包括北京—乌兰巴托—莫斯科、北京—乌兰巴托国际列车、北京—平壤、呼和浩特—乌兰巴托直通客车及北京西—河内（嘉林）换乘客车。此外还有其他国家担当的及双方协商开行的国际列车。现阶段开行的国际列车汇总情况见表 6-1，2016—2018 年，我国与周边国家开行的国际旅客联运列车客流量情况见表 6-2 和表 6-3。

表 6-1 目前定期开行的国际旅客联运列车开行情况汇总表

起讫点及经路	类型	商定方式	车次(中铁内)	担当路(局)	途中经由的联运站	开行频次	列车编组内容(含行包)	全程运行时间	备注
北京—乌兰巴托—莫斯科	国际联运列车	时刻表会议商定	K3/K4	中铁北京局	大同、集宁南、二连*、扎门乌德、苏赫巴托*、乌兰巴托*、纳乌什基、乌兰乌德、伊尔库茨克、克拉斯诺亚尔斯克、新西伯利亚、鄂木斯克、叶卡捷林堡	每周一次	7硬包、2软包、2行李、1回转车	K3: 132h 25min K4: 129h 50min	
北京—乌兰巴托	国际联运列车	时刻表协议商定	K23/K24	中铁北京局	大同、集宁南、二连*、扎门乌德*	每周一次	7硬包、1软包、1行李、1回转车	K23: 31h 8min K24: 31h 20min	
北京—乌兰巴托	国际联运列车	时刻表协议商定	K23/K24	蒙铁乌兰巴托铁路局	大同、集宁南、二连*、扎门乌德*	每周一次	9硬包、3软包、1行李、2回转车	K23: 31h 8min K24: 31h 20min	
北京—莫斯科	国际联运列车	时刻表协议商定	K20/19	俄联邦客运公司	秋明、伊尔库茨克、赤塔、后贝加尔、满洲里、哈尔滨、沈阳、天津	每周一趟	4硬包、1软包、1行李	K19: 140h 13min K20: 145h 4min	
呼和浩特—乌兰巴托	国际联运列车	时刻表协议商定	4652/4651	中铁呼局	乌兰巴托、扎门乌德*、二连*、集宁南、呼和浩特	每周一趟	1硬包、1软包	4652/33: 36h 6min 4651/33: 24h 54min	

续表

起讫点及经路	类型	商定方式	车次（中铁内）	担当路（局）	途中经由的联运站	开行频次	列车编组内容（含行包）	全程运行时间	备注
呼和浩特—乌兰巴托	国际联运列车	时刻表会议商定	33/34	蒙铁	乌兰巴托、扎门乌德*、二连*、集宁南、呼和浩特	每周一趟	1硬包、1行李	4652/33: 36h 6min 4651/33: 24h 54min	
乌兰巴托—二连	直通客车	时刻表会议商定	685/686	蒙铁	乌兰巴托、扎门乌德*、二连*	每周二趟	16硬包、2回转车、1行李车	685: 16h 55min 686: 13h 40min	
北京—平壤	国际联运列车	时刻表会议商定	K27/28	中铁 北京局	北京、沈阳、丹东*、新义州*、平壤	每周二趟	1硬包、1软包	K27: 24h 18min K28: 23h 15min	
平壤—北京	国际联运列车	时刻表会议商定	K27/28	朝铁	北京、沈阳、丹东*、新义州*、平壤	每周二趟	2硬包	K27: 24h 18min K28: 23h 15min	
北京西—河内	国际联运列车	时刻表会议商定	Z5/T8701/T8702/Z6	中铁 南宁局	北京西、南宁、凭祥、同登*、北江、河内（嘉林）	每周两趟	1软包	Z5/T8701: 37h 40min T8702/Z6: 34h 47min	
阿拉木图—阿斯塔纳—乌鲁木齐	国际联运列车	时刻表会议商定	K9797/98	哈铁	阿斯塔纳-努尔苏丹、卡拉干达编组站、卡拉干达、阿卡德尔、莫因特、巴尔哈什-2、萨亚克、阿克斗卡、别斯山口、阿拉木图2、多斯奥克、多斯特勒、萨雷奥泽克、什托列马泰、多斯特克、阿拉山口*、乌鲁木齐	每周一趟		乌鲁木齐—阿拉木图 32h 44min 阿拉木图—乌鲁木齐 31h 57min	哈方有两个发站（阿拉斯塔纳和阿拉木图）运行到途中斗站合并成一列，继续运行到乌鲁木齐

续表

起讫点及经路	类型	商定方式	车次（中铁内）	担当路（局）	途中经由的联运站	开行频次	列车编组内容（含行包）	全程运行时间	备注
乌鲁木齐—阿拉木图	国际联运列车	时刻表会议商定	K9795/96	中铁乌局	阿拉木图 2，阿腾科里*，阿腾科里边检场，霍尔果斯边检场，霍尔果斯*，乌鲁木齐	每周一趟	10软包	K9795：25h 34min K9796：23h 16min	
满洲里—赤塔	直通客车	中俄商定	654/653	俄铁	后贝加尔*满洲里*	每周二趟	1硬包	653：16h 25min 654：16h 42min	
绥芬河—格罗迭科沃	直通客车	中俄商定	402/401	中铁哈局	格罗迭科沃*绥芬河*	每日开行	11硬座		

注：车站名后带★的为国境站。

2016—2018 年，我国与周边国家开行的国际旅客联运列车客流量情况如下：

表 6-2　国际旅客联运车次年度客流量汇总表（2016—2018 年）　　　　单位：人次

车次 年份	K3 （中铁担当）	K4 （中铁担当）	K19 （俄铁担当）	K20 （俄铁担当）	K27 （中铁担当）	K28 （中铁担当）	K27 （朝铁担当）	K28 （朝铁担当）	K23 （中铁担当）	K24 （中铁担当）	K23 （蒙铁担当）	K24 （蒙铁担当）
2016 年	6916	8132	913	916	4969	4494	4282	4122	1861	7373	2178	7001
2017 年	6879	6864	1326	1342	4017	3661	3519	3324	2747	6199	2060	8192
2018 年	7481	7154	1083	953	5008	4441	4449	4093	2887	5617	2082	6750
合计	21 276	22 150	3322	3211	13 994	12 596	12 250	11 539	7495	19 189	6320	21 943

表 6-3　国际旅客联运车次年度客流量汇总表（2016—2018 年）　　　　单位：人次

车次 年份	681 （中铁担当）	682 （中铁担当）	681 （蒙铁担当）	682 （蒙铁担当）	K9795 （中铁担当）	K9796 （中铁担当）	K9797 （哈铁担当）	K9798 （哈铁担当）	T8701	T8701
2016 年	639	1984	1083	2293	1641	1833	1277	1227	21 955	28 495
2017 年	357	1166	526	1643	331	500	382	621	26 103	25 384
2018 年	298	809	515	1009	339	245	215	308	26 933	23 354
合计	1294	3959	2124	4945	2311	2578	1874	2156	74 991	77 233

第二节　各口岸客车开行情况

一、中蒙口岸

1. 客车开行概况

（1）北京—乌兰巴托—莫斯科国际列车。

北京—乌兰巴托—莫斯科为 K3 次列车，全程运行时间为 132h 25min（包括国境站停站时间），旅行速度为 60.01 km/h。莫斯科—乌兰巴托—北京为 K4 次列车，全程运行时间为 129h 50min（包括国境站停站时间），旅行速度为 61.21 km/h。K3/4 次列车全程由中铁担当，每周运行 1 趟，运行分析表见表 6-4 和表 6-5。

表 6-4 北京—乌兰巴托—莫斯科 K3 次列车在途中的运行时间

年份	中铁			蒙铁				俄铁			各国境站停站时间/h	全程共计/h	旅行速度/(km/h)
	途中运行时间/h	二连停站时间/h	合计/h	途中运行时间/h	扎门乌德停站时间/h	苏赫巴托停站时间/h	合计/h	途中运行时间/h	纳乌什基停站时间/h	合计/h			
2017 年	10.26	3.11	13.37	19.10	1.15	1.15	21.40	87.54	1.50	89.44	7.31	127.36	61.27
2018 年	12.51	4.41	17.32	19.10	1.15	1.20	21.45	88.48	1.50	90.38	9.01	132.25	60.01
2021 年	12.51	4.41	17.32	19.10	1.15	1.39	22.04	88.48	1.50	90.38	9.25	131.25	60.01

二连—扎门乌德途中运行时间为 26 min，苏赫巴托—纳乌什基途中运行时间为 45 min。

表 6-5 莫斯科—乌兰巴托—北京 K4 次列车在途中的运行时间

年份	俄铁			蒙铁				中铁			各国境站停站时间/h	全程共计/h	旅行速度/(km/h)
	途中运行时间/h	纳乌什基停站时间/h	合计/h	途中运行时间/h	扎门乌德停站时间/h	苏赫巴托停站时间/h	合计/h	途中运行时间/h	二连停站时间/h	合计/h			
2017 年	87.21	1.50	89.11	18.36	1.45	1.45	22.06	10.20	4.20	14.40	9.40	126.55	61.61
2018 年	87.21	1.50	89.01	18.36	1.45	1.45	22.06	12.35	5.00	17.35	9.40	129.50	61.21
2021 年	87.12	1.50	89.02	18.36	1.45	1.45	22.06	12.35	5.00	17.35	10.20	129.50	61.21

由纳乌什基到苏赫巴托途中运行时间为 42 min。由扎门乌德到二连途中的运行时间为 25 min。

（2）北京—乌兰巴托国际列车。

目前，北京—二连—乌兰巴托为 K23 次列车，全程运行时间为 31h 8min（包括国境站停站时间），旅行速度为 54.02 km/h。乌兰巴托—二连—北京为 K24 次列车，全程运行时间为 31h 20min（包括国境站停站时间），旅行速度为 53.67 km/h，K23/K24 次每周运行一趟，由中蒙按年度轮流担当，运行时间分析表见表 6-6 和表 6-7。

表6-6 北京—二连—乌兰巴托 K23 次列车全程运行时间分析表

年份	中铁			二连—扎门乌德间运行时间/h	蒙铁			各国境站停站时间/h	全程共计/h	旅行速度/(km/h)
	途中运行时间/h	二连停站时间/h	合计/h		扎门乌德停站时间/h	途中运行时间/h	合计/h			
2017年	10.26	3.11	13.37	0:26	1.15	11.40	12.55	4.26	26.58	57.52
2018年	12.51	4.41	17.32	0:26	1.15	11.55	13.10	5.56	31.08	54.02
2021年	12.51	4.41	17.32	0:26	1.15	11.55	13.10	5.56	31.08	54.02

表6-7 乌兰巴托—二连—北京 K24 次列车全程运行时间表

年份	蒙铁			扎门乌德—二连间运行时间/h	中铁			各国境站停站时间/h	全程共计/h	旅行速度/(km/h)
	途中运行时间/h	扎门乌德停站时间/h	合计/h		二连停站时间/h	途中运行时间/h	合计/h			
2017年	11.20	1.45	13.05	0.25	4.20	10.20	14.40	6.05	28.25	54.68
2018年	11.20	1.45	13.05	0.25	5.00	12.35	17.35	6.45	31.20	53.67
2021年	11.32	1.45	13.17	0.25	5.00	12.35	17.35	6.45	31.17	53.75

（3）呼和浩特—乌兰巴托直通客车。

呼和浩特—乌兰巴托间开行的直通客车在呼和浩特—二连间挂于4652/3次列车上，扎门乌德—乌兰巴托间挂于33次列车上，全程运行时间为36 h 6min，旅行速度为33.52 km/h。乌兰巴托—呼和浩特间开行的直通客车在乌兰巴托—扎门乌德间挂于34次列车上，二连—呼和浩特间挂于4654/1次列车上，全程运行时间为24 h 54 min（包括国境站停站时间），旅行速度为48.59 km/h。每星期两个往返，中铁和蒙铁各担当1个往返，运行时间分析表见表6-8和表6-9。

表6-8 呼和浩特—二连—乌兰巴托 4652/3 次列车全程运行时间分析表

年份	中铁			二连—扎门乌德间运行时间/h	蒙铁			各国境站停站时间/h	全程共计/h	旅行速度/(km/h)
	途中运行时间/h	二连停站时间/h	合计/h		扎门乌德停站时间/h	途中运行时间/h	合计/h			
2017年	7.27	11.44	19.11	0.25	4.00	12.35	16.35	15.44	36.11	33.44
2018年	7.27	11.44	19.11	0.25	4.00	12.30	16.30	15.44	36.06	33.52
2021年	7.27	11.44	19.11	0.25	4.00	12.50	16.50	15.44	36.26	33.38

表 6-9　乌兰巴托—二连—呼和浩特 4654/1 次列车全程运行时间表

年份	蒙铁			扎门乌德—二连间运行时间/h	中铁			各国境站停站时间/h	全程共计/h	旅行速度/（km/h）
	途中运行时间/h	扎门乌德停站时间/h	合计/h		二连停站时间/h	途中运行时间/h	合计/h			
2017 年	11.45	1.30	13.15	0.25	3.20	7.51	11.11	4.50	24.51	48.69
2018 年	11.45	1.30	13.15	0.25	3.20	7.54	11.14	4.50	24.54	48.59
2021 年	11.55	1.30	13.25	0.25	3.20	7.38	10.58	4.50	24.48	48.77

2. 客车开行方案

（1）北京—乌兰巴托—莫斯科。

表 6-10　北京—乌兰巴托—莫斯科 K3/K4 次国际列车运行时刻表

时间		车次	站名	车次	时间	
到	开				到	开
			莫斯科时间			
	23:45	4	莫斯科（雅罗斯拉夫客站）		13:58	
01:15	01:43		叶卡捷琳堡		11:33	12:01
13:34	13:50		欧木斯克		23:38	23:54
21:00	21:46		新西伯利亚		1542	16:22
09:25	09:46		克拉斯诺亚尔斯克		04:03	04:24
02:44	03:07		伊尔库茨克		10:24	10:52
14:57	16:47		纳乌什基		19:14	21:04
	17:00		多卓尔内			19:00
			乌兰巴托时间			
	22:05		5 公里			23:53
22:29	22:12		霍伊特			23:46
01:36	00:14		苏赫巴托		21:50	23:29
03:28	01:49		达尔汗		19:54	20:24
06:38	03:43		棕哈拉		17:59	18:14
11:16	07:18		乌兰巴托		14:35	15:22
14:46	11:31		乔依尔		10:09	10:25
18:50	15:17		塞音山达		06:15	06:46
	20:35		扎门乌德	3	01:25	02:40
21:00			**北京时间**			
06:37	02:00	K4	二连			
14:35	06:55		集宁南		20:18	00:59
			北京		15:27	15:43
				K3		07:27

表 6-11 中铁担当的 K3/4 次快车运行日期

车次	车站名	时间	车次	车站名	时间
K3	北京站发	每周三	K4	莫斯科雅罗斯拉夫客站发	每周二
	经由乌兰巴托站	每周四		经由纳乌什基站	每周六
	经由纳乌什基站	每周四		经由乌兰巴托站	每周日
	莫斯科雅罗斯拉夫客站到	每周一		北京站到	每周一

表 6-12 北京—乌兰巴托—莫斯科 K3/4 次列车编组顺序表（二连到、开顺位）

车厢号	车　种	车辆运行区段	席位数			车辆提供铁路
			高包	软包	硬包	
51	行李	北京—莫斯科	—	—	—	中铁
5	硬包	北京—莫斯科	—	—	32/4	中铁
6	硬包	北京—莫斯科	—	—	32/4	中铁
7②	硬包	北京—莫斯科	—	—	32/4	中铁
8②	软包	北京—莫斯科	—	32	—	中铁
9	高包	北京—莫斯科	16	—	—	中铁
10	高包	北京—莫斯科	16	—	—	中铁
—	餐车	扎门乌德—苏赫巴托	—	—	—	蒙铁
0	硬包	扎门乌德—苏赫巴托	—	—	24/12	蒙铁
—	餐车	北京—二连	—	—	—	中铁
加1	硬包	北京—二连	—	—	—	中铁
加2	硬包	北京—二连	—	—	—	中铁
0	硬包	北京—二连	—	—	—	中铁
11	硬包	北京—莫斯科	—	—	24/4	中铁
12①	软包	北京—莫斯科	—	32	—	中铁
13②	硬包	北京—莫斯科	—	—	32/4	中铁
14②	硬包	北京—莫斯科	—	—	32/4	中铁
15	硬包	北京—莫斯科	—	—	32/4	中铁
16①	硬包	乌兰巴托—莫斯科	—	—	32/4	蒙铁
41	餐车	纳乌什基—莫斯科	—	—	—	俄铁
3/18	硬包（广播）	纳乌什基—莫斯科	—	—	28/10	俄铁

① 客流增加时，经各路商定后 12 号软包车，16 号硬包车临时挂运。

② 7 号、8 号、13 号、14 号车为临时减编车辆。2021 年 10 月 27 日—2022 年 4 月 20 日期间（均为北京站始发日期），及 2022 年 10 月 26 日—2023 年 4 月 19 日期间（均为北京站始发日期），7、8、13、14 号车临时欠挂。

北京—二连挂运中铁加 1 号、加 2 号、0 号车。票额上行由呼和浩特局集团公司、下行由北京局集团公司分配并报国铁集团备案。

出境车厢供乘务员休息的铺位：5、6、7、11、13、14、15 号车厢 1~4 号，其中 7 号车厢 1~4 号灵活掌握，优先供参加铁组会议的代表团及铁组工作人员使用。

行李车由行李员分别在本国境内担当乘务。行李员在行李车乘务室休息。

K4 次列车 9 号高包车 1~4 号、15 号硬包车 1~36 号铺位，给蒙铁预留，俄铁不发售乌兰巴托以远的乘车票据。

中铁 K4 次车长在到乌兰乌德站之前将剩余的和乌兰巴托腾空的席位以"空余席位报告单"通知俄铁车长。

蒙铁需预留 K3 次席位时，于上一周的星期五以前以传真向中国国际旅行总社票务中心提出请求，票务中心应不迟于下星期一给予答复。

必要时，在 K3/4 次列车尾部，蒙铁和俄铁可在蒙古国和俄罗斯境内分别加挂不超过 3 辆铁路所属客车，可向旅客售票。

（2）乌兰巴托—北京。

表 6-13　乌兰巴托—北京 K24/23 次快车运行时刻表

时间		车次	站名	车次	时间	
到	开				到	开
			乌兰巴托时间			
	07:18	24	乌兰巴托		14:35	
11:16	11:31		乔依尔		10:09	10:25
14:46	15:17		塞音山达		06:15	06:46
18:50	20:35		扎门乌德	23	01:25	02:40
			北京时间			
			二连		20:18	00:59
21:00	02:00	K24	集宁南		15:27	15:43
06:37	06:55		北京			07:27
14:35				K23		

表6-14 中铁担当的图定列车运行日期

车次	车站名	时间	车次	车站名	时间
K23	北京站发	每周二	K24	乌兰巴托站发	每周四
	经由二连站	每周二		经由扎门乌德站	每周四
	经由扎门乌德站	每周三		经由二连站	每周五
	乌兰巴托站到	每周三		北京站到	每周五

表6-15 蒙铁担当的图定列车运行日期

车次	车站名	时间	车次	车站名	时间
K24	乌兰巴托站发	每周四	K23	北京站发	每周六
	经由扎门乌德站	每周四		经由二连站	每周六
	经由二连站	每周五		经由扎门乌德站	每周日
	北京站到	每周五		乌兰巴托站到	每周日

表6-16 中铁担当的北京—乌兰巴托K23/24次列车编组顺序表

车厢号	车种	车辆运行区段	席位数			车辆供应铁路
			高包	软包	硬包	
—	发电车	北京—乌兰巴托	—	—	—	中铁
—	行李	北京—乌兰巴托	—	—	—	中铁
1/11	硬包	北京—乌兰巴托	—	—	32/4	中铁
2/10	硬包	北京—乌兰巴托	—	—	32/4	中铁
3/9	硬包	北京—乌兰巴托	—	—	32/4	中铁
4/8	高包	北京—乌兰巴托	12	—	—	中铁
5/7	高包	北京—乌兰巴托	12	—	—	中铁
6/6	高包	北京—乌兰巴托	12	—	—	中铁
—	餐车	北京—二连				中铁
0	硬包	北京—二连	—	—	24/12	中铁
加1	硬包	北京—二连	—	—	32/4	中铁
加2	硬包	北京—二连	—	—	32/4	中铁
7/5	硬包	北京—乌兰巴托	—	—	22/4	中铁
8/4	软包	北京—乌兰巴托	—	32	—	中铁
9/3	硬包	北京—乌兰巴托	—	—	32/4	中铁

续表

车厢号	车　种	车辆运行区段	席位数			车辆供应铁路
			高包	软包	硬包	
10/2	硬包	北京—乌兰巴托	—	—	32/4	中铁
11/1	硬包	北京—乌兰巴托	—	—	32/4	中铁
—	餐车	扎门乌德—乌兰巴托	—	—	—	蒙铁
0	硬包	扎门乌德—乌兰巴托	—	—	36/2	蒙铁

中铁担当的 K23 次列车由二连站开往扎门乌德站的编组顺序确定如下：发电车、行李车、1/11、2/10、3/9、4/8、5/7、6/6、7/5、8/4、9/3、10/2、11/1 号车。

中铁担当的 K24 次列车由扎门乌德站开往二连站的编组顺序确定如下：11/1、10/2、9/3、8/4、7/5、6/6、5/7、4/8、3/9、2/10、1/11 号车、行李车、发电车。

表 6-17　蒙铁担当的乌兰巴托—北京 K24/23 次列车编组顺序表

车厢号	车　种	车辆运行区段	席位数		车辆供应铁路
			高包	硬包	
加 2	硬包	二连—北京	—	—	中铁
加 1	硬包	二连—北京	—	—	中铁
0	硬包	二连—北京	—	—	中铁
—	餐车	二连—北京	—	—	中铁
12/1	硬包	乌兰巴托—北京	—	36/2	蒙铁
11/2	硬包	乌兰巴托—北京	—	36/2	蒙铁
10/3	硬包	乌兰巴托—北京	—	36/2	蒙铁
9/4	硬包	乌兰巴托—北京	—	36/2	蒙铁
8/5	高包	乌兰巴托—北京	20/2	—	蒙铁
7/6	高包	乌兰巴托—北京	20/2	—	蒙铁
6/7	高包	乌兰巴托—北京	20/2	—	蒙铁
—	餐车	乌兰巴托—扎门乌德	—	—	蒙铁
	硬包	乌兰巴托—扎门乌德	—	36/2	蒙铁
5/8	硬包	乌兰巴托—北京	—	28/10	蒙铁
4/9	硬包	乌兰巴托—北京	—	32/6	蒙铁
3/10	硬包	乌兰巴托—北京	—	36/2	蒙铁

续表

车厢号	车种	车辆运行区段	席位数		车辆供应铁路
			高包	硬包	
2/11	硬包	乌兰巴托—北京	—	36/2	蒙铁
1/12	硬包	乌兰巴托—北京	—	36/2	蒙铁
—	行李车	乌兰巴托—北京	—	—	蒙铁
—	发电车	乌兰巴托—北京	—	—	蒙铁

蒙铁担当的K24次列车从扎门乌德站开往二连站的编组顺序确定如下：12/1、11/2、10/3、9/4、8/5、7/6、6/7、5/8、4/9、3/10、2/11、1/12号车、行李车、发电车。

蒙铁担当的K23次列车从二连站开往扎门乌德站的编组顺序确定如下：发电车、行李车、1/12、2/11、3/10、4/9、5/8、6/7、7/6、8/5、9/4、10/3、11/2、12/1号车。2022年11月3日至2023年4月13日期间（均为乌兰巴托发车日期），7/6、6/7、3/10、2/11和1/12号车共5辆临时欠挂。

（3）乌兰巴托—呼和浩特。

表6-18 乌兰巴托—呼和浩特直通客车运行时刻表

时间		车次	站名	车次	时间	
到	开				到	开
			乌兰巴托时间			
	20:35	34	乌兰巴托	33	10:25	
08:30	10:00		扎门乌德		17:35	21:35
			北京时间			
10:25	13:45	4654/4651	二连	4652/4653	05:26	17:10
19:26	19:46		集宁南		23:45	00:01
21:23			呼和浩特			21:59

表6-19 中铁担当的图定列车运行日期

车次	车站名	时间	车次	车站名	时间
4652/4653	呼和浩特站发	每周五	4651/4654	乌兰巴托站发	每周一
	经由二连站	每周六		经由扎门乌德站	每周二
	经由扎门乌德站	每周六		经由二连站	每周二
	乌兰巴托站到	每周日		呼和浩特站到	每周二

表 6-20　蒙铁担当的图定列车运行日期

车次	车站名	时间	车次	车站名	时间
4652/ 4653	呼和浩特站发	每周一	4651/ 4654	乌兰巴托站发	每周五
	经由二连站	每周二		经由扎门乌德站	每周六
	经由扎门乌德站	每周二		经由二连站	每周六
	乌兰巴托站到	每周三		呼和浩特站到	每周六

中铁担当的直通客车为1辆软包车（1/4，1～32，1号车）和1辆硬包车（2/4，5～36，2号车）。蒙铁担当的直通客车为1辆硬包车（36/2，1号车），37、38号铺位供蒙铁列车员使用。蒙铁按乌兰巴托—二连21/22次编组随该车挂运一辆行李车到二连站往返。当客流增加时，经中蒙铁路商定，可临时加挂客车。

二、中朝口岸

1. 客车开行概况

北京—平壤开行的直通客车在北京—丹东间挂于K27次列车上，新义州—平壤挂于K52次列车上，全程运行时间为24h 18min（包括国境站停站时间），旅行速度为55.78 km/h。平壤—北京开行的直通客车在平壤—新义州挂于K51次列车上，在丹东—北京挂于K28次列车上，全程运行时间为23h 15min（包括国境站停站时间），旅行速度为59.57 km/h。K27/K28每星期四个往返，中朝铁路各担当两个往返，自2015年起，K51/K52次丹东—平壤直通客车全年每日开行。中、朝铁路同日对开，次日往返，各自担当。运行时间分析见表6-21和表6-22。

表 6-21　北京—丹东—平壤 K27/52 次列车的直通客车全程运行时间表

年份	中铁			丹东— 新义州 间运行 时间 /h	朝铁			各国 境站 停站 时间 /h	全程 共计 /h	旅行 速度 /(km/h)
	途中 运行 时间 /h	丹东 停站 时间 /h	合计 /h		新义州 停站 时间 /h	途中 运行 时间 /h	合计 /h			
2017 年	13.55	2.38	16.33	0.10	1.59	5.11	7.10	4.37	23.53	57.32
2018 年	13.55	2.38	16.33	0.10	1.59	5.11	7.10	4.37	23.53	57.32
2021 年	14.08	2.25	16.33	0.10	1.59	5.36	7.35	4.24	24.18	57.69

表 6-22 平壤—丹东—北京 51/K28 次列车的直通客车全程运行时间表

年份	朝铁			新义州—丹东间运行时间/h	中铁			各国境站停站时间/h	全程共计/h	旅行速度/(km/h)
	途中运行时间/h	新义州停站时间/h	合计/h		丹东停站时间/h	途中运行时间/h	合计/h			
2017 年	4.47	1.46	6.33	0.10	2.08	14.07	16.15	3.54	22.58	59.65
2018 年	5.07	1.41	6.48	0.10	2.08	14.09	16.17	3.54	23.15	59.57
2021 年	5.07	1.41	6.48	0.10	1.55	14.22	16.17	3.36	23.15	59.57

2. 开行方案

表 6-23 北京—平壤、丹东—平壤直通客车运行时刻表

时间		车次	站名	车次	时间	
到	开				到	开
	17:27	K27	**北京时间** 北京		08:40	
03:20	03:40		沈阳		22:07	22:24
07:35	10:00		丹东	K28		
			平壤时间		16:23	18:18
11:10	13:09	52	新义州		15:32	17:13
18:45			平壤	51		10:25

表 6-24 中铁担当的图定列车运行日期

车次	车站名	时间	车次	车站名	时间
K27	北京站发	每周一、四	K28	平壤站发	每周三、六
	经由丹东站	每周二、五		经由扎新义州站	每周三、六
	经由扎新义州站	每周二、五		经由丹东站	每周三、六
	平壤站到	每周二、五		北京站到	每周四、日

表 6-25 朝铁担当的图定列车运行日期

车次	车站名	时间	车次	车站名	时间
K27	北京站发	每周三、六	K28	平壤站发	每周一、四
	经由丹东站	每周四、日		经由扎新义州站	每周一、四
	经由扎新义州站	每周四、日		经由丹东站	每周一、四
	平壤站到	每周四、日		北京站到	每周二、五

（1）北京—平壤直通客车。

中铁提供 1 辆 12 号软包车（1/4，1~36 号可售票），1 辆 13 号硬包车（2/4，9~36 号可售票，13 号车厢 1~8 号供乘务员使用）。朝铁提供 2 辆硬包车，其中 12 号硬包车 5~36 号可售票，13 号车 5~32 号可售票。

（2）丹东—平壤直通客车。

中铁、朝铁硬卧客车为 5 辆。中方客车编组增挂发电车 1 辆。客车由提供路的乘务员担当乘务。北京—丹东的行李车由中铁提供，并由中铁乘务员担当乘务。平壤—丹东的行李车由朝铁提供，每天挂运，并由朝铁乘务员担当乘务。

三、中越口岸

1. 客车开行概况

北京西—河内（嘉林）开行的客车在北京—南宁挂于 Z5 次列车上，南宁—凭祥挂于 T8701 次列车上，同登—河内（嘉林）挂于 MR1 次列车上。北京西—凭祥运行时间为 31h 32min（包括国境站停站时间），每周两个往返，由中铁旅行速度为 91.78 km/h，较上期持平。

河内（嘉林）—北京西 T8702/Z6 次换乘客车，凭祥—北京西运行时间为 29h 17min（包括国境站停站时间），旅行速度为 98.78 km/h，较上期持平。运行时间见表 6-26 和表 6-27。

表 6-26　北京西—南宁—凭祥 Z5/T8701 次列车运行时间分析表

年份	中铁					旅行速度 /(km/h)
	途中运行时间 /h	南宁停站时间 /h	途中运行时间 /h	凭祥停站时间 /h	合计 /h	
2017 年	23.37	2.19	4.05	1.31	31.32	91.78
2018 年	23.26	2.30	4.05	1.31	31.32	91.78
2021 年	23.25	2.31	4.13	1.23	31.32	91.78

表 6-27　凭祥—南宁—北京西 T8702/Z6 次列车运行时间分析表

年份	中铁					旅行速度 /(km/h)
	凭祥停站时间 /h	途中运行时间 /h	南宁停站时间 /h	途中运行时间 /h	合计 /h	
2017 年	1.41	3.52	0.50	22.55	29.16	98.78
2018 年	1.44	3.52	0.48	22.53	29.17	98.78
2021 年	1.34	4.01	0.46	22.59	29.20	98.68

河内（嘉林）—北京西 MR1 次，从河内（嘉林）至同登的途中运行时间为 5h 30min（含

口岸站停留时间），旅行速度为 29.45 km/h，较上期持平。

北京西—河内（嘉林）MR2 次，从同登至河内（嘉林）的途中运行时间为 6h 8min（含口岸站停留时间），旅行速度为 26.43 km/h，与上期持平。

运行时间分析见表 6-28 和表 6-29。

表 6-28 MR1 换乘客车在途中运行时间分析表

年份	越铁			途中速度/（km/h）
	途中运行时间/h	同登停站时间/h	合计/h	
2017 年	3.35	1.55	5.30	29.45
2018 年前 6 个月	3.35	1.55	5.30	29.45
2021 年	3.35	1.55	5.30	29.45

表 6-29 MR2 换乘客车在途中运行时间分析表

年份	越铁			途中速度/（km/h）
	途中运行时间/h	同登停站时间/h	合计/h	
2017 年	3.35	2.33	6.08	26.43
2018 年前 6 个月	3.35	2.33	6.08	26.43
2021 年	3.35	2.33	6.08	26.43

北京西—河内（嘉林）国际客车每周运行两个往返，北京西—同登由中铁担当乘务，同登—嘉林由越铁担当乘务。

2. 客车开行方案

表 6-30 北京西—河内（嘉林）国际联运客车运行时刻表

时间		车次	站名	车次	时间	
到	开				到	开
			北京时间			
	16:09	Z5	北京西			09:51
15:34	18:05		南宁	Z6	10:06	10:52
22:18	23:41	T8701	凭祥	T8702	04:31	06:05
			河内时间			
23:22	01:55		同登		00:55	02:50
		MR2				
04:33			北江		22:11	22:14
05:30	04:36		河内（嘉林）			21:20
				MR1		

201

表 6-31　国际联运客车的运行日期

北京西站发	每周四、日
河内（嘉林）站到	每周二、六
河内（嘉林）站发	每周二、五
北京西站到	每周四、日

北京西—河内（嘉林）国际联运换乘客车编组为 1 辆软包车，在北京西—南宁利用 Z5/6 次软包车 9 号车（1～36 号）、南宁—河内（嘉林）利用南宁—河内（嘉林）T8701/MR2 次和 MR1/T8701 次 L1 号软包车（1～36）运送，全程由中铁提供车辆并担当。

往返旅客在南宁站换乘。

上、下行方向均不发售发站和到站同为南宁—河内（嘉林）区间车站（含南宁、河内（嘉林））的乘车票据。

Z5/T8701/MR2 次和 MR1/T8702/Z6 次国际联运换乘客车旅客换乘席位对应办法：Z5 次 9 号车厢 1～36 号换乘 T8701/MR2 次 L1 号车厢 1～36 号，相反方向亦然。

四、中哈口岸

1. 客车开行概况

（1）乌鲁木齐—阿拉木图 2 站国际列车。

目前，乌鲁木齐—阿拉木图 2 站 K9795（103）次国际列车，全程运行时间为 25h 45min（包括国境站停站时间），旅行速度为 60.01 km/h。阿拉木图 2 站—乌鲁木齐站 K9796（104）次国际列车，全程运行时间为 23h 31min（包括国境站停站时间），旅行速度为 61.21 km/h。该车由中铁担当，每周运行一个往返。

（2）阿斯塔纳—努尔雷若尔/阿拉木图 2 站—乌鲁木齐国际旅客列车。

目前，该车经多斯特克—阿拉山口口岸运行时，阿拉木图 2 站—乌鲁木齐运行时间为 32h 5min，阿斯塔纳—努尔雷若尔—乌鲁木齐站运行时间为 40h 59min。乌鲁木齐—阿拉木图 2 站运行时间为 32h 38min，乌鲁木齐—阿斯塔纳—努尔雷若尔运行时间为 39h 12min。该车由哈铁担当，每周运行一个往返，运行分析见表 6-32 和表 6-33。

表 6-32 阿拉木图 2—乌鲁木齐 13（K9798）次列车途中运行时间

年份	哈铁			中铁			各国境站停站时间/h	全程共计/h	直通速度/(km/h)
	途中运行时间/h	多斯特克停站时间/h	合计/h	途中运行时间/h	阿拉山口停站时间/h	合计/h			
2017 年	16.21	3.15	19.36	10.29	1.40	12.09	4.55	32.05	42.5
2018 年	16.13	3.15	19.28	10.29	1.40	12.09	4.55	31.57	43.01

多斯特克—阿拉山口途中运行时间为 20 min。

表 6-33 乌鲁木齐—阿拉木图 213（K9797）次列车途中运行时间

年份	中铁			哈铁			各国境站停站时间/h	全程共计/h	直通速度/(km/h)
	途中运行时间/h	阿拉山口停站时间/h	合计/h	途中运行时间/h	多斯特克停站时间/h	合计/h			
2017 年	8.46	3.00	11.46	16.50	3.20	20.10	5.20	32.16	42.2
2018 年	8.46	3.00	11.46	17.18	3.20	20.38	6.10	32.44	42.0

阿拉山口—多斯特克途中运行时间为 20 min。

2. 客车开行方案

（1）乌鲁木齐—阿拉木图 2 站。

表 6-34 乌鲁木齐—阿拉木图 2 站国际联运列车时刻表

K9796（104）次		车站	K9795（103）次	
到达	发车		到达	发车
阿斯塔纳时间				
	08:53	阿拉木图 2	23:00	
13:44	14:36	阿腾科里	17:15	17:56
14:59	16:19	阿腾科里边检场	15:32	16:52
北京时间				
18:42	18:45	霍尔果斯边检场	17:07	17:10
18:52	22:26	霍尔果斯	12:20	17:00
10:09		乌鲁木齐		23:26

表 6-35 中铁担当的图定列车运行日期

车次	车站名	时间	车次	车站名	时间
K9795	乌鲁木齐站发	每周六	K9796	阿拉木图 2 站发	每周一
	经由霍尔果斯	每周日		经由阿腾科里站	每周一
	经由阿腾科里	每周日		经由霍尔果斯站	每周一
	阿拉木图 2 站到	每周日		乌鲁木齐站到	每周二

表 6-36 乌鲁木齐—阿拉木图 2 站国际联运列车编组顺序表

车种	发站	席位数		车辆所属
		高包	软包	
发电车	乌鲁木齐—阿拉木图 2	—	—	中国铁路乌鲁木齐局集团有限公司乌鲁木齐客运段
软包	乌鲁木齐—阿拉木图 2	—	32/4	
软包	乌鲁木齐—阿拉木图 2	—	36	
软包	乌鲁木齐—阿拉木图 2	—	36	
软包	乌鲁木齐—阿拉木图 2	—	28/4	
软包	乌鲁木齐—阿拉木图 2	—	36	
软包	乌鲁木齐—阿拉木图 2	—	36	
软包	乌鲁木齐—阿拉木图 2	—	36	
软包	乌鲁木齐—阿拉木图 2	—	36	
软包	乌鲁木齐—阿拉木图 2	—	32/4	
软包	乌鲁木齐—阿拉木图 2	—	36	
合计		—	344/12	

为办理由阿拉木图 2 站乘车的返程票，中铁出售 2 号车厢 1~32 号席位、3 号车厢 1~36 号席位。

为办理由乌鲁木齐站乘车的返程票，哈铁出售 2 号车厢 1~32 号席位、3 号车厢 1~36 号席位。

（2）阿斯塔纳—努尔雷若尔/阿拉木图 2—乌鲁木齐。

表6-37 阿斯塔纳—努尔雷若尔/阿拉木图2—乌鲁木齐国际联运列车时刻表

13（K9795）/14（9796）		车站	13（K9795）/14（9796）	
时间		阿斯塔纳时间	时间	
到	发		到	发
	00:22	阿拉木图2站	05:42	
10:55		阿克斗卡		18:46
54（K9798）		车站	53（K9797）	
	16:58	阿斯塔纳	12:26	
20:59	21:19	卡拉干达	08:12	08:32
07:44	07:59	萨亚克	21:39	22:38
10:30		阿克斗卡		19:45
13～54（K9798）		车站	14～53（K9797）	
	11:34	阿克斗卡	18:14	
13:30	13:46	别斯科里	16:06	16:21
16:35	19:50	多斯特克	9:20	12:40
		北京时间		
22:10	23:50	阿拉山口	8:00	11:00
10:09		乌鲁木齐		23:26

哈铁担当的阿斯塔纳—努尔雷若尔/阿拉木图 2 站—乌鲁木齐站的 K9797（13～54）/K9798（14～53）次国际旅客列车经多斯特克—阿拉山口口岸运行，全年定期开行，每周一趟，分别由阿斯塔纳—努尔雷若尔每周六和阿拉木图 2 周日始发，周日在哈铁境内阿克斗卡合并为一列，经多斯特克、阿拉山口；周一到达乌鲁木齐站，当日返回；周二经阿拉山口、多斯特克车站；周二在哈铁境内阿克斗卡分为两列，周三分别到阿拉木图 2 站和阿斯塔纳—努尔雷若尔。

表6-38 阿斯塔纳—努尔雷若尔/阿拉木图2国际联运列车编组顺序表

列车顺序	车种	发站	席位数		车辆所属
			高包	硬包	
1	硬包	阿拉木图2—乌鲁木齐	—	36	哈铁客运公司
2	硬包	阿拉木图2—乌鲁木齐	—	36	
3	硬包	阿拉木图2—乌鲁木齐		30/6	
4	硬包	阿拉木图2—乌鲁木齐	—	36	

续表

列车顺序	车种	发站	席位数		车辆所属
			高包	硬包	
5	硬包	阿拉木图2—乌鲁木齐	—	36/2	哈铁客运公司
6	硬包	阿斯塔纳—努尔雷若尔—乌鲁木齐	—	36	
7	硬包	阿斯塔纳—努尔雷若尔—乌鲁木齐	—	36	
8	硬包	阿斯塔纳—努尔雷若尔—乌鲁木齐	—	30/6	
9	硬包	阿斯塔纳—努尔雷若尔—乌鲁木齐	—	36	
10	硬包	阿斯塔纳—努尔雷若尔—乌鲁木齐	—	36	
合计			—	346 / 12	

哈铁出售乌鲁木齐—阿拉木图2，K9797（13）次国际旅客列车往返票为：1号车厢36席位乌鲁木齐到阿拉木图2。

中铁出售阿拉木图2至乌鲁木齐，K9798（14）次国际旅客列车往返票为：1号车厢36席位，3号车厢5~36席位阿拉木图2到乌鲁木齐。

哈铁出售从乌鲁木齐至阿斯塔纳—努尔雷若尔K9797（53）次国际旅客列车往返票为：6车厢36席位、7号车厢36席位到阿斯塔纳—努尔雷若尔，2号车厢1~18席位到卡拉干达。

中铁出售从阿斯塔纳—努尔雷若尔至乌鲁木齐K9797（53）次国际旅客列车往返票为：6车厢36席位、7车厢36席位阿斯塔纳—努尔雷若尔到乌鲁木齐，7号车厢1~18席位卡拉干达到乌鲁木齐。

五、中俄口岸

1. 客车开行概况

（1）北京—莫斯科国际列车。

目前，北京—莫斯科为K19次列车，全程运行时间为140h 13min（包括国境站停站时间），旅行速度为64.13 km/h。莫斯科—北京为K20次列车，全程运行时间为145h 4min（包括国境站停站时间），旅行速度为61.96 km/h。莫斯科—北京K20/19次图定列车每周运行1趟，由俄罗斯联邦客运公司担当。运行分析见表6-39和表6-40。

表 6-39 北京—莫斯科 K19 次列车全程运行时间分析表

年份	中铁			满洲里—后贝加尔间运行时间/h	俄铁			各国境站停站时间/h	全程共计/h	旅行速度/(km/h)
	途中运行时间/h	满洲里停站时间/h	合计/h		后贝加尔停站时间/h	途中运行时间/h	合计/h			
2017 年	29.17	2.44	32.01	0.25	5.06	102.41	107.47	7.50	140.13	64.13
2018 年	29.17	2.44	32.01	0.25	5.06	102.41	107.47	7.50	140.13	64.13
2021 年	29.00	3.01	32.01	0.25	5.14	103.5	108.19	8.15	140.45	

表 6-40 莫斯科~北京 K20 次列车全程运行时间分析表

年份	俄铁			满洲里—后贝加尔间运行时间/h	中铁			各国境站停站时间/h	全程共计/h	旅行速度/(km/h)
	途中运行时间/h	后贝加尔停站时间/h	合计/h		满洲里停站时间/h	途中运行时间/h	合计/h			
2017 年	103.35	5.45	109.20	0.25	5.29	29.50	35.19	11.14	145.04	61.96
2018 年	103.35	5.45	109.20	0.25	5.29	29.50	35.19	11.14	145.04	61.96
2021 年	103.10	6.10	109.20	0.25	5.29	29.50	35.19	11.39	145.04	61.96

（2）赤塔—满洲里直通客车。

目前，赤塔—满洲里 654 次列车全程运行时间 16h 25min（包括国境站停站时间），满洲里—赤塔 653 次列车全程运行时间 16h 42min（包括国境站停站时间）。

2. 客车开行方案

运行分析见表 6-41~表 6-45。

（1）莫斯科—北京。

表 6-41 莫斯科—北京（经由后贝加尔）K20/19 次列车运行时刻

时间		车次	站名	车次	时间	
到	开				到	开
			莫斯科时间			
	23:45	62	莫斯科雅罗斯拉夫客站		13:58	
06:22	06:42		秋明		06:34	06:53
21:00	21:46		新西伯利亚		15:42	16:22
02:44	03:07		伊尔库茨克		10:24	10:52
19:23	20:35	320	赤塔 2	61	17:05	17:56
06:55	13:05	20	后贝加尔	319	02:26	07:40

续表

时间		车次	站名	车次	时间	
到	开				到	开
			北京时间			
18:30	23:59	K20	满洲里		04:00	07:01
09:15	09:35		昂昂溪		18:36	18:47
12:29	13:16		哈尔滨		15:12	15:55
15:49	15:57		长春		12:29	12:37
19:26	19:34		沈阳		08:47	08:55
00:14	00:22		山海关		04:07	04:13
03:52	03:59		天津		00:35	00:41
05:49			北京	K19		23:00

逢日期尾数为偶数的每周六由莫斯科发出，在俄罗斯、中国境内运行时车次为20/19次。逢单数周每周六由莫斯科发出，在俄罗斯境内运行时车次为2/320/20-19/319/1（莫斯科—赤塔2站2次、赤塔—后贝加尔320次），在中国境内运行时车次为20/19。

表6-42 俄铁担当的图定列车运行日期

车次	车站名	时间	车次	车站名	时间
20	莫斯科雅罗斯拉夫客站发	每周六	19	北京站发	每周六
	经由后贝加尔站	每周四		经由后贝加尔站	每周一
	北京站到	每周六		莫斯科雅罗斯拉夫客站到	每周五

表6-43 莫斯科—北京20次列车编组顺序表（后贝加尔开往满洲里顺位）

车厢号	车种	车辆运行区段	席位数			车辆提供铁路
			高包	软包	硬包	
50	行李	莫斯科—北京	—	—	—	俄铁联邦客运公司
1	硬包	莫斯科—北京			32/6	俄铁联邦客运公司
2	硬包	莫斯科—北京			36/2	俄铁联邦客运公司
3	硬包（广播）	莫斯科—北京			18/8	俄铁联邦客运公司
4	高包	莫斯科—北京	18/1			俄铁联邦客运公司
—	餐车	满洲里—北京			—	中铁
6	硬包	满洲里—北京			16/20	中铁
5	硬包	莫斯科—北京			32/6	俄铁联邦客运公司

续表

车厢号	车 种	车辆运行区段	席位数			车辆提供铁路
			高包	软包	硬包	
7①	硬包	莫斯科—北京	—	—	32/6	俄铁联邦客运公司
8①	硬包	莫斯科—北京	—	—	32/6	俄铁联邦客运公司
9①	硬包	莫斯科—北京	—	—	32/6	俄铁联邦客运公司

注：① 莫斯科—北京 7、8、9 号硬包车在客流增加时经俄铁与中铁商定后另行挂运。

北京—满洲里间挂运的 6 号车 1~20 号铺位供中铁列车员和餐车工作人员使用，21~36 号发售国内段乘车票据，票额上行由哈尔滨局集团公司、下行由北京局集团公司分配并报国铁集团备案。

4 号车 19 号铺位供列车员使用，第 1~18 号铺位供乘客使用。7、9 号车 37~38 铺位供列车员使用，第 1~36 号铺位供乘客使用。1、5、8 号车第 1~4 和第 37~38 号铺位供列车员使用，第 5~36 号铺位供乘客使用，2 号车第 33~36 号铺位供乘警莫斯科~后贝加尔~莫斯科区间使用，第 37、38 号铺位供列车员休息用，第 5~32 号铺位供旅客发售。3 号广播车第 1~8 号铺位供列车员和车长使用，第 9~24 号铺位供乘客使用，第 25、26 号铺位供限制行为能力的乘客使用，行李车由行李员分别在本国境内担当乘务。行李员在行李车乘务室休息。俄铁提供的行李车若因技术原因临时欠挂，特准 K20/19 次无隔离运行。

（2）满洲里—赤塔。

表 6-44 赤塔—满洲里列车运行时刻表

时间		车次	站 名	车次	时间	
到	开				到	开
			莫斯科时间			
	13:33	602	赤塔		01:51	
22:04	23:10	602/684	博尔吉亚	601	16:35	17:29
01:31			后贝加尔	683		14:14
	05:35		北京时间		09:25	14:00
11:00		684/654	满洲里	653		

赤塔—满洲里 654/653 次列车由俄罗斯联邦客运公司担当，每周运行 2 趟，全年开行，后贝加尔和满洲里每周五、日发车。赤塔—满洲里直通客车全年运行，赤塔每周四、六发，后贝加尔和满洲里每周五、日到发，赤塔每周六、一到。

表 6-45　赤塔—满洲里列车编组表（满洲里发往后贝加尔方向）

车厢号	车种	车辆运行区段	席位数			担当路
			高包	开放式卧铺	硬包	
1/21	硬包	满洲里—赤塔	—	—	32/6	俄铁联邦客运公司
2/20①	开放式硬卧	满洲里—赤塔	—	54	—	俄铁联邦客运公司
3/4①	开放式硬卧	满洲里—后贝加尔	—	54	—	俄铁联邦客运公司
4/3①	开放式硬卧	满洲里—后贝加尔	—	54	—	俄铁联邦客运公司
5/2①	开放式硬卧	满洲里—后贝加尔	—	54	—	俄铁联邦客运公司
6/1①	开放式硬卧	满洲里—后贝加尔	—	54	—	俄铁联邦客运公司

注：① 2、3、4、5、6 号车临时挂运。

第三节　2016—2018 年客流分析

一、2016—2018 年国际旅客联运列车各车次客流量对比分析

据表 6-2 和表 6-3 得出 2016—2018 近三年国际列车和直通客车的客流情况，可以看出：中越国际旅客联运列车 T8701、T8702 次客流量最多，其次是由中铁担当往返北京—乌兰巴托—莫斯科（经由二连口岸出入境）的 K3、K4 次列车客流量，起讫点相同、径路不同的北京—莫斯科间开行（经由满洲里口岸出入境）的 K19/20 次列车客流量仅为 K3/4 次列车客流量的 15%。造成中俄双方担当车次客流量差异的可能原因为 K3/4 次径路距离短、沿途车站数量多。从担当国别分析，中铁提供车辆和担当乘务的联运列车的客流总量普遍高于外方铁路担当列车的客流量。

（一）中俄国际旅客联运

中国与俄罗斯之间开行的国际旅客联运列车为 K3/4、K19/20，其中 K3/4 次列车由中铁担当，运行区段为北京—乌兰巴托—莫斯科；K19/20 次列车由俄铁担当，运行区段为北京—莫斯科。

1. 中铁担当乘务的列车

K3 次（中铁担当）月度客流如表 6-46 和图 6-1 所示。

表 6-46 K3 次（中铁担当）月度客流表　　　　　　　　　　单位：人次

年＼月	1月	2月	3月	4月	5月	6月	7月	8月	9月	10月	11月	12月
2016年	357	469	289	496	666	583	1027	1213	596	478	372	370
2017年	488	282	341	444	764	746	834	1037	791	702	223	227
2018年	403	375	340	483	567	917	1016	876	850	761	392	501

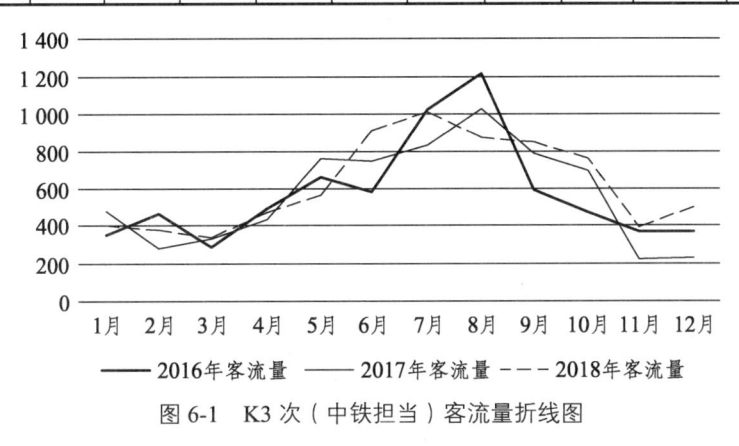

图 6-1　K3 次（中铁担当）客流量折线图

K4 次（中铁担当）月度客流表见表 6-47 和图 6-2 所示。

表 6-47 K4 次（中铁担当）月度客流表　　　　　　　　　　单位：人次

年＼月	1月	2月	3月	4月	5月	6月	7月	8月	9月	10月	11月	12月
2016年	516	524	485	452	778	675	919	1430	897	773	420	263
2017年	426	316	345	360	501	769	835	1129	878	707	338	260
2018年	381	325	368	400	516	645	1116	1132	956	700	279	336

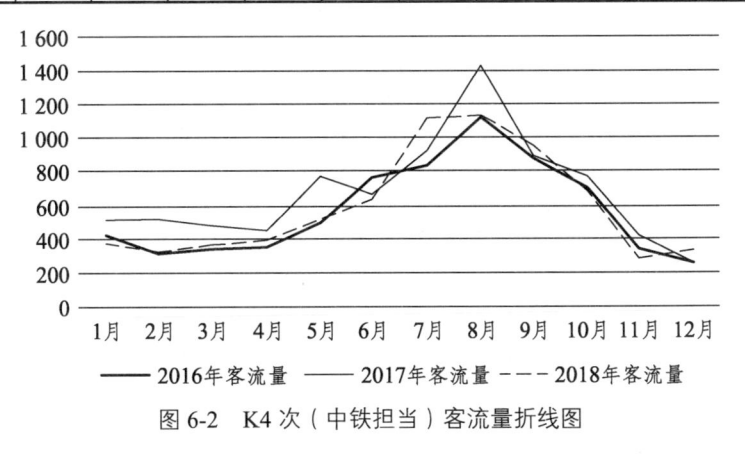

图 6-2　K4 次（中铁担当）客流量折线图

结合上面的表 6-46、表 6-47 和图 6-1、图 6-2 可以看出，在 2016—2018 年，对比相同时间段的客流量可知：每年 7~9 月 K3、K4 次列车客流量较高，其他月份则客流量较低。K3 和 K4 次列车 2016—2018 年间 7—9 月三个月的客流量约占每年客流量的 40%。

2. 俄铁担当乘务的列车

K19 次（俄铁担当）月度客流如表 6-48 和图 6-3 所示。

表 6-48　K19 次（俄铁担当）月度客流表　　　　　单位：人次

月 年	1月	2月	3月	4月	5月	6月	7月	8月	9月	10月	11月	12月
2016 年	33	57	19	60	59	59	256	138	98	84	27	23
2017 年	76	48	30	86	32	117	237	245	185	177	29	64
2018 年	40	67	29	26	37	101	223	190	228	59	33	50

图 6-3　K19 次（俄铁担当）客流量折线图

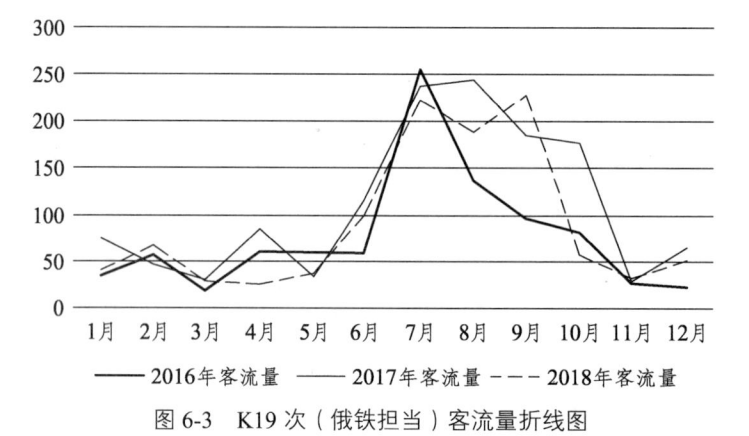

表 6-49　K20 次（俄铁担当）月度客流表　　　　　单位：人次

月 年	1月	2月	3月	4月	5月	6月	7月	8月	9月	10月	11月	12月
2016 年	65	90	40	26	58	56	116	170	142	74	31	48
2017 年	107	95	87	51	92	176	127	164	168	99	62	114
2018 年	69	62	65	64	48	108	99	131	157	50	48	52

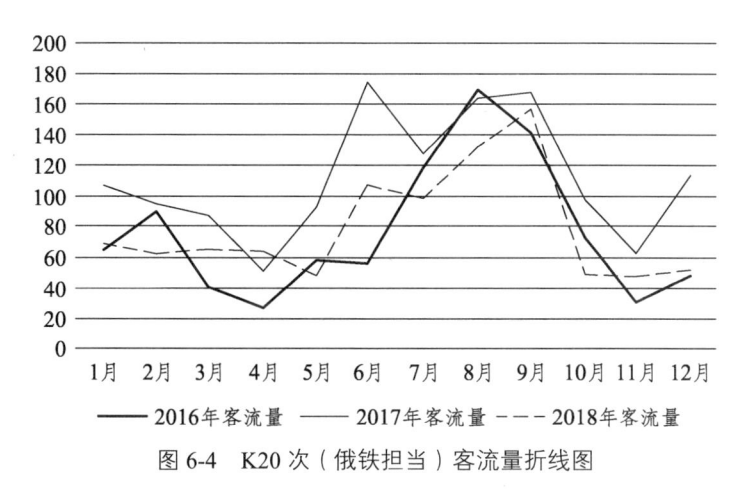

```
200
180
160
140
120
100
 80
 60
 40
 20
  0
    1月 2月 3月 4月 5月 6月 7月 8月 9月 10月 11月 12月
    ——2016年客流量 ——2017年客流量 ---2018年客流量
```

图 6-4 K20 次（俄铁担当）客流量折线图

根据表 6-48、表 6-49 和图 6-3、图 6-4 可以看出，对比 2016—2018 年相同时间段客流量，总体而言，K19 次列车客流量最高出现在每年 7～9 月，三个月客流量约占全年的 50%～60%，月度客流量波动较大。K19 次列车 2016 年客流量的最高月（7 月）是最低月（3 月）的 13.47 倍，2017 年客流量的最高月（8 月）是最低月（11 月）的 8.45 倍，2018 年客流量的最高月（9 月）是最低月（4 月）的 7.69 倍。

K20 次列车 2016 年客流量最大的三个月为 7、8、9 月，这三月客流量占全年客流量的 48%；2017、2018 年客流量最大的三个月为 6、8、9 月，约占全年客流量的 40%。2016 年客流量的最高月（8 月）是最低月（4 月）的 6.54 倍，2017 年客流量的最高月（6 月）是最低月（4 月）的 3.26 倍，2018 年客流量的最高月（9 月）是最低月（11 月）的 3.27 倍。

（二）中蒙国际旅客联运

1. K23 和 K24

中蒙间开行的 K23/24 次国际旅客列车的运行区段为北京—乌兰巴托，由中蒙两国铁路每年轮流担当，在 5 月份进行担当的调整。每年 6 月份开始由一国铁路担当开行 K23、K24 次列车，另一国以加开列车方式在 6～10 月份开行 K23、K24 次列车。

（1）中铁担当乘务的列车。

表 6-50　K23 次（中铁担当）月度客流表　　　　　　　单位：人次

月 年	1月	2月	3月	4月	5月	6月	7月	8月	9月	10月	11月	12月
2016 年	118	64	63	137	275	204	455	300	146	99	—	—
2017 年	—	—	—	—	—	512	895	460	419	165	142	154
2018 年	68	98	99	171	347	570	652	411	350	121	—	—

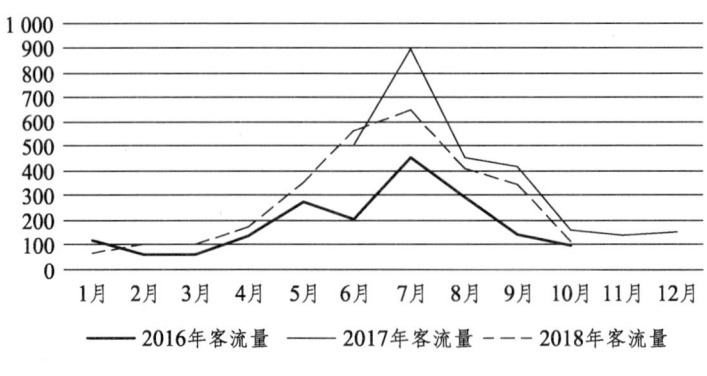

图 6-5 K23 次（中铁担当）客流量折线图

表 6-51 K24 次（中铁担当）月度客流表　　　　　　　　　单位：人次

月 年	1月	2月	3月	4月	5月	6月	7月	8月	9月	10月	11月	12月
2016 年	978	727	762	747	898	706	791	815	690	259	—	—
2017 年	—	—	—	—	—	1033	1078	1189	1403	791	393	312
2018 年	439	396	603	377	694	583	512	1010	891	112	—	—

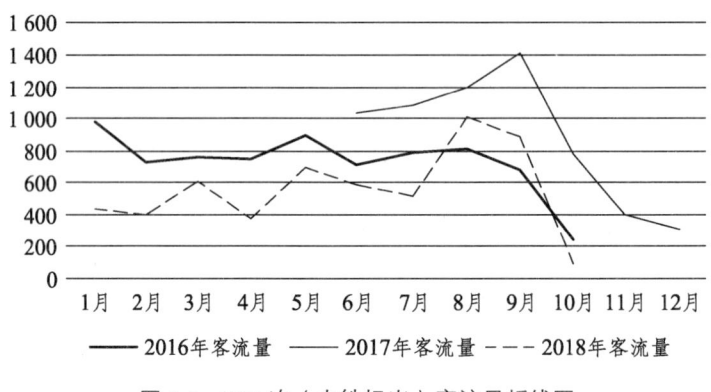

图 6-6 K24 次（中铁担当）客流量折线图

从表 6-50、表 6-51 和图 6-5、图 6-6 可以看出，2016—2018 年间，2016 和 2018 年 1～10 月、2017 年 6～12 月由中铁提供 K23/24 车辆并担当乘务。K23 次列车在每年 7 月份客流量最高，2016—2018 年每年最高客流量占全年客流量分别为 24.45%、32.58%、22.58%。K24 次列车 2017 年 6～9 月间的客流量高于同时间段 2016 年和 2018 年的客流量，前者约为后者的 1.5 倍。

（2）蒙铁担当乘务的列车。

表 6-52　K23 次（蒙铁担当）月度客流表　　　　　　　　　　　　单位：人次

年＼月	1月	2月	3月	4月	5月	6月	7月	8月	9月	10月	11月	12月
2016 年	—	—	—	—	—	168	911	340	286	226	87	160
2017 年	284	133	87	160	331	151	422	245	134	113	—	—
2018 年	—	—	—	—	—	249	644	484	361	151	107	86

图 6-7　K23 次（蒙铁担当）客流量折线图

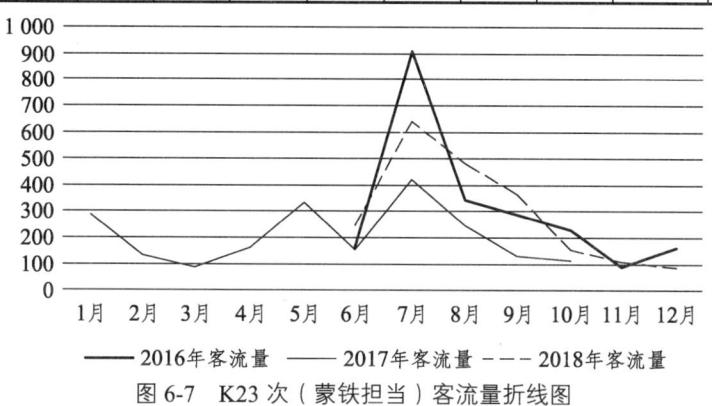

表 6-53　K24 次（蒙铁担当）月度客流表　　　　　　　　　　　　单位：人次

年＼月	1月	2月	3月	4月	5月	6月	7月	8月	9月	10月	11月	12月
2016 年	—	—	—	—	—	676	1393	1438	1419	1124	567	384
2017 年	661	826	570	504	729	905	1163	1210	1117	507	—	—
2018 年	—	—	—	—	—	1068	902	1810	1370	793	491	316

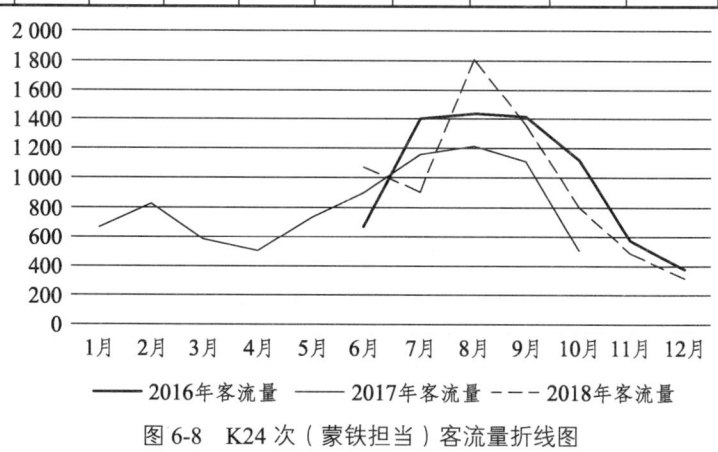

图 6-8　K24 次（蒙铁担当）客流量折线图

结合表 6-52、表 6-53 和图 6-7、图 6-8 可以看出，蒙铁担当的 K23 次列车同样在每年 7 月达到客流量最高，2016—2018 年 7 月客流量分别约为全年客流量的 40%、20% 和 30%。K23 次列车 2016 年月度客流量波动较大，客流量最高月（7 月）是客流量最低月（11 月）的 10.47 倍。2017 年客流最高月（7 月）是客流最低月（3 月）的 4.85 倍；2018 年客流最高月（7 月）是客流最低月（12 月）的 7.49 倍。三年间，K24 次列车高峰月均为 7~9 月，每年三个月的总客流量分别占全年客流量的 60%、40% 和 60%。

2. 681 和 682

中蒙间开行的 681、682 次直通客车的运行区段为呼和浩特—乌兰巴托，中蒙两国各自提供两节客车并担当乘务。

（1）中铁担当乘务的客车。

表 6-54　681 次（中铁担当）月度客流表　　　　　　　单位：人次

月 年	1月	2月	3月	4月	5月	6月	7月	8月	9月	10月	11月	12月
2016 年	68	74	28	130	39	38	101	58	22	23	33	25
2017 年	28	16	16	25	17	36	69	14	43	56	17	20
2018 年	17	9	14	12	8	43	49	26	48	25	18	29

图 6-9　681 次（中铁担当）客流量折线图

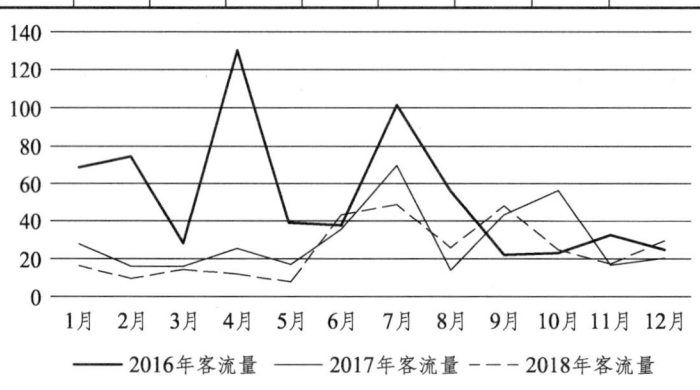

表 6-55　682 次（中铁担当）月度客流表　　　　　　　单位：人次

月 年	1月	2月	3月	4月	5月	6月	7月	8月	9月	10月	11月	12月
2016 年	220	133	180	123	98	126	162	206	118	119	117	82
2017 年	104	52	114	102	145	66	66	152	124	93	60	88
2018 年	65	34	38	32	86	89	73	113	93	85	51	50

```
250
200
150
100
 50
  0
     1月  2月  3月  4月  5月  6月  7月  8月  9月  10月  11月  12月
        ―――2016年客流量  ―――2017年客流量  - - - 2018年客流量
```

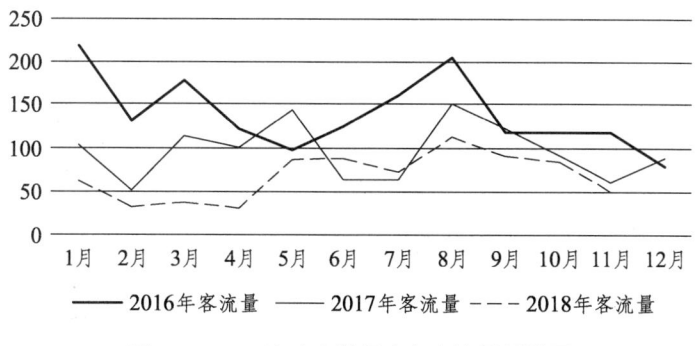

图 6-10　682 次（中铁担当）客流量折线图

从表 6-54、表 6-55 和图 6-9、图 6-10 可以看出，由中铁担当的 681、682 次列车 2016 年客流量总和高于 2017 年、2018 年全年客流量之和，三年间，681 次、682 次列车客流量每年呈递减趋势，681 次列车在 2018 年 2～5 月间客流量较低，这 4 个月间的客流量之和是三年中月度客流量最多月份（2016 年 4 月）客流量的 33.1%。682 次列车 2018 年 2～月、11～12 月间客流量较低，这 5 月的客流量之和是三年月度客流量最多月份（2016 年 1 月）客流量的 93.2%。

681 次列车 2016 年 4 月、7 月客流量最高，分别是 2016 年全年客流量的 20%、16%，两月客流量之和占全年客流量的 36%，681 次列车 2017 年、2018 年客流量总和仅比 2016 年客流量总和多 16 人；682 次列车 2016 年客流量均高于 2017 年、2018 年客流量，2016 年月度客流量高峰出现在 1 月，占全年客流量的 13.06%，且分别是 2017 年 1 月、2018 年 1 月客流量的 2.12 倍、3.38 倍。

（2）蒙铁担当乘务的客车。

表 6-56　681 次（蒙铁担当）月度客流表　　　　　　　单位：人次

月 年	1月	2月	3月	4月	5月	6月	7月	8月	9月	10月	11月	12月
2016 年	161	104	130	110	139	55	106	98	22	52	44	62
2017 年	49	67	28	36	55	35	94	13	46	71	20	12
2018 年	33	16	20	16	37	37	56	47	77	71	48	57

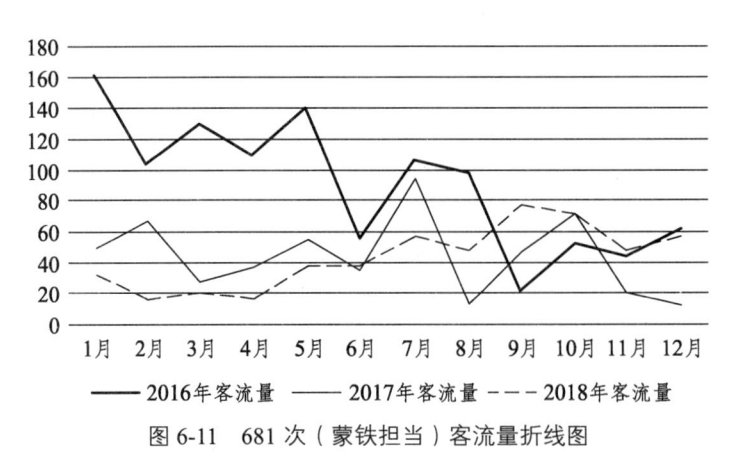

图 6-11 681 次（蒙铁担当）客流量折线图

表 6-57 682 次（蒙铁担当）月度客流表　　　　　　　　单位：人次

月 年	1月	2月	3月	4月	5月	6月	7月	8月	9月	10月	11月	12月
2016 年	283	175	204	179	200	190	242	198	137	198	128	159
2017 年	100	152	124	241	127	138	116	150	235	81	94	85
2018 年	53	55	88	45	87	113	75	118	118	77	83	97

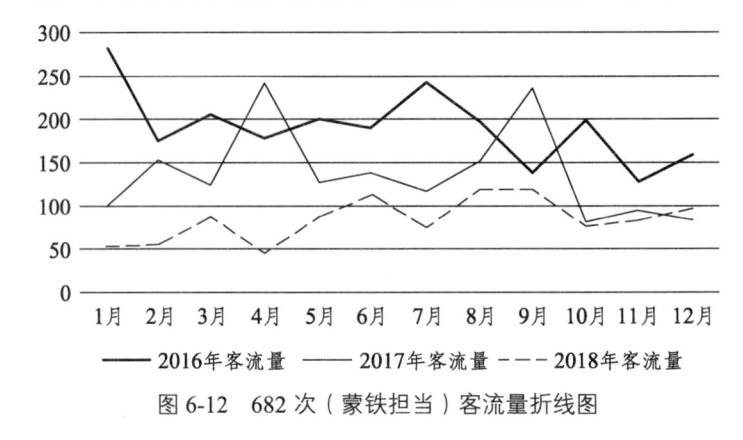

图 6-12 682 次（蒙铁担当）客流量折线图

结合表 6-56、表 6-57 和图 6-11、图 6-12 可以看出，2016—2018 年，由蒙铁担当的 681 次、682 次列车年度客流量也是呈递减趋势，681 次列车 2016 年 1~5 月间的客流量和分别是 2017 年、2018 年年度客流量和的 1.53 倍和 1.56 倍，681 次列车 2017、2018 年年度客流量接近。682 次列车 2018 年月度客流量波动不大，和 2018 年相比，2016 年、2017 年月度客流量最高月与和最低月之间的差额分别是 2018 年的 2.38 倍和 2.37 倍。

（三）中朝国际旅客联运

中国与朝鲜国之间开行的国际旅客联运车次有 K27、K28，分别由中铁担当和朝铁担当，运行区段为北京—平壤。

1. 中铁担当乘务的客车

表 6-58 K27 次（中铁担当）月度客流表　　　　　　　　　　　　　单位：人次

年\月	1月	2月	3月	4月	5月	6月	7月	8月	9月	10月	11月	12月
2016 年	356	261	419	404	246	447	480	486	615	447	364	444
2017 年	313	286	279	288	288	277	436	460	502	286	326	276
2018 年	274	311	311	377	536	476	438	462	432	390	544	457

图 6-13 K27 次（中铁担当）客流量折线图

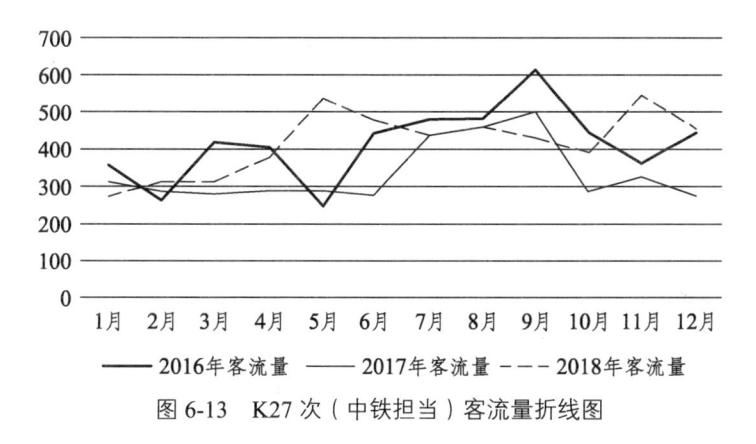

表 6-59 K28 次（中铁担当）月度客流表

年\月	1月	2月	3月	4月	5月	6月	7月	8月	9月	10月	11月	12月
2016 年	284	251	444	322	240	474	378	477	593	433	299	299
2017 年	261	209	338	267	262	279	346	420	420	271	361	227
2018 年	212	183	307	286	508	471	403	499	352	426	417	377

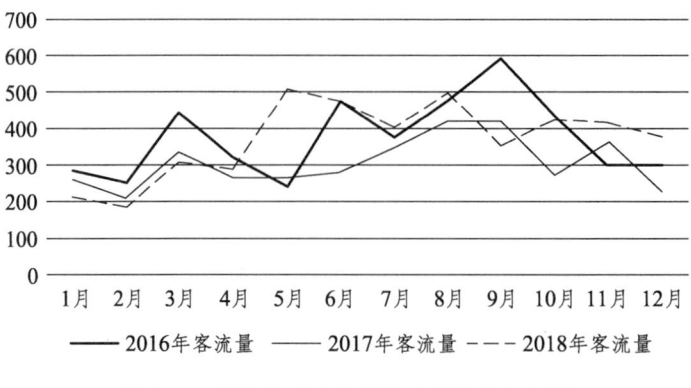

图 6-14　K28 次（中铁担当）客流量折线图

结合表 6-58 和图 6-13 可以看出，对比 K28 次（中铁担当）列车在 2016—2018 年的月度客流量，9 月为 K28 次列车 2016 和 2017 年客流量最高，分别占比全年客流量的 13.20%和 11.46%，2018 年客流量高最高出现在 5 月，占比全年客流量 11.44%。三年间客流最低分别出现在 5 月、2 月、2 月，分别占全年客流量的 5.34%、5.71%和 4.12%。

从表 6-59 和图 6-14 可以看出，总体而言，K28 次（中铁担当）列车在 2016—2018 年的月度客流量，规律性不是特别明显。2016 年月度客流量的最低出现在 5 月，最高出现在 9 月，5 月和 9 月客流量分别占全年客流量的 5.34%和 12.38%；2017 年月度客流量 1～6 月间保持在较为稳定的范围内，6～9 月间呈上升趋势，9 月客流量最高，9 月客流量占比全年客流量的 12.50%；2018 年客流量高峰出现在 5 月，5 月客流量占比全年客流量 11.44%，低峰出现在 1 月，占比全年客流量的 5.48%。

2. 朝铁担当乘务的客车

表 6-60　K27 次（朝铁担当）月度客流表　　　　　　　　单位：人次

月 年	1月	2月	3月	4月	5月	6月	7月	8月	9月	10月	11月	12月
2016 年	326	228	384	370	196	387	364	411	568	405	287	356
2017 年	264	230	251	248	253	245	342	437	412	248	318	271
2018 年	246	186	298	346	479	415	410	417	405	354	486	407

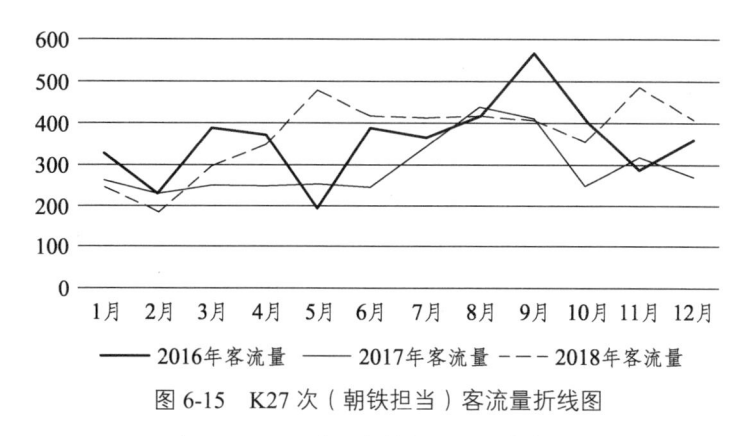

图 6-15　K27 次（朝铁担当）客流量折线图

表 6-61　K28 次（朝铁担当）月度客流表　　　　单位：人次

月 年	1月	2月	3月	4月	5月	6月	7月	8月	9月	10月	11月	12月
2016年	266	226	433	279	214	439	342	405	544	379	290	305
2017年	239	232	279	241	239	250	250	415	365	236	360	218
2018年	198	187	255	281	436	417	381	467	335	378	401	357

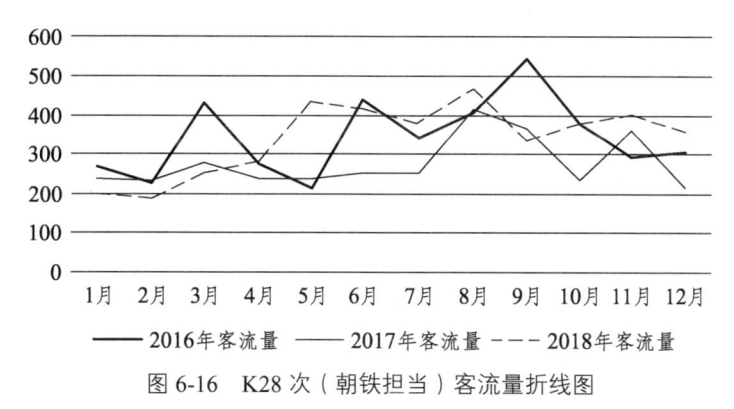

图 6-16　K28 次（朝铁担当）客流量折线图

结合表 6-60、表 6-61 和图 6-15、图 6-16，对比 K27、K28 次（朝铁担当）列车在 2016—2018 年的月度客流量，折线图接近，月度客流量分布较均衡，K27、K28 次列车 2016 年月度客流量最高和最低均出现在 9 月和 5 月；2017 年客流量最高与最低均出现在 8 月与 2 月。K27、K28 次列车 2018 年客流量分布相似，月度客流量最高分别出现在 11 月和 8 月，月度客流量最低均出现在 2 月，且客流量几乎相同。

（四）中哈国际旅客联运

中国与哈萨克斯坦间开行的国际旅客联运车次有 K9795、K9796、K9797、K9798。其中

K9795、K9796 由中铁担当，运行区段为乌鲁木齐—阿拉木图，每周开行两趟。K9797、K9798 由哈铁担当，运行区段为乌鲁木齐—阿斯塔纳，每周开行一趟。

1. 中铁担当乘务的列车

表 6-62　K9795 次（中铁担当）月度客流表　　　　单位：人次

年＼月	1月	2月	3月	4月	5月	6月	7月	8月	9月	10月	11月	12月
2016 年	169	221	335	153	125	65	271	87	46	71	46	52
2017 年	60	42	28	37	15	11	27	29	14	17	27	24
2018 年	22	16	19	15	16	38	64	34	49	26	10	10

图 6-17　K9795 次（中铁担当）客流量折线图

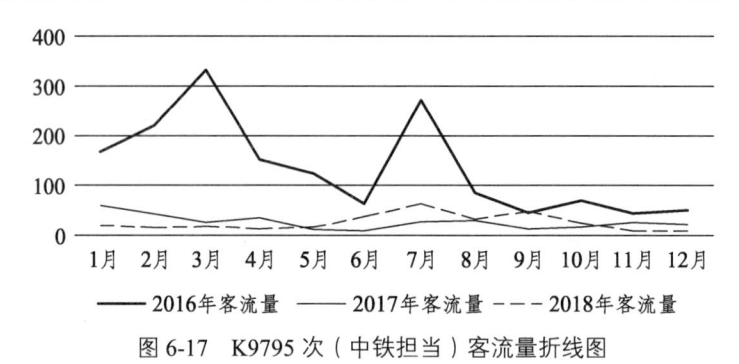

表 6-63　K9796 次（中铁担当）月度客流表　　　　单位：人次

年＼月	1月	2月	3月	4月	5月	6月	7月	8月	9月	10月	11月	12月
2016 年	202	100	189	90	71	124	133	104	198	274	163	185
2017 年	166	61	49	58	21	29	13	17	29	39	3	15
2018 年	24	21	13	14	15	32	26	23	28	25	13	11

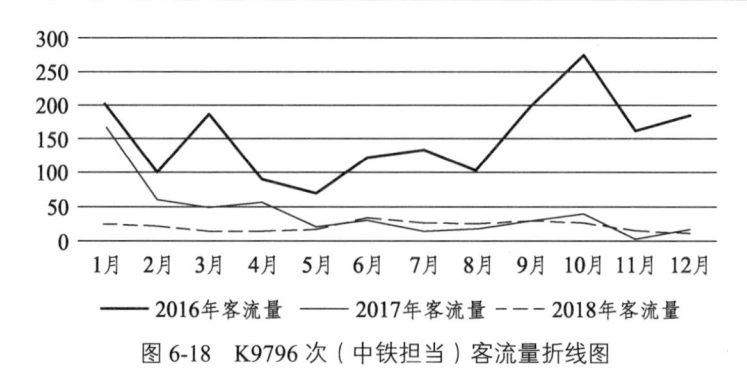

图 6-18　K9796 次（中铁担当）客流量折线图

结合表6-62、表6-63和图6-17、图6-18可以看出,由中铁担当的K9795、K9796次列车2016年客流量之和明显高于2017、2018年客流量之和,K9795、K9796次列车2016年客流量和分别是2017、2018年两年客流量和的2.52倍和2.46倍。除了K9796次列车2017年1月客流量明显高于K9795次列车外,K9795、K9796次列车2017、2018年同时间段客流量相差不是很大。

2. 哈铁担当乘务的列车

表6-64 K9797次(哈铁担当)月度客流表　　　　　　　　　　　单位:人次

年\月	1月	2月	3月	4月	5月	6月	7月	8月	9月	10月	11月	12月
2016年	218	132	93	165	127	71	179	104	54	61	41	32
2017年	78	19	29	30	47	23	48	30	13	34	17	14
2018年	21	9	20	26	18	14	47	14	18	18	3	7

图6-19 K9797次(哈铁担当)客流量折线图

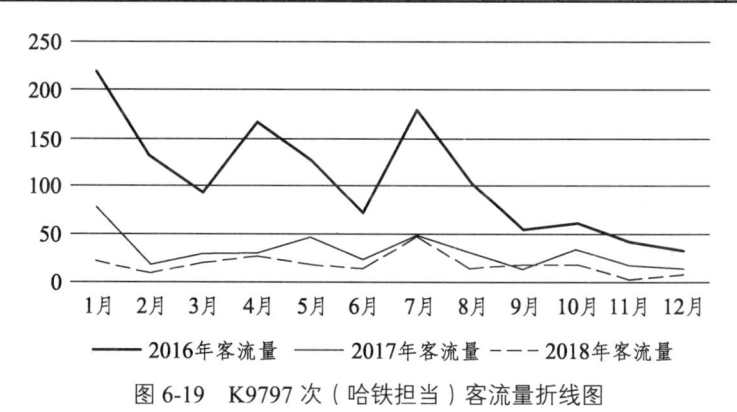

表6-65 K9798次(哈铁担当)月度客流表　　　　　　　　　　　单位:人次

年\月	1月	2月	3月	4月	5月	6月	7月	8月	9月	10月	11月	12月
2016年	134	146	169	65	164	89	53	156	86	68	51	46
2017年	55	74	53	17	66	26	49	74	72	57	30	48
2018年	52	18	21	30	30	23	16	14	33	43	13	15

图 6-20　K9798 次（哈铁担当）客流量折线图

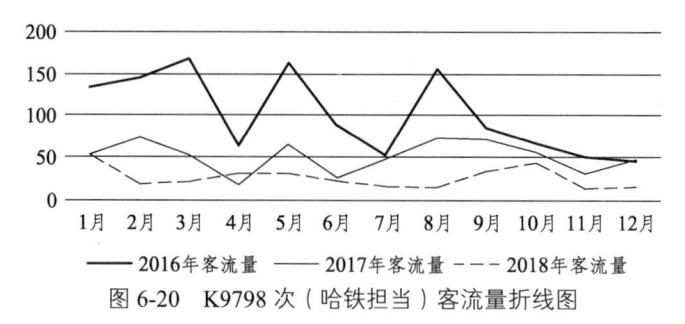

结合表 6-64、表 6-65 和图 6-19、图 6-20，总体而言，K9797、K9798 次列车 2016 年客流量之和也是高于 2017、2018 年两年客流量之和，K9797 次列车 2017、2018 年客流量之和分别是其 2016 年客流量和的 30%、17%，K9798 次列车 2017、2018 年客流量之和差不多是其 2016 年客流量和的 50%、25%。

2017 年 6~9 月间，在哈萨克斯坦首都阿斯塔纳举办世博会，从 2017 年 6~9 月间增开分别由中铁和哈铁担当的 K9765、K9766、9001、9002，在 6~9 月间，K9765、9001 总的客流量为 363 人，K9766、9002 总的客流量为 151 人。

（五）中越国际旅客联运

从北京开往越南的国际旅客联运车次有 T8701、T8702，运行区段为北京西—河内（嘉林），每周开行两趟。

表 6-66　T8701 次月度客流表　　　　　　　　　　　　　　　单位：人次

月 年	1月	2月	3月	4月	5月	6月	7月	8月	9月	10月	11月	12月
2016 年	1650	2252	1667	1791	1564	1491	2018	1866	1451	1857	2124	2224
2017 年	2404	2156	3164	2496	1596	1400	2299	2128	1818	2570	2049	2023
2018 年	1978	2698	2807	3968	2365	1358	1844	1845	1363	2067	2175	2465

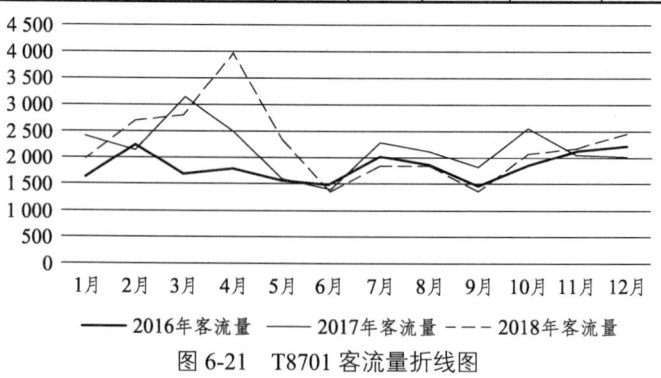

图 6-21　T8701 客流量折线图

表 6-67　T8702 次（中铁担当）月度客流表　　　　　　　　单位：人次

年＼月	1月	2月	3月	4月	5月	6月	7月	8月	9月	10月	11月	12月
2016 年	1887	3528	1932	2706	1967	2171	2536	3204	2158	2385	2278	1743
2017 年	2597	2865	1930	2450	1685	1558	2058	3149	1827	2143	1499	1623
2018 年	1526	3430	2340	2219	1618	1457	1873	2609	1750	1801	1248	1483

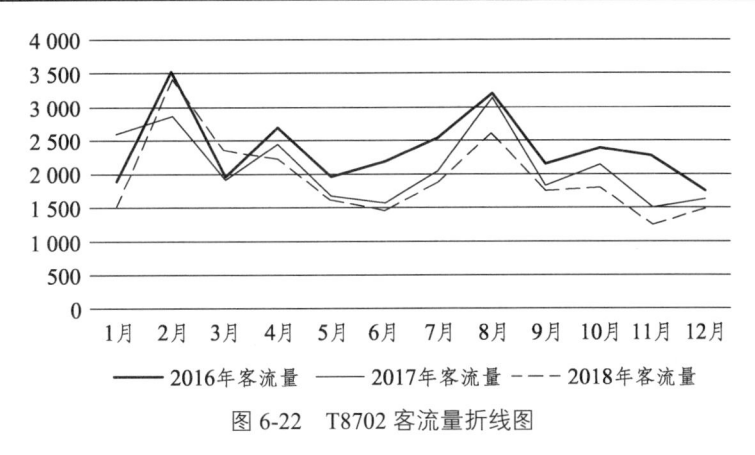

图 6-22　T8702 客流量折线图

从表 6-66、表-67 和图 6-21、图 6-22 可以看出，T8701 次列车 2016 年各月度客流量变化不大，最高（12 月）与最低（6 月）相差 733 人，而 2017、2018 年月度客流量最高与最低分别相差的人数是 2016 年的 2.41 倍和 3.56 倍，T8701 次列车在 2016—2018 年每年 6 月份客流量最接近，每年 7～12 月之间的客流量也趋于接近。T8702 次列车 2016—2018 年间每年月度客流量分布较为接近，2016、2018 年月度客流量最高均出现在 2 月，分别占比全年客流量和的 12.38% 和 14.68%，2017 年月度客流量最高（8 月）与最低（11 月）分别占比 2017 年全年客流量和的 12.41% 和 5.91%。

二、中俄、中蒙、中朝客流密度表分析

根据获取的客流资料，编制中俄、中蒙、中朝 2017—2018 年客流密度表，对各站旅客中到发送情况、区段发送量及国与国间的发送量进行分析。

1. 中俄 K3、K4 客流密度表

2017、2018 年中俄 K3、K4 客流密度见表 6-68 和表 6-69，两年的客流对比及分析见表 6-70～表 6-73。

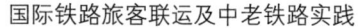

表 6-68 2017 年中俄 K3、K4 客流密度表

单位：人次

K3 \ K4	北京	集宁南	二连	扎门乌德	乌兰巴托	达尔汗	苏赫巴托	纳乌什基	乌兰乌德	伊尔库次克	克拉斯诺亚尔斯克	西伯利亚	欧木斯克	叶卡捷林堡	别尔米	莫斯科	合计
北京	0	0	14	17	1791	0	0	0	36	523	9	12	4	9	0	1675	4090
集宁南	0	0	0	0	13	0	0	0	0	0	0	0	0	0	0	6	19
二连	0	0	0	108	805	0	0	6	80	49	2	2	5	1	0	41	1099
扎门乌德	32	0	0	0	0	0	0	0	0	0	0	1	0	0	0	0	33
乌兰巴托	2900	98	28	0	0	0	0	7	290	468	58	182	37	19	50	450	4587
达尔汗	2	0	0	0	0	0	0	0	16	4	5	6	11	1	3	5	53
苏赫巴托	0	0	0	0	0	0	0	11	3	0	0	2	1	1	5	33	56
纳乌什基	1	0	7	0	11	0	15	0	0	0	0	0	0	0	0	0	34
乌兰乌德	40	52	71	35	549	1	7	0	0	0	0	0	0	0	0	0	755
伊尔库次克	268	0	4	4	1210	6	4	0	0	0	0	0	0	0	0	0	1496
克拉斯诺亚尔斯克	7	2	5	2	35	18	0	0	0	3	0	0	0	0	1	2	75
西伯利亚	17	0	6	0	121	6	2	0	0	3	0	0	0	0	0	0	154
欧木斯克	5	0	0	0	37	0	1	0	0	0	0	0	0	0	0	0	43
叶卡捷林堡	10	0	0	1	34	1	1	0	0	0	0	0	0	0	0	0	47
别尔米	1	0	1	0	0	0	6	0	0	4	1	0	0	0	0	2	15
莫斯科	406	0	0	1	554	6	42	0	0	152	0	66	0	0	0	0	1227
合计	3689	152	136	167	5167	37	78	24	425	1203	75	271	58	31	58	2212	13783

第六章　国际旅客联运现状

表 6-69　2018 年中俄 K3、K4 客流密度表

单位：人次

K3\K4	北京	集宁南	二连	扎门乌德	乌兰巴托	达尔汗	苏赫巴托	纳乌什基	乌兰乌德	伊尔库次克	克拉斯诺斯克	西伯利亚	欧木斯克	叶卡捷林堡	别尔米	莫斯科	合计
北京	0	0	0	5	1470	0	18	0	39	772	5	6	1	29	0	1388	3733
集宁南	0	0	0	0	14	0	0	0	0	0	0	0	0	0	0	0	14
二连	0	0	0	84	1161	0	2	2	219	21	1	0	0	0	0	17	1507
扎门乌德	11	0	0	0	0	0	0	0	3	0	0	0	0	0	0	0	14
乌兰巴托	3160	40	69	0	0	0	0	15	377	960	56	164	30	97	20	453	5441
达尔汗	2	0	0	0	0	0	0	0	13	1	2	0	0	2	0	7	27
苏赫巴托	3	0	0	0	0	0	0	1	0	23	1	2	0	0	0	0	30
纳乌什基	4	0	4	0	13	0	20	0	0	0	0	0	0	0	0	0	41
乌兰乌德	57	13	107	0	447	7	10	0	0	0	0	0	0	0	0	0	641
伊尔库次克	281	3	1	9	1258	14	20	4	8	0	0	0	0	0	0	0	1598
克拉斯诺斯克	5	0	6	0	92	12	8	0	0	2	0	0	0	0	0	0	125
西伯利亚	8	0	0	0	118	33	5	0	0	0	0	0	0	0	0	0	164
欧木斯克	1	0	0	0	59	7	0	0	0	0	0	0	0	0	0	0	67
叶卡捷林堡	9	0	0	0	62	2	34	0	0	2	0	0	0	0	0	0	109
别尔米	0	0	0	0	12	0	0	0	0	0	0	0	0	0	0	0	12
莫斯科	407	0	1	0	566	3	55	0	2	77	0	0	0	0	0	0	1111
合计	3948	56	188	98	5272	78	172	22	661	1858	65	172	31	128	20	1865	14634

表 6-70　2017/2018 年各站旅客发送变化情况

单位：人次

旅客发送量	北京	集宁南	二连	扎门乌德	乌兰巴托	达尔汗	苏赫巴托	纳乌什基	乌兰乌德	伊尔库次克	克拉斯诺亚尔斯克	西伯利亚	欧木斯克	叶卡捷林堡	别尔米	莫斯科
2017年	4090	19	1099	33	4587	53	56	34	755	1496	75	154	43	47	15	1227
2018年	3733	14	1507	14	5441	27	30	41	641	1598	125	164	67	109	12	1111
增量	-357	-5	408	-19	854	-26	-26	7	-114	102	50	10	24	62	-3	-116
增幅	-8.73%	-26.32%	37.12%	-57.57%	18.62%	-50%	-46.40%	20.59%	-15.10%	6.82%	66.67%	6.49%	55.81%	131.91%	-20%	-9.45%

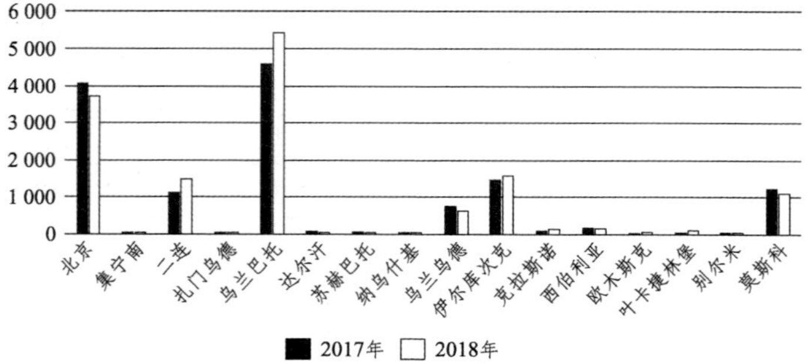

图 6-23　2017/2018 年中俄旅客发送量

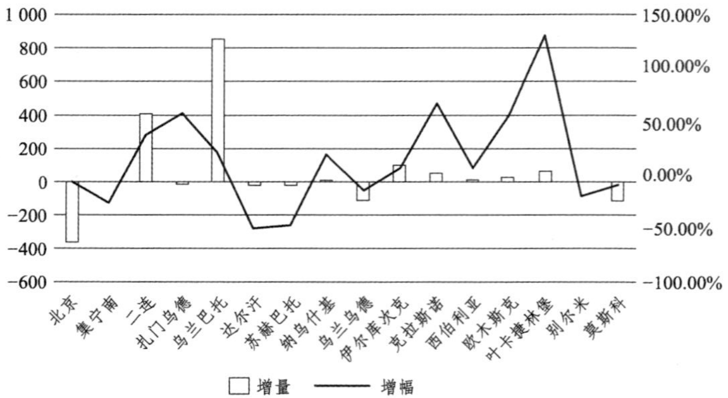

图 6-24　2017/2018 年中俄旅客发送量变化

第六章 国际旅客联运现状

表 6-71 2017/2018 年各站旅客终到变化情况

单位：人次

旅客终到量	北京	集宁南	二连	扎门乌德	乌兰巴托	达尔汗	苏赫巴托	纳乌什基	乌兰乌德	伊尔库次克	克拉斯诺斯克	西伯利亚	欧木斯克	叶卡捷林堡	别尔米	莫斯科
2017 年	3689	152	136	167	5167	37	78	24	425	1203	75	271	58	31	58	2212
2018 年	3948	56	188	98	5272	78	172	22	661	1858	65	172	31	128	20	1865
增量	259	-96	52	-69	105	41	94	-2	236	655	-10	-99	-27	97	-38	-347
增幅	7.02%	-63.16%	38.24%	-41.32%	2.03%	110.81%	120.51%	-8.33%	55.51%	54.44%	-13.33%	-36.53%	-46.55%	293.54%	-65.52%	-15.69%

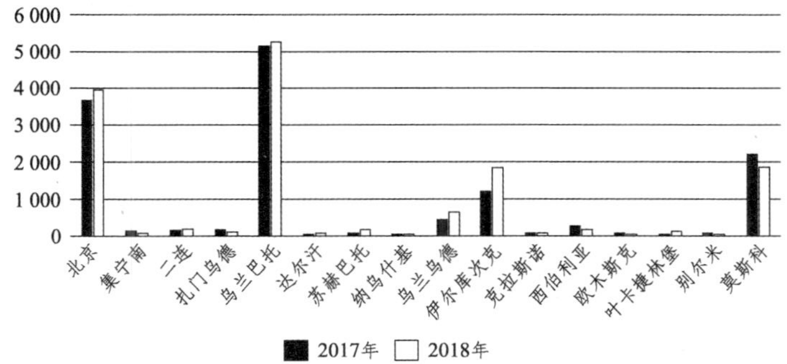

图 6-25 2017/2018 年中俄旅客终到量

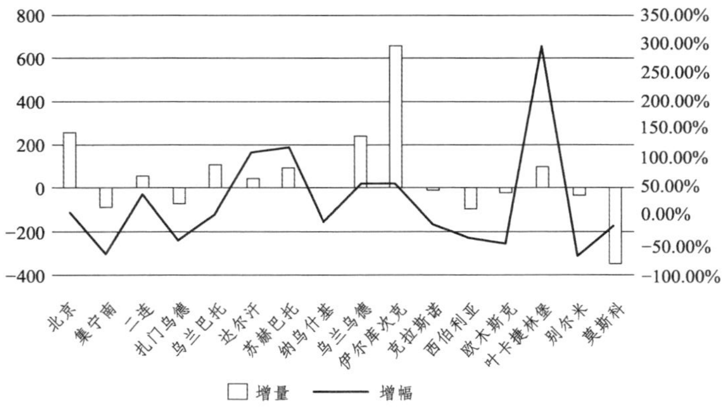

图 6-26 2017/2018 年中俄旅客终到量变化

229

表 6-72 2017/2018 年区段发送量前十五位排名

序号	2017 年				2018 年			
	区段	发送量/人次	占比	累计占比	区段	发送量/人次	占比	累计占比
1	乌兰巴托—北京	2900	21.04%	21.04%	乌兰巴托—北京	3160	21.59%	21.59%
2	北京—乌兰巴托	1791	12.99%	34.03%	北京—莫斯科	1675	11.45%	33.04%
3	北京—莫斯科	1388	10.07%	44.10%	北京—乌兰巴托	1470	10.05%	43.09%
4	伊尔库茨克—乌兰巴托	1258	9.13%	53.23%	伊尔库茨克—乌兰巴托	1210	8.27%	51.36%
5	二连—乌兰巴托	805	5.84%	59.07%	二连—乌兰巴托	1161	7.93%	59.29%
6	乌兰乌德—乌兰巴托	549	3.98%	63.05%	乌兰巴托—伊尔库茨克	960	6.56%	65.85%
7	莫斯科—乌兰巴托	554	4.02%	67.07%	莫斯科—乌兰巴托	566	3.87%	69.72%
8	北京—伊尔库茨克	523	3.79%	70.86%	乌兰乌德—乌兰巴托	447	3.05%	72.77%
9	乌兰巴托—伊尔库茨克	468	3.4%	74.26%	乌兰巴托—莫斯科	453	3.09%	75.86%
10	乌兰巴托—莫斯科	450	3.26%	77.52%	莫斯科—北京	407	2.78%	78.64%
11	莫斯科—北京	406	2.95%	80.47%	乌兰巴托—乌兰乌德	377	2.58%	81.22%
12	乌兰巴托—乌兰乌德	290	2.1%	82.57%	伊尔库茨克—北京	281	1.92%	83.14%
13	伊尔库茨克—北京	268	1.94%	84.51	乌兰巴托—西伯利亚	164	1.12%	84.26%
14	乌兰巴托—西伯利亚	182	1.32%	85.83%	西伯利亚—乌兰巴托	118	0.81%	85.07%
15	莫斯科—伊尔库茨克	152	1.1%	86.93%	乌兰乌德—二连	107	0.73%	85.8%

表 6-73 2017/2018 年各国间的发送量 单位：人次

2017	中国	蒙古国	俄罗斯	合计	2018	中国	蒙古国	俄罗斯	合计
中国	14	2734	2460	5208	中国	0	2754	2500	5254
蒙古国	3060	0	1669	4729	蒙古国	3285	0	2227	5512
俄罗斯	903	2715	228	3846	俄罗斯	907	2866	95	3868
合计	3977	5449	4357	13 783	合计	4192	5620	4822	14 634

由此可以看出：

（1）2017年客流最大的前四段线路为乌兰巴托—北京、北京—乌兰巴托、北京—莫斯科、伊尔库茨克—乌兰巴托，发送的旅客人数占总发送人数的53.23%，客流最大的前十段线路发送旅客人数占发送总人数的77.52%；2018年客流最大的前四段线路为乌兰巴托—北京、北京—乌兰巴托、北京—莫斯科、北京—乌兰巴托、伊尔库茨克—乌兰巴托，发送的旅客人数占总发送人数的51.36%，客流最大的前十段线路发送旅客人数占发送总人数的78.64%，说明客流量最大的前四段线路这两年发送的旅客人数均占总人数的一半以上，客流量前十的线路发送旅客人数均占总人数的四分之三及以上。

（2）国与国之间的发送量，除蒙古国到俄罗斯间2018较2017年有较大幅度上涨外，其余年份均保持稳定，且终到本国的旅客人数较少。

（3）2017年中俄旅客运送人数为13 783人，旅客发送量最大的前五位车站分别为乌兰巴托4587人、北京4090人、伊尔库茨克1496人、莫斯科1227人、二连1099人。旅客终到量最大的前五位车站分别为乌兰巴托5167人、北京3689人、莫斯科2212人、伊尔库茨克1203人、乌兰乌德425人；2018年中俄旅客运送人数为14 634人，旅客发送量最大的前五位车站分别为乌兰巴托5441人、北京3733人、伊尔库茨克1598人、二连1507人、莫斯科1111人。旅客终到量最大的前五位车站分别为乌兰巴托5272人、北京3948人、莫斯科1865人、伊尔库茨克1858人、乌兰乌德661人。

（4）2018年全年旅客运送人数比2017年同比增长6.17%，旅客发送量最大的前五位车站中，二连站由2017年的1099人增加到2018年的1507人，同比增长37.12%，上升至发送量第四位，旅客增幅率最大。旅客终到量最大的前五位车站中。乌兰乌德由2017的425人增加到2018年的661人，同比增长55.51%，旅客增幅率最大，但仍远远小于排名上一位的伊尔库茨克。中俄间旅客运输发送量最大的前五位车站在2017—2018年均未发生变化，分别为乌兰巴托、北京、伊尔库茨克、二连，莫斯科，到达量最大的车站在2017—2018年也均未发生变化，依次为乌兰巴托、北京、莫斯科、伊尔库茨克、乌兰乌德。客流密度最大的区段2017—2018年均未发生变化，依次为乌兰巴托—北京、北京—乌兰巴托、北京-莫斯科、伊尔库茨克—乌兰巴托、二连—乌兰巴托。

2. 中蒙K23、K24客流密度表

2017年中蒙K23、K24客流密度见表6-74。

表 6-74 2017 年中蒙 K23、K24 客流密度表   单位：人次

K24 \ K23	北京	大同	集宁南	二连	扎门乌德	乌兰巴托	合计
北京	0	0	0	1	6	3070	3077
大同	0	0	0	0	0	0	0
集宁南	0	0	0	0	0	41	41
二连	0	0	13	0	46	331	390
扎门乌德	10	0	0	0	0	0	10
乌兰巴托	8586	0	68	22	0	0	8676
合计	8596	0	81	23	52	3442	12 194

2017 年 6 月—2018 年 5 月，北京—乌兰巴托列车由中方担当，旅客发送量北京 3077 人，集宁南 41 人，二连 390 人，扎门乌德 10 人，乌兰巴人，旅客到达量北京 8596 人，集宁南 81 人，二连 23 人，扎门乌德 52 人，乌兰巴托 3442 人。

3. 中朝 K27、K28 客流密度表

2017 年中朝 K27、K28 客流密度见表 6-75。

表 6-75 2017 年中朝 K27、K28 客流密度表   单位：人次

K28 \ K27	北京	天津	沈阳	丹东	新义州	平壤	合计
北京	0	0	0	0	5	1473	1478
天津	5	0	0	0	0	6	11
沈阳	77	0	0	0	6	364	447
丹东	445	0	0	0	0	2160	2605
新义州	0	0	0	0	0	3	3
平壤	1561	9	130	1434	0	0	3134
合计	2088	9	130	1434	11	4006	7678

2018 年中朝 K27、K28 客流密度见表 6-76。

表 6-76　2017 年中朝 K27、K28 客流密度表　　　　　　　　　　　　单位：人次

K28 \ K27	北京	天津	沈阳	丹东	新义州	平壤	合计
北京	0	0	0	0	12	1327	1339
天津	0	0	0	0	0	0	0
沈阳	0	0	0	0	7	613	620
丹东	0	0	0	0	0	3031	3031
新义州	0	0	0	0	0	0	0
平壤	1247	16	89	3093	0	0	4445
合计	1247	16	89	3093	19	4971	9435

表 6-77　2017/2018 年各站旅客发送情况　　　　　　　　　　　　单位：人次

旅客发送量	北京	天津	沈阳	丹东	新义州	平壤
2017 年	1478	11	447	2605	3	3134
2018 年	1339	0	620	3031	0	4445
增量	-139	-11	173	426	-3	1311
增幅	-9.40%	-100%	38.70%	16.35%	-100%	41.83%

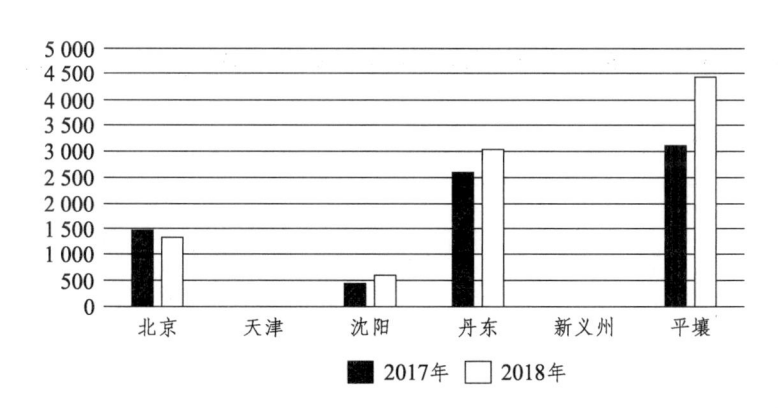

图 6-27　2017/2018 年中朝旅客发送量

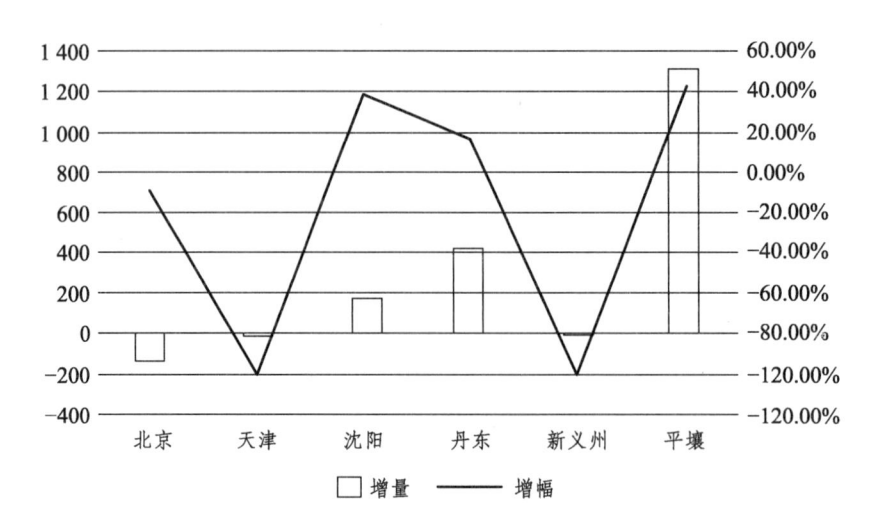

图 6-28　2017/2018 年中朝旅客发送量变化

表 6-78　2017/2018 年各站旅客终到情况　　　　　　　　　　　单位：人次

旅客终到量	北京	天津	沈阳	丹东	新义州	平壤
2017 年	2088	9	130	1434	11	4006
2018 年	1247	16	89	3093	19	4971
增量	-841	7	-41	1659	8	965
幅度	-40.28%	77.78%	-31.53%	115.7%	72.72%	24.09%

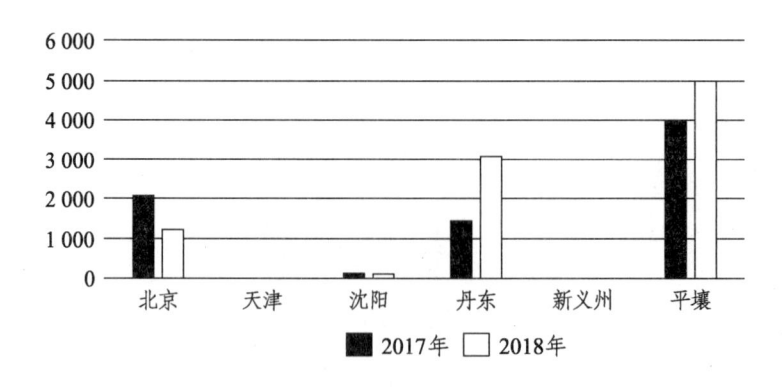

图 6-29　2017/2018 年中朝旅客终到量

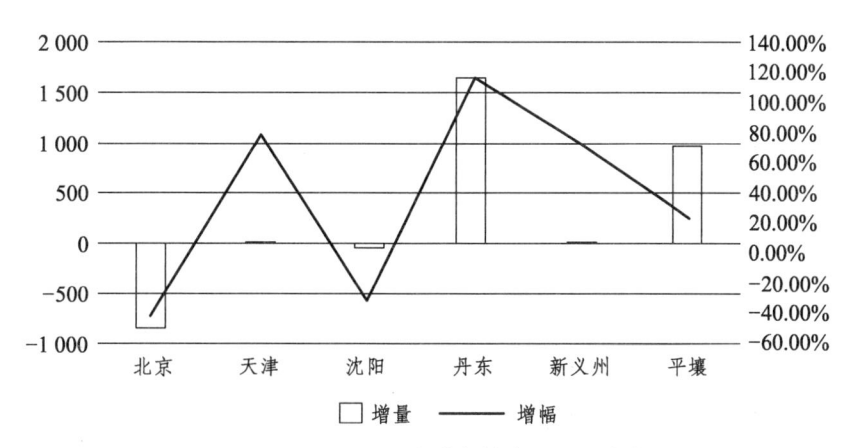

图 6-30　2017/2018 年中朝旅客终到量变化

表 6-79　2017/2018 年区段发送量排名　　　　　　　　　　　　　　单位：人次

序号	2017 年				2018 年			
	区段	发送量	占比	累计占比	区段	发送量	占比	累计占比
1	丹东—平壤	2 160	28.13%	28.13%	平壤—丹东	3 093	32.78%	32.78%
2	平壤—北京	1 561	20.33%	48.46%	丹东—平壤	3 031	32.13%	64.91%
3	北京—平壤	1 473	19.18%	67.64%	北京—平壤	1 327	14.06%	78.97%
4	平壤—丹东	1 434	18.68%	86.32%	平壤—北京	1 247	13.22%	92.19%
5	丹东—北京	445	5.8%	92.12%	沈阳—平壤	613	6.49%	98.68%
6	沈阳—平壤	364	4.74%	96.86%	平壤—沈阳	89	0.94%	99.62%
7	平壤—沈阳	130	1.69%	98.55%				
8	沈阳—北京	77	1%	99.55%				

由此看出：

（1）2017 年客流最大的前四段线路为丹东—平壤、平壤—北京、北京—平壤、平壤—丹东，发送的旅客人数占总发送人数的 86.32%，2018 年客流最大的前四段线路为平壤—丹东、丹东—平壤、北京—平壤、平壤—北京，发送的旅客人数占总发送人数的 92.19%，这两年客流最大的前四段线路发送旅客人数均占发送总人数的五分之四及以上，尤其是 17/18 的前两段线路分别占当年发送总人数的 48.46% 和 64.91%，说明客流量主要集中在平壤—丹东区段。

（2）2018 年中国与朝鲜之间的发送量均比 2017 年有较大幅度的增加，说明两国间人员的往来开始加快加密。

（3）2017 年中朝旅客运送人数为 7678 人，旅客发送量最大的车站分别为平壤 3134 人、丹东 2605 人、北京 1478 人、沈阳 447 人。旅客终到量最大的车站分别为平壤 4006 人、北京

2088 人、丹东 1434 人、沈阳 130 人。2018 年中朝旅客运送人数为 9435 人，旅客发送量最大的车站分别为平壤 4445 人、丹东 3031 人、北京 1339 人、沈阳 420 人；旅客终到量最大的车站分别为平壤 4971 人、北京 1247 人、丹东 3093 人、沈阳 89 人。2018 年全年旅客运送人数比 2017 年同比增长 22.88%，旅客发送量最大的几个车站中，平壤站由 2017 年的 3134 人增加到 2018 年的 4445 人，同比增长 41.83%，增幅率较大。旅客终到量最大的几个车站中。平壤站由 2017 的 4006 人增加到 2018 年的 4971 人，同比增长 24.09%，丹东站由 2017 年的 1434 人增加到 2018 年的 3093 人，同比增长 115.7%，旅客增幅率最大，但北京站旅客终到量明显下滑。

通过以上数据得出，中朝间旅客运输发送量最大的前四位车站在 2017—2018 年均未发生变化，分别为平壤、丹东、北京、沈阳，到达量最大的车站在 2017—2018 年也均未发生变化，依次为平壤、丹东、沈阳、北京。客流密度最大的区段 2017 年为丹东—平壤、平壤—北京、北京—平壤、平壤—丹东、沈阳—平壤；2018 年为平壤—丹东、丹东—平壤、北京—平壤、平壤—北京、沈阳—平壤。

3. 2016—2020 年国际旅客联运列车各车次客流量对比分析

2016—2020 年间各国际列车出入境客流量汇总见表 6-80。

表 6-80　各国间国际旅客列车出入境客流量汇总表（2016—2020 年）

国家	车次	起止站	乘务担当	出入境客流量/人次				
				2016 年	2017 年	2018 年	2019 年	2020 年
中俄	K3/K4	北京—莫斯科	中铁	174 531	171 531	127 150	134 249	6064
	K19/K20	北京—莫斯科	俄铁					
	653/654	满洲里—赤塔	俄铁					
	401/402	绥芬河—格罗迭科沃	中铁					
中蒙	K23/K24	北京—乌兰巴托	中铁	114 786	102 618	97 877	86 617	7077
	685/686	二连—乌兰巴托	蒙铁					
	4654/4653, 4652/4651	呼和浩特—乌兰巴托	中/蒙铁					
	681/682	二连—扎门乌德	蒙铁					
中哈	K9797/K9798	乌鲁木齐—阿拉木图 2/阿斯坦纳	哈铁	5978	2348	1087	915	90
	K9795/K9796	乌鲁木齐—阿拉木图 2	中铁					
中越	Z5/T8701/MR2, Z6/T8702/MR1	北京—河内（嘉林）	中铁	50 450	51 487	50 287	45 261	4100

从整体出入境客流量数据来看，国际铁路旅客联运客流处于低迷状态。从时间趋势来看，2016—2019 年我国与周边国家开行的国际旅客列车出入境客流量呈现整体下降趋势。其中：中哈出入境客流量下降幅度最大，从 2016 年的 5 978 人次连续下降至 2019 年的 915 人次，下降了约 85%；其次是中蒙出入境客流量，从 2016 年的 11.48 万人次连续下降至 2019 年的 8.66 万人次，下降了约 25%；中俄出入境客流量在 2018 年下降幅度最大，下降了 26%，2019 年略有回升至 13.42 万人次，但仍比 2016 年下降了 23%；中越出入境客流量在 2016—2018 年保持稳定，2019 年下降至 4.53 万人次，下降了约 10%。分析原因，由于 K3/K4 次和 K23/K24 次列车在 2017 年开始冬季减编 3 辆车，总体运能下降，因此中俄、中蒙出入境客流量受到一定程度的影响。2020 年，由于新冠疫情影响，国际列车从 1 月底至 2 月初陆续停运，仅开行了 1 个月，因此出入境客流量大幅下降。

从与周边各国家的出入境客流量来看，2016—2019 年，中俄列车出入境客流量最大，年均 15.19 万人次；其次是中蒙出入境客流量，年均 10.05 万人次；再次是中越出入境客流量，年均 4.94 万人次；中哈之间的出入境客流量最少，年均仅 0.26 万人次，按这两列车的运行方案，中哈国际列车平均每趟车旅客不过 6 人。分析原因，主要由于中俄之间开行国际列车历史悠久，国际交往比较频繁，中俄边贸往来和旅游客流都较大；而中哈之间的国际列车开行时间短，且哈萨克斯坦国家的旅游业没有得到开发，国际来往签证也不容易，使得国际列车上座率较低。

从各次列车来看，出入境客流量差异较大，站间客车和短距离国际列车的出入境客流量相对较大，长距离国际列车的出入境客流量相对较小。各次列车的出入境客流量情况比较如图 6-31 所示。

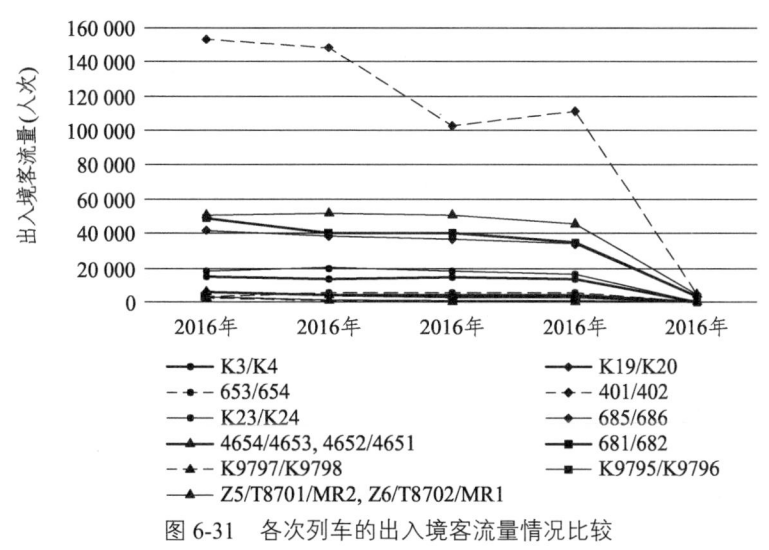

图 6-31 各次列车的出入境客流量情况比较

从图中可以看出：2016—2019 年，中俄间 401/402 次站间客车的出入境客流量最大，年均 12.88 万人次，远大于其他各次列车，主要是因为中俄口岸绥芬河—格罗迭科沃间的边境贸易往来频繁，客流相对密集；其次是中越间 Z5/T8701/MR2、Z6/T8702/MR1 次换乘客车、中蒙间 681/682 次站间客车、中蒙间 685/686 次国际列车，年均出入境客流量在 4~5 万人次，这与中越和中蒙边境贸易人员往来较频繁有关；距离相对较长的中蒙间 K23/K24 次国际列车和中俄间 K3/K4 次国际列车，年均客流量在 1.5 万人次左右；其他列车的出入境客流量较少，年均出入境客流量不足 5000 人次。

第四节 我国铁路国际旅客联运特点及对策措施

1. 我国铁路国际旅客联运发展特点

（1）旅客列车开行方案长期较为稳定。我国与邻国铁路间开行的各次国际列车和直通客车的运行时刻表、客车编组等都通过铁路合作组织召开的国际联运时刻表会议商定。我国与俄罗斯、哈萨克斯坦、朝鲜、蒙古国、越南 5 国之间都组织开行国际联运列车，且长期在北京与各国首都之间每周对开 1~2 个往返（中哈为乌鲁木齐—阿拉木图/阿斯塔纳间开行）。此外，呼和浩特—乌兰巴托间从 1956 年起开行国际列车和直通客车；国境铁路局之间也可以协商开行国境站间旅客列车。1954 年以来，我国开行的国际列车的车次基本稳定，具体编组和列数随客流而不同，夏季客流高峰期时列车满编，特殊情况下每周最多对开 3 个往返。

（2）铁路国际旅客联运客流量较低。我国与周边国家长期开行的国际列车和直通客车客流情况（见表 6-81）。20 世纪 90 年代至 2010 年前的 20 年是国际列车的黄金期，每个车次出入境旅客人数最高时可达 5 万人左右。2010 年后，各次列车的客流大幅下降，2017 年各次列车的客流量与历史最高水平相比下降 50%以上，北京西—河内（嘉林）客流量甚至降为 67 人。

表 6-81 国际列车和直通客车客流情况　　　　　　　单位：人次

车次	列车运行区段	1990 年	1995 年	2000 年	2005 年	2010 年	2015 年	2017 年
K3/4	北京—乌兰巴托—莫斯科	27 988	14 863	24 870	27 855	18 808	16 146	13 743
K19/20	北京—莫斯科	35 778	27 212	21 965	34 006	7914	2614	4613
K27/28	北京—平壤	17 453	18 091	20 008	21 640	18 843	9055	14 521
K23/24	北京—乌兰巴托	18 411	15 060	32 885	26 958	22 852	21 078	19 198
4651/2/3/4	呼和浩特—乌兰巴托	0	10 024	13 566	12 197	5892	3351	3692

续表

车次	列车运行区段	1990年	1995年	2000年	2005年	2010年	2015年	2017年
Z5/6	北京西—河内（嘉林）	0	3447	7162	7702	1724	295	67
K13/14	乌鲁木齐—阿拉木图	0	7828	36 591	41 978	18 772	4473	2349
合计		99 630	96 525	15 7047	172 336	94 805	57 012	58 183

注：中越间旅客国际联运在1979—1995年中断，因此北京西—河内（嘉林）1995年栏填入的是1996年的数据。

（3）国境站间开行列车运送旅客数占铁路进出境人员的比例较高。20世纪90年代，随着边境贸易的发展，经国境站进出境旅客运量大幅增加。因此，中蒙、中俄间开行二连浩特—扎门乌德、满洲里—后贝加尔、绥芬河—格罗迭科沃的国境站间旅客列车，双方按国内规定核收、办理，互不进行清算。以二连浩特为例，每周一、二、四、五固定在二连浩特—扎门乌德间开行列车，客流量较大，约为北京—乌兰巴托、北京—莫斯科国际列车长途直通客流量的4倍。2008年，绥芬河与格罗迭科沃国境站间开行的旅客列车年运量达44万人。

（4）通过铁路进出境人员占总进出境人员的比例较低。2017年二连浩特口岸全年进出境人员为223.4万人次，其中进境人员111.8万人次，同比增长6.1%；出境人员为111.6万人次，同比增长5.9%。其中，通过铁路进出二连浩特口岸的旅客人数为14.3万人次，同比减少5.3%，其中进境人员为8万人次，同比减少5.6%；出境人员为6.3万人次，同比减少5.2%。铁路口岸进出境人员占总进出境人员的比例不足7%，且仍呈下降趋势。2017年，满洲里口岸进出境人员达到186万人次，其中通过铁路进出境人员占总量的比例不足5%。

2. 我国国际旅客联运存在的问题

（1）联运列车车底老旧。

我国铁路担当国际列车的车底老旧，K3/4次（北京—二连浩特—莫斯科）、K19/20次（北京—满洲里—莫斯科）回转车、K23/24次（北京—二连浩特—乌兰巴托）回转车的车底使用的是1995年德国生产的18型客车，运用二十多年后，车辆严重老化、门窗封闭不严、漏风漏尘严重，不具备最基本的防寒、防暑、保温性能。尤其冬季时二连浩特、满洲里及蒙古国、俄罗斯温度达零下三四十度，车厢因取暖锅炉发生故障不能取暖的问题频发，严重影响了国际铁路旅客联运的服务质量。与此同时，国内旅客列车装备水平不断提升，25型客车已作为中国铁路使用的主型产品。国际和国内客车车辆的巨大反差被国际列车旅客所诟病，也是国际旅客联运投诉受理中遇到的主要问题。

（2）列车运营成本高。

铁路国际联运时刻表会议商定的国际列车或直通客车的运输全程都使用同一个国家的客

车车厢和乘务人员,在发站和国境站之间开行回转车,不同轨距国家间办理联运还需要在口岸站更换轮对。我国相邻的哈萨克斯坦、俄罗斯、蒙古国都为宽轨国家,中方国境站都须设置换轮车间并配备工作人员。除线路使用外,开行国际列车还会出现以下成本:客车车辆购置、维修、燃料费用,乘务、餐饮、公安等联运车队工作人员工资,由于更换轮对过程而发生的厂房、设备、轮对保有、工作人员工资等,粗略计算我国铁路因国际旅客联运而发生的费用支出至少上亿元。保守估计,国际旅客联运的人公里成本约为国内旅客运输的数十倍。

(3)其他国际旅客运输方式迅猛发展导致铁路联运市场竞争力下降。

国际旅客联运的主要竞争方式是公路和民航,国际公路运输具备覆盖点多、乘车时间灵活、价格低廉的技术经济特征,国际民航运输具备快速、舒适性好、票价灵活的技术经济特征,从经济性、灵活性、可达性和时效性等方面看,目前我国国际铁路旅客联运产品竞争力均较差。受这 2 种运输方式的影响,目前各口岸国际铁路旅客联运的市场份额不足 10%,国际列车全年始发上座率平均在 30%左右。以北京—莫斯科(K3/4 次)为例,乘坐国际列车硬卧往返票价约为 7600 元,高卧往返票价为 12 200 元,单程运行时间为 127 h;北京—莫斯科国际航班淡季往返票价在 3000~4000 元,单程运行时间为十几个小时。乌鲁木齐—阿拉木图间,乘坐国际列车硬卧往返票价为 1500 元,单程运行时间为 24 h;航班往返票价约为 1 500 左右,运行时间不到 2 h;公路往返票价为 900 元,运行时间在 20~24 h。另外,航空和公路在服务频率、购票便捷性、乘坐舒适性、行李携带规定等方面都优于铁路国际旅客联运,成为近年来国际铁路旅客联运客流量下滑的主要原因。

(4)铁路内部同质产品对国际旅客联运造成冲击。

我国国际旅客联运市场既受国内列车和外方担当列车的影响,又受其他交通方式的影响。国际联运市场的旅客可乘坐国际列车到达目的地,也可在各国境内乘坐国内列车、国境站之间乘坐国际列车,这种分段乘车方式价格低廉,以中蒙间为例,北京—蒙古国间采用各国境内乘坐国内列车、国境站之间乘坐国际列车的方式时,票价约为直接乘坐国际列车的1/3。从外方担当列车看,以中哈间列车为例,由于中国铁路客票系数(指在《国际铁路客运运价规程》中规定的客票票价基础上,各国根据自己国家的实际运营情况制定的加成费率系数)为3.81、哈萨克斯坦铁路客票系数为1.64,若以乌鲁木齐—阿拉木图的里程和席位来计算,中铁国际票价约比哈铁高 90%。

(5)法规框架体系不健全。

我国为铁路合作组织成员国,在国际铁路旅客联运中,均执行铁路合作组织《国际旅客联运协定》《国际旅客联运协定办事细则》《国际客运运价规程》《国际联运客车使用规则》《国际旅客联运和铁路货物联运清算规则》等规定[1],由于这些国际条约中约定的部分条款内容较为笼统,针对性和可操作性不强,导致具体实践中对于各联运列车的操作无章可循,或没有统一性。另外,铁路合作组织制定的有关国际旅客联运的国际条约中对于安全管理没有涉及,我国担当的国际列车到达其他国家后旅客、车辆、人员的安全保障问题无据可依。从国内法律法规情况看,针对国际旅客联运的规定只有铁道部1995年印发的《国际旅客联运补充规定》,至今未做修改补充,大部分条款已过时。此外,铁道部于2004年以工作手册的形式印发《铁路人员和机构境外安全须知》。在目前全路实施专业管理的背景下,国际旅客联运的安全管理较为薄弱。

(6)服务质量不高。

受经济效益的影响,铁路运输企业把对服务质量的关注重点集中在国内旅客列车上,国际旅客联运列车由于客流长期低迷,使整体盈利能力弱。利益驱动导致了乘务和其他工作人员后备不足,列车乘务员的素质与国际列车对服务质量的高要求越来越不相适应。乘务人员环境差、待遇低、晋升不畅、老龄化严重、后备人员不足的问题日益突出。

(7)通关效率低下。

联检作业正在成为影响国际铁路旅客联运便利化的重要影响因素。伴随着我国海关、移民等部门的机构改革,这些部门对运输查验的要求越来越高。如部分旅客联运列车原来采用海关和边防检查人员上车作业的方式,2018年起统一规定,到国境站后,旅客须携带行李到固定查验点通过检查。导致旅客在国境站停留时间增加,如K3次在二连浩特站停留时间由3h增加为5h,旅客便利性降低,进一步影响了客运产品的竞争力。

3. 国际旅客联运产品属性分析

(1)系统复杂性。国际旅客联运范围跨越2个及以上国家,规章体系需通过国际组织或与其他国家协商制定,运行情况受相关国家贸易、外汇、移民政策及国家间外交关系等因素影响,国内政府监管和企业管理职责互有交叉,联运过程涉及外事、运输、车辆、工务、电务、机务等各专业,综合协调和系统推进的难度大。

(2)具有强烈的国家主导性。从历史上看,国际列车的开行与我国提升和促进与周边国家外交和经贸关系强相关,部分列车甚至是国际合作的直接产物。国家的控制和意愿在是否开行、如何开行国际列车中始终发挥主导作用。因此,尽管大多数我国与周边国家开办联运时即开行的国际列车和直通客车一直亏损,但各车次至今都在开行。

(3)具有显著的公益性特征。由于客流量小,从收益来看,目前我国国际旅客联运每年的清算收入约为100多万元,而支出可达亿元以上。即使在客运需求最高的20世纪八九十年代,联运收入仍然弥补不了运营成本,即国际铁路旅客联运具有显著的公益性。与民航和公路相比,国际列车在经济性、快捷性、舒适性、便利性等方面均不具有优势,尤其是运行距离较长的列车。

（4）与某些国内客运产品具有同质性。虽然我国铁路国际旅客联运在法律法规、客运组织、管理方式等方面独立设置、自成体系，然而在列车实际开行时，采用了加挂回转车的国际列车或者在国内旅客列车上附挂直通客车的运输组织模式，对于旅客选择而言，购买国际联运客票乘坐国际列车和分段购买国内客票乘坐回转车或国内列车近似于同质产品，区别只在于不同的购票渠道、不同席位和不同票价，产品的同质性要求应统筹考虑国际列车和国内列车。

4. 铁路国际旅客联运发展战略

（1）为国际旅客联运争取公益性运输的相关政策。

我国铁路公益性的具体任务范围仅在《国务院关于组建中国铁路总公司有关问题的批复》[4]中规定为"铁路承担的学生、伤残军人、涉农物资等公益性运输任务，以及青藏线、南疆线等有关公益性铁路"。国际旅客联运作为一种长期承担政策性亏损的产品，收入和成本较为清晰，亏损值易于计算和界定。2019年，在中国铁路总公司加快推进股份制改造的背景下，铁路运输企业由运输生产任务型向市场经营效益型转变的步伐加快，担当国际列车的运输企业更倾向于从经济效益出发指导运输生产，势必会导致国际列车的运营和服务状况进一步恶化。因此，建议对于已开行的联运列车，全面分析测算历年盈亏状况，在中国铁路总公司股份制改革系统建设方案中作为公益性运输的单独事项研究解决；对于中老铁路等近几年将开通的国际通道和在已有通道上增开国际列车的诉求，铁路运输企业应科学分析预测国际列车的客流、收入和成本情况，若将产生亏损，铁路运输企业应根据中央财政或地方政府财政的事权和支出范围，尽早协调相关主体明确补贴主体、补贴方式和补贴金额。

（2）在铁路合作组织的框架下加强多边协调。

我国铁路国际旅客联运中承托运人双方权责、损失损害赔偿、客运价格制定、客车车辆使用等都由铁路合作组织内第二专门委员会和第四专门委员会制定的国际条约和法律法规规定，国家铁路局为第二专门委员会的授权参加机构，中国铁路总公司为第四专门委员会的授权参加机构。在参与国际合作时，政府和企业应在对旅客、国境铁路局、国际列车担当运输企业等进行充分调研分析的基础上，提出既有利于发展我国铁路国际旅客联运、又便于为其他国家所接受的提案建议；鉴于国际列车显著的公益性特征，中国铁路总公司应在铁路国际联运时刻表会议上与其他国家协商研究国际列车开行模式，探索不同轨距时采用换乘模式、统一轨距时采用直通模式。

（3）铁路监管部门与运输企业应进一步完善国际旅客联运规章。

国内实践中执行的国际旅客联运规章应是国际条约的国内化，国家铁路局和铁路运输企业应根据我国铁路联运实际和铁路法律法规体系，实现国际条约的转化，在法律框架体系搭建时即把国内运输和国际运输统筹规划。在按照专业化管理进行规章的制修订时，铁路监管部门与运输企业应清晰界定各自职责范围，尤其是对于运输、安全等模糊领域，要处理好国内和国外、政府和企业、担当和基础设施管理运输企业的关系。

（4）铁路运输企业应加强国际旅客联运产品营销策划。

随着我国"一带一路"倡议的实施，公路和民航部门加快了促进互联互通的对外开放步伐。我国于 2016 年加入联合国《国际公路运输公约》，同年，八部委联合发布《关于贯彻落实"一带一路"倡议加快推进国际道路运输便利化的意见》，我国参与签署的《大湄公河次区域便利货物及人员跨境运输协定》正在推进实施；民航也在全力构建对外开放新格局，推动"一带一路"航空运输自由化和便利化，更加深入与其他国家的适航合作。这些举措将使铁路国际旅客联运的市场空间进一步受到挤压。因此，铁路运输企业应把客运营销观念同样贯彻在国际旅客联运中，在列车开行方案的设计上，遵循"按流开车"原则，主要围绕旅游客流特征设计列车开行距离、起讫点、运行时段、编组构成等内容，逐步减少超长距离列车的开行数量。同时，通过与他国担当国际列车的比价制定合理的基础票价系数，研究电子联网售票，在国际旅行社外拓展其他销售渠道，提高乘务组的出境补贴、改善乘务人员工作环境，最大程度调动职工积极性和主观能动性。

（5）创造便利的通关条件。

各国海关和移民局作为负责国家出入境安全的执法部门，依法履行口岸查验职责。"一带一路"倡议提出后，我国海关总署和移民局把深化通关便利化合作作为贯彻落实"一带一路"的决策部署。公路口岸通过推行人脸识别、无纸化通关改革等信息手段压缩通关时间，航空口岸通过采用"智慧旅检"系统、全面推行"7×24 h"通关、移动支付等手段实现旅客快速通关。在国际列车运行过程中，为完成旅客、行包和运输工具的查验，列车在每个口岸停留时间大约在 3～5 h，总停留时间占到全程运行时间的 20%以上，口岸查验环节已成为影响国际旅客联运产品服务质量的重要因素。因此，铁路部门和运输企业应与海关和移民局协商，以信息化建设为手段，充实查验人员力量，采用执法人员上车查验方式。另外，通过联检部门之间，或者铁路监管部门和运输企业对外合作交流，促进国外海关和移民部门对我国国际列车的支持。

第七章

中国国际旅客联运售票组织

我国国际旅客联运列车售票的依据包括《国际旅客联运协定》《国际旅客联运协定办事细则》《国际客运运价规程》《国际旅客联运和铁路货物联运清算规则协约和清算规则》《国际旅客联运补充规定》《关于印发〈中华人民共和国铁道部和大韩民国铁道厅关于发售联合乘车（船）票据的协定〉的通知》（铁外函〔1997〕223号）、《关于公布铁组国际旅客联运列车时刻表会议商定内容的通知》等文件以及相关的电报。

第一节 《国际铁路客运运价规程》对票价的相关规定

第一条 经由铁路运送时，客票票价、行李和包裹运费，按国际客价的费率，对每一铁路分别计算。

第二条 从发站至到站总的客票票价或行李和包裹运费，根据客票基础票价表，以瑞士法郎为单位，按下列办法计算：

第1项：经由铁路运送时，运费应按照国际客票基础票价表费率并考虑指数系数，分别对每一铁路的运送里程进行计算，然后加总；

第2项：乘坐卧车时的卧铺费，根据客票基础票价表费率并考虑指数系数，按每一不换乘区段的总里程计算。（除办理与中、朝、蒙、越四路联运中开行的直达联运国际列车/车辆卧铺票外，俄铁不按照国际铁路运价规程办理直达联运列车/车辆卧铺票。）；

第3项：在一个国家内乘车需换乘时，乘车（客票）票价按在该国境内运送的总里程计算；

第4项：凭供一名旅客乘车的一本册页票本或一张卡片客票承运的行李（包括外交人员的行李），总重量超过100 kg时，应按包裹运价计算全部行李的运费；

第5项：旅客在某一铁路内过境乘车两次或两次以上，以及在经路某区段上两次乘车时，在该路的乘车（客票）票价按总乘车里程计算。如总乘车里程超过客票基础票价表公布的里程，则费用按最长国际旅客联运里程公布的费率核收。

旅客在购买乘车票据时未支付的乘坐较高等级车厢的乘车（客票）票价或卧铺、或坐席费的差额，按费率表计算，并开具单独的补加费收据向旅客核收。

旅客、行李和包裹运送中手工办理乘车票据和运送票据时，应遵守国际客价的《手工办理国际联运乘车票据和运送票据办事细则》。

第三条　以瑞士法郎表示的客票票价、行李和包裹运费，根据收费国家的国内规章核收。

根据每一途经铁路的运送里程，按第附件 x 规定的额度核收行李和包裹声明价格费。

每一份行李票或包裹票的最低声明价格费，对每一参加运送的铁路为 0.03 瑞士法郎。

第四条

第 1 项：4～12 周岁儿童的铁路乘车客票票价，按规定的成人旅客乘车客票票价的 50% 核收。

儿童的卧车、座卧车和坐席车卧铺票票价与成人相同。

第 2 项：有组织的团体旅客乘车时，乘车（客票）票价减成 25%。按优惠票价乘车时，至少为 6 名成人旅客（支付 2 名儿童的乘车（客票）票价按 1 名成人票价计算），单程乘车和往返乘车票价均减成 25%。这种减成也适用于乘坐专列。

团体旅客中，不计算凭免票乘车的旅客。

儿童随团体乘车或乘坐专列或包车时，只享受一种（最高的）减成。

第 3 项：单个旅客（数量为 1～5 人，含成人旅客）"往返"程乘车时，乘车（客票）票价减成 20%。

儿童往返程乘车时，只享受一种（最高的）减成。

第五条　旅客在客车车厢内随身携带狗或猴，每只按硬席（2 等）车乘车（客票）票价的一半核收运费。

第六条　以瑞士法郎作为计价单位，再根据所在国汇率折算成本国货币。以本国货币表示的乘车总票价由客票票价、卧铺票票价和杂费（增值税、保险费和手续费）组成。

第 1 项：乘车票据价格计算办法。

旅客乘车票价按下列顺序计算：

乘车经路；

乘车种别（单个旅客，团体旅客）；

旅客种类（成人，儿童）；

所适用的减成。

第 2 项：客票票价计算。

以瑞士法郎确定一名旅客经由每一国家境内的客票票价。根据里程和车辆种类，按基础票价表（见附表）确定以瑞士法郎表示的费率，再乘以每一国家确定的本国境内指数系数（见附表）以及减成系数，然后进整。

以瑞士法郎确定一名旅客乘车经路全程客票总票价。（该数额为以瑞士法郎表示的通过指数系数计算得出并进整的每一国家境内客票票价的加总）；将全程客票票价折算为本国货币；

杂费根据国内法律确定；确定包含各项费用的客票总票价。参考减成系数以类似方法计算 1 名儿童的乘车票价。

第 3 项：办理团体旅客乘车的特别规定。

以瑞士法郎确定一名旅客经由每一国家境内的客票票价；以瑞士法郎确定一名旅客乘车经路全程客票总票价，然后折算为本国货币；以本国货币表示的经路全程客票票价（总票价）乘以团体旅客数量。

第 4 项：卧铺票票价的计算。

以瑞士法郎确定一名旅客乘车经路全程卧铺票票价。根据基础票价表确定以瑞士法郎表示的费率，再乘以每一国家确定的本国列车（车厢）指数系数，然后进整。

以本国货币确定一定数量旅客乘车经路全程的卧铺票票价；杂费根据国内规章确定；确定包含各项费用的卧铺票总票价。以本国货币表示的乘车总票价由客票票价、卧铺票票价和杂费（增值税、保险费和手续费）组成。

第 5 项：行李和包裹运送费用的计算。

根据行李和包裹运送基础运费表，以瑞士法郎确定每一国家境内每 10 kg 行李（包裹）运价，再乘以每一国家确定的本国境内指数系数，进整之后，再乘以按国际客价第六章确定进整后的以公斤为单位的行李（包裹）重量的整 10 kg 份数。

以本国货币表示的发货人声明价格数额，按国内规章折算为瑞士法郎。按行李和包裹声明价格费率表，根据每一国家境内里程和声明价格数额，以瑞士法郎确定费用额度。确定每一铁路及经路全程的总费用。

【举例】

自基辅站（乌[克]铁）至乌鲁木齐站（中铁）的快速列车中的乌（克）铁 2/4 车厢，1 名旅客乘车票价的计算（总里程 6262 km，其中乌克铁—721 km、俄铁—1799 km、哈铁—3261 km、中铁—481 km）

乌（克）铁客票票价 20.16×1.2 ≈ 24.19 瑞士法郎

俄铁客票票价 32.37×4.3 ≈ 139.19 瑞士法郎

哈铁客票票价 47.81×1.64 ≈ 78.41 瑞士法郎

中铁客票票价 14.88×3.81 ≈ 56.69 瑞士法郎

乘车经路全程客票票价：

24.19+139.19+78.41+56.69 = 298.48 瑞士法郎

根据运价货币与本国货币的汇率，以本国货币确定客票票价。

2/4 车厢卧铺票票价：

46.80×1.3＝60.84 瑞士法郎

根据运价货币与本国货币的汇率，以本国货币确定卧铺票票价。

根据国内规章计算杂费。以本国货币确定经路全程乘车票价。

第二节 我国联运售票组织模式

我国联运售票的主要模式除执行铁组的相关规定外，还同时执行《国际旅客联运补充规定》（以下简称《补充规定》）。下面分几个方面对国内售票的组织模式进行论述。

一、售票方式

1. 中国国际旅行社售票

中国铁路国际旅客联运工作是从 1954 年开行的第一趟莫斯科—北京 2/1 次（后经国务院批准于 1970 年改为 19/20 次）国际旅客列车开始的。因参照了当时铁组其他成员国的做法，1954 年 4 月 12 日，铁道部与中国国际旅行社签订了协议，委托中国国际旅行社统一管理并按照《国际旅客联运协定》《国际旅客联运协定办事细则》有关规定发售国际旅客列车的乘车票据。1995 年，铁道部制定的《国际旅客联运补充规定》也做了相应规定，并一直延续至今。

2. 中国铁道旅行社售票

随着改革开放和市场经济的深入发展，原售票方式已不完全适应形势的发展需要。为此，铁道部与国家旅游局曾于 1991 年就收回国际旅客列车的售票权问题进行协商，在当时中央有关领导的关注下，两部局商定实行"新车新办法，老车老办法"的原则。按此原则，1996 年恢复开通的北京—河内 T5/6 次的国际旅客列车采用了新办法，并规定自此后开行的国际列车均由铁道旅行社即铁路内部自行售票。

3. 铁路窗口售票

目前，中国国际旅行社、中国铁道旅行社仍作为国际旅客联运售票的代理机构，但为方便旅客出入境，现阶段在南宁局、乌局、呼局除通过旅行社购买外，已开通了车站窗口售票，由当地铁路公司将票额灵活分配给车站窗口和旅行社。

二、售票网络

根据《国际旅客联运协定》《国际旅客联运协定办事细则》《国际客运运价规程》《国际旅

客联运补充规定》等有关规章之地及铁道部的有关要求，中国国际旅行社铁路联运中心在全国共设了包括北京、天津、南京、上海、沈阳、丹东、长春、哈尔滨、满洲里、大连、大同、呼和浩特、二连、集宁、武汉、乌鲁木齐等在内的 23 个售票网点，覆盖了 13 个省市。

为最大限度保证国际列车上座率，2000 年，清华大学和中国国际旅行社联合开发了国际列车售票系统，全部网点实行联网售票。售票系统是建立在国际互联网上的，票额的生成、基础数据的维护、售票订票采用浏览器模式。系统研发使用至今运行稳定、实用。

三、售票组织

1. 售票人员

中国国际旅行社及国内各地的分支机构为管理和发售国际联运乘车票据，建立了比较完善的机制，20 世纪八九十年代，包括管理、营销、售票、财务及清算在内的国际联运售票人员超过了 70 名，80%以上具有大专及以上学历，使用的语言包括英语、蒙语、俄语，通过了 ISO9001 国际认证，与国际旅游结合起来，与欧美、香港等地建立了业务联系，增加了客源。同时，建立了计算机售票网络，与蒙古国、俄罗斯、朝鲜等国铁路售票处也签订了合作协议，通过传真、互联网等方式交换和预留席位，开拓了相应的市场。1999 年，实现了与蒙古国乌兰巴托售票处的联网售票。

2. 售票规定

（1）乘车票据的预订。

旅客预订国际联运乘车票据，可在发车前一个月内办理。6 人及以上团体旅客可在发车前两个月内办理预订，办理预定手续时，售票处对每个铺位收取预订费人民币 100 元，旅客购票时退还。

预订车票者不得将预订的席位转让他人。团体旅客须在发车 14 日前购票，其他旅客须在发车 7 日前购票，逾期席位不予保留，预订费不予退还。

（2）售票。

旅客购买国际联运乘车票据时，须向售票处提交本人有效护照，由售票处登记，并在国际联运乘车票据票皮和乘车证上记载旅客护照号，进站乘车时，车站及列车乘务员应严格查验，凡旅客所持护照号码与其乘车票据上记载不符者，均不准乘车。

对持因私护照的我国旅客，我国铁路担当的北京—莫斯科 3/4 次国际列车原则上限售伊尔库兹克及以远的乘车票据，北京—乌兰巴托 23/24 次国际列车、89/90 次直通客车原则限售到乌兰巴托的乘车票据。

对持我国护照的旅客，原则上只发售我国铁路担当的国际联运卧车乘车票据，但下列情况除外：

我国铁路担当的卧车基本满员；

参加多边国际会议人员，如乘坐我国铁路担当的卧车不能按时抵达目的地（这种情况下，旅客应出示书面证明材料）；

铁道部批准的其他特殊情况。

各国际联运售票处应于国际列车发车当日将乘车人数及旅客国别报始发站计划室和本次列车长。

各旅行社售票处代售国际联运乘车票据，可在规定票价之外加收手续费人民币50元每人，代理发售国境站间开行客车的乘车票据，可在规定票价之外加收手续费每人25元。

（3）签票。

我国铁路不办理同蒙古国、朝鲜、哈萨克斯坦铁路间的返程或往返乘车票据。

我国铁路指定北京始发的每周两趟19次国际列车10号车厢（2/4）5~12号铺位和6号车厢（1/2）5~8号铺位，供俄罗斯铁路发售返程乘车票据；俄罗斯铁路制定莫斯科始发的4次国际列车11号车厢（2/4）9~16号铺位以及每周六莫斯科始发的20次国际列车10号车厢（2/4）29~36号铺位，供我国铁路发售返程乘车票据。

对上述预留铺位，持返程或往返乘车票据的旅客须在发车3日前到发车所在国铁路指定的下列地点办理确认手续：

北京——国际饭店，中国国际旅行社总社票务中心；

莫斯科——格里鲍耶多瓦街6/11号，莫斯科铁路局代理中心。

对发车3日前未办理确认的铺位，双方售票处可以售票。

我国铁路办理确认时，发给旅客乘车证，并在客票上加盖"已确认"戳记。

办理他国铁路发售的返程或往返乘车票据签票或确认手续，售票处可收取签票费人民币每人50元。

我国铁路同邻国铁路国境站间开行的客车不办理返程票或往返票签票。

（4）退票。

国际列车发车前3日内办理退票或改签，核收卧铺票票价的80%作为退票费；团体旅客在发车前5日内不予退票或改签。

国际列车发车3小时后或已托运行包后，不再办理退票，也不得改签。

购买团体乘车票据，不对其中一部分旅客办理退票或改签。

（5）携带品。

从我国铁路各站发出的国际列车和直通客车，旅客免费携带品重量限制为：每名成人旅

客不得超过 36 kg，儿童不得超过 15 kg；对超重部分，要严格控制在 10 kg 内，由车站按手提行李办理，按《国际客价》核收发站至到站包裹运费，给旅客开具客运杂费收据，超过 10 kg 以上行李必须提前到车站托运手续。

（6）票据打印。

国际联运的乘车票据不同于国内车票，采用册页票据，分为票皮、客票、卧铺票和乘车证。售票软件采用计算机售票系统，数据由中国国际旅行社负责维护，出票时通过平推式打印机一次完成。

（7）售票流程。

每年根据铁路合作组织时刻表会议议定书商定内容，由铁路总公司（原铁道部）下达编组、时刻、价格等任务要求，针对市场需求，制定全年的票额分配计划报总公司（原铁道部）审批后执行。

提前两个月将票额分配情况分派给各售票网点。

中国国际旅行社各售票网点于次月 5 日前，将售票结算表、票根和票款寄送给国旅总社，国旅总社经过 10 天的核对后报铁路总公司（原铁道部）清算中心，清算中心审核无误后给中国国际旅行社下达汇款通知。

4. 售票价格

1）现行办法

（1）以瑞士法郎计价的国际旅客联运客票、卧铺票票价，行李包裹运费杂费以及其他各项费用，按每一国铁路的总额保留到小数点后两位，第三位四舍五入。车站和售票处一律折算成人民币核收。

（2）折算为人民币时，按铁路总公司财务司公布的固定外币折算率，先将每张票据（客票、卧铺票）上一名旅客的票价折算成人民币，再乘以人数，得出每张票据的人民币款额，最后将全部票据款额加总，向旅客核收。国际联运客票和卧铺票的款额以元为单位，不足 1 元的尾数一律进整至元；行包运费和杂费的款额以角为单位，角以下四舍五入。

（3）我国铁路担当的国际列车和直通客车在运行途中补收费用时，按《国际客价》计算并收取瑞士法郎。旅客支付其他外币时，按发车前一日中国银行公布的现钞买入价，将瑞士法郎票价折算成人民币，再折算为旅客所支付的外币核收。

2）回转车售票

因为我国出境国际列车大多数加挂了到达边境站的回转车，这部分车厢的票额按照我国铁路运价里程被拿到窗口或网站进行售卖，因此在乘坐国际联运列车的旅客中，有部分游客采用分段购票方式进行买票,以北京出发的 k3 次列车为例,游客可先购买北京的二连的回转车票,再购买二连到莫斯科的国际列车车票,这样全程票价比买北京直达莫斯科的票价要节省约 600 元。

此外,为充分利用国际旅客列车席位,满足旅客国内旅行的需要,铁道部从 1995 年起,在保证国际旅客乘车的前提下,按照《国际客协办事细则》的规定,对我国铁路担当的 k3/k4、k19/k20、k23/k24、k9795/k9796 次列车剩余席位发售国内段乘车票据,票价按国际客价进行计算。

第三节　国外联运售票组织模式

国外旅客联运除执行铁组的有关规定外,还执行本国关于联运的相关规定,由于资料收集有限,下面以俄罗斯联邦客运公司为例,简述国外联运售票组织模式。

(1)售票渠道。俄铁通过窗口、俄铁官网和第三方购票软件(如 OneTwoTrip)售卖国际联运客票,从 2010 年 10 月 1 日起,接入了"欧洲联合体"车票预订系统,还可以购买部分芬兰、英国、意大利、西班牙、荷兰、比利时、瑞典、瑞士、匈牙利等国的国际联运火车车票(其中包括 TGV 和 ICE)。但要注意的是,发往中国、蒙古国等国的国际联运客车,车票仍然需要到俄铁国际联运站窗口购买。

(2)售票提前时间。俄罗斯联邦客运公司的车票预售系统发车前 60 天可以办理乘车票据。列车前 10 天内允许发售残疾人特殊包厢车票。

(3)购票便利性。用户利用 OneTwoTrip 只需要两分钟就可以完成购票操作,避免车站窗口长时间排队。同时,可以在手机应用上查看俄铁车次或购买车票。购票后,乘客可以获得不超过车票总价 5% 的代金券,并可以在下次购票、换乘或酒店住宿时使用。对于 5~10 岁的儿童优惠 40%~60%,不超过 5 岁的不占座位儿童可以免费乘车。

(4)网络售票和积分制度。俄铁购票官网支持俄文和英文,旅客可在上面进行购票退票等相关业务,此外还有一个俄罗斯铁路积分卡网站用于购票积分,乘坐俄罗斯国内的长途火车都可以获得积分,乘坐俄罗斯铁路承运的国际列车,也可以获得积分,积分的标准是票价 3.34 卢布=1 分,获取积分到一定数值,可免费购买对应里程的车票。

(5)票价。根据路线、车厢等级、乘车对象确定票价。如果发车当天是乘客生日,则有大额优惠;在俄铁、联邦客运公司售票处及代售点购买一等和二等车厢上铺时优惠 5%;发车前 45~60 天购买所有类型车厢的乘车票据时优惠 10%;上述优惠不适用于团体费率。

(6)儿童购票规定。不超过 4 岁且不占座位的儿童有权免费乘车。可以按照乘客意愿为

不超过4岁的儿童按照儿童票价办理车票。4~12岁（不含）的儿童必须按照儿童票价购买车票。12岁及以上的儿童需要按照成人标准购买车票。

（7）车票采用时间。按照俄铁的规定，对于俄罗斯境内的车站，时刻表和车票上所载时间为莫斯科时间，对于俄罗斯境外的车站，时刻表和车票上所载的时间为当地时间。

（8）车票有效期。去往蒙古国、朝鲜、中国、越南的单程票和返程票有效期均为两个月。

（9）电子票直接乘车。俄罗斯绝大多数国内列车和一部分国际列车允许持电子票直接上车。上车的条件有两个：（1）网上购票；（2）完成电子注册（网上购票的同时，如果允许持电子票上车，将自动进行电子注册，无须另外操作；之后，乘客可以在已购买车票列表里手动取消或再次恢复电子注册）。

（10）换取纸质车票。对于不能电子注册的车票，或者乘客手动取消了电子注册的车票，乘客必须在开车前，携带护照和购票的票号，去火车站的取票机或售票窗口换取纸质车票。应当注意的是，只有一些大城市车站才有取票机，小车站是没有取票机的。

对于可以电子注册的车票，乘客仍然可以换取纸质车票，换取纸质车票之同时，电子注册自动取消。应当注意的是，乘客最晚必须在该列车始发站开车前1小时换取纸质车票，逾期电子注册将无法取消，也无法换取纸质车票，只能凭护照直接上车。

（11）退票。凡是窗口购买的车票，可在开车前去俄罗斯任何一个车站的退票窗口退票。

在网上购买的车票，只要乘客没有换取纸质车票，均可以点击相应的选项直接网上退票。如果车票已经电子注册（只要支持电子注册的车票，购票同时默认进行电子注册，乘客可以事后自己取消电子注册），则最晚必须在该列车始发站开车前1小时退票，过期无法退票；如果车票不支持电子注册，或者乘客自己取消了电子注册，那么可以在开车前退票。

如果已经换取了纸质车票，乘客只能前往退票窗口退票。

退票费均原路退回，现金支付的，直接退现金；刷卡或者网上支付的，原路退回银行卡（一般要2~3日）。

不晚于发车前6小时时可以全价退还给残疾人、迷你团中按voyage费率的乘客。发车前6小时内不得退还票价给残疾人、迷你团中按voyage费率的乘客。退还团体票时：发车前15（不含）~60（含）天全价退款，发车前8（不含）~14天（含）退50%，晚于发车前8天，不退。在俄罗斯境内每个座位收取10欧手续费（按退款手续当天俄罗斯中央银行的汇率）

（12）手续费的收取。俄铁购买国际联运车票无须加收手续费。

第四节 国内外售票组织模式对比

表 7-1 国内外售票组织模式对比

国别 内容	俄铁	中铁
售票方式	部分国际列车窗口售票,部分国际列车可通过官网、窗口、第三方软件购买	国际旅客列车由中国国旅和中国铁道旅行社代售,南宁局、乌局、呼局车站窗口也可购买部分车次
票价	根据路线、车厢等级、乘车对象确定票价。如果发车当天是乘客生日,则有大额优惠;在俄铁、联邦客运公司售票处及代售点购买一等和二等车厢上铺时优惠 5%;发车前 45~60 天购买所有类型车厢的乘车票据时优惠 10%	中铁推出了铁路常旅客购票服务,每消费 100 元获得 500 积分,积分达到 10 000 分以上才有机会兑换车票;针对一些线路不同席位,也会有票价折扣
退票	不晚于发车前 6 小时时可以全价退还给残疾人、迷你团中按 voyage 费率的乘客。发车前 6 小时内不得退还票价给残疾人、迷你团中按 voyage 费率的乘客。退还团体票时:发车前 15(不含)~60(含)天全价退款,发车前 8(不含)~14 天(含)退 50%,晚于发车前 8 天,不退。退票可以去任一车站窗口退票,退票手续费为 10 欧	国际旅客列车退票必须到售票的旅行社或车站窗口,不能异地退票。要求发车前 3 日内办理退票,并核收卧铺票票价的 80%

经对比后可得出以下区别:

（1）售票方式:俄铁部分国际列车可以通过网络或第三方软件进行购买,我国只能到铁路车站或者代售旅行社购买。

（2）票价:俄铁国际列车提前购买时票价有一定的折扣,此外根据不同人群还有定向的优惠,中铁国际列车票价没有优惠。

（3）积分制度:购买国际列车车票可换取一定的积分,当积分达到一定数额时可以兑换车票,中铁在国际列车上并未开通售票积分制度,现只在国内铁路实行。

（4）退票:产生退票费用时,俄铁退票除按本国有关规定收取退票费外,每张车票还收

253

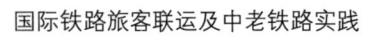

取 10 欧的手续费，中铁只收取退票费，不收取手续费。国际列车的车票可去俄境内任一车站退票，中铁必须到购买车票的车站或旅行社退票。

（5）购票手续费：俄铁不收取手续费，中铁收取 25~50 元的费用不等。

第八章 安全管理

第一节 国际旅客联运非正常情况（安全问题）典型案例

安全是铁路工作永恒的主题，自国际旅客联运列车开行时起，虽未发生重大涉及人员伤亡的群死群伤事故，但根据某路局提供的问题资料库，依然存在各种各样的安全问题，根据资料，把问题分为行车、车辆、人员、消防四个方面，举例说明并做分析（见表8-1）。

表8-1 国际旅客联运安全问题

分类	类型	问题概况	处置概况
行车	行车中断	××年×月×日蒙古国乔伊尔至赛音山达区间铁路因水害线路中断，K4次无法通过，按蒙铁安排，在乔伊站用大巴转移旅客至蒙铁23次列车回北京，接收蒙K23次列车及其他国内车上旅客返回乌兰巴托	所在国安排汽车接续运输
行车	列车晚点	××年×月×日受京广线列车晚点影响，T98次列车晚点5小时50分到北京西站（21:08到）。31名旅客以索要赔偿为由拒绝下车	所在国铁路部门与旅客协商解决
车辆	车辆故障	××年×月×日，K27次天津站站检作业时发现，机后15位朝方联运客车（5116号）轮对齿轮箱故障冒烟	所在地铁路部门做甩车处理。
车辆	车辆故障	××年×月×日，K23次司机拉紧急制动，5辆车擦轮。蒙方对16条轮对镟轮进行处理，当日返程K24次换上蒙铁轮对。K23次下趟抵乌兰巴托后重新换成中铁轮对	所在国铁路部门处理
车辆	车辆故障	××年×月×日，K3次列车在北京站2站台2道始发作业，编组内行李车车门被站台面卡住无法打开，联运行包无法装车	车辆所属国铁路部门进行改造处理

续表

分类	类型	问题概况	处置概况
人员	旅客安全	××年×月×日，蒙铁 K24 次旅客在办理入境查验手续时，海关发现 6 名旅客出现呕吐腹泻症状，联系 120 急救，旅客不同意下车就医，要求继续旅行，海关技术人员对 6 名外籍旅客进行了相关检查，确认为食物中毒。回转接待车长沈海涛向二站了解情况，一路注意观察，到北京站前未发现不良反应	由所在地铁路部门联系处理
	乘务安全	××年×月×日，北京客运段联运乘务员×××在满洲里站货场被调车机列撞轧，右脚踝被切除，做截肢手术	乘务人员所在铁路部门进行问题分析，查找原因
	乘务人员违规	×年×月×日，2011 年 4 月 21 日，蒙古国海关部门在苏赫巴托站发现 K3 次国际列车的 5、6 号车厢内有大量商品和茶叶，放置在车内上铺、电器间等部位。根据"蒙古国海关法"第 290.2.1 项，对列车员罚款 100 000 图格里克	按所属国法律进行处理
消防	车辆起火	×年×月×日，蒙铁担当 K23 次列车行李车发生火灾	当值乘务班组进行灭火处理
	设备起火	×年×月×日，K3 在与对面来车会车时，因瞬间风速过大，11 号车小茶炉烟囱顶盖被掀翻致使带火炉灰吹出炉膛 1 尺多远，在岗的乘务员及时灭火处理	当值乘务班组进行灭火处理

根据资料统计，近年来，涉及行车、车辆、人身、消防等安全问题共计 22 件，其中行车问题 2 件、车辆问题 5 件、人身问题 12 件、消防问题 2 件。在人身问题中，因乘务人员私自携带物品或违反当地法律造成的被扣留、罚款共 9 件，占问题种类的 75%，占全部安全问题的 40.9%。

针对因乘务员违规携带物品或违反当地法律造成的安全问题，我国以《国际旅客联运协定》中规定的内容为依据，根据实际情况，制定相关准则，铁路总公司早在 2004 年时就出台了《铁路人员和机构境外安全须知》，里面第八条明确规定了如下内容：① 要遵守出入境国家的法律规定，不随身携带禁止出入境的物品。如不清楚。要事先向有关方面询问清楚，以免意外情况发生；② 要如实填写海关申报单，特别是入境时，贵重物品应准确如实申报，以保证出境时可以顺利带出。有关海关文件一定要妥善保存，一旦遗失就会给出境造成很大困难；③ 要耐心接受海关人员的检查，凡海关工作人员要求查看随身行李物品，均要配合接受检查；④ 严禁替陌生人携带任何物品通关。除铁路总公司规定外，涉及国际联运的各路局也均有相关规定，比如北京局出台了《关于公布实施北京铁路局国际列车乘务员携带品管理规定的通知》(京铁客电〔2008〕396号)，里面除了要求乘务人员按规定携带申报物品外，还要求在每次出乘前实行自检、互检、联检和抽检四项内容，确保不发生相关安全问题。虽然条例法规都已齐备，但问题仍屡见不鲜，为此，建议铁路运输企业应采取形式多样的手段加强对乘务人员出境法律法规方面知识的培训，并提高国际联运列车乘务人员的招聘门槛，进一步优化服务质量。由此可以看出，规范乘务人员行为，提升乘务人员素质，遵守所在国法律法规，是我国铁路企业面临的一项长期且必不可少的工作。

此外，针对国际联运列车境外突发事件，中国铁路总公司制定了《中国铁路总公司境外项目突发事件应急预案》(铁总国际〔2016〕244号)，各路局也依次制定了相关预案，例如北京局制定了《北京铁路局境外项目突发事件应急预案》(京铁办〔2017〕107号)，对组织体系、预警机制、分级响应、处置程序及措施、信息发布、后期处置等方面做了详细的规定。

第二节　我国对联运安全的相关规定

目前，中国铁路总公司尚未对联运安全下发涉及全路的相关规定，所属各集团公司根据自身实际情况，制定联运安全的相关规定。下面以北京局集团有限公司和乌鲁木齐局集团有限公司为例。

一、北京局集团有限公司

北京局集团有限公司出台了《国际联运管理细则》分别从安全服务质量和安全工作制度上对联运安全进行了规定。

第一条　安全服务质量

1. 安全、消防组织健全，制度落实，有非正常情况下的应急处置预案。
2. 无责任行车、火灾、爆炸、行包、旅客伤亡和食物中毒事故。
3. 安全设施设备齐全，标志明显，作用良好。
4. 车门管理做到停开、动关、锁，出站台四门检查瞭望；临时停车坚守岗位，做好宣传，加强巡视，确保车门锁闭，严禁旅客上下车；遇有线路中断等非正常停车，按照上级主管部门的指令，做好宣传、服务工作，确保旅客生命财产安全；列车停站锁闭卧车端门；餐车走

廊边门、厨房后门锁闭，有专人管理；与机车连接的客车前部端门、行李车端门锁闭；列车前、后部车厢端门及餐车后厨房边门有防护栏。

5. 锅炉室无杂物，离人锁闭。

6. 乘务员对消防器材、紧急制动阀、手制动机做到知位置、知性能、会使用。

7. 运行中餐车炊事人员油炸食物使用前进方向的第一个灶眼，用油量不超过容器的1/3；餐车灶台、排烟罩（道）清理及时，无油垢。

8. 配电室（箱）锁闭，保持清洁干净，严禁放置物品。

9. 做好禁止携带危险品的宣传及危险品的查堵、处理工作。

10. 客运人员在接班前要充分休息，保持精力充沛。严禁在接班前和工作中饮酒。

第二条　安全工作制度

1. 安全宣传：列车始发后，除广播宣传安全旅行常识外，各车厢乘务员还应向旅客宣传乘车安全常识，车厢内设备设施使用情况及出入境应遵守的有关注意事项。在运行中、到站前、停车时，随时向旅客做好安全宣传。在俄、蒙境内运行时，到站介绍停车时间，开车前及时招呼旅客上车（俄、蒙、朝境内大部分车站，在列车开车前，不响铃、不广播）防止旅客漏乘。根据旅客成分，运行区段有针对性地宣传安全注意事项。做好防火、防伤、防盗的宣传。

2. 安全检查：列车出库前、到达国境站前，列车长、公安乘警、检车三乘人员对列车实施联合检查，确保安全设施良好，没有与列车运行无关的遗留物，及时发现问题妥善处理。每周二晚各车厢乘务员要详细检查顶棚、厕所、包房、锅炉室的各个角落及开展个人携带品自检、互检工作，发现问题及时汇报列车长处理。同时认真检查渡板、踏板、手闸、制动阀、卧铺支柱、灭火器、燃煤锅炉等安全设备状况，发现不良及异常状况及时与检车员、列车长联系，妥善处理，确保安全设施、设备状态良好。

3. 车门管理：严格做好"停、开、动关锁，出站台四门瞭望，自检互检车门的工作"。（国外执行运行国规章）。到站停车时，坚守车门，维持好乘降秩序，扶老携幼。到大站停车时，车与车之间的端门锁闭隔离，机次和列车尾部端门必须加锁，设有安全挡、止步牌。遇有运转车长在尾部客车作业时，要注意旅客动态，防止坠车。二连换装场，更换台车时，各车厢锁闭两头端门坚守岗位注意两头车门口情况，遇有调车人员作业时，乘务员不能离开车门口。作业完毕，调车人员离去，锁闭车门。禁止旅客上下车。

4. 防止挤、烫、砸、摔和中毒中暑：乘务员开关门，要做到扶、拉、转、看、关，并随时向旅客宣传手不扶门边、边缝，脚不站风挡渡板连接处；手、头不伸出车窗外；喝开水、热茶、热咖啡、冲泡方便面时水不要倒得过满，防止挤伤、烫伤。运行中要向家长宣传看管好小孩，制止小孩坐小桌、扒窗口、攀登卧铺梯或在上铺及门口连接处玩耍。冬季及时清除车门口、车梯、连接处的冰雪，防止摔伤。饮食供应严格执行"五四制"，饮用水保证开、洁、足，各种容器使用前要冲刷，严格餐具茶杯消毒。夏季要准备好适量的防暑药品，车厢里温度较高时，要及时通风换气，保持空气新鲜，防止中暑。

5. 防止火灾：随时做好车厢内的禁烟宣传，提醒旅客到车厢两头风挡处的吸烟处吸烟，并将用过的火柴棍及吸过的烟头熄灭，放入烟灰盒里。劝阻和制止旅客不要在包房内点蜡烛、不要在电风扇上面晾（放）东西，严禁乱动车内电气设备，发现故障，要及时通知车电员修理。严格执行取暖锅炉、炊事炉、茶炉（小煤炉）的操作规程。

6. 防止丢失被盗：列车长、餐车长要妥善保管现金、票据和护照，各车厢列车员加强对车票的保管，交接要认真核对。列车办公席、广播室、乘务员休息房间窗户要加锁，防止停车窗户被撬，各车存放旅客票据的乘务室及一号包房要做到人离加锁。在行窃多发区段，乘务员不坐乘务室，要在车厢巡视，向旅客宣传旅行常识，发现情况、通知列车长，做到及时处理。被盗多发站乘务员要打开两边侧门，既照顾正面旅客上下车，又要观察背面车站情况，发现问题，及时联系，妥善处理。

7. 乘务员安全：出乘前八小时要充分休息，严禁饮酒；值班时，要精神饱满，坚守岗位，提高警惕，不做与工作无关的事，有事用传讯方式联系；正确使用劳动保护用品，不穿铁钉、铁掌、高跟鞋。清扫车门、通过台时，切记手不扶门缝、门边、风挡，脚不站渡板连接处。列车运行中，严禁开车门扫垃圾、倒污水、乘凉。车未停稳严禁上下车。做好顶部卫生，整理行李，倒装行包，装卸餐料、燃料、物品时要站稳扶牢，注意列车、汽车晃动，防止滑倒摔伤；电气化区段，严禁攀登车顶或用水冲刷车皮，严禁爬上车顶敲打餐车、茶炉、取暖锅炉烟筒或调整烟筒帽，防止触电；行李货仓严禁吸烟及烟火接近，并设有押运须知和禁烟标志。监装倒货时，注意检查危险品，码放行李要牢固，防止倒塌，不在货堆上站立，二人作业呼唤应答；列车在国外运行，到站停车或临时停车，检车人员车下作业时，列车员应正确显示红信号，作业未完，列车启动，要立即使用紧急制动阀，保证车下作业人员安全。临时停车时，乘务员必须巡视车厢，注意旅客动态，开车后检查车门锁闭情况；汽车运送物品时，要码放牢固。横越线路时，前面要有人瞭望引导，随车人员要坐稳、把牢，不扒车、跳车。装大件时，要呼唤应答，防止砸伤、扭伤、摔伤；沿线路行走时，应走路肩，注意障碍物。横越线路时要走天桥、地道或通行道口，做到一站、二看、三通过。严禁与机车、车辆抢行、钻车或跨越车钩。

二、乌鲁木齐局集团有限公司

乌鲁木齐局集团有限公司出台了《乌鲁木齐局集团公司国际联运专业管理细则》，从专业管理的角度对国际联运安全管理做了责任分工，主要分为对外合作处管理和联运相关单位管理。

第一条　对外合作处管理

1. 对外合作处应认真贯彻与联运有关的安全生产法律、法规、政策和各项规定、办法，按照"谁主管，谁负责"的原则，建立健全上下贯通、横向衔接的联运专业管理工作机制和安全管理的基本制度、基本台账和基础资料，履行专业管理、检查、指导、协调和评价职能，实现对本系统安全生产的有效管理和控制。

2. 处长每月现场检查站段作业不少于1次，督查干部履职情况不少于2次；副处长每月现场检查站段作业不少于1次，督查干部履职情况不少于4次，检查专业对标不少于1次；联运科每月督查干部履职情况不少于2次，现场检查车间作业不少于4次，检查班组作业不少于4次，检查专业对标不少于2次；外事科每月督查干部履职情况不少于2次，现场检查车间作业不少于1次，检查班组作业不少于1次。

第二条　联运相关单位管理

1. 联运相关单位应按照"有岗必有责"的原则，健全安全生产责任制，明确各岗位安全职责，切实保证防控安全风险和消除安全隐患的责权落实到每一个岗位，形成纵向到底、横向到边、对各项工作全覆盖的岗位安全责任体系。

2. 联运相关单位国际联运业务管理干部现场检查的量化标准由各单位自行规定。

第三节　国内外旅客联运消防安全对比分析

铁组尚未出台关于国际旅客联运列车安全相关的统一规定，经过资料查询，现收集到铁组成员国家、拉脱维亚、立陶宛、爱沙尼亚等国家间国际旅客列车车厢防范火灾指导手册，对列车防火安全做了相应规定，我国虽然没有针对国际联运列车的防火文件，但铁道部出台了《铁路旅客列车消防安全管理规定》（铁公安〔2010〕89号），各路局据此出台了本局的客车消防规定，在一定程度上可以适用于国际联运列车的防火安全。因篇幅有限，将国内外旅客列车防火安全内容分为职责划分、安全要求、应急处置、灭火设施四部分进行比对分析（见表8-2）。

表 8-2 国际旅客联运消防安全对比

国别 内容	独联体国家，拉脱维亚、立陶宛、爱沙尼亚等国家	中国
职责划分	1. 完成车厢维修和技术维护的企业、人员的领导承担保障车厢防火安全、确保车厢内配备有效灭火设施。 2. 列车长和电力机械师负责保障防火安全和行经途中的灭火组织工作，负责完成防火安全的要求。乘务员、邮政车列车长、邮政车每节车厢的负责人、邮政车副车长、邮政车乘务员-电工、餐车经理、饮食车负责人、柴油机发电车高级机械师、影音车厢、视听沙龙车厢、公务-技术车厢服务人员应负责履行消防要求。 3. 车辆段（区段）、后备乘务员、旅客服务办公室的领导与铁路消防部门协商制定针对客车运营、技术服务、维修人员的火灾防范培训计划。培训计划应包含以下容： （1）编组站、车辆段、运行途中客车防范火灾要求。 （2）技术维护、现代化、维修时防范火灾的措施。 （3）火灾原因及预警措施。 （4）车厢中的灭火设施、火灾报警装置、个人防护呼吸设施，其使用原则及安全措施。 （5）发生火灾时列车长、电机工程师、乘务员及提到的其他工作人员的职责。 （6）发生火灾和紧急情况下，疏散旅客的规范和方式。 （7）呼叫当地消防部门的流程及车厢防范火灾的其他问题。	1. 客运部门职责 （1）建立健全并组织实施客运系统的消防安全管理制度和火灾事故应急预案。 （2）组织客运系统开展消防安全检查，督促有关单位落实火灾隐患整改措施。 （3）对客运人员进行消防安全教育培训。 （4）组织落实客运人员岗位防火责任制，加强消防安全管理考核。 （5）采取多种方式向旅客宣传防火安全知识。 （6）协助铁路公安机关组织查堵易燃易爆危险品。 （7）组织有关人员对餐车炉灶台面、墙壁、抽油烟机、排烟罩、烟道的表面可见部位油垢进行清理。 （8）负责旅客列车火灾现场旅客的应急疏散紧急施救组织工作。 2. 车辆部门职责 （1）建立健全并组织实施车辆系统的消防安全管理制度和火灾事故应急预案。 （2）负责车辆设备检修，确保运用客车达到出库质量标准，消除火灾隐患。

续表

国别 内容	独联体国家，拉脱维亚、立陶宛、爱沙尼亚等国家	中国
职责划分	4. 从事车厢技术服务和维修的工作人员，列车乘务组应当按照维修和运营车厢的车辆段（区段）领导制定的计划经过防火技术培训。未参加培训或未通过考试的人员不得从事相关工作。培训经铁路消防部门的同意，培训内容由车辆段（区段）、后备乘务员、旅客服务办公室领导确定： （1）防火基本技术知识培训项目的流程和日期。 （2）培训地点。 （3）培训负责人员名单。 （4）工作人员清单（也包括临时员工）：实习学生，应通过培训的与车厢技术维护、运营、维修有关的人员。 （5）新入职人员初级防火培训流程。 5. 来自车厢制造和维修企业的用于编组列车的车厢应根据该指导手册配备灭火设施。 6. 从事与火灾防范和处理有关的维修、运营的工作人员，其相关业务考试一年不少于两次	（3）组织开展客车消防安全检查，及时发现、处理违章行为和设备故障，保证车辆工作人员严格执行作业标准，保证设备状态良好。 （4）对车辆工作人员进行消防安全培训。 （5）负责消防设备、器材的配备和维护管理。 （6）负责制定车辆设备设施的安全操作规程。 （7）负责清除餐车排风扇、车顶表面及烟筒口、帽的油垢。 （8）组织落实备用客车的看守措施
安全要求	1. 没有完备初级灭火设施的车厢，火灾报警装置、灭火装置、逃生通道（如果有的话）故障的车厢不得运营。 2. 车厢所有电气装置都应配备防范可能导致火灾的短路和其他紧急情况的防护器。保险丝应校准，其铭牌指出其额定电流符合保护电路的额定值。保险丝的铭牌由生产商或铁路电工技术实验室安装。防护器应处于正常工作状态。每个车辆段（区段）根据车厢运营条件确定清理周期。电动机、电灯、电线、电气设备控制台每月至少2次清除落灰。	1. 运行中列车长、乘警、车辆乘务人员每 2 h 应进行一次防火巡查，并在发电车、邮政车、行李车的巡查记录上签字。 2. 对列车始发前检查发现的设备故障，车辆部门应及时处置，消除隐患；对列车运行中发现不能当场处置的，应采取临时措施确保安全，按规定报告并如实记录；危及行车安全的，应立即停车处理。

续表

国别\内容	独联体国家，拉脱维亚、立陶宛、爱沙尼亚等国家	中国
安全要求	3. 从技术站发车前常设委员会接收列车时，车辆段（区段）服务人员根据技术维护指导手册完成工作后，防火安全负责人应当检查车厢整备情况。与此同时，检查以下设备： （1）电气设备控制台仪器。 （2）用电设备。 （3）开关、电灯。 （4）供暖电炉及其接地装置的安全罩。 （5）车底电子仪器和电池箱的密封装置，通风管道的状态。 （6）车底仪器盒和电池。 （7）车内通信（乘务员-列车长-司机），无线电广播通讯，火灾报警装置的状态。 4. 在电气设备控制台上可以接触的地方（铅封处除外）检查接触连接、线捆、电气仪器出口，此外，还应检查： （1）保险丝是否符合车厢技术文件或电路图规定的保护电路额定电流的要求。 （2）多联开关、拨动开关、自动开关的工作状态。 （3）调节器、防护器、调节电阻器和其他设备的铅封状态，其铅封由仪器结构或运营文件规定。铅封违反规定或没有铅封的仪器视为有故障，需用正常仪器替换，或在相应的工作台上进行检查并铅封。 5. 如发现电气设备控制台接点处松动或过热、绝缘处撕裂、电子仪器线路折断，通过选择性检查发现保险丝不符合额定值，则按照车厢设备技术维护指导手册对车内所有设备进行二次技术维护。	3. 乘务人员必须经过全面的消防安全培训，人人达到"三懂三会"（即：懂得本岗位的火灾危险性，懂得预防火灾的措施，懂得扑救火灾的方法；会报警，会使用灭火器，会扑救初起火灾），熟记岗位防火职责和火灾事故应急处置基本要求，做到严格考核，持证上岗。保洁人员上岗前也应进行消防安全培训，持证上岗。 4. 操作"两炉一灶"和空调、火灾报警器等设备的乘务人员，应经过专门的消防知识培训，取得合格证后方可上岗。 5. 车辆电气设备必须保持状态良好，电器元件应安装牢固，接线及插座无松动，按钮开关、指示灯作用良好；严禁乱拉电线和违章安装、更换电气装置、元件；严禁擅自使用电热器具等电器。 6. 配电室内禁止存放物品，配电箱、控制箱内及上部不得放置物品，门锁必须良好，人离锁闭；可燃物品不得贴靠电采暖装置。 7. 车辆电气绝缘应符合要求，漏电保护、电气接地等装置应匹配、有效。车辆电气绝缘测试、设备巡检和交接应有记录；严禁用水冲刷地板。

续表

国别　内容	独联体国家，拉脱维亚、立陶宛、爱沙尼亚等国家	中国
安全要求	6. 通过电气设备控制台中的电线与车体接通的检查系统的信号灯来检查电路绝缘电阻。如有绝缘故障，两个信号灯或发光二极管的线路应有相同的灼热程度。如果电灯或发光二极管灼热程度不一致，则说明车厢电路绝缘故障。禁止将有此类故障的车厢投入运营。 7. 检查车厢间电气连接。禁止车厢间电气连接线散落而不收纳进空插头和保护盒中。禁止将车厢从编组站和车辆段接入相邻车厢补给。供暖期间，应按照车厢设备技术维护指导手册的要求将客车和机车间的高压供暖线路连接起来。 8. 检查车厢锅炉房、锅炉房炉灶旁边，安装热水炉的壁龛、餐车厨灶旁边、电气设备柜中是否有无关物品。 9. 检查柴油机发电车中可燃-润滑物、擦拭物的存放秩序和防火用具的状态。 10. 乘务员应监督旅客是否遵守防火要求，不允许旅客使用明火、开启违禁用具、运送易燃和可燃液体、违规吸烟，监控电气测量仪表的指和电气设备控制台信号，其中也包括火灾信号。 11. 出现威胁旅客生命安全或运行安全的故障时，乘务员应立即按下紧急停车按钮，通过车内通信或小电话装置呼叫电机工程师或列车长。 12. 就供暖用具的名录和运营来说，禁止： （1）在餐车中使用燃料厨灶，如果：燃料管道泄漏和燃料箱裂缝，燃料箱内没有防火过滤器或其出现故障；生铁板烤面、炉算子和导烟管有裂纹和缺口；调节器、烟囱炉门、加热板和热水器烘炉、喷灯故障。	8. 餐车配备的电烤箱、微波炉、电磁炉等餐饮炉具使用时，操作人员不得离岗。 9. 发电车乘务员应严格执行操作规程，落实防火制度，确保柴油发电机组及附属设备状态良好，阀门、管路连接部位紧固，油箱及其他各部位不得有积油和油垢，禁止乱堆乱放物品，棉纱应放在指定容器内。 10. 客车取暖和蒸饭锅炉、茶炉应配件齐全、状态良好，落实点火试验和交接制度。使用中，乘务人员应按规定检查水位（压）表、水温表、验水阀、水循环状况，做到不漏水、不超温，严禁缺水、干烧。炉灰应先用水浸灭后再处置，炉室内不准堆放杂物，离人加锁。 11. 餐车炉灶、锅炉烟囱防火隔热装置应完好有效，餐车入库应压火。 12. 列车运行中，餐车严禁炼油，使用燃煤炉灶油炸食品和过油时，油量不得超过容器容积的三分之一。 13. 应定期对餐车炉灶台面、墙壁、抽油烟机、排烟罩、烟道、排风扇、车顶外表面和烟筒口、帽的油垢进行清除，保持清洁，并填写记录。

续表

国别 内容	独联体国家，拉脱维亚、立陶宛、爱沙尼亚等国家	中国
安全要求	（2）用易燃和可燃液体（煤油、汽油、油等）引燃锅炉、电炉、加热板和热水炉，使用不符合车厢运行文件要求的燃料（石煤、橡胶制品、塑料等）。 13. 影音车厢、技术宣传车厢、视听沙龙车厢、有线电视车厢运营过程中有关防火安全的要求。 （1）从观众厅和讲演厅的向外的备用出口不少于两个，通过台的出口不算在内。不超过30个座位的厅应配置一个出口。从车厢向外的逃生门应开启。门的宽度不小于1 m。 （2）用厚度为10 mm非可燃绝缘物制成的屋顶钢绝缘防火隔板将电影放映室与观众室或讲演室隔开，电影放映室外部应拥有独立出口。 （3）每年两次测验摄影设备工作人员的火灾防范知识。测验结果记录在防火安全技术卡片中	14. 循环水泵箱、检查孔、观察孔、煤厢、取暖器防护罩内部应保持清洁无杂物；停用的炉室应彻底清除可燃物，加固锁闭。 15. 邮政车、行李车货仓应留有安全通道，宽度不小于0.5 m，不得堵塞端门、边门，货物堆码不得超高。邮政车、行李车严禁使用明火或电炉烧水做饭，未经铁道部车辆主管部门批准严禁擅自增设使用各种电器
应急处置	1. 组织灭火和疏散旅客的责任由列车长承担。 2. 疏散旅客时，事故车厢和相邻车厢的乘务员应维护秩序，避免冲撞，将旅客引领至相邻车厢。由于火灾发生地不同，疏散旅客（如有可能）时应考虑火势可能会向列车运行的反向蔓延。 3. 疏散旅客时或疏散旅客后，列车长或电机工程师到达前，车厢乘务员应戴好自救防毒面具，利用灭火设施和车厢存水来灭火。疏散旅客后和灭火时，着火车厢与其他车厢的连接门应关闭。 4. 列车乘务组所有工作人员应携带灭火器或其他灭火设施到达着火点，参与疏散旅客和灭火。	1. 立即停车。列车运行中发生火灾威胁行车和旅客人身安全时，应立即停车（停车地点应尽量避开特大桥梁、长大隧道等）。电气化区段应立即通知牵引供电部门停电。 2. 疏散旅客。列车发生火灾时，乘务人员应迅速向列车长报告，组织起火车厢旅客向邻近车厢或地面安全地带疏散，采取措施稳定旅客情绪，同时要防止发生旅客跳车、趁火打劫等意外事件。 3. 迅速扑救。列车长接到火灾报告后，应立即组织指挥义务消防队，携带灭火器赶到起火车厢，确认火情，迅速扑救。

续表

内容 \ 国别	独联体国家，拉脱维亚、立陶宛、爱沙尼亚等国家	中国
应急处置	5. 列车长和乘务员到达着火车厢之后，应戴好СПИ-20型或其他技术性能不低于СПИ-20的防毒面具亲自确认车厢全体旅客安全撤离，电机工程师去除控制台蓄电池（如有可能）和电池箱中的保险丝（为了彻底断电）。 6. 出现火灾时，列车长应通过机车乘务组、车站值班员和调度员通知当地的消防部门或消防列车，同时采取措施摘解车厢，转移着火车厢到远处，避免火势转移到相邻车厢（不少于10 m）或邻近的建筑，同时保证接近移动灭火设施的通道顺畅。机车司机及其助手应根据列车长指示行事。摘解车厢后，列车长应通过机车司机要求断开接触网的电压	4. 切断火源。停车后，列车需要分隔时，司机、运转车长、车辆乘务员应迅速将起火车辆与列车分离，切断火源，防止蔓延。 5. 设置防护。对甩下的车辆，由车站值班员（在区间由司机、运转车长和车辆乘务员）负责采取防护措施。 6. 报告救援。列车长和乘警应立即向上级机关和行车调度报告事故情况，请求救援。 7. 抢救伤员。在疏散旅客、迅速扑救火灾的同时，如有被火围困或受伤人员应立即抢救
灭火设施	1. 初级灭火设施包括：手提式、移动式灭火器，消防用具（消防桶、沙箱），消防工具（消防钩、消防斧等）。 2. 应根据装备的技术条件为其配套灭火设施。 3. 企业和机构领导负责及时供应、正确使用初级灭火设施并确保其状态良好。 4. 在确定初级灭火设施所需的数量时，必须考虑到保护移动设备的年需求量。初级灭火设施的自然损耗占预计需求量的5%。 5. 不同可燃物引起的火灾须选用不同类型的灭火器（针对不同可燃物），或者采用使用范围更广泛的灭火器。允许用不少于5升的粉末代替泡沫灭火器。	客车灭火器配置和维修应符合下列规定： 1. 客车车厢（双层客车每层）配备2 kg ABC干粉灭火器和2 L水型灭火器各2具；灭火器应设置在车厢两端适当位置（每端各2具）。 2. 行李车、邮政车、餐车各配备4具4 L水型灭火器，行李车配备35 L推车式水型灭火器1具；行李车、邮政车的灭火器应设置在工作间内，餐车的灭火器应设置在餐厅。

续表

内容\国别	独联体国家，拉脱维亚、立陶宛、爱沙尼亚等国家	中国
灭火设施	6. 各类型灭火器的补充和再补充灭火材料应按照使用手册进行。18～22摄氏度下，灭火物质重量或工作压力少于或多于 5%的泡沫灭火器应进行灭火材料填充。 7. 柴油车和三节电力车中，灭火器和消防桶应均匀分布在机车公务房间内	3. 发电车配备4 L水型灭火器8具，其中机房内6具，工作间2具；冷却间配备25 kg推车式ABC干粉（或35 L水型）灭火器1具。 4. 客车配备的灭火器应适应环境温度，适于扑救A类（固体）、B类（液体）、C类（气体）和E类（带电）火灾；挂具应采用套筒结构，安装牢固、便于取用，底部离地面一般不超过1 400 mm。 5. 干粉灭火器维修期限为1年，水型灭火器为3年。灭火器应由专业维修企业按照国家有关规定进行维修，张贴维修标志，并在灭火器筒体上涂打到期时间（××××年××月到期）

经对比后可得出以下区别：

（1）职责划分方面，国内运输企业规定了各部门的岗位责任制，但对具体如何履职并未说明。国外对职责履行划分到具体岗位，同时主要对如何履职做了详细说明。比如在制定防火培训计划时，国内只说明了要对客运和车辆人员进行消防培训，并未对如何进行消防培训，国外则将组织流程与学习内容进行说明。

（2）安全要求方面，国外对防火安全要求更加细致，对如何检查设备设施、发现问题了如何处理进行了具体阐述，比如第 4 条，讲述了电气控制台全部需要检查的内容；第 13/14 条还对供暖器具、特殊车厢进行了消防安全要求。国内在消防安全要求上要求从业人员经考试合格后持证上岗，对工作内容进行了量化，但未对如何落实工作内容进行说明。

（3）应急处置方面，在发生火灾时，国外规定，组织灭火和疏散旅客的责任由列车长承担。乘务组工作人员应携带器具参与灭火，职责划分明确。同时，说明了应注意和防止的问题，比如携带防毒面具、火势蔓延方向、去除电池保险丝等。国内对发生火灾时应如何做制

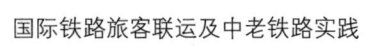

定了具体流程，但职责分工不够明确，比如应立即组织指挥义务消防队，谁组织、谁参加并未说明。

（4）灭火设施方面，国外灭火设施侧重对设施本身的质量维护、使用方法、安装位置进行讲解。国内灭火设施着重说明了应配备的类型、数量。

第九章

国际旅客联运站车服务质量

铁组规范性文件上并未对国际联运车站及国际列车上的服务做明确规定，仅有铁路合作组织采用编制备忘录方式对各成员国的国际旅客联运服务质量做出规定，为 1997 年 7 月 3 日生效制定的 104 号备忘录，即《改善国际旅客联运服务质量、提高旅客列车通关作业效率》建议性备忘录，上面对乘务服务、餐饮服务做了一些规定。因此在涉及站车服务上各国各有规定，具有一定的国际特色，下面对此分别做出叙述。

第一节　铁路合作组织服务质量标准

铁路合作组织采用编制备忘录方式对各成员国的国际旅客联运服务质量做出规定，制定的 104 号备忘录为《改善国际旅客联运服务质量、提高旅客列车通关作业效率》建议性备忘录，由铁组第三专门委员会于 1997 年 7 月 1—3 日在华沙制定并会议通过第三版，于 1997 年 7 月 3 日生效。主要内容如下：

为明确铁路责任，保证国际旅客联运站车提供便捷、优质服务，将采取如下措施：

1. 目标和手段

（1）国际列车应尽可能改善乘车条件，在乘车舒适度、旅行速度和正点运行方面提供优质服务。

（2）相关铁路按商定的运行图开行国际列车，在《国际旅客联运客车经路汇编》框架下，遵守列车编组、运行时刻和客运服务等相关要求。

（3）国际旅客列车由担当路确定编组，遵守运行路相关规定。

2. 列车车底

（1）国际旅客列车编组不能超过两组车底。

（2）上述列车编组内应包含一等车厢、二等车厢和餐车。车内应安装空调。

（3）列车应提供不同类型席别，包含四人包房、三人包房、两人包房和单人包房。

（4）列车在库内进行保洁并做好补充水、卫生纸和毛巾等整备作业。运行中要确保车内整洁。

3. 运行时刻

（1）国际列车运行图的铺画应满足旅客需求，此前应对旅客需求进行充分调研。

（2）列车停站时间做如下规定：

——停站只办理旅客乘降时，停时不超过3分钟；

——停站办理旅客换乘和机车乘务班组换班时，停时不超过10分钟；

——停站因技术原因，如：更换机车时，停时不超过15分钟。

（3）应尽可能提高列车旅行速度，列车只在经济基础较好的主要城市所在地的中间站办理停车。

（4）铁路应尽力与海关、边防部门协商，避免国境站增加停站时间，可采取如下方式：

——海关和边防部门进行联合检查；

——列车运行中海关和边防进行检查；

——客车更换轮对时海关和边防进行检查。

（5）列车运行图应将海关、边防检查时间与旅客休息时间避开。

（6）国际列车应满足的最基本条件是运行正点和高安全性。

（7）国际列车在国境站交接时，正点或晚点不超过5分钟时，都视为正点交接。

（8）如果在一个报告月内，按照3.7条规定，正点交接的往返列车不低于75%，则视作合格。

（9）安全和预防措施的检测如下：

铁路应对晚点的国际列车进行统计。如果国际列车往返运行时，按照3.8条规定被认定为不合格的，相关铁路应分析原因并采取必要措施进行改进。如果列车需要通过改变运行时刻的方式确保正点交接，则相关铁路应在《国际旅客联运客车经路汇编》框架下就近的一次的会议上提出。

4. 乘务服务

（1）国际列车乘务人员的主要职责是确保旅客舒适乘车，并在全程运行中提供广泛的服务。

（2）除母语外，包括卧铺车厢、餐车在内的列车乘务班组的工作人员中应有人至少通晓一门列车行经国语言或者与旅客国籍有关的外语。具体使用哪种语言，由相关铁路予以确认。

（3）按照4.2条内容确定的语言，列车乘务人员应向旅客播放欢迎辞、到站信息和其他需公告旅客的内容。

5. 餐饮服务

（1）国际列车编组内应包含餐车或餐吧车，以供旅客全程使用。

（2）餐车的服务应首选服务员。如果餐车为自助服务方式，则应为一等车厢旅客提供送餐到包房的服务。

（3）除早、中、晚三餐外，吧台服务员或卧铺乘务员应根据旅客需求提供冷饮、热饮、火腿面包等服务。

6. 相关费用

该协议中包含了旅客乘车费用。相关铁路可以在《国际旅客联运客车经路汇编》框架下，通过协商签署包括附加费构成和清算办法在内的合作协议，应将席位预订费纳入补加费范围。

第二节　我国旅客联运站车服务质量

一、国铁集团的相关文件规定

国铁集团虽没有针对国际联运列车专门出台文件，各国际列车担当局将铁总运〔2016〕247号《铁路旅客运输服务质量规范》适用于开行国际列车的车站及列车，下面引用文件中部分普速中型车站和空调列车服务质量规范。

7.1.1.1　车站

第一条　设备设施

1. 基础设施设备符合设计规范，定期维护，作用良好，无违规改造和改变用途。

2. 有售票处、公安制证处、候车室、补票处、行包房、天桥或地道、站台、风雨棚、围墙（栅栏）等基础设施，地面硬化、平整、房屋、风雨棚、天桥、地道无渗漏，墙面、天花板无开裂翘起脱落，扶手、护栏、隔断、门窗牢固完好，楼梯踏步无缺损办理行包业务的有行包房。

3. 有通风、照明、广播、供水、排水、防寒、防暑等设备设施。广播覆盖各服务处所；音箱（喇叭）设备设置合理，音响效果清晰。售票处、候车区、站台、行包房、广播室有时钟，显示时间准确。

4. 视频监控系统覆盖车站各服务处所，具备自动录像功能。录像资料留存时间不少于15天，涉及旅客人身伤害、扰乱车站公共秩序等重要的视频资料为一年。

5. 图形标志符合标准，齐全醒目，位置恰当，安装牢固，内容规范，信息准确。

6. 有位置标志、导向标志、平面示意图、信息板等引导标志，指引准确。站台两端各设有一个站名牌，并利用进出站地道围栏、无障碍电梯、广告牌、垃圾箱（桶）、基本站台栅栏等站台设施，设置不少于两处便于列车内旅客以正常视角快速识别的站名标志。各站台设有出站方向标志。

7. 根据各服务处所和服务设备设施的功能、用途设置揭示揭挂，采取电子显示屏、公告

栏等方式公布规章文电摘抄、旅客乘车安全须知、客运杂费收费标准等服务信息。

8. 售票处、候车区（室）、出站检票处和补票处设有儿童票标高线。

9. 售票窗口前设置黄色"一米线"，宽度10厘米，或者硬隔离设施。

10. 采用中、英文；少数民族自治地区车站可按规定增加当地通用的民族语言文字。

11. 有电子显示引导系统，满足温度环境使用要求，室外显示屏具有防雨、防湿、防寒、防晒、防尘等性能，信息显示及时，每屏信息的显示时间适当，便于旅客阅读。

12. 候车区内设置候车引导屏，显示车次、始发站、终到站、开车时刻、检票口、状态等信息。

13. 检票口处设置进站检票屏，显示车次、终到站、开车时刻、站台、状态等信息。

14. 天桥、地道内设有进、出站通道屏的，显示当前到发列车车次、始发站、终到站、站台、到开时刻、列车编组前后顺位等信息。

15. 站台设有站台屏的，显示当前车次、始发站、终到站、实际开点（终到站为到点）、列车编组前后顺位、引导提示等信息。

16. 出站口外侧设有出站屏的，显示到达车次、始发站、到达时刻、站台、状态等信息。

17. 待机状态显示站名、安全提示、欢迎词等信息。

18. 售票设施设备满足生产需要，作用良好。

19. 售票窗口配备桌椅、计算机、制票机、居民身份证阅读器、双向对讲器、窗口屏、保险柜、验钞机等售票设备及具有录像、拾音、录音功能的监控设备，发售学生票、残疾军人票的窗口配备学生优惠卡、残疾军人证的识读器，退票、改签窗口配备二维码扫描仪，电子支付窗口配备POS机。

20. 在窗口正上方设置窗口屏，显示窗口号、窗口功能、工作时间或状态等信息。

21. 设置工号牌或采用电子显示屏，显示售票人员姓名、工号、本人正面二寸工作服彩色白底照片等信息。

22. 有剩余票额信息显示屏，及时、正确显示日期、车次、始发站、终到站、开车时刻、各席别剩余票额等售票信息。

23. 补票处邻近出站检票口，配备桌椅、计算机、制票机、保险柜、验钞机、学生优惠卡识读器等售票设备和衡器，有防盗、报警设施。

24. 有存放票据、现金的处所和设备，具备防潮、防鼠、防盗、监控和报警功能。

25. 候车区布局合理，方便旅客。

26. 配备适量座椅，摆放整齐，不影响旅客通行。

27. 设有问讯处（服务台、遗失物品招领处）的，位置适当，标志醒目，配备信息终端和存放服务资料、备品的设备。

28. 设有饮水处，配备电开水器，有加热、保温标志，水质符合国家标准要求。可开启式箱盖的电开水器或保温桶加锁，箱盖与箱体无间隙。

29. 设有卫生间，厕位适量。有通风换气及洗手池等盥洗设备，正常使用，作用良好。厕位间设置挂钩。

30. 配备电梯的，正常启用，作用良好，安全标志醒目，遇故障、维修时有停止使用等提示，操作人员持证上岗（仅操作停止、启动、调整方向的除外）。

31. 检票口设人工检票通道，已检票区域与候车区隔离，封闭良好。

32. 车站售票、候车场所可设置银行自助存取款机。

33. 实施车站全封闭实名制验证的，设有相对独立的验证口、验证区域、验证通道和复位口，并配备验证设备。

34. 行包房有机动车作业场地和停车位。办理窗口有桌椅、计算机、制票机，使用行包管理信息系统，配有电子衡器和装卸搬运机具，电子支付窗口配备 POS 机。有打包机、施封钳等包装工具；有编织袋、纸箱、锁等包装材料；有封箱钉、打包带、铁锤、缝针等维修工具、施封材料。行包仓库有发送、中转、到达作业区域，根据品类划分鲜活、易腐、放射物等不同的存放区，方便存放和领取。有防火、防爆、防盗、防水、防鼠设备。

35. 站台设有响铃设备，作用良好；地面标示站台安全线，内侧铺设提示盲道；设置的座椅、垃圾箱（桶）、广告灯箱等设施设备安放牢固，不影响旅客通行。

36. 给水站按规定设置水井、水栓，给水系统作用良好，水源保护、水质符合国家标准，作用良好。

37. 客运人员每人配置具备录音功能的手持电台和音视频记录仪，其他岗位按需配备，作用良好。

38. 有设备管理制度和设备登记台账。有巡视检查、维护保养记录。发生故障立即报告，及时维修，影响旅客使用时设有提示。

7.1.1.2 列车

第一条 设备设施

1. 车辆设备设施齐全，符合运用客车出库质量标准。

2. 列车办公席、乘务员室、行李员办公室、广播室、备品柜、清洁柜、工具室（柜）、洗脸间、厕所等设施齐全，作用良好，正常使用，不挪作他用或改变用途。

3. 车辆外观整洁，内外部油漆无剥落、褪色、流坠；车内顶棚不漏水，内外墙板及车内地板无破损、无塌陷、不鼓泡；渡板及各部位压条、压板、螺栓不松动、无翘起；脚蹬安装牢固，无腐蚀破损；手把杆无破损、松动。各部位金属部件无锈蚀。

4. 各门、翻板及簧、锁、门止、碰头、卡销配件齐全，不松动，作用良好。车窗锁及窗

帘盒滑道、窗帘杆、毛巾杆、挂钩齐全，作用良好。门窗玻璃无破损，密封条完整，不透气、透尘、不漏水，无脱落。车内各车门处有防挤手装置，配置齐全，作用良好。

5. 暖气片（罩、管）、座席、卧铺（及吊带）、扶手、梯子、行李架、梳妆台、面镜、茶桌、餐桌、抽屉、衣帽钩、毛巾杆（架）、镜框、书报架、温度计齐全良好，无松动。座席及卧铺面布无破损。包房号牌、座（铺）位号牌以及各室、柜、箱、开关等服务标牌齐全清晰。

6. 载客车厢通过台内端门框旁设儿童票标高线。儿童票标高线宽 10 毫米、长 100 毫米，距地板面分别为 1.2 米和 1.5 米，以上缘为限，距内端门框 100 毫米。

7. 电茶炉安装牢固，炉体无变形、破损，管系各阀无漏水，排水管畅通、无堵塞，过滤器清洁，液位显示清晰。

8. 给、排水装置配件齐全，作用良好，不漏水。车厢水位表（液位仪）显示准确。配有加热装置的，加热装置作用良好，正常启用。盥洗设备齐全，作用良好，安装牢固，无裂损。

9. 厕所便器、卫生纸盒、冲水装置作用良好，便器（斗）冲水均匀，无外喷。集便式厕所配有垃圾箱（桶）。

10. 灯具、灯罩完整清洁，无松动、裂损、变形，灯带、卡子齐全；顶灯光色一致。各电气开关、电源插座齐全，作用良好，无烧损。餐车厨房排气扇、电动水泵及电气化厨房电器作用良好，配线不外露。

11. 车载视频监控终端设施设备作用良好，外观整洁，安装牢固，故障、破损、及时修复。

12. 空调设备各部配件齐全，作用良好，安装牢固，运转正常。

13. 广播系统作用良好，定检合格，音量控制器作用良好。

14. 餐车冰箱作用良好，有隔水板。厨房地面有沥水设施。

15. 车内各种服务图形标志型号一致、位置统一，安装牢固，齐全醒目，符合规定。

16. 车厢有列车运行区间牌、内外顺号（牌）等标志，文字清晰、准确，无破损、卷边、褪色。使用电子显示屏的作用良好，显示及时、准确。

17. 每节车厢垃圾箱不少于一个，与垃圾袋配套使用。内嵌式垃圾箱正常启用，不封闭或挪作他用，内胆采用不锈钢材质，与垃圾箱体空间适应，与箱体内壁间隙不超过 1 厘米，箱体四壁封闭，垃圾投放进口有漏斗。外置式垃圾箱有盖，放置位置不占用通道或影响其他服务设施使用。

18. 单双管客车混编时，在全列制动机试验前，集便式厕所锁闭，开车后启用；当运行途中因列车管压力下降被迫停车时，按照车辆乘务员要求，将集便式厕所适当锁闭。

第二条　服务备品

1. 服务备品、材料等符合国家环保规定，质量符合要求，色调与车内环境相协调。

2. 服务备品齐全，干净整洁，定位摆放。布制、易耗备品备用充足，保证使用。布制备品按附录规定的时间使用和换洗，有启用时间（年、月）标志。

3. 软卧车（含高级软卧车）

——使用遮光帘和纱帘。

——厕所配有大盘卷筒卫生纸，坐便器配有一次性坐便垫圈。

——洗脸间有洗手液（皂）、垃圾桶。

——走廊有地毯，边座有套。包房内有被套、被芯、枕套、枕芯、床单、垫毯、卧铺套、靠背套、茶几布、一次性拖鞋、衣架、不锈钢果皮盘、带盖垃圾桶、热水瓶；高级软卧车包房内还有面巾纸盒。

——乘务员室备有托盘、热水瓶（根据需要增配防倒架）和一次性硬质塑料水杯。

4. 软座车

——使用遮光帘和纱帘。

——坐便器配有一次性坐便垫圈。

——有座席套、头靠套（头枕片）、果皮盘。

——乘务员室备有热水瓶（根据需要增配防倒架）。

5. 硬卧车

——使用遮光帘。

——坐便器配有一次性坐便垫圈。

——有卧铺套、被套、被芯、枕套、枕芯、床单、垫毯和边座套，每格有不锈钢果皮盘。

——乘务员室备有卫生纸、热水瓶（根据需要增配防倒架）。

6. 硬座车

——使用遮光帘。

——每格有果皮盘。

——有座席套、头靠套（片）。

——乘务员室备有热水瓶（根据需要增配防倒架）。

7. 餐车

——有售货（饭）车、热水瓶、一次性水杯。

——使用遮光帘和纱帘。

——台面有台布，座椅有套。餐、茶、酒具等器皿规格统一，花色一致，齐全无破损。备有调味品容器、牙签盅、餐巾纸和清真炊、餐具、托盘、席位牌。

8. 贴身卧具（被套、床单、枕套）和头靠套干燥、清洁、平整、无污渍、无破损；已使用与未使用的折叠整齐，分别装袋保管。卧具袋防水、耐磨，干净，无破损。贴身卧具与其

他布质备品分类洗涤；洗涤、存储、装运及更换不落地、无污染。可使用独立包装的贴身卧具供途中、折返更换。

9. 卧车垫毯、被芯、枕芯等非贴身卧具备品干燥、清洁，无污渍、无破损，定期晾晒。被芯、枕芯先加装包裹套，再使用被套、枕套。包裹套半年清洗一次，保持干燥整洁。

10. 布制备品定位存放在备品柜内。无备品柜或备品柜容量不足的，硬卧车定位放置在4、5、18、19号卧铺下，软卧车定位放置在3、7、11号卧铺下。

11. 车内清扫工具放置在清洁柜内，无清洁柜的定位隐蔽存放。有厕所专用清扫工具，定位存放厕所内或与车内清扫工具分开放置在清洁柜内，不影响旅客使用空间。

12. 载客车厢配备安全踏板和警示带，定位存放。

13. 垃圾箱（桶）内用垃圾袋，垃圾袋符合国家标准，印有使用单位标志，与垃圾箱（桶）规格匹配，厚度不小于0.025毫米。餐车厨房配备专用垃圾袋，厚度不小于0.04毫米。

14. 列车配有票剪、补票机、站车客运信息无线交互系统手持终端；乘务人员配置具备录音功能的手持电台及音视频记录仪。设备电量充足，作用良好。站车客运信息无线交互系统手持终端在始发前登录，途中及时更新信息。

第三条　文明服务

1. 仪容整洁，着装统一，整齐规范。

2. 头发干净整齐、颜色自然，不理奇异发型、不剃光头。男性两侧鬓角不得超过耳垂底部，后部不长于衬衣领，不遮盖眉毛、耳朵，不烫发，不留胡须；女性发不过肩，刘海长不遮眉，短发不短于7厘米。

3. 面部、双手保持清洁，身体外露部位无文身。指甲修剪整齐，长度不超过指尖2毫米，不染彩色指甲。女性淡妆上岗，保持妆容美观，不浓妆艳抹。

4. 乘务组换装统一，衣扣拉链整齐。着裙装时，丝袜统一，无破损。系领带时，衬衣束在裙子或裤子内。外露的皮带为黑色。佩戴的外露饰物款式简洁，限手表一只、戒指一枚，女性还可佩戴发夹、发箍或头花及一副直径不超过3毫米的耳钉。不歪戴帽子，不挽袖子和卷裤脚，不敞胸露怀，不赤足穿鞋，不穿尖头鞋、拖鞋、露趾鞋，鞋的颜色为深色系，鞋跟高度不超过3.5厘米，跟径不小于3.5厘米。

5. 佩戴职务标志，胸章牌（长方形职务标志）戴于左胸口袋上方正中，下边沿距口袋1厘米处（无口袋的戴于相应位置），包含单位、姓名、职务、工号等内容。臂章佩戴在上衣左袖肩下四指处。按规定应佩戴制帽的工作人员，在执行职务时戴上制帽，帽徽在制帽折沿上方正中。除列车长外，其他客运乘务人员在车厢内作业时可不戴制帽。

6. 餐车工作人员作业时着工作服，戴工作帽（女性戴三角巾）和围裙。

7. 表情自然，态度和蔼，用语文明，举止得体，庄重大方。

8. 使用普通话，表达准确，口齿清晰。服务语言表达规范、准确，使用"请、您好、谢谢、对不起、再见"等服务用语。对旅客、货主称呼恰当，统称为"旅客们""各位旅客""旅客朋友"，单独称为"先生、女士、小朋友、同志"等。

9. 旅客问询时，面向旅客站立（列车办公席工作人员办理业务时除外），目视旅客，有问必答，回答准确，解释耐心。遇有失误时，向旅客表示歉意。对旅客的配合与支持，表示感谢。

10. 坐立、行走姿态端正，步伐适中，轻重适宜。在旅客多的地方，先示意后通行；与旅客走对面时，要主动侧身面向旅客让行，不与旅客抢行。列队出（退）勤（乘）时，按规定线路行走，步伐一致，箱（包）在同一侧。

11. 立岗姿势规范，精神饱满。站立时，挺胸收腹，两肩平衡，身体自然挺直，双臂自然下垂，手指并拢贴于裤线上，脚跟靠拢，脚尖略向外张呈"V"字形。女性可双手四指并拢，交叉相握，右手叠放在左手之上，自然垂于腹前；左脚靠在右脚内侧，夹角为45°呈"丁"字形。

12. 列车进出站时，在车门口立岗，面向站台致注目礼，以列车进入站台开始，开出站台为止。办理交接时行举手礼，右手五指并拢平展，向内上方举手至帽沿右侧边沿，小臂形成45°角。

13. 清理卫生时，清扫工具不触碰旅客及携带物品。挪动旅客物品时，征得旅客同意。需要踩踏座席、铺位时，戴鞋套或使用垫布。占用洗脸间洗漱时，礼让旅客。

14. 夜间作业、行走、交谈、开关门要轻。进包房先敲门，离开时，应倒退出包房。

15. 不高声喧哗、嬉笑打闹、勾肩搭背，定时定点用乘务餐，其他时段不在旅客面前吃食物、吸烟、剔牙齿和出现其他不文明、不礼貌的动作，不对旅客评头论足，接班前和工作中不食用异味食品。餐车对旅客供餐时，不在餐车逗留、闲谈、占用座席、陪客人就餐。

16. 车厢内空气质量符合国家标准。发电车供电的空调客车须在列车始发前 60 分钟供电并开启空调预冷预热，机车供电的空调客车须在列车始发前 60 分钟（特殊情况 40 分钟）完成机车连挂和供电，对车厢进行预冷或预热；空调温度调节适宜，体感舒适，原则上保持冬季 18 ℃~20 ℃，夏季 26 ℃~28 ℃。

17. 车内照明符合规定。夜间运行（22:00—7:00）时，硬卧车和软、硬座车照明开关置于半灯位，洗面灯开关置于开位；始发、终到站和客流量大的停站，以及列车途经地区与北京时间存在时差时自行调整。列车终到后供电时间不少于 30 分钟；入库期间以及使用发电车或具备地面电源供电的折返停留列车供电时间不少于 4 小时，停留不足 4 小时的不间断供电。

第四条　广播视频

1. 广播常播内容录音化。使用普通话。经停少数民族自治地区车站的列车可根据需要增加当地通用的民族语言播音。过港列车可增加粤语播音。直通列车可增加英语播报客运作业信息。

2. 广播语音清晰，音量适宜，用语准确，内容丰富，更新及时，形式多样，健康活泼，不干扰旅客正常休息。视频播放画面清晰，外放声音不得影响列车广播的正常播放，且音量不得高于30分贝。

3. 广播及集中控制的视频播放时间为 7:00～12:30、15:00～21:30。列车在 7:00 以前或 21:30 之后始发或终到的，或者根据季节、昼夜变化情况，可以提前或顺延 30～60 分钟，其他时间只能播报应急广播。途经地区与北京时间存在时差时，可适当调整。

4. 广播内容以方便旅行生活为主。始发前，播放旅客引导、行李摆放提示、列车情况介绍以及禁止携带危险品、禁止吸烟等内容。运行中，播放列车设施设备、旅客安全须知、旅行常识、旅行生活知识、治安法治宣传、卫生健康、餐售经营等宣传及前方停站、到站信息预播报等内容，适当插播文艺娱乐、文明礼仪、地方概况、沿线风光、民俗风情、广告等节目。

5. 列车停站信息预、播报及时。执行"一站两报"，即开车后预告下一到站站名和时刻；到站前（不晚于到站前10分钟）再次通报。开车后、到站前硬座车厢乘务员双车（边）通报。

第五条 用水供应。

1. 始发开车前电茶炉水开，清空热水瓶存水；开车后及时为热水瓶注水，途中为有需求的重点旅客供水。

2. 车厢不间断供水。上水站到站前、开车后分别核记水位刻度，确认上水情况。

3. 列车渡海以及运行在市区、长大隧道、大桥和站停 3 分钟及以上的停车站锁闭厕所；中途停车站提前 5 分钟、终到站提前 10 分钟锁闭厕所。集便式厕所吸污时或未供电时锁闭厕所，其他时间不锁厕所。厕所锁闭时，为特殊情况急需使用厕所的旅客提供方便。

4. 公共区域的电源插座保证符合标示范围的旅行必需的小型电器正常使用。

5. 在始发站根据车站通知、在中途站列车停稳后打开车门组织旅客乘降；开车铃响，面向列车，足踏安全线，铃止登车，做到行动迅速，作业统一。遇有高寒、高温、雨雪天气或在办理客运业务的中间站长时间停靠时，列车长与车站确认没有旅客乘降后，可统一组织乘务员提前上车，保留正对车站放行通道的车门开放，其余车门暂时关闭，乘务员在车门口立岗。

6. 除一站直达列车外，卧车及时为上车旅客更换卧铺牌，到站前 30 分钟为旅客更换车票，及时提醒旅客做好下车准备，不干扰其他旅客。卧车贴身卧具一客一换，卧具终点站收取。夜间运行，卧车乘务员在边凳值岗，定时巡视车厢。始发后和进入夜间运行前，客运乘务人员对卧车核对铺位，对座车进行旅客去向登记。

7. 列车剩余铺位在列车办公席或指定位置公开发售，公布手续费收费标准。

8. 发现旅客遗失物品妥善保管，设法归还失主，无法归还时编制客运记录交站处理。无法判明旅客下车站时交列车终到站处理。

二、铁路局相关文件规定

铁总未针对国际旅客联运列车出台相关的站车服务质量标准，但部分担当铁路局对国际列车上的列车服务质量做了文件要求，以北京局为例，曾经出台了《国际联运管理细则》，对列车服务质量标准做了规定。

第一条　运行秩序

1. 安全有序地组织旅客乘降和行包装卸。
2. 做好安全宣传和防范，杜绝随车叫卖，保持良好的治安环境。
3. 坚守岗位，加强巡视，认真交接，确保旅客旅行安全。
4. 对软卧旅客按规定进行登记。

第二条　文明服务

1. 做到"全面服务、重点照顾"。对旅客不同需求提供相应服务，对重点旅客做到"三知三有"（知座席、知到站、知困难，有登记、有服务、有交接）。
2. 对旅客做到"三要、四心、五主动"（接待旅客要文明礼貌，纠正违章要态度和蔼，处理问题要实事求是；接待旅客热心，解答问事耐心，接受意见虚心，工作认真细心；主动迎送旅客，主动扶老携幼，主动解决旅客困难，主动介绍旅客须知，主动征求旅客意见）。
3. 列车始发和进入夜间运行时，做好旅客去向登记，掌握乘车人数和旅客到站。
4. 列车到站前，列车员通告站名、到开时刻、站停时间，并提前组织重点旅客到车门口等候下车。
5. 保证饮用水供应，满足旅客需求。
6. 贴身卧具（被套、小单、枕套或枕巾）的使用，做到一客一换，卧具到终点站收取。
7. 软、硬卧和软座车厕所配备卫生纸、芳香球。
8. 车内温度应符合（GB/T 9673）的有关规定。新型空调车：冬季 18 ℃~20 ℃，夏季 24 ℃~28 ℃。
9. 车内照明应符合 TB/2141 的有关规定。夜间运行硬卧车关闭顶灯，打开地灯，软、硬座车关闭半夜灯（始发、终到站及客流量大的停站除外）。

三、我国铁路站车服务现状

1. 现状与特点

（1）车站。

我国现有 31 个国际旅客联运站，这些车站除有客运站应有的设备设施外，还设有国际旅客候车室、海关边检联合办公区等，此外，针对朝鲜旅客行李携带较多，丹东站还设有行李

现场托运区，托运结束后再进行通关，极大地方便了旅客，如图9-1～图9-5所示。

图 9-1　丹东站国际旅客候车室

图 9-2　满洲里站国际旅客候车室

图 9-3　丹东站行李托运业务

图 9-4　满洲里站为中转通关的乘客提供食品售卖服务

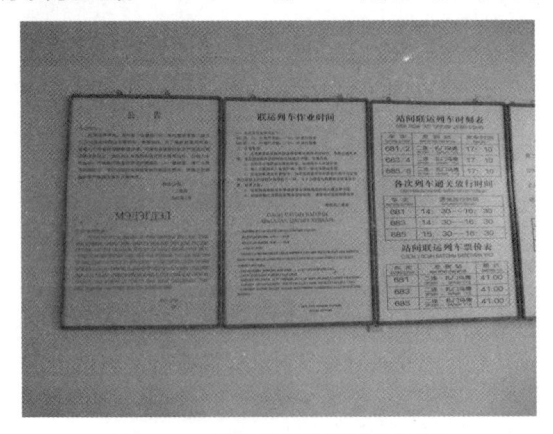

图 9-5　二连站的国际列车时刻表

（2）列车。

现在出境的国际旅客联运列车上都配备了懂途经国语言的翻译，比如南宁局的T8701/8702次车上有越南语的广播员，在旅客上车后和通关前后用越南语进行广播提示；部分列车上提供双语菜单，K3次列车还在中国境内免费提供两次正式中餐；有的国际列车上还为旅客提供淋浴服务，并配有符合国外标准的电源插座，如图9-6和图9-7所示，分别为K19次列车上提供的双语菜单和K3次列车提供的沐浴房。

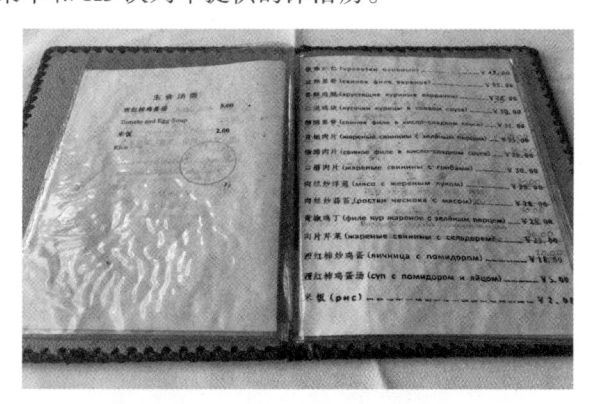

图 9-6　K19 次列车上提供的双语菜单

图 9-7　K3 次列车提供的淋浴房

2. 存在的不足

（1）近年来有关站车服务的旅客投诉。

根据某路局提供的国际联运历史问题台账，涉及站车服务问题的投诉较少，如表9-1所示。

表 9-1　涉及站车服务质量的旅客投诉

序号	日期	地点（车次）	问题经过	责任单位	处理情况
1	××年×月×日	K4 次	德国旅客汉斯向铁道部投诉，反映 K4 次列车在莫斯科雅罗斯拉夫站旅客持客票不让上车以及列车运行中存在茶水供应、车厢卫生、餐车肮脏等列车服务问题	北京列车段	北京分局对旅客反映的问题进行核实并制定出整改措施。路局据此向部上报了"关于外国旅客反映 K4 次列车服务问题的调查报告"
2	××年×月×日	K3 次	列车外皮脏、乘务员着装不统一	北京客运段	汲取旅客提出的宝贵意见，并借此契机，再次明确了联运列车的作业标准和外事纪律，进而以更高的标准做好国际联运列车的服务工作
3	××年×月×日	K3/4 次	俄铁来函：××年×月×日，反映俄铁安全监察在××年×月×月间对我车队担当的 K3/4 次国际列车进行检查发现的问题。 1. 车内没有吸尘器。 2. 保管和交付旅客使用的卧具没有单独的一次性包装袋。 3. 车厢通过台处堆放燃煤。 4. 脏品卧具不封袋	北京客运段	联系厂家，配备吸尘器。 卧具消毒，确保一客一换。 脏品专管，防止二次污染。 备用煤装袋，放在二位门口踏板处码放整齐

（2）实际存在的问题。

① 列车设备设施落后，K3/4、K19/20 次等国际联运列车车体老旧，没有空调，夏季靠风扇降温，冬季靠乘务员烧炭取暖，个别车厢茶炉漏水，烧水极慢，即使出境担当乘务工作，但在国内挂运时与外方列车的车内环境、设备设施形成鲜明对比，在一定程度上也影响了我国铁路的客运服务形象。

② 外语服务欠佳，担当国际旅客列车的乘务人员普遍年纪较大，除翻译外，不能流利地

运用英语或当地语言旅客进行交流。

③ 制度落实不力，一是规章执行不到位。部分列车未按《国际客协》和《国际联运车辆使用规则》的相关规定公示备品清单，也未悬挂《旅客车内守则》。二是揭示揭挂不统一。车内配备的列车时刻表悬挂位置不统一，书报架未按规定统一配置。

第三节　国外旅客联运站车服务质量

一、俄铁有关站车服务质量的规定

俄铁在 2005 年发布文件，要求提升旅客服务质量。例如：昼夜运行列车应供应热食，每个包厢内将有详细的英、俄双语的关于服务、菜单、可选食物和饮料清单等的信息。列车内还将供应病人专供饮食，丰富报刊种类，确保能够给手机充电，丰富电视节目。此外，还计划研究服务质量监督系统，其必备要素就是定期的市场调查和乘客意见，根据检查和问卷情况给第三方评定等级，等级合格后俄铁各路局再与其签订餐车租用、食物供应合同。每个路局和第三方机构的信息将会留存用作以后工作的参考。此外，计划对有问题列车进行重复检查直至其问题解决。

俄铁在购票时可以选择铺位席别，卧具也可勾选收费，上车时由乘务员发放卧具，下车时乘客交还乘务员。

二、哈铁有关站车服务质量的规定

哈萨克斯坦出台了国际列车乘务员指导手册，对列车服务质量做了规定。

乘客上车前和列车运行途中，乘务员应将车厢内的温度保持在 20（±2）℃（冬季和过渡时间），24（±2）℃（夏季，安装了风控系统的车厢）。

乘客上车时，乘务员应站在车厢开启的门旁边（车厢其他门应从里面用螺钉上锁）。乘务员应检查乘客的乘车票据是否真实，检查持免费（优惠）车票的乘客的证件。乘务员应提醒儿童团的负责人检查团内儿童是否有相应的未成年人过境证件，如没有相应证件，则建议放弃乘车；监督手提行李的运送是否符合现行规范。

列车运行过程中，乘务员应做好以下工作：

（1）保持车厢内干净、整洁，按照卫生规范的要求保持车厢内的各项指数。

（2）监控车厢内部设备和车厢连接处的状况；每昼夜不少于两次用水清理车厢，厕所的打扫根据实际需要，但每昼夜不少于四次且每次必须清扫厕所地面。

（3）清扫车厢、卫生间、维护供水和供暖系统时应着特制服装并做好个人防护。

（4）只有在电力供暖炉断电时才能用水清扫。复合供暖的车厢内允许用水清扫地面，但没有切断电热器高压复合供暖锅炉供电的锅炉房除外。

（5）将车厢内的垃圾放入特制的容器并焚烧，或者在指定的车站、编组站和区间站的指定地方将垃圾丢弃。在运行途中或车厢连接处禁止丢弃灰渣和垃圾。

（6）运行全程为旅客提供餐饮服务，确保有凉开水。

（7）供应卧铺车厢的卧具，在途中按乘客需要有偿更换。将卧具送到乘客处，为残疾人、病人、老人、带小孩的乘客整理床铺，乘客下车后整理卧具。个别情况下，如乘客允许，可以在不早于到站前 30 min 整理卧具。

（8）无线电装置发生故障时，白天通知旅客经停站的名称，告知旅客特别卫生保护区的边界，停站时间，告知乘客边检海关检查的流程。

（9）确保风控系统工作时车厢所有窗户处于关闭状态；确保旅客正常使用卫生间（特别卫生保护区和列车停车时除外），车厢配备生态卫生系统时，除了停站通过边检时除外，运行全程都允许使用。

（10）倒班交接时检查乘车票据以及乘客是否在相应的座位上，检查卧具消耗数量，在指定形式的表格中做标记。

（11）接受乘客预定早餐、午饭等（如果车厢或列车内有此服务），告知乘客餐车位置。

（12）告知乘客车厢内设备的使用方法（灯光、呼叫乘务员、插座等）、关于消防安全和个人安全的要求、吸烟区、付费服务、是否有餐车及其开放时间、信息服务处、部分车厢票价中包含的服务信息。

第四节　国内外站车服务质量对比分析

经对比后国内外站车服务质量区别见表 9-2。

（1）车内温度：中国车厢内温度冬夏温差大，国外车厢冬夏温差小。

（2）卧具使用：国外卧车卧具需要单独付费。

（3）列车保洁：国外对清洁次数做了规定，国内只强调要保证干净整洁，未做具体量化要求；此外，国外强调了工作中乘务员要做好自身防护，国内规定中缺乏对乘务人员的关心。

（4）餐饮：国外保证旅客乘坐任一列车均能享受餐饮服务，国内要求列车运行时间必须超过 12 h 才能提供餐饮服务。

（5）儿童乘车：国外为保证儿童顺利通关，规定上车前要对其证件进行查验，国内没有这项检查。

（6）列车设备设施：国外会主动告知旅客可享受到的服务有哪些，如何操作设备设施，国内只能由乘客主动问询乘务人员。

（7）餐饮供应：国外将列车餐饮服务外包，并定期考核，有助于提升旅客餐饮服务质量，国内列车餐饮服务缺乏竞争对手，由铁路自身提供。

表 9-2　国内外站车服务质量对比

国别\内容	俄铁、哈铁	中铁
车厢内温度	冬季 20（±2）℃、夏季 24（±2）℃	冬季 18~20 ℃，夏季 26~28 ℃
卧具使用	供应卧铺车厢的卧具，在途中按乘客需要有偿更换	免费为旅客提供，贴身卧具一客一换
列车保洁	每昼夜不少于两次用水清理车厢，厕所的打扫根据实际需要，但每昼夜不少于 4 次且每次必须清扫厕所地面。清扫车厢、卫生间、维护供水和供暖系统时应着特制服装并做好个人防护	各处所清扫及时，保持整洁卫生，厕所畅通无污物，无异味
餐饮	运行全程为旅客提供餐饮服务，昼夜运行列车应供应热食确保有凉开水	在境内运行不超过 12 h 的国际旅客联运列车不提供餐饮服务
儿童乘车	提醒儿童团的负责人检查团内儿童是否有相应的未成年人过境证件	未规定要查验国际列车儿童出入境证件
列车设备设施	告知乘客车厢内设备的使用方法（灯光、呼叫乘务员、插座等）、关于消防安全和个人安全的要求、吸烟区、付费服务、是否有餐车及其开放时间、信息服务处、部分车厢票价中包含的服务信息	国内不会主动告知车厢内设备设施的使用方法
餐饮供应	国外餐车和食物供应由第三方部门负责租用和提供，但对其引入考评机制，考核合格后再签订下一份合同	中铁的餐车和食物由铁路乘务人员负责提供服务

285

第十章

国际旅客联运边境站通关作业

我国国际联运列车旅客通关作业是由铁路、海关、边检等多部门联合办公，执行我国海关的有关规定，在办理海关申报、查验、征税、放行等手续后，继续运输旅客至下一个国境站的有关工作，流程基本相同，均执行我国海关的有关规定，在通关作业时间上，由于部分车站需要换轮，再加上列车运行需要，造成了旅客通关时间不同，下面对此分别做出说明。

第一节　我国旅客通关作业的规定

一、旅客通关作业的模式

为完成铁路跨境联检手续，跨境运输按照与邻国的合作水平分为三种模式。

模式1：列车在国境站不停车。相邻国家同意履行通用的铁路国境站手续，列车无须停车。

模式2：指定单个普通铁路国境站，在此处依次或同时履行两国有关部门的手续。

模式3：列车在两国相邻的两个国境站分别履行手续，先在出境铁路国境站履行出境手续，再在入境铁路国境站履行入境手续。

目前，我国铁路国际旅客联运采用的通关模式为第三种。

二、进出境旅客通关流程

1. 定　义

旅客是指进出境的居民或非居民，其中，"居民"是指出境居留后仍回到境内其通常定居地的自然人，"非居民"是指进境居留后仍回到境外其通常定居地的自然人。

进出境旅客通关是指进出境旅客向海关申报所携带的物品，海关依法查验行李物品、办理进出境物品征税或免税及放行手续的过程。

2. 进出境旅客通关的基本程序

（1）申报：进出境旅客向海关申报携带进出境的物品，海关凭以办理进出境物品查验、征免税和放行手续。

（2）查验：海关检查旅客携带进出境的物品，核对进出境旅客申报是否属实，有无违禁物品，确定物品征、免税、扣留、退运或放行。

（3）征税：按规定应予征税或超出免税限量的自用合理数量的物品征收行李物品税。

（4）放行：复核申报手续、征免税手续，准予进出境物品提离海关监管现场。

3. 进出境旅客通关的基本规则

（1）旅客携带行李物品进出境，必须通过设立海关的地点进境或者出境。

（2）海关监管场所设置"申报"通道（又称"红色通道"）和"无申报"通道（又称"绿色通道"），旅客携带需向海关申报的物品选择"申报"通道通关，携带无须申报的物品，选择"无申报"通道通关。

（3）申报方式。

① 经海、陆口岸进出境的旅客，携带需向海关申报的物品，应填写《中华人民共和国海关进境旅客行李物品申报单》或《中华人民共和国海关出境旅客行李物品申报单》（以下简称《申报单》），向海关办理申报手续。

② 对经航空口岸进出境的旅客，自 2005 年 7 月 1 日起实行申报制度改革，即除按照规定享有免验和海关免于监管的人员以及随同成人旅行的 16 周岁以下旅客以外，均应填写《申报单》，向海关办理申报手续。

③ 进出境旅客对其携带的物品以其他任何方式或在其他任何时间、地点所做出的申明，海关均不视为申报。

④ 查验进出境旅客行李物品的时间和场所，由海关指定。海关查验行李物品时，物品所有人应当到场并负责搬移物品，开拆和重封物品的包装。海关认为必要时，可以单独进行查验。海关对进出境行李物品加施的封志，任何人不得擅自开启或者损毁。

⑤ 进出境旅客行李物品，以自用合理数量为限，超出自用合理数量范围的，不准进境或出境。海关按《旅客进出境行李物品分类表》规定的范围验放。国家禁止进出境的物品，不得携带进出境。

⑥ 进出境旅客可以自行办理申报纳税手续，也可以委托他人办理申报纳税手续。接受委托办理申报纳税手续的代理人，应当按照海关对其委托人的各项规定办理海关手续。

⑦ 旅客以分离运输方式运进行李物品，应当在进境时向海关申报。经海关核准后，自旅客进境之日起 6 个月内运进，分离运输行李与携带进境的物品合并计算验放。旅客以分离运输方式运出的行李物品，物品所有人在出境前向出境地海关申报，经海关核准后，办理托运手续。

三、相关文件

（1）中华人民共和国海关对进出境旅客行李物品监管办法（海关总署令第 9 号）。

(2)中华人民共和国海关关于进出境旅客通关的规定(海关总署令第 55 号)。

(3)海关总署关于改革航空口岸进出境旅客申报制度的公告(〔2005〕23 号)。

第二节　我国国际旅客联运边境站通关作业流程

以 K3/K4 次列车为例,介绍我国国际旅客联运边境站通关作业流程:

K3 次列车,沙岭子西站发电报给二连站预报出境人数及行李件数,到二连站前 1 个小时,根据检疫要求,利用手机微信群的"电讯检疫报告平台",向检疫局报告出境旅客人数和工作人员数,同时申报资料,有无发热、咳嗽,腹泻等病人,有无鼠迹及其他病媒,可疑生物化学污染品等信息。各车乘务员向旅客发放"外国人出入境卡"和"海关出入境行李申报卡"。

到达二连站后,站台上边检武警封锁出境车辆,旅客携带行李下车进行查验检查。列车乘务人员在车内坚守岗位,检查完毕,到列车长办公席拿取"列车健康申报单"和"国际客运列车电讯检疫申报单"。

列车换轮完毕,到达站台,开车前 40 min,边检武警对出境列车全面封车检查,武警战士对列车车厢上部、下部等所有区域进行全面检查,各车乘务员陪同战士对车厢内所有储物柜、顶棚、厕所和阴暗角落等部位依次检查。边检人员上车发放旅客护照,核对工作人员护照。无异常情况,封车等待列车发车。

列车二连站边检封车,查验完毕,开车进入蒙古国边境站扎门乌德站前,各车乘务员向旅客发放蒙古国外国人出入境卡和蒙古国海关行李物品申报单,并协助旅客填写。到达扎门乌德,蒙古国边检人员在扎门乌德站始终封锁列车,严禁旅客及工作人员下车。蒙古国边检人员每人负责检查一节车厢,收取旅客及工作人员护照。蒙古国海关是每人负责检查一节车厢的旅客及工作人员携带品。蒙古国检疫每人检查一节车厢的旅客及工作人员的健康证明和健康状况,以及携带的动植物、水果等是否符合蒙古国法律要求。蒙古国边检战士一组人员,从列车前部开始,在本车乘务员的陪同下,逐车检查车厢各部位,直至尾部。通关检查完毕,边检人员发还护照,列车封车状态下开车。

蒙古国苏赫巴托边境站,到站前,各车乘务员向旅客发放蒙古国外国人出入境卡和蒙古国海关行李物品申报单,并协助旅客填写。蒙古国边检人员在苏赫巴托站始终封锁列车,严禁旅客及工作人员下车。蒙古国边检人员每人负责检查一节车厢,收取旅客及工作人员护照。蒙古国海关和检疫人员同样是每人负责检查一节车厢的旅客及工作人员携带品。蒙古国边检战士一组人员,从列车前部开始,逐车检查车厢各部位,直至尾部。通关检查完毕,边检人员发还护照,列车封车状态下开车。

到达俄罗斯边检站纳乌什基前,乘务员向旅客发放俄罗斯外国人出入境卡。

到达纳乌什基站，俄罗斯边检封车，严禁旅客及工作人员上下车。俄罗斯边检一名军官同一名战士为一组，两组人员负责 3 节车厢的查验工作。俄边检军官携带随身护照登记验证系统，对所检查的车厢的旅客及工作人员进行拉网式逐人登记检查，无异常，在护照上盖章。俄边检战士在军官检查护照信息后，对旅客房间进行检查。同时检查工作人员的乘务室，储藏柜，厕所等公共区域，在本车乘务员的陪同下，打开所有车内顶棚及阴暗部位。

俄罗斯海关从列车前部上车，逐个车厢对旅客和工作人员的携带品进行检查。是否符合俄罗斯海关法的要求。

俄罗斯检疫人员，从列车前部上车，逐车检查旅客及工作人员的健康证明和健康状态，测试体温，是否有发热、咳嗽等病人。并对旅客及乘务工作人员所携带的食品，蔬菜，水果，肉类等进行检查，是否符合俄罗斯检疫要求。对旅客所携带的动物查验健康证明，并检查列车的卫生情况是否合格。

俄罗斯边检检查完护照信息和车辆各部位后，解除封车状态，列车等候正点开车。

K4 次俄罗斯纳乌什基站，开车前两小时边检封车，边检上车查验护照及检查车辆各部位。

俄罗斯海关从列车后部开始，逐个检查旅客及工作人员的携带品。

俄罗斯检疫人员，从列车后部上车，逐车检查旅客及工作人员的健康证明和健康状态，测试体温，是否有发热、咳嗽等病人。并对旅客及乘务工作人员所携带的食品，蔬菜，水果，肉类等进行检查，是否符合俄罗斯检疫要求。对旅客所携带的动物查验健康证明。并检查列车的卫生情况是否合格。

纳乌什基站检查完毕，封车状态下正点开车。

到达蒙古国边境站苏赫巴托和扎门乌德，检查情况同 K3 次相同。

K4 次到达中国二连站前，列车长利用微信群报告乘车旅客国籍、人数及行包数。并向旅客宣传到达二连站，全体旅客携带行李下车进行通关查验。

进入中国边境哨所，边检人员上车对旅客宣传准备下车检查，边检人员在车上查验乘务工作人员护照信息。

到达二连站，旅客携带行李下车进行查验检查。列车乘务人员在车内坚守岗位，边检战士从列车两端向中间，逐车检查公共区域及阴暗角落。

海关人员检查乘务工作人员的携带品。

检疫人员核对乘务工作人员的健康证明，检查健康状态。同时检查携带的动植物是否符合要求。

旅客全部下车，列车查验完毕，进库换轮。

第三节 我国国际旅客联运边境站通关作业比较研究

一、国际列车边境站通关检查方式比较研究

在边境站通关的国际列车，中国海关对乘客的检查方式分为上车检查和旅客携带行李下车检查，现阶段海关上车检查的国内边境站仅为满洲里站，二连、丹东、凭祥、霍尔果斯、阿拉山口等地海关均要求旅客携带全部行李下车进行通关。

在扎门乌德、丹东、同登三个站，所属国海关均要求旅客全部携带行李下车通关。在霍尔果斯、阿拉山口、后贝加尔三个站，旅客通关时，所属国海关依然采用上车检查的方式。

海关上车检查的方式能让旅客得到充分休息，但也会导致边检流于形式，不彻底，容易造成安全隐患。旅客携带行李下车检查的方式降低了旅行舒适性，但对于海关工作来讲，可以充分利用设备保证检查准确无误。

现阶段我国除满洲里站外，国境站均要求旅客携带行李下车检查，对应的国外国境站除哈萨克斯坦外，也要求旅客下车接受检查。在K3/K4次国际列车过境蒙古国时，扎门乌德站要求下车检查、苏赫巴托和对面的俄方国境站纳乌什基依然采用上车检查的方式，可以看出，两国间国境站通关检查的方式往往是相同的，是互相尊重主权的表现形式。

二、国际列车边境站通关检查方式比较研究

根据列车运行时刻表，将2016—2018年我国部分出境的国际联运列车进行通关时间比对，见表10-1~表10-3。

表10-1 2018年国际列车通关时间

车次	国境站	通关时间/(小时.分)	车次	国境站	通关时间/(小时.分)
K3	二连	4.41	K27	丹东	2.38
	扎门乌德	1.15		新义州	1.59
	苏赫巴托	1.20	K28	新义州	1.46
	纳乌什基	1.50		丹东	2.08
K4	纳乌什基	1.50	T8701	凭祥	1.31
	扎门乌德	1.45		同登	2.33
	苏赫巴托	1.45	T8702	同登	1.55
	二连	5.00		凭祥	1.44

续表

车次	国境站	通关时间/(小时.分)	车次	国境站	通关时间/(小时.分)
K23	二连	4.41	K9797	阿拉山口	3
	扎门乌德	1.15		多斯托克	3.20
K24	扎门乌德	1.45	K9798	多斯托克	3.15
	二连	5.00		阿拉山口	1.40
K19	满洲里	2.44	K9795	霍尔果斯	4.40
	后贝加尔	5.06		阿腾科里	2.24
K20	后贝加尔	5.45	K9796	阿腾科里	2.35
	满洲里	5.29		霍尔果斯	3.34

表10-2　2017年国际列车通关时间

车次	国境站	通关时间/(小时.分)	车次	国境站	通关时间/(小时.分)
K3	二连	3.11	K27	丹东	2.38
	扎门乌德	1.15		新义州	1.59
	苏赫巴托	1.20	K28	新义州	1.46
	纳乌什基	1.50		丹东	2.08
K4	纳乌什基	1.50	T8701	凭祥	1.31
	扎门乌德	1.45		同登	2.33
	苏赫巴托	1.45	T8702	同登	1.55
	二连	4.20		凭祥	1.44
K23	二连	3.11	K9797	阿拉山口	3
	扎门乌德	1.15		多斯托克	3.20
K24	扎门乌德	1.45	K9798	多斯托克	3.15
	二连	4.20		阿拉山口	1.40
K19	满洲里	2.44			
	后贝加尔	6.10			
K20	后贝加尔	4.45			
	满洲里	5.29			

表 10-3　2016 年国际列车通关时间

车次	国境站	通关时间/(小时.分)	车次	国境站	通关时间/(小时.分)
K3	二连	3.11	K20	后贝加尔	4.41
	扎门乌德	1.15		满洲里	5.29
	苏赫巴托	1.20	K27	丹东	2.55
	纳乌什基	1.50		新义州	1.58
K4	纳乌什基	1.50	K28	新义州	1.52
	扎门乌德	1.45		丹东	2.08
	苏赫巴托	1.45	T8701	凭祥	1.38
	二连	4.20		同登	2.33
K23	二连	3.11	T8702	同登	1.55
	扎门乌德	1.15		凭祥	1.49
K24	扎门乌德	1.45	K9797	阿拉山口	3
	二连	4.20		多斯托克	3.20
K19	满洲里	2.44	K9798	多斯托克	3.15
	后贝加尔	5.46		阿拉山口	1.40

（1）换轮站通关时间比较。

因我国采用的是国际标准规矩，出境前往蒙古国、俄罗斯、哈萨克斯坦等宽轨国需要进行换轮作业，越南既有准轨也有米轨，朝鲜与我国一样皆采用准轨，故这两国间不需换轮作业。在换轮站除进行海关作业外，还需要给车辆更换轮对，故换轮站通关作业时间较非换轮站要长。

我国境内有换轮作业的车站为二连、霍尔果斯，由于霍尔果斯站在 2018 年才正式经停中哈国际旅客列车，2018 年前的换轮作业在哈方多斯托克进行，求平均值可知中国境内近三年换轮站出境列车的平均通关时间为 $\bar{x}=\dfrac{3.31*4+4.41*2+4.4}{7}\approx$ 4h 1min，中国境内近三年换轮站入境列车的平均通关时间为 $\bar{x}=\dfrac{4.2*4+5*2+3.34}{7}\approx$ 4h 25min；哈萨克斯坦铁路换轮站仅有多斯托克，出境通关时间为 3h 20min，入境通关时间为 3h 15min；俄罗斯联邦换轮站仅为后贝加尔，出境平均通关时间为 $\bar{x}=\dfrac{5.46+6.1+5.06}{3}\approx$ 5h 41min，入境平均通关时间为

$$\overline{x} = \frac{5.45 + 4.41 + 4.45}{3} \approx 5 \text{ h}$$；通过比较，可以看出，2016—2018年换轮站平均出入境通关时间哈方最短，俄方最长，中方居中。

从表中我们还可以看出，二连站出境通关时间由2016、2017年的3h 31min变为2018年的4h 41min，入境通关时间由4h 20min变为5h，通过调研查找原因，为2018年国际列车运行线路由张集线改为京包线，导致国际旅客在边境站等待时间变长。

（2）非换轮站通关时间比较。

在我国边境站中，满洲里、丹东、凭祥、阿拉山口为旅客列车经停的非换轮站，求平均值可知中国境内近三年非换轮站出境列车的平均通关时间为 $\overline{x} = \dfrac{2.44*3 + 2.38*2 + 2.55 + 1.38 + 1.31*2 + 3*3}{12}$ $\approx$ 2h 30min，中国境内近三年非换轮站入境列车的平均通关时间为 $\overline{x} = \dfrac{5.29*3 + 2.08*3 + 1.44*2 + 1.49 + 1.4*3}{12} \approx$ 2h 46min；朝鲜出境列车平均通关时间为 1h 48min，朝鲜入境列车平均通关时间为1h 59 min；越南出境列车平均通关时间为1h 46 min，入境列车平均通关时间为 2h 33min；哈萨克斯坦非换轮站出境列车平均通关时间为 2h 35min，入境列车平均通关时间为2h 24min；俄罗斯非换轮站出境平均通关时间为1h 50min，入境平均通关时间为1h 50min；蒙古国非换轮站出境平均通关时间为 $\overline{x} = \dfrac{1.2*3 + 1.45*6}{9} \approx$ 1h 37min，非换轮站入境平均通关时间为 $\overline{x} = \dfrac{1.15*6 + 1.45*3}{9} \approx$ 1h 25min。可以看出，非换轮站出境通关时间由排序哈萨克斯坦>中国>俄罗斯>朝鲜>越南>蒙古国，入境通关时间排序为中国>越南>哈萨克斯坦>朝鲜>俄罗斯>蒙古国。

可以看出，在中国与周边国家的旅客联运中，非换轮站中方入境通关时长排名第一，出境通关时长排名第二，蒙古国非换轮站出入境通关时长均排名最末，旅客等待时间最短。以满洲里站为例，即使没有换轮作业，满洲里站入境的通关时间高达 5h 29min，和后贝加尔的通关时间不相上下，也导致了我国平均通关时间较长。

因此，无论是换轮站还是非换轮站，中国的出入境通关时间均耗时较长，此外，此外，我国绝大多数边境站采用旅客携带行李下车通关的检查方式，这种检查方式加上较长的通关时间无疑会导致旅客服务质量的下降。通关作业是多部门联合行动，作为铁路运输企业，应积极配合海关边检等部门，引导好旅客通关，同时应进一步研究采用调整列车运行图、优化换轮与通关检查流程、同海关协商变更检查方式等方法措施，进一步压缩边境站通关作业时间，提升通关服务质量。

第十一章

中老铁路旅客联运

第一节 中老铁路概况

一、概况

中老铁路北起云南省昆明市，向南经玉溪市、普洱市、西双版纳自治州，由中国磨憨和老挝磨丁铁路口岸进入老挝，经琅南塔省、乌多姆赛省、琅勃拉邦省、万象省，到达老挝万象市，是泛亚铁路中通道的重要组成部分，促进中国—东盟自由贸易区的建设和经济发展都具有重要的意义和作用。线路全长 1036.8 km，中方境内 614.4 km，老方境内 421.4 km。昆明至玉溪（昆玉段）为设计速度 200 km/h 的双线电气化铁路，已于 2016 年 12 月建成通车；新建玉溪至磨憨（玉磨段）中，玉溪至西双版纳（含）363.307 km 为双线，西双版纳至磨憨 145.228 km 为单线，国内设置车站 29 个，其中新建 18 个、改建 2 个、预留 9 个。磨丁至万象段（磨万段）为设计速度 160 km/h 的单线电气化铁路，规划新建车站 32 个，初期建设 20 个，预留 12 个。

中老昆万铁路玉磨段由滇南铁路有限公司负责建设，业务委托给昆明局集团有限公司管理。老挝境内磨万段由中国铁路国际有限公司及其他中方股东，与老挝国家铁路公司合资成立的中老铁路有限公司承建。磨万段中方共出资占 70%，老挝以土地出资占 30%，是第一条我国作为投资主体主导修建的境外铁路，全线采用中国技术标准、使用中国装备并与中国铁路网直接连通。2016 年 12 月 23 日，老挝计划投资部代表老挝政府与中方控股的老中铁路公司签署了《关于老挝磨丁至万象铁路的设计、建设、融资、运营和维护的特许权协议》，明确磨万段由老中铁路公司负责建设、运营和维护，项目运营期限 50 年，到期后可延长 25 年。2019 年 9 月和 2020 年 1 月，考虑到老挝实际情况，老中铁路公司明确安排运营前 5 年作为实现其自管自营的过渡期。在过渡期内，委托昆明局集团公司提供运营管理和技术业务服务。

中老铁路玉磨段铁路等级：Ⅰ级。设计行车速度：160 km/h。最小曲线半径：一般地段 2000 m，困难地段 1 600 m。限制坡度：玉溪至西双版纳 12‰，加力坡 24‰，西双版纳至磨憨 12‰。牵引种类：电力。机车类型：速度 160 km/h 动力集中型、250 km/h 标准动力分散型动车组。到发线有效长度：有效长 850 m，双机 880 m。牵引质量：3000 t。闭塞类型：玉溪至西双版纳为自动闭塞，西双版纳至磨憨为自动站间闭塞。

二、运营基本情况

（1）人员结构。昆明局集团公司举全局之力统筹调剂人员，新成立的普洱车务段、普洱基础设施段共计1600余人，主要负责中老铁路的运输生产和固定设备维修保养。在老挝万象设立运营管理中心，由普洱车务段按照异地车间进行代管，完成磨万段运输生产；在老挝琅勃拉邦设立维保管理中心，由普洱基础设施段按照异地车间进行管理，完成磨万段基础设施维保。

（2）规章制度。一是玉磨、磨万段各自建立了保证安全运营管理的铁路运输技术规章体系，并将根据实际运营情况继续修订完善。二是根据《中华人民共和国政府和老挝人民民主共和国政府国境铁路协定》，国铁集团与老挝公共工程与运输部签署了《国境铁路协议》《铁路货物联运协议》和《铁路旅客联运协议》，《客货运输清算协议》仍在推进中。三是昆明局集团公司与老中公司签订《运输组织服务协议》《机车车辆检修服务协议》《竣工验收协议》和《实作技术服务协议》。

（3）客货运输。中老铁路开通初期，受疫情影响，旅客列车不跨境。万象至磨丁间每日开行动车组列车2对，昆明至磨憨间每日最高可开行动车组列车17.5对。在昆明至万象南间，每日开行跨境货物列车2对。双方将根据疫情防控情况和客货运量需求变化，动态调整客货列车开行方案。运营初期，玉磨段各货运站营业范围为整车和集装箱货物运输，整车不办理散堆装货物，暂不办理超限超重货物和危险货物国际联运。磨万段七个货运站万象站办理整车和集装箱，其余车站只办理集装箱。中老铁路出口货物主要为日用百货、蔬菜、化肥等，进口货物为金属矿石、橡胶、水果等。目前，由于磨憨铁路口岸水果、肉类指定监管场所的申报工作正在进行中，因此冷藏货物可以出口、不能进口。

（4）疫情防控。在交接作业方面，为避免人员接触和票据传递导致疫情传播，中老铁路突破了国际联运在对方国境站互派交接人员的传统做法，交接人员不过境驻留，货物交接、商务交接、车辆交接等通过网络方式进行，双方互相确认。中老铁路的货物列车机车和乘务组只运行到对方国境站。昆明局集团公司对中老国境站间作业的机车乘务组人员采用全流程封闭管理，不与老挝境内人员发生接触，联运票据不过境，纸质票据到达口岸站后转为电子方式传递，最大限度预防了疫情传播。在进口货物疫情防控方面，磨憨铁路口岸所在的勐腊县政府正在与昆明局集团公司共同制定并推进落实磨憨铁路口岸进口货物疫情防控方案。

（5）应急处置。昆明局集团公司制定《中老昆万铁路突发事件总体应急预案》，包括设备故障、恶劣天气、地震、防洪等31项应急预案，并在开通前组织各部门、单位开展了长大坡道应急救援、长大隧道组织旅客疏散、高坡地段列车防溜、闯分相性能验证等16项综合性应急演练。

第二节　中老铁路旅客运输

一、运输市场状况及客流分析

1. 沿线主要地区经济状况

（1）沿线经济发展概况。

老挝是位于中南半岛北部的内陆国，北面与中国云南接壤，东面与越南为邻，南面与柬埔寨相连，西面与泰国比邻，西北面和缅甸交界。老挝经济以农业为主，工业基础薄弱，但近年来经济发展速度较快，水电、制造业、旅游业、农业和服务业将会成为老挝经济增长的驱动力。老中铁路途经老挝北部，直接吸引南塔省、乌多姆赛省、琅勃拉邦省、万象省和首都万象市，线路沿线自然资源极为丰富，表11-1为2013—2019年老挝经济增长情况表。

表 11-1　2013—2019 年老挝经济增长情况表

年份	GDP/亿美元	经济增长率
2013 年	111.89	8.5%
2014 年	117.72	7.5%
2015 年	120	7.5%
2016 年	133.5	7.02%
2017 年	168	6.83%
2018 年	179	6.5%
2019 年	182	4.65%

（2）沿线主要城市分布。

老中铁路纵贯老挝北部地区，沿线重点城市简述如下。

磨丁（Boten）：磨丁位于老挝琅南塔省，与中国云南省磨憨口岸接壤，总面积 34.3 平方公里。磨丁自然资源丰富，森林覆盖率高达 93%，是老中铁路的首站，也是老挝政府建立的经济特区。吸引范围内人口 17.6 万人。

孟赛（Muang Xay）：上寮西部乌多姆塞省省会，位于普托山和普雪比山之间。老挝北部地区的交通枢纽，老挝西北公路干线 1 号、2 号和 4 号公路交会于此，北通中国、南达琅勃拉邦等地，东接越南公路网，西接湄公河渡口北本等地，是老挝发展较快的城市之一。吸引范围内人口约 30.8 万人。

琅勃拉邦（Luang Prabang）：上寮地区中部琅勃拉邦省省会，位于老挝北部南康河与湄公河的交会处。琅勃拉邦是一座有 1000 多年历史的古城,曾为澜沧王国首都(原名孟骚、香通等)。是老挝的古都和佛教中心,也是老挝小乘佛教的发祥地。该市正发展成为老挝西北部的主要商业中心和进出口商品集散地。吸引范围内人口 43.2 万人。

万荣(Vangvieng):老挝旅游名县,位于万象北去琅勃拉邦约 160 km 处。万荣山清水秀,民风淳朴,以众多岩洞而著名。有静谧的南松河(Nam Song)流过,神奇的喀斯特地形,千奇百怪的岩洞,以及附近传统的老挝村庄,是一处游览胜地。吸引范围内人口约 21.9 万人。

蓬洪(Phonhong):老挝中部偏西地区万象省省会,位于万象市北部 60 km 处,是老挝中寮地区的新兴城市,有 13 号公路和 10 号公路从该市区经过。吸引范围内人口约 20 万人。

万象(Vientiane):老挝首都,位于中寮万象平原中南部湄公河东岸,与泰国的廊开府隔河相望,城市沿湄公河延伸,呈新月形。市内多寺庙、古塔,其建筑体现热带风格和老挝艺术的特点。万象汇集了全国 3/4 的工厂,外资企业多在万象。万象有瓦岱国际机场,可起降大型飞机,国际航线可达昆明、河内、金边、曼谷、清迈等。老挝 13 号公路和湄公河都经过万象贯通南北,从万象可驱车通过湄公河友谊大桥直达泰国廊开、泰东北。吸引范围内人口约 82 万人。

(3)沿线地区旅游市场情况。

老挝作为东南亚唯一的内陆国家,以优美的自然景观、丰富的历史文化遗产和多彩的民俗风情吸引着越来越多的外国游客。近年来,老挝与超过 500 家国外旅游公司签署合作协议,开放 15 个国际旅游口岸,旅游业持续发展,逐渐成为老挝经济发展的新兴产业。

老中铁路沿线是老挝旅游资源较为富集的区域,从中老边境口岸开始,经过孟赛、琅勃拉邦、万荣和首都万象等城市。其中,磨丁位于中国西双版纳—老挝琅勃拉邦—泰国清迈旅游环线中心位置,拥有"中老泰旅游商圈最佳结合点、老挝热带雨林秘境、口岸免税购物"三大资源,磨丁经济特区也正在开发建设;琅勃拉邦是老挝著名的古都和佛教中心,已被列入世界文化遗产,著名景点包括王宫博物馆、浦西山、光西瀑布等;万荣市当地的自然景点深受游客欢迎,包括河流、石灰岩洞穴等,气候、地貌、民俗、民风构成了万荣旅游业的核心竞争力;万象作为老挝首都和最大城市,著名景点有塔銮、玉佛寺、凯旋门等。图 11-1 为老中铁路沿线旅游资源分布示意图。

2. 沿线客运市场供求状况

老挝 2018 年完成客运量 8170 万人次,其中公路 7420 万人次、水运 409 万人次、民航 338 万人次,其中北部地区占一半客运量。沿线客运市场情况分析如下。

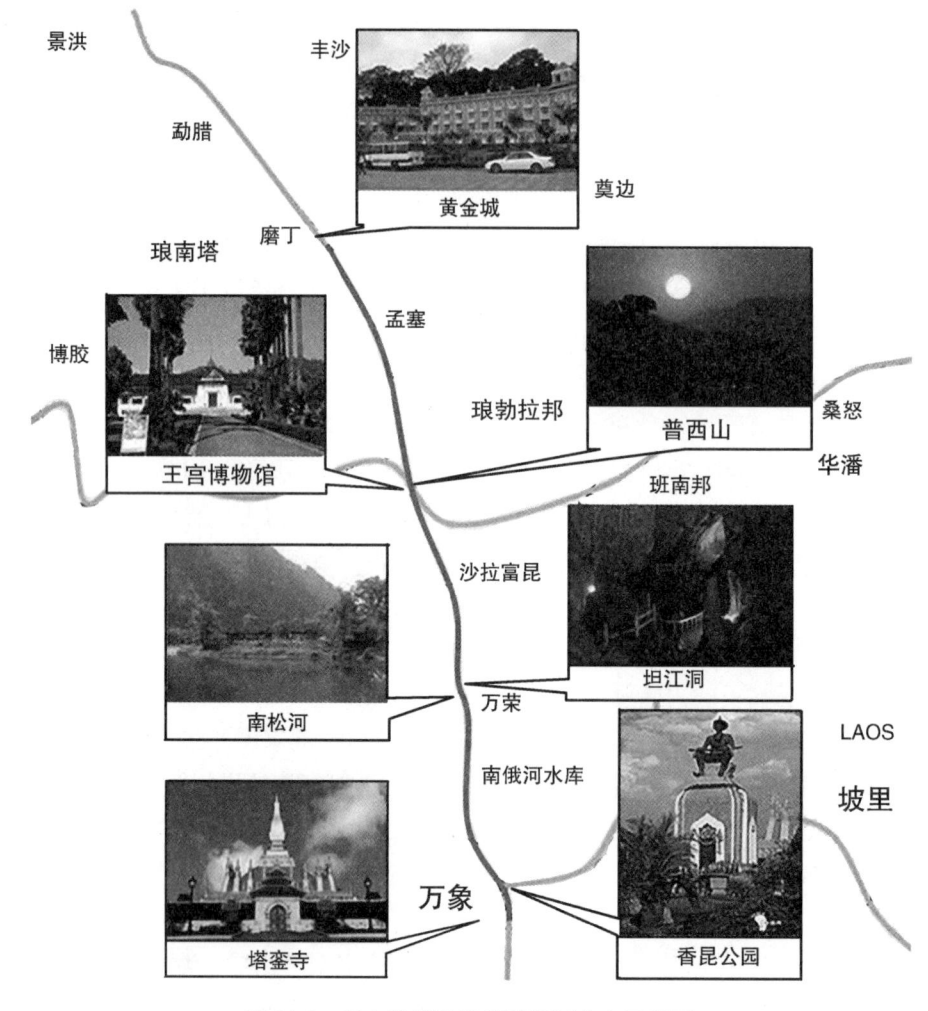

图 11-1　老中铁路沿线旅游资源分布示意图

（1）短途客运市场。

通过调查显示，目前老中铁路沿线城市短途旅客运输市场主要由公路运输构成。公路运输凭借机动灵活性强、乘降方便等优势，抢占了大部分市场份额。但是，老挝目前公路路况较差，目前全国共有高速公路 109 km，混凝土路 866 km，柏油路 6496 km，碎石路 15 324 km，土路 20 919 km。公路出行具有旅行速度较慢及舒适度差等缺点。

（2）中长途客运市场。

中长途客运市场主要由公路与航空运输构成，老中铁路沿线主要有万象、琅勃拉邦、琅南塔机场，公路以贯穿南北的交通大动脉 13 号公路为主。由于老挝地形及公路路况因素，长途旅行时花费时间较长、舒适性差。航空运输具有运输时间短的优势，但价格高昂，尤其是老挝目前人均收入比较低，2018 年老挝人均 GDP 仅为 2567 美元，老挝公司员工的平均月工资约为 180 美元，大部分乘客没有足够的经济能力选择航空出行。航空旅客中，外国籍乘客占比 70%，老挝籍乘客占比 30%。

3. 区段客流密度及客车对数

根据设计文件对国际通道客流和沿线城市、旅游和居民出行客流预测，汇总区段客流密度及对数见表 11-2。

表 11-2　老中铁路区段客流密度及对数表

区段	初期（2025 年）		近期（2030 年）		远期（2040 年）	
	客流密度/万人	客车对数	客流密度/万人	客车对数	客流密度/万人	客车对数
磨丁—孟赛	59	2	125	5	195	8
孟赛—拉邦	60	2	128	5	204	8
拉邦—万荣	85	3	177	7	248	10
万荣—万象	87	3	182	7	254	10

结合各区段客流密度和对数建议，为了培育各区段客流，老中铁路初期计划开行跨境短编动车组 2 对，万象—琅勃拉邦短编动车组列车 2 对，磨丁—万象普速客车 1 对，万象—琅勃拉邦普速客车 1 对。

二、开通初期开行方案

受疫情影响，中老铁路开通时未开行跨境旅客列车。磨万段开行旅客列车 2 对，使用 LCR200J 动车组、万象运营中心乘务担当。其中万象至磨丁 1 对，车次 C82/81，定员 720 人；万象至琅勃拉邦 1 对，车次 C84/83，定员 720 人。车底交路为 C82-C81-C84-C83。旅客列车停站时刻见表 11-3。

表 11-3　旅客列车停站时刻表

万象	始发站	磨丁
磨丁	终到站	万象
普速	车站	普速
C82		C81

万象	始发站	琅勃拉邦
琅勃拉邦	终到站	万象
普速	车站	普速
C84		C83

续表

万象	始发站	磨丁	万象	始发站	琅勃拉邦
08:00	万象	-- 15:14	15:44	万象	-- 20:22
08:30:15 33:15	蓬洪			蓬洪	19:41 19:38
9:01:15 04:15	万荣			万荣	19:10 19:07
09:56 10:01	琅勃拉邦	13:24 13:19	17:46 --	琅勃拉邦	18:16
10:46 49	孟赛	12:34 12:31			
11:30 --	磨丁	12:00			

中老铁路昆明—玉溪—磨憨段，开通一个月内日均开车 23 对，最高单日开行客车 31.5 对，累计客发 63 万人，最高单日客发 3.3 万人，同步带动普洱、西双版纳旅游订单，环比分别增长 92.4%和 59.9%。中老铁路国内段以旅游和探亲流为主，昆明—西双版纳双向高峰特征明显。2022 年春运期间，国内段共开行客车 28.5 对，日均运能达 3.9 万座卧以上。

第三节　中老铁路旅客联运规则

为组织开展中华人民共和国与老挝人民民主共和国之间铁路旅客联运，中国国家铁路集团有限公司和老挝公共工程与运输部于 2021 年 12 月 1 日签署铁路旅客联运协议，约束两国铁路运输企业和国际旅客。

铁路旅客联运协议主要规定以下内容：

1. 运输合同

国际旅客运输合同是明确承运人与旅客之间权利义务关系的协议。起运地承运人依据本规程订立的旅客运输合同对所涉及的承运人具有同等约束力。国际旅客运输合同的基本凭证是车票。

铁路旅客运输合同的起止时间为：从售出车票时起成立，至按车票规定运输结束旅客出站时止，为合同履行完毕。旅客运输的运送期间自检票进站起至到站出站时止计算。

旅客的基本权利为：依据车票记载的内容乘车；要求承运人提供与车票席别相适应的服务并保障其旅行安全；对运送期间发生的身体损害有权要求承运人赔偿；对运送期间因承运人过错造成的随身携带物品损失有权要求承运人赔偿。基本义务是：支付运输费用，核对票、款以及乘车相关信息并妥善保管；遵守国家法令和铁路运输规章制度，听从铁路车站、列车工作人员的引导，按照车站的引导标志进、出站；爱护铁路设备、设施，维护公共秩序和运输安全；对所造成铁路或者其他旅客的损失予以赔偿。

承运人的基本权利为：依照规定收取运输费用；要求旅客遵守国家法令和铁路规章制度，保证安全；对损害他人利益和铁路设备、设施的行为有权制止、消除危险和要求赔偿。基本义务为：确保旅客运输安全正点；为旅客提供良好的旅行环境和服务设施，不断提高服务质量，文明礼貌地为旅客服务；对运送期间因承运人责任发生的旅客身体损害予以赔偿；对运送期间因承运人过错造成的旅客随身携带物品损失予以赔偿。

2. 车　　票

车票（特殊票种除外）应当以中文和老挝文分别载明以下主要信息，其中个别信息增加英文标注：发站和到站站名；席别；席位号；票价；车次；乘车日期、开车时间；有效期；乘车人身份信息。

车票有效期为：当日当次使用有效（有特殊规定的除外），旅客中途上车、下车的，未乘区间的票价不予退还。

3. 运价规则

国际旅客列车客运票价由两国铁路运输企业依照本国法律法规协商制定。

客运票价分为公布票价和执行票价。公布票价统筹考虑建设投资和运营成本、市场供求状况、社会承受力等因素综合确定。执行票价是根据节假日、季节、日期、时段、客流变化情况等因素，在公布票价的基础上实行不同幅度的折扣，不得高于公布票价。

旅客支付的客运票价为购票时的执行票价。承运人调整客运票价时，已支付的票价不再补收或退还差额。

客运票价以 1 元人民币或 1000 基普币为计算单位，不足 1 元人民币或 1000 基普币的尾数四舍五入。

客运杂费包含手续费、退票费、携带品暂存费和携带品运费等。同一名旅客同一张票同时办理多项业务时，只核收一次手续费。

携带品超重、超大的计价重量以 1 kg 为单位，不足 1 kg 按 1 kg 计算。

4. 实名制管理

旅客应使用有效护照，否则工作人员有权拒绝办理各类业务。

一本有效护照仅限购买一张同一乘车日期同一车次的实名制车票。

旅客本人办理购票、改签或由他人代办购票、改签时，应提供乘车人的有效护照原件或复印件。取票或退票时，须出示乘车人的有效护照原件。

旅客须持车票及购票时所使用的本人有效护照原件进站、乘车，并接受铁路运输企业的查验，免费乘车的未成年人除外。旅客须确认出入境证件及签证有效。

5. 售票与购票

车票发售的规定有：对国际旅客发售的车票为纸质车票。国际旅客的车票最远只发售到本次列车的终到站。售票渠道有两个：① 中国铁路运输企业可通过 12306 网站、管辖车站售票窗口、代售点发售车票。② 老挝铁路运输企业通过管辖车站售票窗口、代售点等发售车票。通过 12306 网站购票的旅客应在乘车前到中国铁路运输企业指定车站售票窗口、代售点等办理取票手续，换取纸质车票。旅客可购买 15 天以内的国际旅客列车车票。调整预售期时，铁路运输企业应提前公告。旅客购取票须及时核对票面信息和票款。

对儿童票的规定有：每一名持票成年人旅客可免费携带一名身高不足 1.2 m 且不单独占用席位的未成年人乘车，超过一名时，超过人数应购买儿童票。免费乘车的未成年人单独使用席位时，应购买儿童票。免费乘车未成年人及符合儿童票使用条件的未成年人应随同成年人乘车。儿童票的乘车日期、车次及席别应与同行成年人所持车票相同，其到站不得远于成年人车票的到站。儿童票按照相应席别公布票价的 50% 计算。

对站台票的规定为：到站台上迎送旅客的人员应买站台票。站台票当日使用一次有效。随同成年人进站身高不足 1.2 m 的儿童及特殊情况经车站同意进站人员可不买站台票。站长可视情况，停售站台票。

对团体旅客的规定为：20 人以上乘车日期、车次、发到站、席别相同的旅客可作为团体旅客，承运人应优先安排。

6. 乘车条件

旅客必须持有效车票并按票面载明的日期、车次、席别乘车；旅客提前或延后乘车应在规定时间内办理改签，未改签乘车按无票处理。

旅客应妥善保管车票并保持票面信息完整可识别。票面残损、信息不完整的车票不得乘车、退票和改签。

旅客进出站、乘车时应接受站车工作人员检（验）票。车站应当在开车前提前停止检票，但应当在本站营业场所通告停止检票的提前时间。列车到达口岸站后，进入联检区域前，旅客应配合列车工作人员验票。

旅客进站时要接受车站的安全检查。承运人依法对进站乘车旅客及其携带品进行安全检查。旅客拒绝配合安全检查时，承运人应当拒绝其进站乘车。

对有下列行为的旅客，站、车均可拒绝其上车或责令其下车，并有权登记其身份信息。① 按照有关法律法规规定不适宜乘车的。② 铁路运输企业认为威胁到公共健康和安全的。③ 违反相关法律法规，扰乱站车公共秩序或骚扰他人的；违规乘车且拒绝补票的。旅客如已购买车票，在发站退还票价核收退票费；在中途站未使用至到站的票价不予退还，运输合同即行终止。

7. 改签和变更

改签的一般规定：① 旅客不能按车票指定的日期、车次乘车时，应当在车票指定的日期、车次开车前，办理一次提前或推迟乘车改签手续，特殊情况经车票发站站长同意可在开车后 2 h 内办理，但仅限于改乘当日 24:00 前其他列车。团体旅客不应晚于开车前 48 h。② 在车站售票预售期内且有运输能力的前提下，车站应予办理，收回原车票，换发新车票，并在新车票注明"始发改签"字样（特殊情况在开车后改签的注明"开车后改签"字样）。③ 必要时，铁路运输企业可以临时调整改签办法。

改签途径为：在老挝境内车站售票窗口购买的车票，仅可在老挝境内指定车站窗口办理改签。在中国境内车站售票窗口购买的车票，仅可在中国境内指定车站窗口办理改签；通过 12306 网站购票后未取票的，可登录 12306 网站或在中国境内指定车站窗口办理。

旅客办理改签时，改签后的车次票价高于原票价时，核收票价差额；改签后的车次票价低于原票价时，退还票价差额，并核收票价差额的退票费。

支付或退还票价差额时，使用原支付方式。原车票使用电子支付购票的，原车票票款在电子支付规定时间退回原购票时所使用的电子支付账户，旅客应使用电子支付购买新车票。

承运人责任变更：因承运人责任使旅客不能按车票记载的日期、车次、席别乘车时，站、车应重新妥善安排。重新安排列车的席别高于原票时，超过部分票价不予补收。低于原票时，应退还票价差额，不收退票费。

8. 退　票

旅客要求退票时，按下列规定办理，核收退票费：① 旅客要求退票时，应当在车票指定的开车时间前办理，退还全部票价。② 旅客开始旅行后不能退票。但如因伤、病不能继续旅行时，经站、车证实，可退还未乘区间票价，同行人同样办理。车票未乘区间票价和货币，按当日所在地车票价格和货币计算，退票时须交回原车票，重新打印已乘区间车票。③ 因特殊情况在开车后 2h 内改签的车票不退。必要时，铁路运输企业可以临时调整退票办法。

退票途径为：在老挝境内车站售票窗口购买的车票，仅可在老挝境内指定车站窗口办理退票。在中国境内车站售票窗口购买的车票，仅可在中国境内指定车站窗口办理退票；通过12306网站购票后未取票的，可登录12306网站或在中国境内指定车站窗口办理。

因承运人责任造成列车晚点、设备条件发生变化等导致旅客退票，按下列规定办理，不收退票费：① 遇列车晚点，应在列车实际开车时间前在车票发站办理退票，退还全部票价；② 因空调设备故障在运行过程中不能修复时，到站应退还未使用空调区间票价的25%，按当日所在地车票价格和货币计算。办理时须交回原车票，重新打印已乘区间车票。

因承运人责任或自然灾害等不可抗力因素影响铁路运营，导致运输中断列车停止运行时，在10日以内旅客退票按下列规定办理，不收退票费：① 在发站（含列车折返至发站的），退还全部票价；② 在中途站，退还未乘区间票价。车票未乘区间票价和货币，按当日所在地车票价格和货币计算，退票时须交回原车票，重新打印已乘区间车票。

9. 误售的处理

在车站售票窗口发生旅客车票误售时，旅客应当场提出，车站应收回原票退还全部票款，重新发售正确的车票。该车票经车站检票后，不予办理。

10. 丢失车票的处理

旅客丢失车票应另行购票。在列车上应自丢失站起（不能判明时从列车始发站起）补收票价，核收手续费。旅客补票后又找到原票时，列车长应编制客运记录交旅客，作为在到站出站前向到站要求退还后补票价的依据。退票核收退票费。

11. 不符合乘车条件的处理

有下列行为时，除按规定补票，核收手续费以外，铁路运输企业有权对其身份进行登记，并加收已乘区间应补票价50%的票款：① 无票乘车时，补收乘车站（不能判明时自始发站）起至到站止车票票价；② 持失效车票、未改签车票提前或错后乘车均按无票处理；③ 持站台票上车并在开车20分钟后仍不声明时，按无票处理；④ 持用低等级席位车票乘坐高等级席位时，补收所乘区间的票价差额；⑤ 持用伪造或涂改的车票乘车时，除按无票处理外送交警方处理。

有下列情况时补收票价，核收手续费：① 应买票而未买票的未成年人和单独占用座位的免费未成年人按规定补收票价。② 身高超过1.5 m的未成年人使用儿童票时，应补收儿童票价与全价票价的差额。③ 主动补票或经站、车同意上车补票的。④ 持站台票上车送客未下车但及时声明的。

12. 携带品

旅客携带品由自己负责看管。每人免费携带品的重量和体积是：免费乘车未成年人 10 kg，外交人员 35 kg，其他旅客 20 kg。每件物品外部尺寸长、宽、高之和不超过 130 cm。不办理携带品托运。残疾人旅行时代步的折叠式轮椅可免费携带并不计入上述范围。

下列物品禁止、限制带入车内：① 本规程禁止和限制携带的物品；② 未使用纸箱等硬质包装物妥善包装完整的自行车、带有自动力的轮式代步工具（电动轮椅除外）、平衡车。

除轮椅外，旅客携带的轮式交通工具不得在车站、列车内使用。旅客在站台和车上使用轮椅时，应采取人力助力形式，不得使用自动力。

携带品超过规定范围的处理：① 车上发现旅客携带的物品超重、超大时，须指定位置摆放，由列车长编制客运记录交旅客到站处理，对超过免费重量的物品，其超重部分按每千克 20 元/30 000 基普币核收运费，不足 1 kg 按 1 kg 计算。对不可分拆的整件超重、超大物品，按该件全部重量核收运费。② 列车发现旅客已将前述第四十五条规定的禁止、限制携带的物品带入车内时，均交由前方停车站处理。

13. 遗失物品

车上发现的旅客遗失物品应设法归还失主。如旅客已经下车，列车长应编制客运记录，注明品名、件数等移交下车站；不能判明时，移交列车前方停车站或终到站。

老挝境内车站按老中公司适用的规定、中国境内车站按国铁集团适用的规定妥善保管、正确交付旅客遗失物品，并妥善处理无人认领的旅客遗失物品。鲜活易腐物品和生鲜食品不予保管。

旅客的遗失物品保管期为 90 天。旅客可向车站查询遗失品情况，办理认领手续。

14. 人身伤害赔偿和免责

发生旅客人身伤害或急病时，承运人应当积极采取抢救措施，并会同警方人员勘查现场，收集旁证、物证，调查发生原因，编制客运记录。

旅客人身伤害赔偿办法和额度，由发生伤害时所在国的国内法规确定。承运人应当对铁路运送期间发生的旅客人身伤害承担损害赔偿责任；但伤亡是不可抗力、旅客自身健康原因造成的或者承运人证明伤亡是旅客故意、重大过失造成的，承运人不承担责任。

在铁路旅客运送期间因第三人原因造成旅客人身损害的，由第三人承担赔偿责任。承运人有过错的，应当在能够防止或者制止损害的范围内承担相应的补充赔偿责任。承运人承担补充赔偿责任后，有权向第三人追偿。

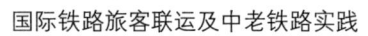

15. 携带品赔偿

在铁路旅客运送期间发生旅客携带品毁损、灭失时，承运人有过错的，应当承担损害赔偿责任。

旅客证明其确已携带进站乘车，且能够确定携带品价值的，按下列规定赔偿：（1）旅客出具发票（或者其他有效证明）证明购买价格时，以扣除物品合理折旧、损耗后的净值赔偿；（2）以处理单位所在地物价部门或价格评估机构确定的物品价值赔偿。

参考文献

[1] 葛松林. 国外产品整体观念的进化及其意义[J]. 北京：外国经济与管理，2000，22（5）：43-48.

[2] 许庆斌，荣朝和，马运等. 运输经济学导论[M]. 北京：中国铁道出版社，1995：19-24.

[3] 赵锡铎. 运输经济学[M]. 大连：大连海事大学出版社，1998：12-15.

[4] 约翰.J.科伊尔，爱德华·J.巴蒂，罗伯特·A.诺瓦克. 运输管理[M]. 张剑飞，等，译. 北京：机械工业出版社，2004.

[5] 孙长松. 重新认识和定位铁路运输产品[J]. 铁道经济研究，2000（4）：15-16，44.

[6] 胡思继，李建文. 铁路运输产品及其营销[J]. 中国铁路，1998（2）：15-19.

[7] 宋伟. 对铁路运输产品的再认识[J]. 社科纵横，1993（3）：32-33.

[8] 宋伟. 析铁路运输产品[J]. 铁道运营技术，2000（6）：50-53.

[9] 雷永厚. 运输产品"位移说"质疑与铁路运输物流观初探[J]. 哈尔滨铁道科技，2001（2）：5-6.

[10] 凌君. 铁路客运服务产品策略研究[J]. 铁路改革与发展，2002（3）：48-50.

[11] 陶维号. 运输服务产品整体概念浅析[J]. 运输管理与改革，1999（7）：15-16.

[12] 龚连平. 铁路运输产品的内涵及质量特性[J]. 铁道知识. 2002（1）：34-35.

[13] 廖弘. 优化客运产品设计提高铁路运输效益[J]. 旅客运输与经济，2003，25（5）：35-36.

[14] 张国信. 长春铁路客运市场营销组合策略研究[D]. 吉林：吉林大学，2006.

[15] 夏小荣. 浅析铁路客运产品策略[J]. 科技风，2009（21）：115.

[16] 王培. 中国高速铁路客运产品设计[J]. 铁道经济研究，2010（6）：23-26.

[17] 董晓岩. 基于可靠性品质的快运产品设计问题的研究[D]. 北京：北京交通大学，2011.

[18] 肖巧玲. 道路旅客运输产品适时性研究与设计[D]. 西安：长安大学，2011.

[19] 秦璐. 试论提高铁路运输产品的竞争力[J]. 运输市场，1999（12）：27-30.